RESSIGNIFICANDO a DEFICIÊNCIA

V181r   Valle, Jan W.
            Ressignificando a deficiência : da abordagem social às práticas inclusivas na escola / Jan W. Valle, David J. Connor ; tradução: Fernando de Siqueira Rodrigues ; revisão técnica: Enicéia Gonçalves Mendes, Maria Amélia Almeida. – Porto Alegre : AMGH, 2014.
            240 p. : il. ; 25 cm.

            ISBN 978-85-8055-342-0

            1. Educação – Pessoas especiais. 2. Educação inclusiva. I. Connor, David J. II. Título.

CDU 376

Catalogação na publicação: Suelen Spíndola Bilhar – CRB 10/2269

JAN W. VALLE
The City College, Universidade da Cidade de Nova York

DAVID J. CONNOR
Hunter College, Universidade da Cidade de Nova York

RESSIGNIFICANDO a DEFICIÊNCIA

da abordagem social às práticas inclusivas na escola

Tradução:
Fernando de Siqueira Rodrigues

Revisão técnica:
Enicéia Gonçalves Mendes
Doutora em Psicologia pela Universidade de São Paulo (USP).
Professora do Departamento de Psicologia da
Universidade Federal de São Carlos (UFSCar).

Maria Amélia Almeida
Doutora em Educação Especial pela Universidade Vanderbilt (Estados Unidos).
Professora do Departamento de Psicologia da UFSCar.

McGraw Hill Education

penso

AMGH Editora Ltda.

2014

Obra originalmente publicada sob o título
Rethinking Disability: A Disability Studies Approach to Inclusive Practices, 1st Edition
ISBN 0073526045 / 9780073526041

Original edition copyright © 2011, The McGraw-Hill Companies, Inc.,
New York, New York 10020. All rights reserved.

Portuguese language translation copyright © 2014, AMGH Editora Ltda.,
a Grupo A Educação S.A. company. All rights reserved.

Gerente editorial: *Letícia Bispo de Lima*

Colaboraram nesta edição

Editora: *Lívia Allgayer Freitag*

Capa: *Márcio Monticelli*

Imagem da capa: *©shutterstock.com/pskat, different paper plane vector*

Preparação de original: *Cynthia Beatrice Costa*

Leitura final: *Cristine Henderson Severo*

Editoração eletrônica: *Formato Artes Gráficas*

Reservados todos os direitos de publicação, em língua portuguesa, à
AMGH EDITORA LTDA. uma parceria entre GRUPO A EDUCAÇÃO S.A. e McGRAW-HILL EDUCATION
Av. Jerônimo de Ornelas, 670 – Santana
90040-340 Porto Alegre RS
Fone (51) 3027-7000 Fax (51) 3027-7070

É proibida a duplicação ou reprodução deste volume, no todo ou em parte,
sob quaisquer formas ou por quaisquer meios (eletrônico, mecânico, gravação,
fotocópia, distribuição na Web e outros), sem permissão expressa da Editora.

SÃO PAULO
Av. Embaixador Macedo Soares, 10.735 – Pavilhão 5 – Cond. Espace Center
Vila Anastácio – 05095-035 – São Paulo SP
Fone (11) 3665-1100 Fax (11) 3667-1333

SAC 0800 703-3444 – www.grupoa.com.br
IMPRESSO NO BRASIL
PRINTED IN BRAZIL
Impresso sob demanda na Meta Brasil a pedido de Grupo A Educação.

*Aos educadores que nos ensinaram e
apoiaram em nosso primeiro ano de docência*

Carol Sunderman, Dickie Hitch e Lesley Quast

– Jan

Jayson Fansler, Iris Davidow, Tom Williams e John Treadwell

– David

Agradecimentos

Pela produção do livro, gostaríamos de agradecer a Alfred Posamentier; Alison McNamara, editora da McGraw-Hill; Jill Eccher, editor de edição especial; Beth Bulger, editoração; e Jackie Henry, produção. Por contribuições baseadas em experiências de sala de aula apresentadas no livro, gostaríamos de reconhecer a generosidade de Sarah Bickens, Fran Bittman, Colleen Cruz, Jody Buckles, Kristin Fallon, Kate Garnett, Jen Taets e Rob Van Voorst. Por fim, expressamos nosso profundo reconhecimento e agradecimento a Paul Valle e a John Treadwell, por seu apoio infindável ao nosso trabalho.

Sumário

Prefácio 11

PARTE I – Como o conhecimento orienta a prática

1 Inteirando-se da cultura e do contexto da escola pública 22
2 Contemplando a (in)visibilidade das deficiências 37
3 Examinando crenças e expandindo noções de normalidade 59
4 Praticando a equidade educacional em uma democracia 74

PARTE II – Como a prática aprofunda o conhecimento

5 Selecionando abordagens e ferramentas de ensino inclusivo 94
6 Criando uma cultura dinâmica de sala de aula 122
7 Avaliando o conhecimento e as habilidades dos alunos na sala de aula inclusiva 154
8 Aproveitando a força das duplas de professores 176

PARTE III – Como a discussão muda o conhecimento e a prática

9 Desafiando ativamente a normalidade 198
10 Promovendo crenças e práticas inclusivas 213

Uma observação final 223

Apêndice A – Estudos sobre deficiência em educação: American Educational Research Association 224

Apêndice B – Estudos sobre deficiência em educação e educação inclusiva: Sugestões de leitura complementar 227

Índice 235

Prefácio

O propósito desta obra é oferecer orientação prática sobre educação inclusiva ao professor iniciante, em seus primeiros anos de sua carreira. Escrevemos com esse público particular em mente; contudo, aspirantes a professores ou professores experientes também acharão que o conteúdo deste livro é significativo para o seu trabalho.

É bom observar que o tópico da inclusão foi há muito tempo incorporado aos cursos de formação de professores, assim como aos livros didáticos de educação geral e especial. Ainda assim, ele permanece sendo mais um ideal do que uma realidade generalizada no seio da educação pública. Apesar de o movimento em direção às práticas mais inclusivas ter sido feito nos últimos anos, ainda estamos distantes de termos escolas que *realmente* incluam todas as crianças em idade escolar dos Estados Unidos. Os debates intensos sobre inclusão persistem entre os educadores, os pais e o público em geral.

Então, como é que um novo professor vai compreender a discrepância entre a teoria educacional e os múltiplos sistemas de crença e as práticas das pessoas reais que habitam as escolas públicas? A inspiração para este livro veio de nossas conversas com professores que enfrentam dificuldades para reconciliar a teoria com a prática da inclusão em suas salas de aula e comunidades escolares. Os livros didáticos sobre inclusão típicos se concentram em como os professores devem proceder sem muita consideração pela "perspectiva maior" que a inclusão representa para uma sociedade democrática. Assim, abordamos não apenas as perguntas dos professores sobre *como* fazer a inclusão, mas também a pergunta fundamental de *por que* fazer a inclusão, dado que a educação especial já existe para crianças com deficiência*. Ao colocarmos em primeiro plano as questões históricas, sociais e culturais inextricáveis aos debates contínuos sobre a inclusão, focamos no *contexto* em que o ensino e a aprendizagem ocorrem – um contexto que foi e continua sendo influenciado pelas crenças e pelos valores com relação a quem se "adequa" e por quê. Esperamos inspirar os leitores a refletirem sobre o que acreditam e por quê, o que ensinam e por quê, como ensinam e por quê – e reconhecer o poder individual de um professor para fazer da escola um lugar onde todos são adequados.

---

* N. de R.T.: Os termos *impairment*, *handicap* e *disability*, nesta obra, foram todos traduzidos como "deficiência".

POR QUE LER *ESTE* LIVRO SOBRE INCLUSÃO?

Não faltam livros didáticos sobre inclusão disponíveis aos professores. E não muito diferentemente desses livros, nós também oferecemos estratégias para as melhores práticas. Assim, como esta obra se difere de todas as outras?

Inclusão sob uma luz diferente

Enquadramos a inclusão através das lentes dos estudos sobre deficiência em educação, uma disciplina acadêmica emergente que nos ajuda a desaprender noções de capacidade, a reconhecer a diferença como uma variação humana natural e a melhor compreender as complexidades subjacentes à implementação da inclusão. Em outras palavras, não escrevemos "o mesmo velho livro" em que a inclusão é apresentada simplesmente como outra organização dos serviços de educação especial para as crianças com deficiência. É nossa intenção oferecer aos professores novas maneiras de pensar sobre deficiências e práticas inclusivas.

Deficiências em contexto

Não nos esquivamos das questões difíceis, que são frequentemente ignoradas, encobertas ou varridas para baixo do tapete em textos de educação especial. Por exemplo, desafiamos os leitores a considerar as consequências materiais inerentes a um modelo médico das deficiências – o modelo sobre o qual se assenta toda a educação especial. Oferecemos aos leitores uma oportunidade de compreender a experiência humana das deficiências à medida que ela faz interseções com raça, classe e gênero, bem como considerar o significado que uma perspectiva como essa tem para as práticas inclusivas.

Autores com uma voz

A maioria dos escritores de livros didáticos coloca a inclusão, de uma maneira ou de outra, como "a coisa certa a fazer", esperando que *dizer* aquilo em que os leitores devem acreditar aumentará a probabilidade de que seu conselho sobre como proceder chegará até as salas de aula. Baseando-nos em nossa experiência de formadores de professores, sabemos que meramente exaltar as virtudes da inclusão é muito pouco para mudar o pensamento de qualquer pessoa. A inclusão não é a última técnica de ensino a ser aprendida e aplicada. É uma filosofia fundamental sobre como percebemos e respondemos às diferenças humanas. O motivo pelo qual uma pessoa possui crenças particulares é altamente relacionado às experiências de vida desse indivíduo. Acreditamos que nossa tarefa como formadores de professores é apresentar ideias que inspirem a reflexão sobre o significado da diferença humana, bem como novas maneiras de pensar.

Escolhemos desenvolver este livro da mesma maneira que lecionamos. Em vez de apresentarmos uma narrativa sem corpo, como se fôssemos "a autoridade onisciente" sobre inclusão, escrevemos de forma que pareçam transparentes ao leitor as perspectivas, as experiências e a contextualidade que trazemos ao texto, bem como questões para as quais ainda buscamos esclarecimentos. Ademais, compartilhamos momentos de nossas próprias vidas que mudaram a forma como pensamos sobre a diferença humana. Esse jeito de "contar histórias" chama para a reflexão de uma forma que as asserções sobre inclusão não conseguem.

Um texto participativo

Buscamos envolver o leitor no que mais parece ser uma conversa do que uma típica transmissão de informações unilateral. Esperamos que o texto convide à autorreflexão, gere mais perguntas por parte do leitor e proporcione um referencial para se (re)conceber as salas de aula e as comunidades escolares.

Em defesa da "utopia"

Mudanças nunca acontecem enquanto as pessoas estão ocupadas sendo sensíveis e realistas. Elas acontecem quando ousamos imaginar o mundo de modo diferente e nos arriscamos a mudá-lo de acordo. Para os críticos que talvez nos acusem de "sonhadores", saibam que escolhemos ficar do lado da imaginação e apostar na chance de fazer uma diferença.

A PERSPECTIVA A PARTIR DOS ESTUDOS SOBRE DEFICIÊNCIA

Baseando-nos em nossas experiências como ex-professores de educação especial e no que sabemos a partir de nosso ponto de vista privilegiado de formadores de professores, concordamos com um pequeno, mas crescente, número de estudiosos que acreditam que a maneira como as deficiências são compreendidas na educação especial é excessivamente restritiva, até mesmo errada. Considerando que o campo da educação nasceu da medicina, da ciência e da psicologia – disciplinas enraizadas na compreensão da diferença humana como defeituosa, desordenada, baseada em déficit e anormal (DANFORTH; GABEL, 2007) –, não é de surpreender que as escolas pareçam incapazes de conceituar os alunos com deficiência de outra forma que não seja como pessoas que precisam de uma "cura" – alcançada por meio de "serviços apropriados", feitos para restaurar a normalidade ou, pelo menos, chegar o mais próximo possível dela. Essa maneira particular de conceituar as deficiências impacta significativamente a forma como as escolas são estruturadas. O princípio organizador para a educação das crianças norte-americanas gira em torno da presença ou ausência da deficiência, o que determina como e onde um estudante é ensinado e por quem (BRANTLINGER, 2004). É amplamente conhecido o fato de que, depois de serem rotuladas como deficientes, as crianças têm uma chance elevada de serem separadas de seu grupo original de colegas (GARTNER; LIPSKY, 1987; HARRY; KLINGNER, 2006) e colocadas em programas separados de educação especial.

Os estudos sobre deficiência (ESD) fornecem um contrapeso para a compreensão das deficiências baseada no déficit, que permeia a educação. Eles formam uma área de estudos multidisciplinar, em que a deficiência é estudada como marcadora de identidade – como raça, etnia, classe, gênero e orientação sexual (GABEL, 2005). As deficiências são vistas, principalmente, através de lentes sociais, como uma série de respostas históricas, culturais e sociais à diferença humana. Em contraste ao modelo médico, que se concentra no indivíduo como sua unidade de análise, os ESD focam-se nos relacionamentos sociais entre pessoas e na interpretação da diferença humana. Em outras palavras, a forma como escolhemos responder às deficiências muda significativamente, dependendo se percebemos que "alguma coisa está 'errada' com as pessoas com deficiência" ou se percebemos que "alguma coisa está 'errada' com um sistema social que incapacita as pessoas". Desse modo, como educamos os alunos com deficiência tem tudo a ver com como *compreendemos* as deficiências. Sem querer simplificar demais, podemos pensar no modelo médico como preocupado, principalmente, com a identificação e a mudança do aluno que não se enquadra no contexto escolar (isto é, baseia-se em uma percepção de que a criança é intrinsecamente deficiente), enquanto o modelo social se concentra na adaptação do contexto escolar, de modo que este se torne adequado ao aluno (isto é, baseia-se na percepção de que o ambiente pode incapacitar a criança).

Ao contrário da literatura sobre educação especial escrita primariamente por estudiosos sem deficiência *sobre* alunos com deficiência, o crescente volume da literatura dos ESD representa a perspectiva de estudiosos *com* deficiência e seus aliados. Simi Linton descreve os ESD como "uma crítica organizada das conceituações estreitas, inadequadas e imprecisas sobre a deficiência, as quais têm dominado a investigação acadêmica. Acima de tudo, a crítica inclui o desafio à noção de que as deficiências são, primeiramente, uma categoria médica." (LINTON, 1998, p. 2). Os acadêmicos dos ESD argumentam que a compreensão aparentemente onipresente das deficiências como internas ao modelo médico é sustentada pela fixação das pessoas sem deficiência pela prevenção e pela cura, bem como pela necessidade que sentem de reforçar as noções de normalidade. O poderoso e inflexível modelo médico que fundamenta grande parte da compreensão da sociedade sobre as deficiências contribui para o que Susan Wendell chama de ignorância das "condições sociais que estão causando ou aumentando as deficiências entre as pessoas com impedimentos" (WENDELL, 2001). Os estudiosos e ativistas da área dos ESD veem as deficiências simplesmente como variações humanas naturais que se tornaram categorizadas como deficiências por uma sociedade pouco disposta a se reconfigurar em termos de remover barreiras e restrições. Ou, como Michael Oliver coloca, as deficiências significando que há algo de errado com uma pessoa se torna "as deficiências significando que há algo de errado com a sociedade" (OLIVER, 1996).

EDUCAÇÃO: AVANÇAR OU FRACASSAR?

Ao discutir essas e outras questões, desejamos esclarecer que nossa intenção não é difamar a educação especial, mas alargar nosso entendimento atual das deficiências, em um esforço para promover um diálogo mais aprofundado entre os estudiosos e professores (BAGLIERI et al., 2011). Não há dúvidas de que a *Education for All Handicapped Children Act* (Lei da Educação para Todas as Crianças com Deficiências; Lei Pública 94-142), aprovada pelo Congresso Norte-Americano em 1975, permanece como um dos principais avanços para pessoas com deficiência nos Estados Unidos. Atualmente conhecida como *Individuals with Disabilities Education Improvement Act* (IDEIA; Lei de Melhoria da Educação para Indivíduos com Deficiência), a lei garante uma educação pública gratuita e adequada para *todas* as crianças – proporcionando esperança e serviços a incontáveis famílias norte-americanas cujos filhos com deficiência, antes de 1975, teriam permanecido confinados em casa ou em instituições.

Nossa crítica da educação especial não pretende negar ou desprezar nenhum dos resultados positivos provenientes do sistema atual. No entanto, acreditamos que o fracasso em responder significativamente às consequências negativas inesperadas (mas, mesmo assim, bem documentadas) da educação especial é nada menos do que antiético. Durante os últimos 35 anos, a estrutura da educação especial tem sido repetidamente acusada de estigmatizar a diferença (HARRY; KLINGNER, 2006), mantendo a segregação racial nas escolas (BLANCHETT, 2006), separando muitos filhos de imigrantes e indígenas (GABEL, 2009), diluindo o currículo (BRANTLINGER, 2006), limitando as oportunidades após a conclusão do ensino médio (CONNOR, 2008) e contribuindo para o ducto "escola-prisão" (KARAGIANNIS, 2000). Ainda assim, o sistema de educação especial permanece, para a maioria, intacto e aparentemente imune às críticas.

Desde a década de 1960, surgiram estudiosos que criticaram a educação especial por sua institucionalização frequente (CARRIER, 1986), rotulação estigmatizada, estruturação institucional (GARTNER; LIPSKY, 1987), pedagogia reducionista (IANO, 1990) e profissionalização separada (SKRTIC, 1991). Entretanto, suas tentativas de criticar construtivamente nas publicações da área encontraram contínua resistência daqueles que rejeitaram qualquer desafio à ortodoxia de um campo positivista fundamentado na ciência (implicando, é claro, que a ciência está acima de qualquer suspeita) (GALLAGHER et al., 2004) – mantendo de maneira eficaz, desse modo, a perspectiva do modelo médico sobre a deficiência. Da mesma maneira, a maioria dos programas de formação de professores apresenta em educação especial como fundamentada na pesquisa "cientificamente embasada" que a apresenta, na sua maior parte, como não problemática. Na falta de qualquer crítica significativa da educação especial, não é de se surpreender que os novos professores enfrentem dificuldades para reconciliar o que aprenderam nas salas de aulas das universidades com o que experimentam nas escolas públicas.

Como o estudioso dos ESD Michael Oliver sugere, as pessoas com deficiência têm toda a razão de não confiar no referencial médico da deficiência e na pesquisa que este gera. Ele caracteriza tal pesquisa como "na melhor das hipóteses, irrelevante, e, na pior das hipóteses, opressiva" (OLIVER, 1996, p. 129). A perspectiva de Oliver reflete as crenças de um grupo crescente de educadores especiais críticos que continuam a destacar questões como a abordagem reducionista e insular da educação especial em relação à pesquisa (DANFORTH, 1999); a confiança excessiva na remediação dos déficits (HEHIR, 2005); o uso sustentado da testagem de inteligência;[1] a segregação banal baseada em deficiência e/ou raça (FERRI; CONNOR, 2006); a profissionalização do fracasso escolar (FERGUSON, 2002) e a continuada medicalização das pessoas com deficiência (BARTON, 1996). Tomadas em conjunto, essas críticas ilustram os entendimentos limitados e opressivos das deficiências dentro da educação especial, bem como o papel ativo da sociedade contemporânea na incapacitação de pessoas por meio de práticas sociais, crenças, atitudes e expectativas.

ESTUDOS SOBRE DEFICIÊNCIA EM EDUCAÇÃO: REPENSANDO O QUE SABEMOS E O COMO FAZEMOS

Nos últimos 10 anos, os educadores especiais críticos não apenas gravitaram em torno da área dos estudos sobre deficiência como um referencial para repensar as deficiências, mas também viram a possibilidade de haver uma subárea dedicada ao estudo das deficiências *e* da educação. A resistência, e mesmo a intolerância, na área da educação especial em relação aos entendimentos históricos, culturais e sociais das deficiências, juntamente com sua intensa adoção dos referenciais médico, científico e psicológico, compeliram esses estudiosos a forjar uma nova e mais inclusiva disciplina, conhecida como estudos sobre deficiência em educação (ESDE). Suas declarações de missão, propósito e princípios foram apresentadas no *International Journal of Inclusive Education* (CONNOR et al, 2008; ver o Apêndice A) e estão publicadas no *website* da American Educational Research Association: http://www.aera.net/Default.aspx?menu_id=162&id=1297.

Fundamentamos este livro na disciplina dos estudos sobre deficiência em educação (ESDE). Como estudiosos e profissionais dos ESDE, há muito que temos o desejo de escrever um livro sobre inclusão que aproveita a pesquisa pertinente em ESDE, bem como nossas próprias experiências como formadores da educação especial e como formadores de professores. Esperamos ter escrito um livro que toque a realidade do dia a dia dos professores e ofereça esclarecimentos não apenas sobre como apoiar a educação inclusiva, mas – talvez mais importante – por que é ético fazê-lo.

ORGANIZAÇÃO DO LIVRO

O livro é dividido em três partes amplamente definidas. A primeira parte, "Como o conhecimento orienta a prática" (Capítulos

1 a 4), pede para que o leitor pare e reflita sobre as origens de seu conhecimento sobre as deficiências e as crenças que fundamentam esse conhecimento. Convidamos os leitores a considerar o que eles sabem, como sabem, e – mais importante – como isso impacta suas decisões como professores. Na segunda parte, "Como a prática aprofunda o conhecimento" (Capítulos 5 a 8), abordamos como criar e sustentar salas de aula em que todas as crianças podem participar. Esses capítulos descrevem e ilustram muitas ferramentas diferentes para os professores usarem na criação de lições envolventes e na avaliação do progresso dos estudantes. A terceira parte, "Como a discussão muda o conhecimento e a prática" (Capítulos 9 e 10), apresenta as deficiências como um aspecto da diversidade a ser representado, discutido e celebrado na sala de aula e na comunidade escolar. Ideias para desafiar a normalidade e promover a mudança na escola também são discutidas.

Abrimos cada capítulo com uma pergunta que nossos alunos de pós-graduação nos fizeram durante as aulas. Cada capítulo termina com uma série de perguntas para promover a reflexão individual e/ou a discussão em ocasiões como grupos de estudo baseados na escola, reuniões de docentes, oficinas de desenvolvimento profissional ou aulas de pós-graduação.

O Capítulo 1, "Inteirando-se da cultura e do contexto da escola pública", prepara o terreno para a compreensão das escolas públicas como uma cultura formada por padrões de atividade humana e estruturas sociais que incorporam sua história, crenças, atitudes e valores. Exploramos o propósito da educação pública e o contínuo papel dos fatores sociais, políticos e econômicos na formação desse propósito. Exemplos de como a política federal é adotada em nível local são examinados, particularmente, com relação ao caso *Brown versus Conselho de Educação* (1954) e a *Education for All Handicapped Children Act* (1975). Argumentamos que o fato de uma lei ser cumprida ou não depende do compromisso dos professores com os ideais da educação pública em uma democracia.

O Capítulo 2, "Contemplando a (in)visibilidade das deficiências", analisa as percepções errôneas comuns com relação às deficiências e justapõe as experiências da vida real das pessoas com deficiência. Nosso propósito aqui é desafiar os pressupostos culturais e os estereótipos amplamente difundidos das deficiências que levam e sustentam a segregação. Concentrando-nos nas representações das deficiências encontradas em artefatos comuns da cultura popular, contrastamos tais entendimentos às representações que vêm da "cultura das deficiências". Exploramos a história da educação de crianças com deficiência nos Estados Unidos, destacando os eventos que levaram à legislação federal que mudou a estrutura e a operação das escolas públicas. O capítulo termina com uma discussão sobre as consequências inesperadas da educação especial e o surgimento de um contramovimento – a educação inclusiva.

O Capítulo 3, "Examinando crenças e expandindo noções de normalidade", começa com uma análise abrangente do modelo médico das deficiências que fundamenta a educação especial, e segue com ilustrações sobre como as deficiências foram socialmente construídas por meio de uma *resposta* da sociedade com respeito à diferença. Consequentemente, mostramos como as deficiências se materializam por meio das práticas escolares, incluindo a implementação de leis, as expectativas culturais acerca do que é considerado "normal" e as crenças do professor com relação à capacidade. Ao trazer para o primeiro plano o conceito de normalidade, procuramos desestabilizar muitas práticas preconcebidas na educação especial e geral, argumentando que as deficiências são mais bem compreendidas como contextuais. Por meio de cenários reais, ilustramos como os indivíduos se tornam socialmente construídos como deficientes em alguns contextos particulares, mas não em outros. Encerramos esse capítulo sugerindo que resistir à inclusão com base na afirmação de que "não estamos prontos" pode ser um sintoma de atitudes, crenças e medos irrefletidos com relação às deficiências, além de uma noção restrita da normalidade.

O Capítulo 4, "Praticando a equidade educacional em uma democracia", oferece exemplos tanto do que a inclusão é como do que ela não é. Definindo a inclusão como uma questão de justiça social, vemos as deficiências sob a ótica dos direitos civis (em contraste com a ótica médica) e levantamos questões sobre quem tem o poder de decidir que crianças sejam incluídas ou excluídas da educação geral e quem se beneficia desse tipo de arranjo. Incluímos narrativas pessoais de professores com deficiência, que compartilham "perspectivas de quem está dentro" sobre a resposta em relação à diferença nas escolas públicas. Ao pedir que os leitores ponderem sobre o que constitui a prática ética, exploramos as consequências da *ação* ou da *inação* ao se trabalhar no interior de estruturas escolares existentes. O capítulo termina com ilustrações de inclusão em sala de aula e colaboração criativa entre profissionais escolares.

No Capítulo 5, "Selecionando abordagens e ferramentas de ensino inclusivo", abordamos como criar uma comunidade de sala de aula que seja respeitosa e justa para com todos os alunos. Conhecer os alunos é o primeiro passo em direção à construção de uma comunidade de alunos. Sugerimos maneiras práticas para se determinar os pontos fortes, as dificuldades, os interesses, as preferências e os estilos de aprendizagem de cada aluno, para o propósito de se criar "perfis de estudantes" que serão usados no planejamento do ensino. Aproveitando as teorias das inteligências múltiplas, dos estilos de aprendizagem e da instrução diferenciada, mostramos como é possível planejar um currículo que proporcione múltiplos pontos de acesso para todos os estudantes.

O Capítulo 6, "Criando uma cultura dinâmica de sala de aula", sublinha a importância de sintetizar *todos* os componentes de uma aula. Enfatizamos as metas e os objetivos compartilhados com os alunos (acadêmicos, sociais e comportamentais), conectando os conceitos previamente ensinados às novas informações, usando os conhecimentos prévios dos estudantes e utilizando técnicas de ensino que resultam no interesse e na motivação do aluno. A aceitação de expectativas diferenciadas para os estudantes dentro da mesma sala de aula é explorada juntamente com ilustrações da vida real. Apresentamos múltiplas formas de os alunos processarem o que eles estão aprendendo – individualmente, em duplas, trios e pequenos grupos, bem como por meio de configurações de turma inteira. Uma lista de atividades de sala de aula é discutida, juntamente com os benefícios previstos e as desvantagens potenciais de cada uma.

O Capítulo 7, "Avaliando o conhecimento e as habilidades dos alunos na sala de aula inclusiva", examina os múltiplos propósitos para a avalição de estudantes. No contexto da avaliação do que os estudantes *podem* fazer, discutimos como usar essas informações como base para o ensino. Ilustramos como os professores podem, apoiando-se sobre as avaliações formativas e somativas, conhecer e compreender as capacidades dos alunos conforme eles progridem ao longo do programa curricular. São levantadas e discutidas questões em torno da tensão entre a testagem padronizada gerada pela legislação federal *No Child Left Behind* (NCLB; Nenhuma Criança Deixada para Trás) e os requisitos da *Individuals with Disabilities Education Act* (IDEA; Lei da Educação para Indivíduos com Deficiência). No final, destacamos as acomodações e as modificações de testes disponíveis aos alunos com deficiência, juntamente com como os professores podem preparar os alunos para os exames estaduais sem se tornarem vítimas do "ensinar provas" no contexto de sala de aula.

No Capítulo 8, "Aproveitando a força das duplas de professores", discutimos a crescente tendência, nas escolas públicas, de se oferecer salas de aula inclusivas com um professor de educação geral e um professor de educação especial trabalhando em colaboração e em tempo integral. Os benefícios potenciais são descritos por aquilo que é frequentemente chamado de "os quatro constituintes" das salas de aula colaborativas: os professores gerais, os professores especiais, os estudantes da educação geral e os estudantes da educação especial.[2] O ensino em equipe é retratado como uma colaboração permanente que, como todos os relacionamentos, não pode ser garantida, e requer reflexão e avaliação constantes para que seu sucesso continuado seja garantido. No término desse capítulo, descrevemos como colaborar de maneira eficaz com profissionais auxiliares (p. ex.: psicólogos escolares, conselheiros orientadores, terapeutas ocupacionais, paraprofissionais, fonoaudiólogos).

No Capítulo 9, "Desafiando ativamente a normalidade", tocamos no assunto do silêncio sobre as deficiências na sala de aula (presumivelmente um esforço para não chamar atenção para a diferença) – uma posição que, ironicamente, contribui para as persistentes percepções e pressuposições errôneas. Em contraste, encorajamos que todos os tipos de diferenças sejam reconhecidas e abraçadas, e sugerimos estratégias práticas para envolver as crianças no pensamento sobre as deficiências como uma variação humana. Como é possível que a experiência das deficiências não seja representada no currículo escolar de maneira intencional, aproveitamos a emergente disciplina dos ESDE para sugerir ideias sobre como os professores poderiam integrar uma "ótica de deficiências", quando e onde for apropriada, no ensino. O capítulo termina com exemplos que vão da incorporação de textos sugeridos ao currículo até unidades de nível fundamental e médio inteiras que permitem inserir os ESDE no currículo.

No Capítulo 10, "Promovendo crenças e práticas inclusivas", pedimos que os leitores (re)considerem o significado da diferença humana em suas próprias escolas. A inclusão é conceituada como uma tendência atual na prática educacional ou como uma escolha ética que abraça a diversidade humana natural como um recurso para todos? Reconhecendo que a inclusão é sempre um processo em constante evolução e nunca um modelo de "tamanho único", a descrevemos como um conceito fluido que reflete um comprometimento com as questões sociais maiores do acesso e da equidade. Embora a defesa de mudanças em um ambiente escolar resistente possa parecer uma tarefa hercúlea, a escolha de não reagir equivale a aceitar tacitamente o *status quo*. Para os leitores que aceitarem o desafio, terminamos o capítulo com sugestões de como promover crenças e práticas inclusivas dentro das salas de aula, escolas e comunidades.

NOTAS

1. Para uma crítica sistemática, ver GOULD, S. J. *The mismeasure of man*. New York: W. W. Norton, 1981.
2. Apesar de reconhecermos essas categorias existentes, também nos sentimos compelidos a destacar que a manutenção desses sistemas de rotulagem é contraproducente para o desmantelamento de um sistema de educação segregado.

REFERÊNCIAS

BAGLIERI, S. et al. Disability studies in education: the need for a plurality of perspectives. *Remedial and Special Education*, Austin, v. 32, n. 4, p. 267-278, 2011.

BARTON, L. (Ed.). *Disability and society*: emerging issues and insights. London: Longman, 1996.

BLANCHETT, W. Disproportionate representation of African American students in special education: acknowledging the role of white privilege and racism. *Educational Researcher*, Washington, v. 35, n. 6, p. 24-28, 2006.

BRANTLINGER, E. A. Confounding the needs and confronting the norms: an extension of Reid and Valle's essay. *Journal of Learning Disabilities*, Austin, v. 37, n. 6, p. 490-499, 2004.

BRANTLINGER, E. A. (Ed.). *Who benefits from special education?* Remediating (fixing) other people's children. Mahwah: L. Erlbaum, 2006.

CARRIER, J. G. *Learning disability*: social class and the construction of inequality in American education. New York: Greenwood, 1986.

CONNOR, D. J. *Urban narratives*: portraits-in-progress: life at the intersections of learning disability, race, and class. New York: P. Lang, 2008.

CONNOR, D. J. et al. Disability studies and inclusive education: implications for theory, research, and practice. *International Journal of Inclusive Education*, London, v. 12, n. 5-6, p. 441-457, 2008.

DANFORTH, S. Pragmatism and the scientific validation of professional practices in American special education. *Disability and Society*, v. 14, n. 6, p. 733-751, 1999.

DANFORTH, S.; GABEL, S. L. (Ed.). *Vital questions for disabilities studies in education*. New York: P. Lang, 2007.

FERGUSON, P. M. Notes toward a history of hopelessness: disability and the places of therapeutic failure. *Disability, Culture, and Education*, Greenwich, v. 1, n. 1, p. 27-40, 2002.

FERRI, B. A.; CONNOR, D. J. *Reading resistance:* discourses of exclusion in the desegregation and inclusion debates. New York: P. Lang, 2006.

GABEL, S. L. (Ed.). *Disability studies in education:* readings in theory and method. New York: P. Lang, 2005.

GABEL, S. L. et al. Migration and ethnic group disproportionality in special education: an exploratory study. *Disability & Society*, Abingdon, v. 24, n. 5, p. 625-639, 2009.

GALLAGHER, D. J. et al. *Challenging orthodoxy in special education:* dissenting voices. Denver: Love, 2004.

GARTNER, A.; LIPSKY, D. Beyond special education: toward a system of quality for all students. *Harvard Educational Review*, Cambridge, v. 57, n. 4, p. 367-395, 1987.

HARRY, B.; KLINGNER, J. *Why are so many minority students in special education?* New York: Teachers College, 2006.

HEHIR, T. *New directions in special education:* eliminating ableism in policy and practice. Cambridge: Harvard University, 2005.

IANO, R. Special education teachers: technicians or educators? *Journal of Learning Disabilities*, Austin, v. 23, p. 462-465, 1990.

KARAGIANNIS, A. Soft disability in schools: assisting or confining at risk children and youth? *Journal of Educational Thought*, Calgary, v. 34, n. 2, p. 113-134, 2000.

LINTON, S. *Claiming disability*. New York: New York University, 1998. p. 2.

OLIVER, M. Understanding the hegemony of disability. In: OLIVER, M. (Ed.). *Understanding disability:* from theory to practice. New York: St. Martin's, 1996. p. 129.

SKRTIC, T. M. *Behind special education:* a critical analysis of professional culture and school organization. Denver: Love, 1991.

WENDELL, S. Unhealthy disabled: treating chronic illness as disabilities. *Hypatia*, Bloomington, v. 16, n. 2, p. 17-33, 2001.

Parte I
Como o conhecimento orienta a prática

1

Inteirando-se da cultura e do contexto da escola pública

O malabarista

"Por que ninguém me disse que ensinar era tão complicado?"

Como está lendo este texto, é bem provável que você esteja próximo de iniciar o seu primeiro ano como professor, ou talvez já se encontre em meio àquele "ritual de passagem" pelo qual todos os professores devem passar em seu primeiro ano. Se quiser iniciar uma conversa animada com os veteranos, vá até a sala dos professores e pergunte aos colegas sobre o que eles se lembram de seu primeiro ano de magistério. É melhor sentar, pois você ficará um bom tempo escutando as histórias. Enquanto ouve a avalanche de relatos, observe como os seus colegas resgatam lembranças de seus primeiros dias como professores. Sobreviver ao primeiro ano de magistério pode ser comparado a um rito de iniciação, como o trote que marca a entrada do aluno na universidade, uma façanha que comprova o mérito do acesso, mas, nesse caso, na profissão de professor. Qual é, sem sombra de dúvida, a melhor parte de ser um professor iniciante? Saber que se é um professor iniciante apenas uma vez na vida.

Mesmo os professores mais experientes (entre os quais nos incluímos) lembram-se do primeiro ano de magistério com uma mistura de agradável nostalgia e apreciação pragmática de seus desempenhos em sala de aula quando eram mais jovens. Para a maioria de nós, nossos primeiros alunos são inesquecíveis. Eles são, afinal, o "primeiro elenco" da extensa produção que produziremos. Dado o ponto de vista privilegiado que o presente nos proporciona, é tentador deixarnos divagar um pouco sobre recordações dos "bons e velhos tempos", quando éramos jovens professores ávidos para encarar o mundo... Mas achamos melhor poupá-lo dessas memórias, cujo brilho, admitimos, é polido pela passagem do tempo, e garantir-lhe que é provável que o seu primeiro ano de magistério seja como o da maioria das pessoas que ingressa na profissão.

É muito natural se sentir sobrecarregado durante seu primeiro ano como professor. Neste exato momento, é provável que você esteja se perguntando por que o seu curso de licenciatura não lhe ensinou nada sobre gestão de tráfego (por exemplo, supervisionar a chegada e a saída dos alunos, monitorar as atividades nos corredores e no refeitório); estratégias de negócios (por exemplo, organizar e gerenciar visitas, atividades de angariamento de recursos, arrecadação de taxa de materiais); habilidades burocráticas (por exemplo, coleta, análise e armazenamento de dados; manutenção dos arquivos dos estudantes; manutenção de registros gerais; documentos relativos à educação especial; telefones, endereços de *e-mail* e para correspondência; proficiência no uso de fotocopiadoras); recursos humanos (por exemplo, colaborar com colegas administradores e paraprofissionais; relacionar-se com pais e cuidadores; e cultivar relações cordiais com secretários de escola, zeladores, merendeiros, seguranças...) É melhor pararmos por aqui. Você já deve ter concluído que ensinar é um ato complexo, que requer a alternância constante entre conjuntos de habilidades múltiplas e simultâneas – nem todas passíveis de serem ensinadas em escolas de formação de professores.

E como se não bastasse pensar sobre tudo isso (enquanto você está, é claro, construindo o seu currículo, organizando a sua sala de aula, ministrando lições motivadoras, estabelecendo e sustentando rotinas de sala de aula, atendendo as necessidades acadêmicas e sociais de *todos* os seus alunos, preparando os alunos para avaliações padronizadas, refletindo cuidadosamente sobre a sua prática em sala de aula e exercitando o autocontrole em relação a amigos, familiares e estranhos que dão a entender que dar aulas é muito fácil, graças à quantidade de dias de férias), queremos pedir para que você considere o momento histórico, político e social no qual se insere a educação pública, o modo como o papel do professor é desempenhado e as consequências materiais (sejam elas intencionais ou não) para *todos* os estudantes que atuam no drama nacional da escolarização.

A COMPLEXIDADE HISTÓRICA DAS ESCOLAS PÚBLICAS

É certo que um ritual deve ocorrer para marcar, oficialmente, a transição de estudante para professor – um ritual para além da conclusão bem-sucedida de um curso de magistério ou de graduação. Afinal, essa é uma espécie de passagem para "o outro lado". Entre os benefícios que se encontram do "outro lado", está a liberdade de acesso a um território até então proibido, como a sala dos professores, os históricos dos alunos, as reuniões de pais e alunos, a mesa do cafezinho dos professores, os encontros do corpo docente, o gabinete de professor e o armário de materiais. Quaisquer que sejam as milhares de razões que nos levam a optar por essa carreira, compartilhamos, no início, a sensação que nos acomete quando cruzamos a fronteira para dentro do "território do professor" pela primeira vez. Uma vez lá dentro, os novos professores encontram respostas para perguntas há muito tempo guardadas ("Então é *isto* o que os professores fazem aqui dentro!") ou a confirmação de antigas suspeitas ("*Sabia* que eles falavam sobre os alunos!").

Para alguns, cruzar a fronteira representa um tipo de perda da inocência, decorrente da exposição aos defeitos e às limitações humanas dos professores. Como formadores de professores, estamos a par das reações e das reflexões dos novos professores em relação ao seu trabalho em escolas públicas. Certamente, ouvimos relatos positivos do campo. Mesmo assim, os professores lamentam, constantemente, do descompasso entre seu idealismo entusiasmado e a dura realidade das escolas públicas. É notável o fato de que os novos professores expressam com muita frequência a sua aflição em relação ao que percebem como práticas administrativas questionáveis; às respostas dadas aos alunos e às suas famílias que podem ser consideradas "legítimas", mas que não lhes "parecem corretas"; e/ou às discussões desagradáveis com colegas que rotulam as suas crenças sobre as crianças como ingênuas e temporárias. E, ao falarem das suas dificuldades e do seu desconforto, eles inevitavelmente fazem esta reflexão: "Sabe, isso não tem nada a ver com as crianças – o problema está em todas essas *outras* coisas!". Assim, parece que os novos professores atribuem muito do seu estresse ao processo de compreender e negociar com o complexo (e frequentemente contraditório) *contexto* em que trabalham.

Lembra-se de todas aquelas disciplinas introdutórias que você fez no começo do seu curso? Disciplinas que cobriam tópicos como a história das escolas públicas, os aspectos políticos e legislativos da educação pública, as questões sobre a educação urbana e coisas do gênero? Se todo aquele material não lhe parecia particularmente relevante àquela época, agora pode ser o momento de reler textos e artigos (assim como a grande quantidade de anotações que, sem dúvida, você fez durante as aulas) a fim de poder obter algum esclarecimento sobre a complexidade da cultura escolar. Está bem, *talvez* você não tenha tempo agora para fazer uma escavação arqueológica em suas caixas de material da faculdade (ou talvez você tenha vendido aqueles livros didáticos para um sebo há muito tempo); por isso, oferecemos a seguir uma revisão crítica (embora breve!) da história da educação pública, com o intuito de que essa sirva de lembrete dos pontos principais a serem considerados no que se refere a "todas aquelas *outras* coisas".

O propósito da educação pública

Cada leitor deste texto tem uma trajetória pessoal que o levou a escolher a profissão de professor. Alguns, inspirados pelos professores que revelaram algum aspecto do mundo que mudou as suas vidas para sempre, desejam despertar a paixão pelo aprendizado nos alunos. Outros podem ter sido motivados por experiências escolares negativas e comprometem-se a fazer uma diferença positiva na vida das crianças. Quaisquer que sejam as particularidades do ingresso na profissão, é razoável pressupor que os professores geralmente o fazem graças a uma devoção genuína pelo desenvolvimento das crianças e ao compromisso com os ideais da educação.

Eis o novo professor. Recém-formado. Imbuído das mais novas teorias sobre o desenvolvimento e o ensino de crianças. Ávido por guiar e inspirar todas as crianças a irem além do que elas acreditam ser possível. Comprometido em fazer uma diferença no mundo. É claro que o contexto no qual o novo professor está prestes a entrar corresponde a tais ideais. O palco está preparado com os acessórios escolares – mesas, carteiras, cadeiras, mapas, livros, murais de aviso –, tudo à espera da chegada do ator principal, que dará vida a esse cenário. O que poderia acontecer nesse cenário propício, onde professores e alunos se encontram para fazer o seu trabalho? Muitas coisas. E a maior parte não é visível, nem falada.

A maioria dos novos professores inspeciona as suas primeiras salas de aula e imagina o futuro que construirá ali. Eles veem uma tela em branco sobre a qual pintarão os seus melhores sonhos e esperanças para as crianças. O contexto das escolas é, no entanto, qualquer coisa, menos uma tela em branco. A sala de aula, como todas as outras salas de aula do país, está profundamente inserida em uma *cultura* particular, a saber, a educação pública. E, como todas as outras culturas, a educação pública tem sido e continua a ser moldada pelos padrões de atividade humana e estruturas sociais que incorporam sua história, suas crenças, atitudes, práticas e seus valores. Compreender "todas aquelas *outras* coisas" exige reconhecimento e consciência de *como* essa cultura particular influencia ativamente a vida cotidiana nas escolas.

Vamos começar com uma questão aparentemente simples. Qual é o propósito da educação pública? Uma resposta óbvia poderia ser a de que a educação pública é o meio pelo qual uma sociedade civilizada utiliza os recursos públicos para ensinar os seus jovens as habilidades acadêmicas e sociais necessárias para que se tornem cidadãos responsáveis, produtivos e plenamente realizados. Certamente, a educação pública é um dos principais fundamentos da nossa democracia. Os livros didáticos há muito tempo se referem aos Estados Unidos como um "caldeirão de culturas" (*the melting pot*) – uma terra de oportunidades para *todas* as pessoas. E não se pode negar que a educação pública gratuita é umas das maiores oportunidades norte-americanas. Considerando que os novos professores participam do legado dessas grandes oportunidades, por que continuam surgindo relatos de desilusão e desconforto? Talvez possamos compreender mais claramente onde estamos se nos voltarmos por um instante ao lugar de onde viemos – em outras palavras, como saímos de lá e viemos parar aqui?

Como saímos de lá e viemos parar aqui

Considere o contexto histórico no qual a escolarização obrigatória se originou, no início do século XX. Apesar das noções romanceadas do "caldeirão de culturas norte-americano" descritas nos livros didáticos de história, a cultura dominante da época (protestante anglo-saxã) buscou ativamente preservar-se naquilo que estava rapidamente se tornando uma sociedade densa e em ebulição (Kleibard, 1995). Por volta de 1918, todos os estados aprovaram leis de escolarização obrigatória. Reconhecendo o potencial da escolarização compulsória para a criação de um grupo coeso de cidadãos, os reformadores viram a educação pública como um *meio* para preservar a posição e os valores da cultura dominante. Assim, a arena da educação pública tornou-se "[...] parte essencial de um teatro da moralidade nacional, no qual seus medos e esperanças eram representados [...]" (Kleibard, 1995). Vale a pena observar que as agendas políticas e sociais foram incorporadas desde cedo ao seio da instituição da educação pública – um padrão, devemos salientar, que é inconfundível no atual contexto da educação pública.

Vamos revisitar o cenário social, político e econômico dos Estados Unidos do início do século XX. Grandes mudanças populacionais ocorreram à medida que a indústria atraía os cidadãos do campo para as áreas urbanas. As cidades sobrecarregadas enfrentavam dificuldades para acomodar o pesado influxo de imigrantes, que traziam consigo desafios sociais e econômicos significativos. A ciência penetrou a sociedade norte-americana, dando origem à "administração científica" das fábricas, a uma nova classe de profissionais da ciência e aos estudos científicos dos seres humanos. O nacionalismo norte-americano aumenta após a Primeira Guerra Mundial, intensificando as suspeitas e as desconfianças em relação às populações de imigrantes, assim como o radicalismo político pelo qual o governo enveredou. Surgiram teorias da democracia industrial que prometiam maior controle sobre os trabalhadores. Grupos de estratos sociais menos favorecidos, como os afro-americanos e os indígenas, enfrentavam uma sociedade cada vez mais hostil, que controlava o acesso à cultura e à economia (ANDERSON, 1988; KLEIBARD, 1995; LOMAWAIMA, 1995).

Então, em que lugar a educação pública figura nesse panorama histórico? Em resposta à complexidade e à multiplicidade de questões sociais do início do século XX, a educação pública foi conceituada como uma instituição social para aculturar os jovens da nação (especialmente, os filhos de imigrantes), na cultura dominante. Esse processo de "aculturação", contudo, tornou-se objeto de intenso debate entre quatro grandes grupos de interesse, todos com ideias diferentes sobre currículo escolar: os *humanistas* (partidários de uma educação clássica, segundo a tradição do cânone ocidental); os *desenvolvimentistas* (defensores do currículo baseado na nova ciência do desenvolvimento infantil); os *melhoristas sociais* (entusiastas das escolas como agentes de mudança social); e os *especialistas em eficiência social* (proponentes do funcionamento das escolas de acordo com princípios industriais) (KLEIBARD, 1995). No fim, nenhum dos grupos chegou a controlar o currículo norte-americano; porém, vale a pena destacar que a eficiência social surgiu como a principal e mais longa influência sobre a educação pública. As marcas deixadas pelos especialistas em eficiência social, aliás, explicam muitos dos pressupostos e dos valores que circulam nas escolas de hoje. Conforme for lendo este texto, você poderá reconhecer vestígios da eficiência social que persistem em seu próprio contexto escolar.

O modelo industrial da educação

Considere o contexto do início do século XX, em que a ciência e a indústria reinavam supremas. Os proponentes da eficiência social, influenciados pelo engenheiro mecânico Frederick Taylor, que aplicou métodos científicos ao gerenciamento industrial, acreditavam que "tecnologia e racionalidade científica" iriam "salvar a escola moderna" (ROUSMANIERE, 1997). Baseando-se nas noções de Taylor de análise "científica" da tarefa e de treinamento "científico" e individualizado de trabalhadores para realizarem tarefas industriais de acordo com sua capacidade, os defensores da eficiência social apoiavam, analogamente, um currículo escolar projetado para educar cada classe de indivíduos de acordo com os seus papéis vocacionais e sociais previstos. As escolas públicas adotaram o "modelo industrial" como uma resposta eficiente para a educação da população diversificada de estudantes da nação (KLEIBARD, 1995). Assim, aquele foi, talvez, o primeiro exemplo de princípios empresariais aplicados ao gerenciamento de escolas públicas – como veremos, uma aplicação que teve consequências materiais significativas para grupos específicos de crianças.

Porém, como poderiam ser feitas previsões sobre a futura posição social e vocacional de um estudante na sociedade? Eis que surgiu o campo da avaliação mental na virada do século XX. Os testes de inteligência forneceram a "tecnologia científica" para a classificação de crianças segundo a sua capacidade "inata". Essas classificações, por sua vez, deram origem a um currículo diferenciado, com cinco percursos, que iam do acelerado ao atípico. Um relatório de 1924 da National Society for the Study of Education, por exemplo, oferece evidências de adaptação de currículo para crianças superdotadas (p. ex., classes especiais, avanço na seriação, enriquecimento, aceleração) (KLEIBARD, 1995). Do lado oposto do espectro educacional, as "crianças atrasadas" eram segregadas em turmas sem seriação, que enfatizavam uma abordagem instrucional de "exercício e habilidade" (FRANKLIN, 1987).

É válido considerar para quem a eficiência social produziu menos benefícios sociais e educacionais. Os filhos de imigrantes, incapazes de demonstrar adequadamente a sua capacidade inata de aprendizagem devido às barreiras linguísticas e culturais, eram colocados desproporcionalmente em turmas de percurso lento. As meninas, independentemente da capacidade, eram colocadas em currículos que as preparavam para desempenhar um papel doméstico na sociedade. De longe, os grupos mais marginalizados eram os filhos de afro-americanos e indígenas. Incentivados pelas "evidências científicas" oferecidas pelos darwinistas sociais, os membros da cultura dominante consideravam esses dois grupos como raças primitivas e inferiores, que precisavam de educação segregada, fora do domínio da escola pública. Dessa forma, escolas segregadas (como o Hampton-Tuskegee Normal Institute for African Americans e a Carlisle School for Native Americans) treinavam estudantes para que adotassem a ética de trabalho protestante, preparando-os para os seus papéis subalternos na sociedade (ANDERSON, 1988; KLEIBARD, 1995; LOMAWAIMA, 1995).

Falamos tudo isso para dizer isto

O que se passava no interior das escolas públicas refletia o clima social e político do exterior – um fenômeno estabelecido desde os primórdios das escolas públicas e mantido durante toda a sua história. Se você leu a discussão sobre o modelo industrial de olho em seu contexto atual, deve ter percebido uma familiaridade entre algumas questões já *centenárias*, como a confiança na avaliação "científica" de crianças, a classificação "eficiente" das crianças conforme a sua capacidade e a marginalização, intencional ou não, de estudantes considerados "diferentes". Conforme sugerido anteriormente neste capítulo, a educação pública pode ser compreendida como uma cultura moldada por padrões de atividade humana e por estruturas sociais que incorporam a sua história, suas crenças, atitudes, práticas e seus valores. O que aconteceu no passado permanece, de um jeito ou de outro, na cultura atual das escolas públicas. Também é válido considerar como os habitantes das escolas públicas experimentam as mudanças políticas e sociais dentro de seu contexto diário. Como as crianças podem entender o impacto de tais questões sobre a experiência escolar delas? Ou será que nem sequer reparam nelas?

Se, por exemplo, eu (Jan) refletir sobre as minhas próprias experiências como estudante de escola pública, branca e de classe média, a lembrança mais destacada que tenho de meus primeiros anos no ensino fundamental foi a intensa crise entre os Estados Unidos e Cuba no início dos anos de 1960. Junto com comerciais de televisão que apresentavam comodidades modernas para abrigos antibomba e interrupções de programas de TV destinadas a relembrar o público sobre o que fazer em caso de "emergência" (ou seja, um míssil nuclear vindo em nossa direção), as crianças norte-americanas em idade escolar dessa época praticavam regularmente, sob o comando dos professores, a busca por proteção debaixo das mesas. Enquanto eu me enfiava embaixo da minha mesa, com os joelhos esfolados tocando em meu queixo, pensava se a minha professora realmente acreditava que mesas de madeira eram métodos confiáveis de proteção nuclear, mas era simplesmente menos assustador supor que ela acreditava.

Além dos rotineiros exercícios de segurança, a Guerra Fria insinuou-se para dentro do currículo das escolas dos Estados Unidos. Lembro-me da minha professora do

1º ano distribuindo, reverentemente, nossos novos livros didáticos chamados de "Nova Matemática". Não me lembro das particularidades dessa introdução à Nova Matemática, mas fiquei com a vaga ideia de que a Nova Matemática (ao contrário da Velha Matemática) era a maneira pela qual iríamos nos defender dos russos. Assim, em uma era pós-Sputnik, a política internacional chegou à minha sala de aula do 1º ano, juntamente com a instrução de dominar habilidades matemáticas e científicas como forma de contribuirmos ativamente para a corrida espacial (isto é, a dominação mundial). Parecia que aprender a Nova Matemática era o que eu poderia fazer para ajudar os Estados Unidos.

À época em que cheguei ao 6º ano do ensino fundamental, a dessegregação tornou-se a característica definidora da minha educação. É possível que nenhum outro evento político tenha tido um impacto tão significativo sobre a escola pública norte-americana do que a jurisprudência do caso *Plessy versus Ferguson*, de 1954, em que a Suprema Corte decidiu derrubar a doutrina *separate but equal* (separados, mas iguais) que dava sustentação à existência de escolas públicas racialmente segregadas. Tendo surgido a partir do movimento dos direitos civis, o caso *Brown versus Conselho de Educação* desafiou as bases legais para a escolarização segregada no Kansas e em outros 20 estados. A Suprema Corte declarou as escolas públicas racialmente segregadas como inconstitucionais, além de violar a Décima Quarta Emenda, que garante igualdade perante a lei a todos os cidadãos (SUPREME COURT OF THE UNITED STATES, 1954). Por causa dessa decisão histórica, foi exigido que os estados cumprissem a política de dessegregação "com a máxima urgência".[1] O cumprimento formal, contudo, aconteceu apenas depois de anos de resistência, particularmente nos estados do sul. A integração na maioria das escolas públicas do sul ocorreu na administração Nixon, em 1970[2] – como foi o caso da minha escola de ensino fundamental na Carolina do Norte.

Para muitos dos residentes da pacata cidade sulista em que eu vivia na época, a dessegregação representava a imposição do governo sobre um modo de vida já estabelecido. Ela acabou se revelando um processo polêmico que, previsivelmente, provocou medo, ira e ansiedade em ambos os lados da questão. Os corpos docentes das escolas foram integrados primeiro, seguidos dos corpos discentes. Lembro-me de ameaças de bomba e da súbita migração de amigos brancos para escolas particulares abertas às pressas. No entanto, a lembrança do silêncio é a que mais se destaca em minha memória. Contra o pano de fundo de uma das mudanças sociais mais significativas da história dos Estados Unidos, os professores deram prosseguimento às atividades escolares como se nada estivesse acontecendo. Sem discussões. Sem preparação. Esperando pelo inevitável. E o inevitável chegou de ônibus. Muitos ônibus.

Eu me senti aliviada por serem eles, e não eu, que tiveram de fazer a transição para uma escola já ocupada em uma vizinhança que não era a deles. *Como eles devem ter se sentido?* Era o que eu imaginava naquele silêncio que nos separava. Esforços administrativos para manter a separação dentro da integração não foram abandonados, tanto por parte dos professores como dos alunos. A agenda oculta impregnava nossos corredores – interação mínima produz máximo controle. Não houve fóruns nem esforços para se construir um senso comunitário. Naquele ano, houve duas rainhas do baile. Uma branca e outra negra. Houve dois grêmios estudantis. Um branco e outro negro.

Vamos parar por um momento para ponderarmos sobre essa etapa de nossa jornada pela história. Acabamos de passar por uma grande quantidade de imagens que ilustram como as agendas sociais e políticas exercem enorme influência sobre a leitura, a escrita e a aritmética. Embora essas imagens sejam próprias da minha experiência, elas pertencem à história comum que compartilho com a minha geração de colegas de escola. E essa história repercutiu em todas as demais gerações de escolares, incluindo a *sua*, cujas experiências compõem o legado da educação pública norte-americana. Sendo um professor novo, você está adentrando em um rio de história em que as águas do passado correm sobre as do presente e do futuro. O passado é um bom lugar para se procurar pistas sobre o presente. Olhar para o passado educacional é comparável a usarmos as histórias de família para melhor entendermos quem somos no mundo. Em certo sentido, você entrou em uma família de educadores conectados por uma história compartilhada.

Levando em consideração que não é nossa intenção escrever uma história da educação pública, encerraremos com uma visita à última parada de nosso itinerário histórico – a origem e o resultado daquela que talvez seja a maior legislação para pessoas com deficiência* da história dos Estados Unidos – e o foco de nosso texto.

PODEMOS LEGISLAR POLÍTICAS, MAS NÃO PODEMOS LEGISLAR ATITUDES

As escolas são povoadas por seres humanos que chegam com uma miríade de valores, culturas, etnias, línguas, crenças, histórias e comportamentos. Conforme ilustrado pelo trágico exemplo da "separação dentro da integração" da minha experiência inicial com a dessegregação, políticas legislativas que precedem mudanças atitudinais podem encontrar uma resistência insidiosa que persiste até na letra da lei. Apesar do inegável progresso social que ocorreu desde os primeiros dias da dessegregação, há aqueles que insistem que o espírito do caso *Brown versus Conselho de Educação* ainda não foi inteiramente concretizado. Talvez não seja surpreendente, então, que o marco legal, a Lei Pública 94-142 – outro exemplo de política legislativa que precedeu mudanças de atitude – encontrou resistência muito semelhante (Ferri; Connor, 2006).

Vamos retornar aos anos que antecederam 1975. Na perspectiva do presente, parece algo chocante o fato de que não se ofereceu educação aos estudantes com deficiência. Enquanto algumas escolas públicas escolheram oferecer classes segregadas para estudantes com deficiência, outras não o fizeram. Os estabelecimentos privados atenderam as famílias abastadas que procuravam opções educacionais. Não era incomum essas crianças ficarem em casa.

Aproveitando a dinâmica do movimento dos direitos civis e do caso *Brown versus Conselho de Educação*, os pais de crianças com deficiência e seus defensores alegaram a violação da Décima Quarta Emenda (que garante que todos os cidadãos são iguais perante a lei) e pressionaram por leis que garantissem uma educação gratuita e adequada para *todas* as crianças. Seus esforços foram recompensados em 1975, quando o Congresso aprovou a Lei Pública 94-142 (United States Congress, 1975). Foram concedidos três anos aos estados para que criassem estruturas institucionais que apoiassem a avaliação e os serviços para estudantes com deficiência, conforme havia sido determinado pela lei – caso contrário, enfrentariam a perda de recursos federais para a educação pública. (É possível que a imposição do limite de três anos fosse um reflexo das lições aprendidas com a diretiva federal anterior para a integração das escolas públicas "com a máxima urgência.")

No outono de 1978, o ano final do prazo para os estados implementarem a Lei Pública 94-142, comecei meu primeiro ano como professora em uma sala de reforço para alunos com dificuldades específicas de aprendizagem (LD, na sigla em inglês para *learning disability*), em uma escola de segundo ciclo do ensino fundamental. Imaginei que estava entrando em um contexto educacional que incorporava o espírito da

---
* N. de R.T.: A expressão "necessidades (educacionais) especiais" foi abolida dos documentos oficiais do Ministério da Educação (MEC) e na literatura nacional recente pela falta de especialidade. Os termos "com deficiência" e "população-alvo da educação especial" foram adotados para se referir a alunos no contexto da educação inclusiva.

lei. Em vez disso, encontrei uma comunidade escolar – não muito diferente da maioria da época – que via as complexas exigências para estruturas e regulamentos institucionais da nova lei como uma intromissão considerável. Foi uma transição marcada pelo ressentimento e pela resistência da parte de muitos professores e gestores das escolas. De forma semelhante à resposta do público à dessegregação, a Lei Pública 94–142 gerou medo, raiva, e ansiedade entre os interessados da escola pública, levantando a seguinte questão: a quem as escolas públicas norte-americanas *realmente* pretendem servir e com que finalidade?

QUEM SE ADEQUA, E COMO SABEMOS?

O caso *Brown versus Conselho de Educação* e a Lei da Educação para Todas as Crianças com Deficiência (posteriormente renomeada de Lei da Educação para Indivíduos com Deficiência, ou IDEA, na sigla em inglês) determinaram que "separados e desiguais" é inconstitucional, segundo a Décima Quarta Emenda. Em outras palavras, a lei federal determina que *todas* as crianças norte-americanas têm direito à educação pública gratuita e apropriada. Contudo, conforme foi apontado no início do capítulo, as escolas públicas são espaços altamente politizados, onde seres humanos competem por recursos materiais, bem como por benefícios sociais e educacionais. As persistentes desigualdades entre as escolas públicas urbanas e suburbanas são lendárias (Kozol, 1992, 1995, 2000, 2005). Não estamos sugerindo que exista um grande esquema orquestrado por membros da cultura dominante para assegurar os seus privilégios sobre os demais, e sim que as desigualdades (altamente correlacionadas com raça e *status* econômico) foram naturalizadas dentro das práticas da escola pública dos EUA. Ilustraremos isso com um exemplo sobre as origens de uma das categorias da população-alvo da educação especial da IDEA.

O fenômeno das dificuldades específicas de aprendizagem: científico ou político?

A história do campo das dificuldades específicas de aprendizagem está bem documentada em textos universitários e periódicos educacionais. Ela é frequentemente contada como uma história do contínuo progresso científico, levando à descoberta de uma patologia infantil, que, por sua vez, pode ser identificada e tratada. Durante a primeira metade do século XX, as crianças com inteligência aparentemente "normal" que apresentavam dificuldades significativas para aprenderem a ler e a escrever tornaram-se objeto de estudo de oftalmologistas, neurologistas, doutores, psicólogos e educadores. Em resposta a essa emergente pesquisa científica, o campo das dificuldades específicas de aprendizagem foi oficialmente estabelecido em 1963, em uma conferência patrocinada pelo Fundo para as Crianças com Deficiência Sensoriais. Samuel Kirk, um proeminente orador na conferência, é creditado como o introdutor do termo "dificuldades específicas de aprendizagem" para diferenciar um grupo particular de crianças com dificuldades de aprendizagem das outras crianças com deficiência (p. ex., deficiência intelectual, auditiva e/ou visual) (Hallahan; Cruickshank, 1973).

O que poderia estar acontecendo aqui – afinal, isso é ciência, certo? Vamos revisitar os anos que precederam a conferência de 1963, em que Samuel Kirk usou pela primeira vez o termo "dificuldades específicas de aprendizagem". Os Estados Unidos do Pós-Guerra viviam em intensa inquietação devido à ameaça do comunismo. Após o lançamento bem-sucedido do Sputnik, em 1957, a constante e crescente competição pelo controle mundial dos interesses militares e comerciais entre os Estados Unidos e a União Soviética se intensificou, assim como a ideia de que as escolas norte-americanas deveriam priorizar a educação para os que eram considerados talentosos academicamente, os quais iriam se tornar os líderes científicos, empresariais e tecnológicos da nação (Spring, 2002). Em

1957, o contra-almirante H. G. Rickover informou o país de que era uma questão urgente para a segurança nacional aumentar os padrões educacionais e implementar um sistema de percursos para fornecer um tipo *específico* de educação para estudantes com níveis de habilidade *específicos* (p. ex., aspirantes a universitários, comuns e lentos), sendo que os professores mais talentosos seriam designados para o percurso educacional dos aspirantes a universitários (RICKOVER, 1959). Dessa maneira, rapidamente se tornou natural no sistema educacional público norte-americano colocar os estudantes em percursos de acordo com a capacidade e para atribuir o mais alto valor social aos estudantes mais dotados e que aspiram ingressar em uma universidade.

No cerne da ideia naturalizada de que os estudantes podem e devem ser distribuídos dentro das categorias de inteligente, mediano e lento está o pressuposto de que nem todos os estudantes irão atingir os padrões educacionais médios. Para explicar esse fracasso "necessário", os educadores dos anos de 1960 identificaram deficiências em determinadas crianças e/ou em seus ambientes domésticos, a fim de construir quatro categorias de estudante – o "mentalmente retardado", o lento para aprender, o emocionalmente perturbado e os culturalmente carentes. Essas quatro categorias ofereciam explicações para o fracasso escolar dos filhos das "minorias" que vinham de ambientes "culturalmente carentes", mas não explicavam por que algumas crianças brancas de classe média não eram capazes de acompanhar a elevação dos padrões acadêmicos (SLEETER, 1986). A eminente estudiosa Christine Sleeter afirma que

> o termo "dificuldades específicas de aprendizagem" foi criado para explicar o fracasso das crianças em atingir aqueles padrões quando as explicações existentes baseadas em deficiências intelectuais, emocionais ou culturais não pareciam adequadas. As dificuldades específicas de aprendizagem pareciam explicar bem o caso das crianças brancas de classe média, pois não colocavam a culpa no ambiente de suas casas ou da vizinhança, defendiam sua normalidade intelectual e davam-lhes esperança de cura e de que teriam a capacidade de conseguir ocupações de *status* relativamente maior do que as de outros alunos com desempenho fraco (SLEETER, 1987, p. 231).

Talvez uma interpretação mais precisa do nascimento do campo das dificuldades específicas de aprendizagem seja aquela que representa a *interação* entre o discurso educacional do momento e as mais novas informações científicas disponíveis. Em outras palavras, é também possível que os pais de famílias brancas de classe média do início dos anos de 1960 apoiadas pelas mais recentes pesquisas médicas – a saber, uma condição neurológica chamada de dificuldade específica de aprendizagem – para explicar aos educadores por que os seus filhos (que estavam entre aqueles de quem se esperava um bom desempenho) não conseguiam atingir padrões acadêmicos mais elevados? Isso não significa que os pais de famílias brancas de classe média buscavam, conscientemente, uma distinção que iria separar seus filhos com dificuldades acadêmicas das demais crianças; contudo, devemos reconhecer que esses pais possuíam o capital social e cultural que lhes permitia (1) usufruir das mais recentes pesquisas médicas, (2) procurar e pagar por serviços privados de diagnóstico, (3) chamar a atenção dos educadores para esse problema neurológico de aprendizagem recentemente identificado e (4) exigir que os funcionários da escola considerassem seus filhos com dificuldades acadêmicas como capazes de obterem, pelo menos, um nível educacional e uma ocupação condizentes com o atual *status* socioeconômico da família. Vale a pena destacar que a documentação subsequente dos estudantes classificados na categoria das dificuldades específicas de aprendizagem, entre 1963 e 1973, indica que a maioria era, de fato, branca e de classe média ou de *status* socioeconômico mais elevado.

Oferecemos a você esse exemplo não para desafiar as bases biológicas das dificuldades específicas de aprendizagem, e sim para ilustrar a natureza complexa das escolas públicas e das pessoas que nelas habitam. No momento em que os professores adentram esse contexto, eles começam a se envolver com o "mundo que já estava ali" – a história, a política, a economia, as raças e culturas, a estratificação social, a linguagem, os valores e os sistemas de crenças firmemente tramados na intrincada tapeçaria que é a escola pública norte-americana. Você sabe – "todas aquelas *outras* coisas" sobre as quais nossos alunos lamentam rotineiramente? *Isso* é aquelas "coisas" – sempre presentes e frequentemente anônimas.

Educação especial: um sistema paralelo

Com a aprovação da Lei Pública 94-142, em 1975, garantiu-se nos Estados Unidos a educação pública e gratuita para *todas* as crianças. As escolas públicas não podem mais optar por educar apenas crianças sem deficiência. Agora é para *todos*. Bem, até certo ponto.

A noção de ambiente minimamente restritivo (LRE, na sigla em inglês para *last restrictive environment*) para os estudantes do público-alvo da educação especial é essencial para a Lei Pública 94-142. O LRE significa que, tanto quanto possível, os estudantes com deficiências são educados junto com os colegas sem deficiência, têm acesso tanto ao currículo geral como a atividades extracurriculares e recebem serviços e auxílios complementares, conforme a sua necessidade, para que atinjam um nível comparável aos de seus colegas sem deficiência. Um contínuo de serviços também está disponível para para atender as necessidades sociais e de aprendizagem daqueles estudantes cuja gravidade da deficiência demanda um ambiente mais especializado do que o contexto da sala de aula comum. As decisões a respeito da colocação mais adequada ao aluno são tomadas pelo pessoal da escola em colaboração com os pais.

Como disse anteriormente, comecei a lecionar no ano final do prazo dado aos estados para implementarem a Lei Pública 94-142. Embora os estudantes com deficiência tivessem conquistado o direito de receber uma educação pública gratuita e adequada, em um ambiente minimamente restritivo, observei durante aqueles primeiros anos que nem todos os administradores de escolas, professores ou pais de crianças sem deficiência concordavam que a presença dos estudantes com deficiência nas salas de aula comuns era *adequada*. Em minha função como professora de reforço de uma escola de segundo ciclo do ensino fundamental, via cada um na sala de recursos para dificuldades específicas de aprendizagem durante um período letivo diário. Apesar de passar os outros seis períodos de aula em salas de aula comuns, meus alunos eram rotineiramente referidos pela maioria dos professores como "crianças da Jan" (como se estivesse apresentando algum tipo de Teleton escolar interminável), refletindo a crença de que eu era a única responsável pela educação deles. Não era incomum um professor se recusar a colaborar comigo, dizendo algo como: "Não estudei para ensinar esse tipo de criança. Se quisesse fazer isso, teria me formado em educação especial". Permita-me acrescentar aquilo que eles não diziam: "Portanto, este é o seu trabalho, e não meu".

Tendo vivido a dessegregação durante os meus últimos anos no ensino fundamental, reconheci uma resposta extraordinariamente similar à integração de estudantes com deficiência. Conforme as exigências da lei, os distritos escolares construíram a infraestrutura que iria apoiar a educação especial. Porém, pouca ou nenhuma preparação de professores ocorreu no âmbito das escolas. Nenhum debate. Esperavam pelo inevitável. E, novamente, ele chegou de ônibus. Só que, dessa vez, de micro-ônibus amarelos.

Conforme a instituição da educação especial foi se estabelecendo nas escolas públicas, acompanhou-a um quadro de profissionais – professores de educação especial, psicólogos escolares, paraprofissionais, fonoaudiólogos, administradores de educação especial, fisioterapeutas, terapeutas ocupacionais e outros. Os materiais comprados para a educação especial com dinheiro do governo federal foram indelevelmente assinalados como "Lei Pública 94-142" e designados para uso *exclusivo* de estudantes identificados como sendo do público-alvo da educação especial. Foram abertas salas de aula de educação especial dentro dos prédios das escolas, e elas assumiram o espaço de armários de livros, palcos de auditório, salas de leitura de bibliotecas e porões não utilizados. Pequenas vilas de salas de aula móveis para a educação especial pontilharam os pátios das escolas.

Lembrando o fenômeno da "separação dentro da integração" da minha experiência no ensino fundamental, os estudantes com deficiência eram integrados em salas de aula comuns somente se demonstrassem a capacidade de ter um desempenho semelhante aos estudantes *sem* deficiência (ver o Capítulo 2); caso contrário, eles eram colocados em classes segregadas nas quais suas "necessidades especiais" poderiam ser atendidas por meio da perícia de professores "especiais" e dos materiais didáticos "especiais". Novamente, não estamos sugerindo que havia qualquer estratégia consciente por parte do pessoal das escolas para excluir os estudantes com deficiência da escola comum. Na verdade, os funcionários das escolas, agindo conforme crenças culturais antigas sobre as crianças com deficiência *serem* qualitativamente diferentes das crianças sem essas deficiências, conceitualizaram o recém-implementado sistema de educação especial como o contexto ao qual as crianças com deficiência pertenciam – em essência, a um sistema paralelo de educação.

Olhando em retrospectiva, parece que tal resposta à educação especial poderia ter sido prevista, considerando-se que a implementação da lei precedeu quaisquer mudanças de atitude em grande escala, ou qualquer melhoria na compreensão a respeito do público-alvo da educação especial entre os funcionários de escolas públicas. De modo bastante previsível, começou a aumentar a quantidade de pesquisas relacionadas aos resultados acadêmicos e sociais negativos para os estudantes em classes segregadas (ver Capítulo 2). À luz dessas descobertas, filosofias e práticas inclusivas começaram a surgir para trazer serviços de apoio ao ambiente educacional comum no lugar da segregação – uma abordagem em relação aos estudantes com deficiência, que é o foco deste livro.

De volta ao presente

Olhe em volta de seu atual contexto escolar. Não é preciso que salientemos que você está lecionando na era da prestação de contas. Em nenhum outro momento da história da educação pública os desempenhos de estudantes e professores foram tão intensamente vigiados pelos governos locais, estaduais e federal. Neste momento histórico, a educação pública é *definida* pela reforma educacional baseada em padrões do *No Child Left Behind* (NCLB).

Lembra-se da primeira aplicação de princípios empresariais na educação pública? Durante o começo do século XX, os reformadores da eficiência social impuseram os princípios do "modelo industrial" às escolas públicas – cujos vestígios permanecem dentro da estrutura e da tradição das escolas públicas norte-americanas. Não há dúvidas de que estamos passando pela segunda onda de aplicação de princípios empresariais à educação pública. Parece que distritos escolares por todo o país estão designando, cada vez mais, jovens com diplomas de MBA da Ivy League para "nos salvar de nós mesmos" (isto é, para implementar a ideologia do empresariado norte-americano em nossas escolas). Na cidade de Nova York, onde nós dois vivemos e trabalhamos, o linguajar do empresariado norte-americano está adentrando a educação pública. Há CEOs (no lugar de diretores), especialistas em apoio de rede (no lugar de consultores pedagógicos de currículo), atendimento ao consumidor (no lugar do setor de relacionamento família/escola) e a criação de manuais de procedimentos de operações padrão (SOPMs, na sigla em inglês para *standard operating procedures manuals*), para citar apenas alguns exemplos.

Como formadores de professores, costumamos conversar com professores de escolas públicas sobre seu trabalho cotidiano. Ouvimos reclamações contínuas sobre tempo e energia excessivamente dedicados à avaliação formal (ver Capítulo 8), assim como preocupações com relação à capacidade das medidas padronizadas refletirem o crescimento acadêmico das crianças como indivíduos inseridos em contextos locais. Os professores mais experientes admitem que escolhem as classes em que há menores exigências em relação à avaliação formal (podemos nos questionar qual pode ser o resultado de professores menos experientes trabalhando em classes que demandam as mais abrangentes avaliações formais). Outros reconhecem, ainda, que resistem em ensinar em salas inclusivas (ver Capítulo 4) por temerem que as notas dos estudantes com deficiência possam resultar em uma avaliação ruim de seu ensino. Obviamente, o contexto no qual os professores trabalham diariamente pode ser tudo, menos neutro.

E como as crianças de hoje percebem a era da prestação de contas? Certamente, mesmo as crianças mais jovens entendem os testes como algo curiosamente importante para os adultos. Em pouco tempo, elas compreendem que o desempenho nos testes tem algo a ver com o modo como as outras pessoas – em outras palavras, professores e colegas – pensam sobre elas. Ouvimos rotineiramente as crianças nas escolas públicas referirem-se a si mesmas e aos demais como um, dois, três ou quatro, em referência aos escores em testes padronizados – refletindo não apenas a internalização dessas classificações, mas também o *valor* atribuído a cada nota. Em alguns distritos escolares, como na cidade de Nova York, os testes de alto padrão determinam a promoção ou a retenção do aluno; além disso, as escolas públicas recebem "notas" (baseadas em escores de testes) que determinam de forma definitiva se ela permanecerá aberta ou não. À luz da atenção redobrada que é dada às "populações minoritárias", conforme exigência da NCLB, os aprendizes da língua inglesa e os estudantes com deficiência experimentam tanto consequências previsíveis quanto imprevisíveis da vigilância reforçada. Em um clima de intensa prestação de contas, podemos esperar que os estudantes sejam inevitavelmente classificados, de uma forma ou de outra, como mais ou menos desejáveis – o que nos leva de volta à questão: quem se adequa, e como sabemos?

EM QUE VOCÊ ACREDITA E POR QUE VOCÊ ACREDITA NISSO = COMO VOCÊ ENSINA

Esperamos que nosso primeiro capítulo não tenha feito você ir vasculhar os classificados de empregos, na esperança de encontrar uma carreira mais fácil. Em vez disso, esperamos ter passado a ideia de que o contexto escolar no qual você leciona é *previsivelmente* complexo, contraditório e mutável – um reflexo do momento político, social e econômico em que vivemos. Além do mais, é um contexto no qual interações humanas múltiplas, simultâneas e, por vezes, confli-tuosas ocorrem a todo o momento. Ensinar é uma atividade confusa – e também gloriosa. Ter a missão de educar os corações e as mentes dos jovens do país é aceitar um privilégio profundo, emocionante e assustador.

Ao longo deste capítulo, observamos o impacto da legislação sobre o cotidiano de professores e estudantes. Demos exemplos disso ao mostrarmos as políticas federais promulgadas no nível local, o que nos levou a afirmar que "podemos legislar políticas, mas não podemos legislar atitudes". O fato de a lei ser ou não cumprida depende de professores comprometidos com os ideais da educação pública em uma democracia. Assim, aquilo no que você acredita e por que acredita tem tudo a ver com quem você é como professor. E quem você é como professor tem tudo a ver com com o que você pensa e como ensina as crianças.

Por conseguinte, aquilo no que os professores acreditam em relação às deficiências determina como os estudantes com deficiência *realmente* são educados. A lei federal cria a infraestrutura e os procedimentos para identificar e atender os estudantes com deficiência, mas o espírito dessa lei revolucionária acontece (ou não) na relação entre o professor e o aluno. Vamos considerar o seguinte exemplo: um novo aluno do 4º ano chega à escola. Seus pais trazem uma cópia do seu Plano Educacional Individual (PEI). A professora A lê o PEI pensando em quão bem o aluno vai se "encaixar" na sua sala de aula. Com dúvidas de que a sua sala de aula seja um ambiente minimamente restritivo em que as necessidades educacionais e comportamentais desse aluno serão atendidas, a professora A documenta cuidadosamente os comportamentos que dão suporte à sua crença de que um ambiente mais restritivo seja assegurado. Ela apresenta a sua documentação à equipe de educação especial, expressando particular preocupação com o fato de não ser qualificada para ensinar esse aluno. O professor B, por outro lado, lê o PEI pensando nas necessidades do estudante para se sair bem-sucedido em sua sala de aula. Ele apoia de modo proativo a transição do estudante. O professor B observa cuidadosamente o estudante e se concentra no desenvolvimento de estratégias orgânicas que irão apoiar a sua inclusão na comunidade da classe. Ele mantém contato regular com os pais da criança e consulta a equipe de educação especial.

O que é notável em relação ao exemplo precedente é que o aluno com deficiência é o mesmo. O que muda é a *conceitualização* desse aluno, dependendo de quem está "o observando". E *como* um professor define um estudante com deficiência tem tudo a ver com o resultado educacional daquele estudante.

O que nos interessa como formadores de professores é *quando* e *onde* os professores desenvolvem crenças sobre deficiências (bem como *por quê*), e o que essas crenças têm a ver com a prática em sala de aula. Após termos determinado neste capítulo que a educação pública foi e continua sendo moldada pelos padrões das atividades humanas e das estruturas sociais, agora nos voltaremos para um exame das crenças em relação às deficiências dentro da cultura norte-americana (no passado e no presente) e o impacto dessas crenças sobre os resultados educacionais dos estudantes com deficiência.

QUESTÕES PARA REFLEXÃO

1. Como professor iniciante, o que você acha que é mais desafiador em seu contexto escolar?
2. Como *você* define o propósito da educação?
3. Os vestígios da eficiência social são evidentes dentro do seu contexto escolar? Explique.
4. Recorde-se de sua própria experiência escolar. Que questões sociais e políticas impactaram a sua educação? Você notou qualquer coisa a respeito dessas questões em sua escola quando era criança? Explique.
5. Quais são as questões sociais e políticas mais salientes de hoje? Como você vê essas questões impactando seu trabalho como professor?
6. Você concorda com nossa asserção de que podemos legislar políticas, mas não podemos legislar atitudes? Por quê?
7. Quais paralelos você vê entre a integração racial nas escolas e a integração dos estudantes com deficiência?
8. Como você sabe "quem se adequa" em sua comunidade escolar? Explique.
9. Como os estudantes em sua sala de aula poderiam compreender as atuais questões políticas e sociais que impactam a escola de hoje? Como você sabe?
10. Você concorda que as deficiências podem ser construídas diferentemente, dependendo do ponto de vista do observador? Por quê?

NOTAS

1. Ver http://www.supremecourthistory.org/02_history/subs_history/02_c14.html
2. Ver www.time.com/time/magazine/article/0,9171, 902634

REFERÊNCIAS

ANDERSON, J. D. *The education of blacks in the South, 1860-1935*. Chapel Hill: The University of North Carolina, 1988.

FERRI, B. A.; CONNOR, D. J. *Reading resistance:* discourses of exclusion in desegregation and inclusion debates. New York: P. Lang, 2006.

FRANKLIN, B. M. The first crusade for learning disabilities: the movement for the education of backward children. In: POPKEWITZ, T. (Ed.). *The foundations of the school subjects*. London: Falmer, 1987. p. 190-209.

HALLAHAN, D. P.; CRUICKSHANK, W. M. *Psycho-educational foundations of learning disabilities*. Englewood Cliffs: Prentice-Hall, 1973.

KLEIBARD, H. M. *The struggle for the American curriculum, 1893-1958*. 2nd ed. New York: Routledge, 1995.

KOZOL, J. *Amazing grace:* the lives of children and the conscience of a nation. New York: Harper Collins, 1995.

KOZOL, J. *Ordinary resurrections:* children in the years of hope. New York: Harper-Collins, 2000.

KOZOL, J. *Savage inequalities:* children in America's schools. New York: Harper Collins, 1992.

KOZOL, J. *The shame of the nation:* the restoration of apartheid schooling in America. New York: Three Rivers, 2005.

LOMAWAIMA, K. T. Domesticity in the federal Indian schools: the power of authority over mind. In: TERRY, J.; URLA, J. (Ed.). *Deviant bodies:* critical perspectives on differences in science and popular culture. Bloomington: Indiana University, 1995. p. 197-218.

RICKOVER, H. G. *Education and freedom*. New York: E. P. Dutton, 1959.

ROUSMANIERE, K. *City teachers:* teaching and school reform in historical perspective. New York: Teachers College, 1997. p. 3.

SLEETER, C. E. Learning disabilities: the social construction of a special education category. *Exceptional Children*, Reston, v. 53, n. 1, p. 46-54, 1986.

SLEETER, C. E. Why is there learning disabilities? A critical analysis of the birth of the field in social context. In: POPKEWITZ, T. (Ed.). *The foundations of school subjects*. London: Falmer, 1987. p. 231.

SPRING, J. H. *Conflict of interests:* the politics of American education. 4th ed. New York: McGraw-Hill, 2002.

SUPREME COURT OF THE UNITED STATES. *347 U.S. 483:* Brown v. Board of Education. [S.l.: s.n.], 1954.

UNITED STATES CONGRESS. *Public Law 94-142:* education for all handicapped children. Washington, 1975. Amending Education of the Handicapped Act, renamed Individuals with Disabilities Education Act, as amended by P.L. 98-199, P.L. 99-457, P.L. 100-630, e P.L. 100-476, 20 U.S.C., Secs. 1400-1485.

2

Contemplando a (in)visibilidade das deficiências

Em todos os lugares e em lugar nenhum: a pessoa com deficiência (in)visível

"Por que não consigo me lembrar de ter ido à escola com crianças com deficiência ou de ter tido uma professora com deficiência?"

Dependendo de quando e onde você nasceu, as respostas para a pergunta da página anterior podem ser significativamente diferentes. Eu (David) nasci no Reino Unido e frequentei a escola de meados da década de 1960 até o final dos anos de 1970. Lembro-me de poucas crianças com deficiências. Por exemplo, havia o Kelvin,[1] que foi transferido para um ambiente segregado no 6º ano, um local chamado de Escola Glebe. Olhando em retrospecto, lembro-me dele como uma pessoa com deficiência intelectual. Mesmo assim, até aquele momento, ele participava de todas as aulas, praticava esportes com todos, almoçava e saía conosco. A escola para a qual ele foi mandado era ridicularizada como um lugar para estudantes "estúpidos". No vocabulário local, ser chamado de "um Glebe" era o máximo da humilhação. Também havia a Chrissie, apelidada de "burrinha", que tinha dificuldades de socialização. Havia o Daniel, que tinha dificuldades em todas as áreas de estudo e era asmático crônico, o que fazia dele sempre o último a ser escolhido para os times de esportes. Finalmente, havia duas meninas com pernas tortas que necessitavam de suportes ortopédicos. A primeira, Deidre, frequentou a nossa escola desde o primeiro dia. A segunda, Mary, foi transferida aos 16 anos para uma escola particular para fazer os dois últimos anos.

Ter me tornado um educador especializado no trabalho com estudantes com deficiência me faz pensar em meus ex-colegas com frequência. Nunca mais ouvi falar de Kelvin até que, em um reencontro de ex-colegas do ensino médio, a irmã dele nos perguntou por que ele não tinha sido convidado. A verdade é que todos haviam se esquecido dele, apesar de ele ainda viver na mesma comunidade. Ao me lembrar da Chrissie, estremeço pensando no modo como as pessoas, em sua maioria, pegavam no pé dela e ainda a deixavam sozinha na maior parte do tempo. Daniel teve uma passagem tranquila pela escola. Ele era bem aceito pelo nosso grupo, já que vinha de uma grande família de irmãos durões que sempre o defendiam.

Entretanto, ele deixou de aproveitar grande parte das oportunidades educacionais e traçou um percurso acadêmico inferior. Ocasionalmente, quando visito a minha cidade, encontro Deidre e Mary. Hoje, as duas estão casadas e têm filhos.

Embora essas memórias pareçam ser substanciais, tenha em mente que as minhas recordações se estendem por um período de 12 anos de experiência escolar, significando que posso contar nos dedos da mão o número de estudantes. Se os estudantes com deficiência correspondem a, aproximadamente, 15% da população, onde estavam todos os outros? Desde então, é claro, foram promulgadas nos Estados Unidos e no Reino Unido leis importantes que proporcionam acesso e apoio às crianças com deficiências (que são discutidas na seção deste capítulo intitulada "Uma breve história das deficiências nas escolas públicas norte-americanas"). Os estudantes que antes eram esquecidos, negligenciados e/ou colocados em ambientes segregados, agora têm o direito de serem escolarizados junto com os seus colegas sem deficiência. No entanto, apesar dos esforços legislativos, muitos alunos com desenvolvimento atípico ainda permanecem em ambientes segregados.

A propósito, não me lembro de nenhum professor com deficiência, à exceção de uma. Ela tinha a coluna encurvada e – no mundo sem vergonha alguma que é o ensino médio – foi cruelmente apelidada de Quasimodo. Mais uma vez, dado o número de pessoas com deficiência na sociedade, pondero sobre a falta de professores com deficiências visíveis. Onde estavam ou estão os exemplos a serem seguidos por estudantes com ou sem deficiência?

DEFICIÊNCIAS E SOCIEDADE

Começamos dando destaque às nossas memórias pessoais, porque elas refletem a relativa *ausência* de pessoas com deficiência em salas de aula comuns. Por ausência, referimo-nos não apenas à ausência física nas salas de aula (como professores e alunos), mas também à ausência de uma representação realista no currículo escolar – e, talvez mais significativamente, na sociedade como um todo.

Este capítulo aborda três grandes áreas de interesse que estão intimamente relacionadas. Primeiramente, contemplamos as percepções comuns das deficiências e as comparamos com as experiências vividas pelas pessoas com deficiência em nossa sociedade, desafiando, assim, os pressupostos culturais e as percepções errôneas que frequentemente estereotipam as pessoas com deficiência. Examinamos representações das deficiências encontradas nos artefatos comuns da cultura popular (p. ex.: livros, filmes, televisão, instituições de caridade, noticiários, superstições, língua) e contrastamos tais entendimentos com as representações próprias da "cultura das deficiências". A seguir, traçamos brevemente a história da educação de alunos com deficiência nos Estados Unidos, destacando a militância dos pais, que resultou na legislação que mudaria a estrutura e as práticas das escolas públicas. Aqui, também discutimos o crescimento problemático da educação especial como um lugar em vez de um serviço, o crescimento da rotulação de deficiências e o contramovimento da educação inclusiva, que desafiou esses fenômenos. Por último, exploramos as consequências imprevisíveis do sistema de educação especial por meio de um panorama de pesquisas que apontam resultados preocupantes para os alunos com deficiências, tais como a persistente representação excessiva de estudantes afro-americanos em classes especiais, o estigma social e acadêmico, a falta de acesso ao currículo educacional geral, as baixas taxas de conclusão de curso e o subemprego e o desemprego de adultos.

Pressuposições *versus* realidades da vida para pessoas com deficiência

Os estudiosos do campo das deficiências têm chamado a atenção para como as pessoas sem deficiências percebem os indivíduos com deficiência. O livro marcante de Joseph Shapiro, *No Pity* (Sem Piedade), começa com a seguinte frase: "Os norte-americanos sem deficiências não entendem aqueles que as têm." (SHAPIRO, 1993, p. 3). Ele segue contando uma história, de ter ouvido diversos elogios a uma pessoa com deficiência. Em seu velório, muitas pessoas fizeram comentários como: "Ele nunca me pareceu uma pessoa deficiente" ou "Ele era a pessoa menos deficiente que já encontrei". Tais cumprimentos bem-intencionados, entretanto, negam que as deficiências sejam uma parte integral da experiência de vida e da identidade de uma pessoa. (As mesmas coisas seriam ditas para outras minorias? Por exemplo: "Ele nunca me pareceu negro", "Ele foi a pessoa menos *gay* que já conheci" ou "Ela nunca se comportou como uma mulher".) Os comentários do velório denunciam o fato de que pensar e falar sobre as deficiências causa estranheza. As pessoas com deficiências concordam que, em geral, a sociedade subestima automaticamente as suas capacidades. Dessa forma, ser uma pessoa com deficiência capaz parece algo contraditório, quando é, na verdade, um lugar comum.

As formas de ableísmo – a crença de que as pessoas fisicamente aptas são superiores àquelas que têm deficiências – vão do sutil ao gritante. Em geral, atribui-se às pessoas com deficiência um *status* de segunda classe, são consideradas inferiores por seus pares sem essa deficiência; além disso, essas pessoas experimentam um sentido diferente de realidade. É um grande privilégio não ter de se pensar sobre o próprio *status*. Assim como os norte-americanos de ascendência europeia raramente pensam sobre os benefícios inerentes à sua cor de pele, as pessoas fisicamente aptas são privilegiadas por não terem de pensar sobre coisas que as pessoas com deficiência *são obrigadas* a considerar. Por exemplo, ao planejar uma simples ida a um restaurante, uma pessoa fisicamente apta não precisa pensar sobre transporte público com acessibilidade, portas de entradas, assentos à mesa e banheiros, pois o mundo é configurado para pessoas como ela.

A maioria das pessoas com deficiência é subempregada ou desempregada, o que se deve, em grande parte, a uma mistura de falta de oportunidades, relutância em fornecer acomodações razoáveis e atitudes amplamente negativas em relação às pessoas com deficiência. Obter um acesso maior a todos os aspectos da sociedade é de fundamental importância para a comunidade de pessoas com deficiências. Por exemplo, a frequência e a qualidade do transporte público influenciam a participação em todos os aspectos da vida da comunidade. Se você não consegue chegar a um destino porque o meio de transporte não é oferecido, eventos cotidianos, como ver um filme, usar uma piscina, encontrar amigos em um bar, assistir a um evento esportivo, ir a um concerto ou participar de uma cerimônia em uma igreja, sinagoga, mesquita ou em outro lugar de devoção, são simplesmente impossíveis. A baixa visibilidade das pessoas com deficiências significa que a maioria não é vista e permanece segregada na maior parte dos aspectos da experiência social. Conforme destaca Marta Russell, diferentemente dos projetos de lei dos direitos civis de outras minorias, leis importantes como a *Americans with Disabilities Act* (Lei dos Norte-Americanos com Deficiência) não foram seguidas por ações afirmativas, o que diminuiu drasticamente o seu impacto e não melhorou significativamente as vidas das pessoas com deficiência (Russell, 1998).

Desafiando os pressupostos culturais e os mal-entendidos generalizados

Há muitos paradoxos acerca da ideia de deficiência. Por exemplo, considere a já mencionada ausência de pessoas com deficiência em todos os aspectos da sociedade, em contraste com as muitas *representações* de pessoas com deficiência em nossa cultura. Embora conheçam poucos indivíduos com deficiências, as pessoas consideradas "típicas" estão, ao mesmo tempo, imersas em uma cultura em que as deficiências são retratadas em livros infantis, romances, filmes, na televisão, na história, nas piadas, na língua e nos costumes (por exemplo, em superstições, crenças e medos). Além disso, as deficiências têm sido historicamente vinculadas à caridade, incluindo atos de mendicância, o que, consequentemente, deu forma a atitudes de condescendência, benevolência e superioridade, e à postura comum de que "Se não fosse pela graça de Deus, seria eu no lugar dele". Essas fontes moldaram os pensamentos de muitas pessoas sem deficiências, levando-as a acreditar que elas sabem como deve se sentir uma pessoa com deficiência na sociedade contemporânea. Porém, se pessoas sem deficiência não têm contato direto com aqueles com deficiência, isso em geral significa que elas não compreendem o mundo em que eles vivem.

Um claro exemplo da falta de compreensão da perspectiva de mundo das pessoas com deficiência é a perpetuação dos "Dias de Conscientização", quando as pessoas sem deficiência se sentam em uma cadeira de rodas ou andam com uma venda ou, ainda, são solicitadas a escrever com a mão não dominante para simular deficiência física, cegueira ou disgrafia. As simulações, na verdade, trivializam as deficiências como algo que pode ser "experimentado" e "descartado". Enquanto esses exercícios vulgares ocorrem em muitas salas de aula, exercícios semelhantes, em que alunos que não são negros usassem máscaras de afro-americanos, homens vestissem roupas de mulheres e estudantes heterossexuais andassem de mãos dadas com colegas do mesmo sexo em um local público, dificilmente poderiam lhes dar um *insight* significativo e preciso do que é ser afro-americano, mulher ou homossexual. Na melhor das hipóteses, daria a eles a experiência de uma pessoa que não é negra fingir temporariamente ser negra, um homem fingir ser uma mulher, uma pessoa heterossexual fingir ser homossexual. Na pior das hipóteses, reforçaria estereótipos profundamente enraizados. Por exemplo, uma pessoa vidente percebe a cegueira como uma perda, uma incapacidade, em contraste com a pessoa congenitamente cega, que se sente completa, pois só conheceu o mundo sem a visão. Como destaca Art Blaser, um exercício de simulação mais preciso seria, na verdade, *não fazer algo*, como boicotar restaurantes, banheiros e sistemas de transporte sem acessibilidade (BLASER, 2003).

Representações comuns de pessoas com deficiência

Em geral, as representações comuns de pessoas com deficiência reforçam as conotações majoritariamente negativas associadas às deficiências. Por serem tão difundidas, ainda que, por ironia, quase não sejam notadas, acreditamos que seja válido reconhecer as representações e destacar o quão problemáticas elas são por perpetuarem estereótipos, distorções e incompreensões, que, por sua vez, perpetuam a marginalização das pessoas com deficiência.

Livros

A literatura clássica está repleta de representações das deficiências que confinam os personagens a um número limitado de "tipos". Noções exageradamente simplificadas do mal são comumente sinalizadas por anormalidades físicas, assim como o conceito de bem é retratado, muitas vezes, pela beleza física. Nos contos de fadas tradicionais, bruxas, *trolls* e irmãs feias reforçam características físicas externas que simbolizam traços psicológicos (assim como a Branca de Neve e a Bela Adormecida celebram a beleza idealizada como a alvura imaculada). De forma similar, as mensagens dos contos de fadas reverberam na literatura clássica. Por exemplo, Shakespeare criou propositadamente a imagem de Ricardo III como um corcunda para atingir o mesmo fim – retratar a corrupção interior por meio da aparência externa. As deficiências também são usadas para caracterizar um desejo vingativo que resulta de uma perda pessoal. Em *Moby Dick,* o fato de ter perdido uma perna lança o capitão Ahab na implacável perseguição da baleia. Similarmente, em *O Fantasma da Ópera,* a aparência deformada do protagonista alimenta a sua vingança por ter perdido a vida pública e feliz.

Com frequência, na literatura clássica, as crianças com deficiência são retratadas como fracas e dignas de pena, além de um fardo permanente para suas famílias. Em *Um Conto de Natal,* o Pequeno Tim de Dickens exemplifica esse fenômeno: um garoto frágil que usa muletas e fica muito próximo da morte. Em *À Margem da Vida*, de Tennessee Williams, Laura Wingfield é uma típica criança em pele de adulto, retratada como a filha introvertida e reclusa, que decepciona a sua desesperada mãe por refrear o futuro da família. Os personagens com deficiência da literatura infantil são representados, em grande parte, como "bravos pequeninos" e "pobres almas", além de serem extremamente parecidos. Tais retratos suscitam associações de inspiração e pena das crianças com desenvolvimento atípico, que são quase sempre de ascendência europeia (AYALA, 1999). Um aspecto positivo a ser registrado é o de que alguns livros recentes, como *Tudo Bem Ser Diferente* (PARR, 2001), retratam as crianças com deficiência como personagens tridimensionais – pessoas comuns em situações cotidianas – enfatizando, assim, a normalidade das deficiências. Contudo, até mesmo histórias ostensivamente progressistas, tais como *The Fly Who Couldn't Fly* (A Mosca Que Não Podia Voar) (LOZOFF, 2002), reforçam, de modo inadvertido, a compreensão limitada das deficiências.

Filmes

Há mais pessoas assistindo a filmes do que lendo livros; por isso, a nossa cultura recebe a maior parte das mensagens com relação às deficiências por meio de representações cinematográficas. Mais uma vez, embora as deficiências estejam sempre presentes de alguma forma, elas são quase sempre retratadas de modo impreciso e pernicioso, preservando estereótipos antigos e disseminando a desinformação.[2] Alguns desses estereótipos descrevem as pessoas com deficiência como dignas de pena, patéticas, doces e inocentes – alguém que espera por uma cura milagrosa

(*O Homem Elefante*); uma vítima ou um objeto de violência (*O que Aconteceu com Baby Jane?*); mau ou sinistro (*Corpo Fechado*); uma figura rara, cômica ou horrorosa (*Freaklândia: O Parque dos Horrores*); um "superaleijado" que triunfa (*Meu Pé Esquerdo*); um objeto de humor (*Quem Vai Ficar com Mary?*); um vingador agressivo (*Hook – A Volta do Capitão Gancho*); um fardo ou um pária (*Ratos e Homens*); assexuado e/ou incapaz de relacionamentos (*Nascido em Quatro de Julho*); incapaz de participar da vida cotidiana (*Filhos do Silêncio*); e suicida (*Menina de Ouro*). Retratos precisos de pessoas comuns com deficiência e a sua capacidade de funcionar em um mundo muitas vezes inóspito são raramente observados no cinema comercial. Contudo, alguns filmes e documentários independentes (ver Quadro 2.1) oferecem a oportunidade de se analisar e discutir, com precisão, como é viver com deficiências.

Quadro 2.1 Uma série de documentários recomendados

Documentários podem ser uma ferramenta incrivelmente poderosa para se examinar as questões das deficiências, particularmente a partir do ponto de vista das próprias pessoas com deficiência. A seguir, apresentamos 12 de nossas recomendações (de uma lista muito maior), que variam em conteúdo, duração, tom e "didática". O que todos eles têm em comum é a sua clara interpretação das deficiências como outra forma de ser e de viver, não como um déficit, um distúrbio ou uma disfunção.

1. *Including Samuel* (Incluindo Samuel)
O fotojornalista Dan Habib documenta a vida de sua família, incluindo a de seu filho Samuel, que tem paralisia cerebral. Habib admite que nunca havia pensado muito na inclusão de pessoas com deficiência até criar o seu filho; seu filme foca-se na inclusão educacional e social de crianças e jovens com deficiência como um direito civil. O documentário também apresenta outras famílias que têm crianças e jovens nessa situação, compartilhando múltiplas perspectivas sobre a inclusão.

2. *Educating Peter* (Educando Peter)
Considerado um "clássico", este documentário vencedor do Oscar fala sobre um garoto com síndrome de Down que é matriculado em sua escola local e apresenta as múltiplas perspectivas de todas as pessoas envolvidas. Seu sucesso originou uma sequência igualmente interessante: *Graduating Peter* (Formando Peter), que também foca em como ele se adaptou a uma comunidade escolar e como essa comunidade adaptou-se a ele.

3. *Ennis's Gift* (O Dom de Ennis)
Uma antologia de pessoas famosas e estudantes "comuns" que descreve o impacto daquilo que eles preferem chamar de "diferenças de aprendizagem", em vez de dificuldades de aprendizagem, em suas vidas. James Earl Jones, Charles Schwab, Danny Glover, Lindsay Wagner, Robert Rauschenberg e Henry Winkler estão entre os que compartilham as suas memórias pessoais de experiências escolares e as formas como eles criaram estratégias de sobrevivência próprias.

4. *Emmanuel's Gift* (O Dom de Emmanuel)
Narrado por Oprah Winfrey, o filme registra a vida de um ganês que nasceu com apenas uma perna. Enquanto seu pai havia abandonado a família por vergonha, a mãe de Emmanuel estava determinada a lutar pela dignidade de seu filho. Utilizando uma perna protética, Emmanuel participa em todos os aspectos da vida ganense. Com o intento de mostrar ao seu país que as pessoas com deficiência eram mais capazes do que as pessoas "típicas" acreditavam, Emmanuel atravessou Gana de bicicleta, o que causou um grande impacto na percepção que muitos africanos tinham sobre as deficiências.

5. *Misunderstood Minds* (Mentes Incompreendidas)
Conhecido pelo seu referencial de neurodesenvolvimento, feito para ajudar na compreensão da diversidade das mentes humanas, o Dr. Mel Levine entrevista estudantes, de todos os anos escolares, com dificuldades sociais, de aprendizagem e/ou emocionais, em uma tentativa de melhor compreender como pensam e o que eles podem fazer para negociar com as demandas acadêmicas, sociais e emocionais da escola.

continua

Quadro 2.1 Uma série de documentários recomendados (*continuação*)

---

6. *What the Silenced Say* (O Que Dizem os Silenciados)
Jonathan Mooney, o autor dos *best-sellers Learning Outside the Lines* (Aprendendo Além das Linhas) e *The Short Bus* (O Ônibus Escolar), conta-nos suas dificuldades durante a infância, quando não conseguia ler no nível de desenvolvimento esperado e, consequentemente, cresceu achando que a escola era uma experiência tortuosa e alienante. Além disso, um aspecto importante é que Mooney compartilha ideias de como os professores podem auxiliar os alunos a enfrentar as suas dificuldades de aprendizagem.

7. *When Billy Broke His Head* (Quando Billy Quebrou a Cabeça)
O premiado jornalista Billy Golfus atravessa os Estados Unidos para encontrar outras pessoas com deficiência. Com humor, o filme chama a atenção para a seriedade do movimento pelos direitos das pessoas com deficiência e para a necessidade de se aumentar a acessibilidade em todos os aspectos da vida, ilustrando os desafios impostos pelas normas culturais e instituições que causam disparates desnecessários para esses indivíduos.

8. *Refrigerator Mothers* (Mães Geladeira)
Não muito tempo atrás, nas décadas de 1960 e 1970, uma teoria científica lançou as bases para pôr a culpa nas mães de crianças autistas pela "condição" de sua prole. Vistas como frias e indiferentes, em vez de amorosas, essas mães explicam, de modo comovente, como tal conhecimento influenciou a sua autopercepção e a maneira como elas enxergam os seus filhos por décadas.

9. *The Sound and the Fury* (Som e Fúria)
Também premiado, este filme destaca um dilema profundo que é enfrentado tanto dentro quanto fora da comunidade surda: as crianças surdas deveriam se submeter a cirurgias para receberem implantes cocleares, a fim de conseguirem níveis maiores de audição? As famílias apresentam múltiplos pontos de vista à medida que são ponderadas as decisões sobre aceitar ou rejeitar os implantes cocleares.

10. *On a Roll* (Sobre Rodas)
Este filme é um forte retrato de Greg Smith, um afro-americano de 30 kg, que criou o programa de rádio *On a Roll* em 1992, sentado em sua cadeira de rodas elétrica. Ao visitar países ao redor do mundo para falar sobre direitos civis, ele acha que a capital de seu próprio país é inacessível.

11. *Murderball* (Paixão e Glória)
Este filme, também indicado ao Oscar, conta a história de um time de rúgbi sobre cadeira de rodas e de sua trajetória para chegar ao campeonato mundial. Boa parte do filme se passa nos bastidores, com relatos reveladores das vidas de cada um dos jogadores, suas situações familiares e como eles entendem as deficiências.

12. *Autism Is a World* (Autismo é um Mundo)
O documentário fala sobre Sue, uma autista diagnosticada e tratada como deficiente intelectual até os seus 13 anos, quando começa a se comunicar por meio de um teclado. Sue não faz contato visual, mas consegue tocar as pessoas. Também fica em pé em frente à pia, com a água caindo sobre a sua mão, mostrando que isso a faz se sentir bem. O filme guia o espectador pela mente de Sue, seu mundo e suas obsessões, assim como explora os seus escritos e as relações sociais que ela forjou durante a faculdade.

Fonte: Os autores.

Televisão

A televisão oferece uma ampla variedade de programas, incluindo notícias, *talk shows*, humorísticos, filmes feitos para TV, novelas, séries e documentários. Como o cinema, a televisão frequentemente retrata as deficiências de forma muito previsível e restrita.[3] Muitos dos estereótipos encontrados nos filmes são repetidos na programação televisiva, com as deficiências em geral apresentadas como algo trágico ou que necessita de uma cura, ou com uma pessoa com algum tipo de deficiência que superou enormes obstáculos. É comum ver matérias jornalísticas que apresentam crianças com deficiência vindas de lugares remotos do mundo para passarem por cirurgias corretivas, ou que destacam um herói, como um homem atravessando o país em uma cadeira de rodas para angariar fundos para a caridade. Essas histórias edificantes tendem a retratar as deficiências como uma tragédia pessoal que pode ser revertida ou superada. Nas séries de TV atuais, encontramos alguns retratos de personagens com deficiência, como o brilhante cirurgião House ou o peculiar detetive Monk, que revelam possuir personalidades complexas, com capacidades impressionantes. No entanto, ao mesmo tempo, é de se imaginar se a dor crônica (aliviada pelo uso de uma bengala e por medicamentos receitados) poderia ser a raiz da amargura de House, ou se os espectadores riem do obsessivo-compulsivo Monk, em vez de rirem com ele. Antigos personagens de TV, como Corky Thatcher, em *Life Goes On,* e Theo Cosby, em *The Cosby Show*, tentaram "normalizar" a presença da síndrome de Down e das dificuldades de aprendizagem, respectivamente, mas tais retratos têm sido raros e muito esparsos. Finalmente, vale a pena citar que atores com deficiência raramente chegam a interpretar personagens com deficiência, mas atores sem deficiência frequentemente recebem elogios por suas interpretações de personagens com deficiência (SAFRAN, 1998).

Instituições de caridade

No imaginário popular, as deficiências vêm sendo há muito associadas à caridade, apoiadas por instituições culturais longevas, como o *Jerry Lewis Telethon,* a *March of Dimes,* os *Easter Seals* e a *United Cerebral Palsy*. As crianças-propaganda dessas e outras instituições de caridade chamam a atenção para a vulnerabilidade de bebês, crianças e jovens – caracterizando-os como perpetuamente doentes. Ao fazê-lo, eles deixam de representar muitos outros adultos com várias deficiências que lutam para ganhar maior acesso à sociedade. Por se concentrarem demais na *causa* das deficiências, as instituições de caridade de alto nível servem para negar o seu *efeito* (RUSSEL, 1998). Na pior das hipóteses, as instituições de caridade de alto nível dão destaque à dor, ao sofrimento e ao *status* de vítima das crianças com deficiência. Posteriormente, essas crianças-propaganda crescem e começam a questionar os motivos e os procedimentos de muitas instituições de caridade que não fizeram nada para apontar as limitações impostas pela sociedade aos cidadãos com deficiência. Ironicamente, esse tipo de cobertura da mídia aparece para reforçar as noções de tragédia, desespero e descrença, e não para aceitar as crianças com deficiência pelo que elas são. Alguns adultos com deficiências que assistem a Teletons suspeitam que o objetivo dessas ações de caridade seja o de evitar que pessoas como eles venham a nascer, em vez de advogar pelo seu lugar na comunidade como um todo (SHAPIRO, 1993).

História

A história das pessoas com deficiência é complexa e recém começou a ser reivindicada. Para muitas culturas ao redor do mundo, da antiga Mesopotâmia até o presente, a criança com deficiência é desprezada pelos deuses. Na Grécia Antiga, as crianças consideradas deficientes eram deixadas em locais desertos para morrerem, um ato que visava a devolvê-las às deidades. Em textos influentes, como a Bíblia, as pessoas com deficiência comumente eram párias curados e salvos como uma forma de glorificar Deus. Por essa razão, as deficiências significavam um *status* em que não se era um ser humano completo, se era desprezado por Deus e/ou se era tocado pelo mal. Por exemplo, acreditava-se que as pessoas surdas não poderiam entrar no Reino dos Céus, pois elas eram incapazes de ouvir a palavra do Senhor; acreditava-se que as pessoas com epilepsia eram possuídas por demônios (STIKER, 1999). A atribuição de um *status* sub-humano, a subsequente marginalização e a crença de que a erradicação de pessoas com deficiência "serve a um bem maior" ecoa ao longo dos séculos, dos tempos antigos até os dias de hoje. No século XX, tais crenças foram incorporadas pelos movimentos eugênicos nos Estados Unidos e na Europa, resultando nos campos de concentração nazistas para indivíduos considerados deficientes, vistos como "parasitas inúteis" (ver Capítulo 3) (PROCTOR, 1995).

Embora as pessoas do século XXI acreditem que tais práticas sejam coisas de um passado remoto, práticas costumeiras como a amniocentese e os abortos medicamente sancionados sustentam a ideia de que é melhor para uma pessoa estar morta do que ter uma deficiência.

Humor

"Você já ouviu aquela do [aleijado/disléxico/cego]...?" inicia muitas piadas típicas. Ao mesmo tempo em que fazem rir, as piadas reforçam estereótipos sobre certos grupos, incluindo indivíduos com deficiência. Piadas sobre usuários de cadeiras de rodas, disléxicos, cegos, surdos, pessoas com paralisia cerebral e tantos outros tipos concentram-se naquilo que uma pessoa em específico não consegue fazer. Esse elemento é salientado acima de todos os outros e nega que as pessoas com deficiência sejam consideradas como complexas e capazes. Tais piadas passam despercebidas em séries televisivas, *talk shows* e programas de comédia noturnos de grande audiência, o que reforça a visão das deficiências como uma fonte de humor à custa da pessoa com deficiência.

Língua

Muitas vezes, o uso de referências às deficiências não é percebido nas conversações diárias. Considere, por exemplo, as questões a seguir: "você é cego?"; "você é surdo?"; "você é retardado?"; "você é louco?". Ou as expressões: "uma pergunta imbecil", "uma resposta capenga", "um ponto cego", "ter visão míope" e "um cego orientando outro". Ou os insultos: "idiota", "cretino", "lunático", "imbecil". O que há em comum entre todos os exemplos acima é que a língua relacionada às deficiências reforça a conexão entre elas e a incapacidade, a negatividade, a inconveniência, a anormalidade e a inferioridade. A difusão desse tipo de uso da língua é mais provável de ocorrer porque as pessoas não consideram as questões das deficiências como equivalentes às questões raciais, étnicas, de gênero e de orientação sexual. As deficiências ainda continuam sendo um depósito de imagens e associações ruins, um conceito que as pessoas continuam a desvalorizar e a menosprezar. Embora não pretendamos ser uma polícia da linguagem, não podemos evitar achar interessante (e problemático) o quanto aviltar pessoas com deficiências é aceito socialmente – ao ponto de as pessoas não reconhecerem que elas o fazem!

Foco na cultura das deficiências

Como acontece com outros grupos autoidentificados como minoritários, como mulheres, representantes do LGBT e afro-americanos, indivíduos com deficiências têm de se reconciliar quem elas são com mensagens, frequentemente contraditórias, recebidas de muitas frentes. Semelhante a outros movimentos de base, o movimento pelos direitos das pessoas com deficiência colocou em primeiro plano os direitos das pessoas com deficiência de determinar suas próprias vidas – onde moram, trabalham e sociabilizam-se, além de sobre como são representadas. Um fenômeno conhecido como *cultura da deficiência* evoluiu como uma forma de contradizer as representações totalmente imprecisas das deficiências. Uma premissa do movimento é o mantra: "Nada sobre nós sem nós", uma declaração direta sobre a importância da representação própria e de como não aceitam que alguém fale *por eles* (CHARLTON, 1998). Cheryl Marie Wade descreve a *cultura da deficiência* como "algo que surge de seu interior", defendendo o compartilhamento da experiência das deficiências como algo imperativo na construção de uma cultura onde as pessoas não apenas falam por si próprias, mas também lutam contra o *status quo* existente para criar um mundo mais agradável e socialmente justo. Confrontar o ableísmo pode assumir diversas formas, incluindo tomar a iniciativa de desafiar estereótipos muito difundidos; reclamar das representações deturpadas em programas de TV, filmes, Teletons e outras formas de mídia; e criar representações corretas das pessoas com deficiências, como nos documentários *Crip Culture Talks Back* (A Cultura Aleijada Responde") e *When Billy Broke His Head* (Quando Billy Quebrou a Cabeça).

Uma grande contribuição para a cultura das deficiências tem sido feita pelas muitas narrativas em primeira pessoa que descrevem vividamente como é viver com uma deficiência. Esses trabalhos oferecem *insights* que contrastam significativamente com as listas de categorias e características das deficiências encontradas nos livros didáticos do campo da educação (ver Quadro 2.2). De uma perspectiva histórica, há um interesse renovado nas pessoas com deficiências que viveram nas eras anteriores, incluindo aquelas que pereceram nos campos de concentração nazistas, os artistas de circo, artistas de *shows* de aberrações e aquelas que ficaram internadas em instituições por um período ou por toda a vida. Além disso, os heróis também têm sido reivindicados dentro da cultura das deficiências, incluindo Helen Keller, por seu pioneiro trabalho de ativista socialista contra a pobreza; Ed Roberts, por insistir em seu direito de frequentar a Universidade de Berkeley, impulsionando, assim, o Independent Living Movement (Movimento de Vida Independente); e Irving Zola, escritor prolífico, ativista da causa das deficiências e fundador da publicação *Disability Studies Quarterly*. Ativismo é uma parte integrante da cultura das deficiências. Por exemplo, o grupo Not Dead Yet (Ainda Não Morremos) protesta consistentemente contra as noções de "suicídio assistido", proferida pelo Dr. Jack Kevorkian, e de eutanásia de crianças com deficiências graves, defendidas pelo Dr. Peter Singer, da Universidade de Princeton.

Quadro 2.2 Uma seleção de narrativas em primeira pessoa

Como os documentários, as narrativas em primeira pessoa oferecem aos leitores possibilidades de examinar as questões das deficiências a partir do ponto de vista da pessoa com deficiência. Abaixo, apresentamos uma seleção de recomendações que encorajamos os estudantes a ler. Talvez se possa ler vários deles em aula, e comparar observações e entendimentos... Ou, simplesmente, pode-se escolher um e "aproveitar a leitura", explorando os entendimentos sobre deficiências que a experiência proporcionou a uma pessoa.

1. *The Short Bus: A Journey Beyond Normal* (O Ônibus Escolar: Uma Jornada para Além do Normal), de Jonathan Mooney
Um homem com dislexia que identifica a si próprio como tendo TDAH compra um ônibus escolar, um símbolo da segregação que ele sofreu quando era estudante, e viaja pelos Estados Unidos, encontrando pessoas com deficiência que compartilham suas histórias de vida.

2. *My Body Politic: A Memoir* (Meu Corpo Político: Um Memorial), de Simi Linton
A história de vida de uma escritora, ativista e educadora que argumenta apaixonadamente que as deficiências são um *status* a ser "reivindicado", uma forma de diversidade humana e uma posição valiosa para se compreender como a sociedade está configurada atualmente – bem como criticá-la de forma construtiva.

3. *Olhe nos Meus Olhos: Minha Vida com a Síndrome de Asperger*, de John Elder Robison
Uma autobiografia divertida e informativa do irmão do escritor Augusten Burroughs, que descreve a própria vida como um desajuste criativo, excêntrico e estranho, antes de o termo síndrome de Asperger se tornar conhecido.

4. *Thinking in Pictures: And Other Reports from My Life with Autism* (Pensando em Imagens: E Outros Relatos de Minha Vida com Autismo), de Temple Grandin
Uma cientista altamente respeitada, que projetou mais de um terço de todas as instalações de manejo de animais nos Estados Unidos, Grandin expressa como a maneira como ela percebe o mundo influencia no sucesso de suas invenções.

continua

Quadro 2.2 Uma seleção de narrativas em primeira pessoa (*continuação*)

---

5. *Waist High in the World: A Life Among the Nondisabled* (Na Altura da Cintura: A Vida entre os Sem-deficiências), de Nancy Mairs
Com precisão cirúrgica e humor, a autora disseca o mundo e seu funcionamento, esclarecendo os absurdos das configurações físicas preconcebidas e as crenças e comportamentos sociais que os mantêm.

6. *Sight Unseen* (Visão Despercebida), de Georgina Kleege
Essa é uma coleção de ensaios magistralmente escritos, que exploram a vida sem visão em um mundo de associações negativas e medos vulgares, reposicionando mitos e estereótipos com observações e acurados *insights*.

7. *Past Due: A Story of Disability, Pregnancy, and Birth* (Depois do Prazo: Uma História de Deficiência, Gravidez e Nascimento), de Anne Finger
Um livro eloquente, no qual uma escritora vitimada pela poliomielite medita sobre as complexas questões das deficiências e dos direitos reprodutivos por meio da sua própria narrativa de gravidez e parto.

8. *Twitch and Shout: A Touretter's Tale* (Espasmo e Grito: A História de uma Pessoa com Síndrome de Tourette), de Lowell Handler
História de um fotojornalista que procura entender a sua condição, conhecida como síndrome de Tourette, encontrando outras pessoas na mesma situação.

9. *Exile & Pride: Disability, Queerness, and Liberation* (Exílio e Orgulho: Deficiências, Homossexualidade e Liberação), de Eli Clare
Um texto verdadeiramente único, em que o autor funde muitos aspectos da vida (ser da classe trabalhadora, rural, com deficiência, transgênero) para expressar como todos os aspectos interagem entre si e se intercomunicam.

10. *The Cancer Journals* (Os Diários do Câncer), de Audre Lorde
A poetisa Audre Lorde narra, com força, como um diagnóstico de câncer influenciou a sua vida e a sua compreensão do que significa ser humano.

11. *Learning Disabilities and Life Stories* (Dificuldades de Aprendizagem e Histórias de Vida), editado por Pano Rodis, Andrew Garrod e Mary Lynn Boscardin
Treze estudantes universitários, rotulados tendo dificuldades específicas de aprendizagem e transtornos de déficits de atenção, com ou sem hiperatividade e/ou distúrbios de personalidade, contam as suas histórias, revelando como negociaram as demandas da escola básica até entrarem na universidade.

12. *A Healing Family: A Candid Account of Life with a Disabled Son* (Uma Família Curativa: Um Relato Sincero da Convivência com um Filho com Deficiência), de Kenzaburo Oe
Representando o subgênero das narrativas de pais descrevendo vidas compartilhadas com filhos com deficiência, o vencedor do Prêmio Nobel descreve a sua rejeição ao conselho dos médicos de deixar seu filho recém-nascido morrer e a vida produtiva de que seu filho desfrutou, subsequentemente, como compositor musical.

Fonte: Os autores.

Em suma, a *cultura da deficiência* celebra a vida de pessoas com deficiências em seu próprio movimento, que parte das margens da sociedade rumo ao seu centro. Ao recuperar palavras como "aleijado", a cultura da deficiência (também conhecido como cultura dos aleijados) proporciona uma força contrária que é vital para o que, inicialmente, parece ser uma enorme negatividade, reafirmando as deficiências como uma parte natural da diversidade humana. A influência dessa cultura parece bastante ampla, aparecendo na cultura dominante de maneira inesperada (pense na "nadadeira manca" de Nemo).

UMA BREVE HISTÓRIA DAS DEFICIÊNCIAS NAS ESCOLAS PÚBLICAS NORTE-AMERICANAS

Durante o século XIX, muitas instituições abriram as suas portas para oferecer educação especificamente aos estudantes com certas deficiências. Entre essas, incluem-se a primeira escola nos Estados Unidos para estudantes surdos, em Hartford, Connecticut (1817) e a Universidade Nacional para Surdos-Mudos (1864), que, mais tarde, tornou-se a Universidade Gallaudet. Contudo, quando a frequência na escola pública se tornou compulsória, no início do século XX, havia poucos programas para crianças com deficiência. Os estudantes que tinham o que são agora entendidas como deficiências "leves", tais como dificuldades no aprendizado, problemas comportamentais ou certas deficiências físicas, recebiam educação. A maior parte das crianças que tinham deficiências "moderadas", "graves" ou "múltiplas" não recebia educação pública, já que os distritos escolares tinham o poder de classificá-las como "ineducáveis" (GIORDANO, 2007). Muitas não frequentaram a escola, e algumas foram colocadas em instituições. As classes especiais evoluíram conforme grandes números de estudantes lotavam as escolas públicas e eram distribuídos em percursos educacionais que representavam habilidades acadêmicas acima da média, medianas e abaixo da média. Muitas das turmas dos percursos inferiores foram preenchidas por filhos de imigrantes pobres, para os quais o inglês era uma segunda língua (ver Capítulo 1) (FRANKLIN, 1987).

Em 1954, o marco representado pela decisão judicial do caso *Brown versus Conselho de Educação* declarou que as instalações educacionais do tipo "separadas e desiguais" eram ilegais. Conforme os estudantes começaram a ser integrados, o uso crescente de sistemas de percursos educacionais serviu como mecanismo de legitimação para preservar um alto grau de segregação racial (FERRI; CONNOR, 2006). O movimento dos direitos civis ampliou o foco para outros cidadãos, incluindo aqueles com deficiência. Aquilo que viemos a conhecer como educação especial começou durante os anos de 1960 e 1970, quando, usando o enquadramento jurídico dos direitos civis, os pais iniciaram os processos judiciais em que defendiam fortemente os direitos de seus filhos com deficiências moderadas, graves e múltiplas de receberem educação pública gratuita e adequada. Segue abaixo um breve resumo das leis federais que influenciaram o modo como a educação especial se desenvolveu e se expandiu.

Seção 504 da *Vocational and Rehabilitation Act* (Lei Vocacional e da Reabilitação), de 1973, assegurou a proteção dos direitos civis para os indivíduos com deficiência em programas que recebem financiamento federal, incluindo escolas. Além disso, os estudantes que não se enquadram em uma deficiência federalmente definida foram incluídos na Seção 504, o que lhes permite receber os apoios necessários na escola. Por exemplo, as categorias de transtorno de déficit de atenção (TDA) e transtorno do déficit de atenção/hiperatividade (TDAH) se enquadram nessa lei, assim como problemas de saúde, como asma, diabetes, etc.

Lei Pública 94–142, a *Education for the Handicapped Act* (EHA; Lei da Educação para os Deficientes), de 1975, estabeleceu diretrizes federais para a implantação de serviços de educação especial para estudantes com deficiência por meio de um Plano Educacional Individual (PEI); definiu 11 categorias específicas de deficiências, procedimentos para identificação das deficiências, serviços relacionados e o processo devido; e assegurou os direitos dos pais que discordassem dos profissionais de educação.

Lei Pública 99–457, a *Infants and Toddlers with Disabilities Education Act* (Lei da Educação para Crianças de Até 5 Anos com Deficiência), de 1986, ampliou os direitos da Lei Pública 94–142 para as crianças com deficiências, do nascimento aos 5 anos de idade; exigiu o desenvolvimento de um Plano Individual de Serviço à Família (PISF); e recomendou que os estados desenvolvessem programas de intervenção precoce para a infância.

Lei Pública 101–476, a *Individuals with Disabilities Education Act* (Lei da Educação para Indivíduos com Deficiência), de 1990, revalidou a Lei Pública 94–142 e modificou o nome para refletir, primordialmente, os "indivíduos"; incorporou o uso do termo *com deficiência* e descontinuou o uso da palavra *deficiente*; expandiu as categorias de deficiências para incluir os traumas cerebrais e o autismo; expressou um compromisso maior para com os estudantes com deficiência de minorias culturais e linguísticas diversas; e proporcionou um foco nos serviços de transição para os estudantes do ensino médio como parte do seu PEI.

Lei Pública 105–07, as *Individuals with Disabilities Education Act Amendments* (Emendas à Lei da Educação para Indivíduos com Deficiência), de 1997, revalidou a Lei Pública 101–476 e ampliou as provisões para incluir o seguinte: um professor de educação geral para ser parte da equipe do PEI quando se estabelecem as metas para cada estudante com deficiência; os estudantes com deficiência devem ser avaliados por meio dos mesmos métodos de avaliação estaduais e distritais usados para avaliar os alunos sem deficiência, ou devem receber uma avaliação alternativa; uma ênfase maior na participação das famílias e a opção de serviços de mediação, caso elas discordem das decisões dos profissionais; e uma solicitação para que os estados coletem e analisem dados sobre a super-representação dos estudantes afro-americanos na educação especial.

Lei Pública 108–446, a *Individuals with Disabilities Education Improvement Act* (Lei de Melhoria da Educação para Indivíduos com Deficiência), de 2004, permitiu o uso dos fundos da IDEA de encaminhamento aos serviços de educação especial, de estudantes não enquadrados nas categorias de deficiência, mas que fossem considerados de risco; obrigou os distritos escolares a monitorarem sistemas de encaminhamento para abordar a questão da super-representação dos estudantes afro-americanos; proibiu que os distritos escolares exigissem que estudantes tomassem medicação; aumentou a idade dos requisitos de transição de 14 para 16 anos; expandiu o uso de serviços de mediação para resolver as diferenças de opinião entre pais e profissionais; e adicionou a síndrome de Tourette à categoria de deficiências denominada como "Outros Problemas de Saúde".

Educação especial: um lugar ou um serviço?

O conceito de ambiente minimamente restritivo (LRE), criado com a Lei Pública 94–142, de 1975, e ainda presente nos dias de hoje, é assim definido: "Tanto quanto for possível, as crianças com deficiência, incluindo as crianças em instituições públicas ou privadas ou em outras unidades de cuidados, serão [1] educadas junto com as crianças sem deficiência, e [2] classes especiais, escolas separadas ou outras formas de retirada das crianças com deficiência do ambiente de educação regular ocorrerão somente quando a natureza ou a gravidade da deficiência da criança forem tais que a educação em classes comuns, com o uso de apoios e serviços complementares, não sejam satisfatórios".[4] Isso significa que cada estudante deve ser avaliado de modo individual e, como resultado dessa avaliação, *colocado* em um *continuum* de opções, que incluem classes comuns, classes especiais, escolas separadas, casa ou um ambiente hospitalar em tempo integral ou parte do dia. Embora a Lei Pública 94–142 possa ser vista como muito bem-sucedida em proporcionar educação pública aos alunos com deficiências, a preponderância das decisões que colocaram os estudantes em unidades separadas criou um sistema bastante segregado, muitas vezes chamado de "paralelo".

O mecanismo do LRE tem sido interpretado como uma opção legal e válida para não se colocar um estudante com deficiência em uma classe comum de ensino regular. Para os ativistas e defensores dos direitos das pessoas com deficiências, o LRE é uma brecha que permite que as instituições educacionais mantenham a não integração de crianças com deficiências nas escolas, simbolizando pessoas na sociedade como um todo (Linton, 1998).

Para outros estudiosos, pesquisadores e pais, o LRE é visto como uma proteção necessária, que garante a flexibilidade e a individualização na colocação dos estudantes que são, muitas vezes, negligenciados pelos professores e/ou oprimidos dentro das salas de aula comuns. De qualquer forma, pode-se argumentar que sempre houve tensão entre as considerações necessárias sobre o que é uma "educação adequada" e o conceito de LRE.

O vasto crescimento do número de estudantes rotulados como deficientes tem causado preocupação entre os educadores, os pais e o governo federal. As categorias "subjetivas", principalmente como aquelas relacionadas ao desempenho acadêmico e ao comportamento do estudante, as quais incluem dificuldades específicas de aprendizagem, os distúrbios fonoaudiológicos, emocionais/comportamentais. Os profissionais de educação especial que avaliam alunos identificam essas deficiências como "imperceptíveis", sustentando, dessa forma, um sistema em que os estudantes são identificados como detentores de um déficit requer intervenção e correção e que, tradicionalmente, são colocados em ambientes segregados por todo ou a maior parte do dia. O popular *slogan* da década de 1990, "A educação especial é um serviço, não um lugar", reflete o fato de que os ambientes segregados se tornaram extremamente comuns para os alunos da educação especial.

Iniciativa pela Educação Regular

Uma tentativa inicial de combater as tendências separatistas da educação especial foi a Iniciativa pela Educação Regular (REI, na sigla em inglês). Desenvolvida na segunda metade da década de 1980 por Madeline Will, secretária assistente do Departamento de Educação norte-americano e responsável pelos programas de reabilitação e educação especial, a que buscou a colaboração entre os profissionais da educação geral e da especial. Uma das metas principais era incluir os estudantes com deficiências leves ou moderadas, pois as escolas haviam criado, inadvertidamente, obstáculos que impediam que a sua educação, junto com colegas sem deficiência, fosse bem-sucedida. Esses obstáculos incluíam a provisão de incentivos financeiros às autoridades educacionais locais quando os estudantes com deficiência fossem colocados em ambientes mais restritivos, a exclusão de estudantes com deficiências das avaliações locais e estaduais e os dados federais, em relatórios nacionais, que omitiam estatísticas sobre estudantes com deficiência em ambientes segregados – isto é, essas eram crianças que o governo literalmente não contava. Tais barreiras contradiziam o espírito da legislação original, tornando fácil ver por que três em cada quatro estudantes recebiam sua educação em turmas segregadas e/ou programas de retirada da classe comum (Gartner; Lipsky, 1987).

O crescimento da inclusão

Ao longo dos anos, o debate sobre onde melhor educar os estudantes com deficiências continuou a se intensificar. A integração, iniciada no trecho original da Lei Pública 94–142, pressupôs que apenas os estudantes que se aproximassem do "normal" poderiam se beneficiar da classe comum. Em outras palavras, por meio da integração, uma aluna com deficiência seria encaminhada para uma classe comum caso pudesse negociar as demandas acadêmicas e sociais sem auxílio e igual aos estudantes sem deficiência. Em contraste, a *inclusão* pressupunha que um estudante com uma deficiência poderia se beneficiar acadêmica e/ou socialmente por *estar* em uma classe comum de ensino regular, mesmo se as suas metas fossem diferentes daquelas propostas para os estudantes sem deficiência. É importante ressaltar que os dois termos, "integração" e "inclusão", são frequentemente usados de forma intercambiável, mas eles diferem significativamente em termos de definição e filosofia.[5]

A *Individuals with Disabilities Education Act*, de 1990, aprofundou a conscientização geral da opinião pública sobre as pessoas com deficiência e a necessidade de se continuar a aumentar o acesso a todos os aspectos da sociedade. O conceito de *inclusão total* cresceu, tornando-se um dos tópicos mais debatidos (ou mais problemáticos) no campo da educação. Ele foi caracterizado de várias maneiras, incluindo a frequência dos estudantes com deficiência nas escolas da vizinhança, uma proporção natural de estudantes com e sem deficiência juntos, colocações adequadas à idade, sem classes especiais independentes, o apoio à educação especial fornecido em ambientes de aprendizagem integrados e uma política de rejeição zero (SAILOR, 1991). Outros proponentes foram mais longe e declararam que a inclusão deveria ser considerada não apenas como o oferecimento de um serviço, mas sim "uma forma de vida, um modo de convivência baseado na crença de que todo indivíduo é valorizado e adequado" (VILLA, THOUSAND, 1995).

A maior parte das organizações profissionais e dos grupos de defesa dos direitos das crianças publicaram declarações de posições oficiais em resposta à influência e à controvérsia generalizadas que circundam a inclusão. Muitas organizações apoiaram a inclusão total (Association for Persons With Severe Handicaps, 1993; United Cerebral Palsy Association, 1993). Outras adotaram uma postura moderada, apoiando a inclusão plena para a maioria das crianças (National Parent Network on Disabilities, 1993). Outras, ainda, buscaram manter o *continuum* de serviços vigentes (Council for Exceptional Children, 1993; Council for Learning Disabilities, 1993). A Learning Disabilities Association (LDA) declarou que "a colocação de TODAS as crianças com deficiências nas salas de aula comuns é uma grande violação da IDEA, assim como a colocação de TODAS as crianças em classes especiais conforme seus tipos de deficiências" (LIPSKY; GARTNER, 1997), e o National Joint Committee on Learning Disabilities concordou que a inclusão plena "viola os direitos dos pais e dos estudantes com deficiências conforme foram estipulados pela IDEA" (LIPSKY; GARTNER, 1997). Ficou claro que vários grupos divergiam consideravelmente em seu apoio à inclusão, muitas vezes, entrando em choque à medida que a ideia se tornou mais influente.

Por volta da mesma época, surgiu na mídia a preocupação nacional com o custo financeiro da educação especial e com os resultados acadêmicos e sociais insatisfatórios dos estudantes que estavam dentro do sistema. Um proeminente artigo no *U.S. News & World Report* expressou inquietação com relação à super-representação de estudantes de minorias em turmas de educação especial, comentando que "quase 40 anos depois do caso *Brown versus Conselho de Educação*, a marcante decisão judicial da Suprema Corte dos Estados Unidos sobre a dessegregação do ensino, os norte-americanos continuam a financiar e a enviar os seus filhos para salas de aula que, muitas vezes, são separadas e desiguais" (SHAPIRO et al., 1993). Em 1996, *The Merrow Report*, um programa transmitido pela televisão, formulou uma pergunta provocante: "O que há de tão especial na educação especial?", debatida por críticos, que falaram de "becos sem saída para muitas crianças" em salas de aula que servem como "anexos de bem-estar social". Embora os detratores da inclusão tenham recebido o mesmo tempo de programa, o que ficou no final foram observações sóbrias sobre a segregação racial. Finalmente, ao documentar para o mundo um exemplo de inclusão bem-sucedida, o filme *Educating Peter* (1993) venceu o Oscar de Melhor Documentário de Curta-Metragem por capturar os esforços e triunfos de um garoto de 10 anos com síndrome de Down que foi escolarizado em sua escola local. Durante os anos de 1990 e por toda a primeira década do século XXI, as salas de aula inclusivas continuaram a crescer.

Reação e apatia em relação à inclusão

O crescimento de qualquer mudança social é acompanhado por desafios. Muitos distritos, escolas e salas de aula mudaram com sucesso para modelos inclusivos de educação. Outros conseguiram criar e sustentar modelos "imperfeitos, mas viáveis", considerados "trabalhos em evolução". Apesar disso, outros tentaram colocar em prática a inclusão usando modelos irresponsáveis, sem apoio suficiente, que poderiam resultar em fracasso. Esses fracassos foram citados sumariamente como uma razão para não se oferecer turmas inclusivas. Na cidade de Nova York, por exemplo, um modelo conhecido como ensino colaborativo em equipe (CTT, na sigla em inglês) consiste em um educador geral e um especial que trabalham juntos para ensinar todos os alunos. O modelo pode funcionar de modo muito eficiente ou ser desastroso, dependendo de vários fatores. Por exemplo, na melhor das hipóteses, uma escola de segundo ciclo do ensino fundamental contaria com dois professores que trabalhariam juntos por vários anos e manteriam uma quantidade adequada de tempo de planejamento compartilhado, desenvolvimento profissional continuado, um limite de uma ou duas matérias lecionadas em conjunto, turmas com 15 a 20% de alunos com deficiência e um profissional de educação especial, que trabalharia com apenas um outro educador geral durante períodos diferentes. Por outro lado, na pior das hipóteses, a escola teria um educador geral e um educador especial que não conheceriam um ao outro (sendo que o último trabalharia com três outros educadores gerais em um total de três matérias diferentes), todos os professores sem qualquer tempo de planejamento compartilhado ou desenvolvimento profissional, todos lecionando em turmas em que 40% dos estudantes com deficiência e o restante "em risco" de ser reprovado. Como se pode ver, se for para fazer dar certo, a inclusão requer planejamento cuidadoso e contínuo, e que reflita escolhas responsáveis feitas por administradores, professores e pais.

Muitos educadores não acreditam em práticas inclusivas por uma série de razões. Alguns professores do ensino regular expressam preocupação com o fato de não terem treinamento, recursos e/ou apoio para proporcionar instrução individualizada e especializada para estudantes com deficiências. Dada a ênfase atual em aumentar as notas padronizadas em provas oficiais de larga escala, os professores podem se sentir pressionados a "ensinar para os medianos" ou lecionar para os alunos mais necessitados e negligenciar os mais independentes. Outros educadores veem a inclusão como uma medida para cortar custos que coloca ainda mais (e de maneira insensata) responsabilidade em professores já bastante sobrecarregados.

Os educadores especiais às vezes temem ter sua importância diminuída ao trabalharem com educadores gerais que lecionam, predominantemente, para a turma inteira. Eles também têm medo de ficarem dispersos demais, em múltiplas atividades, ao atenderem um grupo de crianças integradas em muitas turmas, preferindo o sistema separado, no qual ensinam um grupo inteiro de alunos com deficiência. Além disso, alguns pais que lutam para obter ensino especializado para os seus filhos (particularmente aqueles classificados como tendo dificuldades de aprendizagem) acreditam que a educação geral não pode oferecer o grau de especificidade necessário. Do mesmo modo, muitos pais de alunos classificados como superdotados e talentosos também têm resistência às práticas inclusivas, já que eles também acreditam que o ensino em ambientes separados é preferível para os seus filhos à aprendizagem em uma sala de aula heterogênea. Outras preocupações vêm da comunidade de surdos, que preferem usar a língua de sinais entre eles do que ter um aluno isolado trabalhando com um intérprete dentro da comunidade de ouvintes.

CONSEQUÊNCIAS INESPERADAS DA EDUCAÇÃO ESPECIAL

É claro que há muito material para se processar em todos os pontos levantados na seção anterior. Entretanto, buscamos desafiar a noções de que o campo da educação especial, como está configurado e operado atualmente, foi suficientemente bem-sucedido em auxiliar a maioria dos estudantes que buscam auxílio. Reconhecemos que o campo da educação especial tenha realizado muitas conquistas, incluindo a garantia de educação pública para todos os cidadãos e um número maior de pessoas com deficiência inseridas no mercado de trabalho (ANDREWS et al., 2000). Apesar disso, a educação especial desencadeou uma série de consequências inesperadas.

Uma consequência importante é o quanto a educação especial patologiza as crianças, atribuindo rótulos como "distúrbio", "disfunção" e "déficit", baseando-se em "desvio(s) padronizado(s)". Em resumo, a conceptualização básica das deficiências é a diferença humana que diverge do que é considerado "normal". Essa ideia está tão profundamente arraigada na educação especial, que seus maiores proponentes são incapazes de vê-la e de reconhecer o dano que ela pode causar (KAUFFMAN; HALLAHAN, 1995). Thomas Skrtic delineou as pressuposições fundamentais da educação especial que, inadvertidamente, causam a aculturação dos professores:

1. As deficiências são condições patológicas que os estudantes têm.
2. O diagnóstico diferencial é objetivo e útil.
3. A educação especial é concebida racionalmente e é um sistema coordenado de serviços que beneficiam os estudantes diagnosticados.
4. O progresso é resultado das melhorias crescentes da tecnologia de diagnóstico e das intervenções instrucionais (SKRTIC, 1991).

Contrariando as pressuposições fundamentais da educação especial, os princípios dos estudos sobre deficiência em educação (ESDE) promovem pesquisas, políticas e/ou ações que
1. Contextualizam as deficiências na esfera política e social.
2. Privilegiam o interesse, as agendas e as vozes das pessoas rotuladas como deficientes.
3. Promovem justiça social, oportunidades educacionais inclusivas e equitativas e acesso pleno e significativo a todos os aspectos da sociedade para as pessoas rotuladas como deficientes.
4. Pressupõem competência e rejeitam modelos de déficit das deficiências (AMERICAN EDUCATION RESEARCH ASSOCIATION, 20--?).

Como você pode ver, as crenças em relação à natureza das deficiências e o propósito da educação variam amplamente. De particular importância é o modo como os sistemas de crenças servem como molde para as ações pessoais e profissionais das pessoas. Muitas pessoas com deficiência acreditam que, pelas suas experiências, a educação especial não buscava atender aos seus interesses (CONNOR, 2006; RODIS; GARROD; BOSCARDIN, 2001), enquanto outras acreditam o contrário.[6] Acreditamos que as experiências dos estudantes com deficiência podem variar muito, e que onde os serviços de educação especiais possuem boas equipes e são bem organizados, os estudantes são apoiados academicamente. Porém, devido à inquestionável aculturação provocada pelos modelos de pensamento de déficit, os professores da educação especial ainda veem as "suas" crianças como se estivessem danificadas, esperando para serem consertadas (remediadas) em um local longe de seus pares da mesma idade, em vez de aceitá-las *como elas são* (BRANTLINGER, 2006). Mais importante, nossas próprias experiências nos mostraram que poucos programas podem realizar os serviços de educação especial ideais. Algumas de nossas observações a respeito de classes especiais incluem:

- Percepções do professor em relação aos alunos baseadas na ideia de déficit.
- Falta de estratégias instrucionais "baseadas em pesquisa".
- Evidência mínima de instrução diferenciada.

- Instrução repetitiva e mecânica, que leva o estudante ao tédio e ao desinteresse.
- Pouca evidência de que há atenção individualizada em turmas de 12, 15 ou 18 estudantes.
- Turmas de educação especial com excesso de alunos (mais alunos registrados do que é legalmente estipulado).
- Substituição de atividades pedagógicas, por serviços fora da sala de aula, tais como terapia fonoaudiológica, terapia ocupacional, fisioterapia e aconselhamento.
- Pouco ou nenhum uso dos PEIs (devido, em grande parte, a perda, inadequações, incorreções no preenchimento ou porque as informações foram geradas por computador).
- Altos níveis de absentismo, particularmente nos anos escolares mais avançados.
- Uma super-representação do sexo masculino.
- Uma super-representação de afro-americanos, latinos e indígenas.
- Colocação de estudantes com diversos tipos de deficiências na mesma sala de aula (por exemplo, estudantes rotulados como tendo dificuldades específicas de aprendizagem são, muitas vezes, colocados em turmas com estudantes rotulados como tendo déficits comportamentais/emocionais, como se as suas deficiências fossem intercambiáveis).
- Falta de conhecimento, por parte dos alunos, sobre as deficiências e ausência de autodefensoria.

Extraoficialmente, muitas classes especiais na educação especial são vistas como "depósitos de lixo" pelos estudantes cujas diferenças não permitem que eles "se encaixem" nas salas de aula gerais. Além disso, sempre houve uma carência de professores qualificados que trabalhem com educação especial, particularmente nas áreas urbanas (KINCHELOE, 2007), aumentando a desolação do quadro geral.

Taxas de evasão

Estatísticas sobre taxas de evasão de estudantes com deficiência variam drasticamente dependendo da fonte. No geral, o governo federal estima que 29% dos jovens com deficiência deixam a escola antes de se formarem. Os estudantes classificados na categoria de distúrbios emocionais têm as mais altas taxas de evasão (53%), seguidos por aqueles com dificuldades específicas de aprendizagem (27%), deficiências de fala e linguagem (26%) e deficiências intelectuais/cognitivas (25%).[7] Essas estatísticas contrastam acentuadamente com a taxa de evasão de 11% dos alunos sem deficiência, e elas aumentaram na última década. Muitas outras fontes citam números muito maiores de evasão de estudantes com deficiência: aproximadamente a metade (HEHIR, 2005).

Diplomas de ensino médio

Os diplomas de ensino médio servem como uma sanção da sociedade por se conseguir terminá-lo. Porém, como são em geral ligados a provas finais de alto padrão de escrita, eles são inatingíveis para muitos estudantes com deficiências. Por exemplo, menos de um terço dos estudantes com alguma dificuldade específica de aprendizagem se forma com um diploma padrão.[8] Os estudantes que não obtêm um diploma padrão de ensino médio reconhecem o regime de condicionamento de acesso como uma competição que eles perderam. Na melhor das hipóteses, eles receberão o prêmio de consolação: um diploma alternativo; na pior das hipóteses, eles evadirão sem qualquer comprovação de seus esforços. Opções para diplomas "especiais" alternativos variam de estado para estado e incluem um certificado de conclusão/frequência, um certificado de aproveitamento, um diploma PEI de educação especial ou um diploma ocupacional.

Fazer a transição ao terminar o ensino médio pode ser extremamente difícil. Em alguns estados, como o de Nova York, os estudantes do ensino médio que não passam nos exames estaduais finais obrigatórios se formam com um diploma PEI, que não pode ser usado para entrar na universidade ou em posições governamentais, como servir nas forças armadas. Infelizmente, os estudantes ficam, por essa razão, com pouquíssimas opções realistas e animadoras de carreira.

Oportunidades de emprego limitadas

Como a maioria dos indivíduos com deficiência abandona a escola ou recebe um diploma alternativo de uso limitado, as oportunidades de emprego existentes tendem a ser não qualificadas. Essas oportunidades formam um universo bastante limitado, que gira em torno de comida (trabalhos em redes de *fast-food*, preparação de comida); flores (arranjos, vendas); dobragem e arrumação (lojas de roupas); lixo (limpeza, coleta); serviços de "leva e traz" (p. ex., promotor de vendas em supermercados, garçom/garçonete, cuidador); e arquivamento (tarefas burocráticas menores) (MOXLEY; FINCH, 2003). Embora muitas dessas posições possam ser vistas como "becos sem saída", alguns indivíduos conseguem ser promovidos para posições gerenciais. Contudo, a maior parte desses trabalhos continua pagando baixos salários e com pouca estabilidade, além de oferecerem pouco ou nenhum benefício.

O ducto escola-prisão

Inadvertidamente, o termo "ambiente minimamente restritivo" transmite um sentido de confinamento não muito diferente da palavra "encarceramento". Os Estados Unidos possuem a maior população carcerária do mundo, tanto em número como na proporção de sua população total, excedendo em muito a China e a Índia, países mais populosos.[9] Dos 2,3 milhões de presos, o número de detentos com deficiência varia entre 40 e 65%, sendo que o maior grupo é formado por aqueles que apresentam problemas de letramento, sejam eles classificados ou não como pessoas com dificuldades específicas de aprendizagem.[10] Os afro-americanos são particularmente afetados: um em cada nove homens com idade entre 20 e 34 anos está preso.[11] Muitos pesquisadores têm chamado a atenção para aquilo que foi denominado de "ducto escola-prisão", concentrando a atenção em como algumas políticas escolares afastam estudantes antes que eles possam obter as habilidades necessárias para quebrar o ciclo da pobreza. Os alunos desamparados podem facilmente ir da escola para a prisão, quase como se as instituições os colocassem nesse caminho (WALD; LOSEN, 2003). A National Association for the Advancement of Colored People identificou os sistemas de educação pública desprovidos de recursos como o ponto de entrada nesse ducto, por meio de práticas sistêmicas que variam conforme a raça, incluindo o enquadramento na população-alvo da educação especial, às suspensões, à repetência, à representação em turmas de educação especial e às colocações restritivas (NATIONAL ASSOCIATION FOR THE ADVANCEMENT OF COLORED PEOPLE, 20--).

O problema da super-representação

As classes especiais contêm um número desproporcional de alunos negros e latinos identificados como deficientes e colocados em ambientes segregados. As evidências que dão sustentação a essa conclusão foram encontradas em censos municipais, estaduais e federais. Em nível nacional, estudos recentes revelam que, comparados com os brancos, os homens negros têm mais do que o dobro de chance de serem identificados como (a) deficientes intelectuais (em 38 estados), (b) emocionalmente perturbados (em 29 estados) e (c) tendo dificuldades de aprendizagem (em oito estados). Ao analisar esses dados, Thomas Parrish concluiu que "os brancos são, em geral, colocados em turmas mais restritivas somente quando precisam de assistência intensiva. Os estudantes de minorias, contudo, podem ter mais chances de serem colocados em ambientes restritivos, independentemente de precisarem ou não de assistência intensiva" (National Association For The Advancement of Colored People, 20--). Outros pesquisadores constataram padrões similares e concluíram que essa rotulagem excessiva resulta em segregação, significando "isolamento inesperado" do *mainstream* (Fierros; Conroy, 2002). Muitos pesquisadores concluíram que "a quantidade de tempo em uma sala de aula em classe comum é, em geral, atribuível à raça do estudante com deficiência" (Harry et al., 2002). Ainda, as pesquisas indicam que, além da super-representação nas categorias de deficiência intelectual (DI) e distúrbio emocional (DE), há décadas que os estudantes negros e latinos vêm sendo super-representados na categoria de dificuldades específicas de aprendizagem, embora não no mesmo grau (Brosnan, 1983; Tucker, 1980).

Estudantes universitários com deficiência

Os estudantes com deficiência constituem, aproximadamente, de 9 a 10% de todos os estudantes que frequentam as universidades, um crescimento significativo em relação aos 2,6% de 1978 (Thomas, 2000). Embora esse número denote um movimento na direção certa, existem fatores complicadores que continuam a interferir no sucesso dos estudantes. Comparados aos alunos sem deficiência, os estudantes com desenvolvimento atípico têm mais chances de frequentar cursos superiores de dois anos; têm piores taxas de frequência; são menos preparados para as universidades; têm mais chances de fazerem aulas de reforço durante cursos avançados; e têm mais chances de evadirem no primeiro ano. Os estudantes com dificuldades de aprendizagem formam o subgrupo mais numeroso e são, muitas vezes, os menos preparados academicamente (Henderson, 1999). De maneira geral, para os estudantes com deficiência, a conclusão de um curso superior ainda é comparativamente mais difícil do que para os seus pares sem deficiência (Hishinuma, Fremsted, 1999).

PERCORREMOS UM LONGO CAMINHO ATÉ AQUI... SERÁ?

Retornando à pergunta feita no início do capítulo (*"Por que não consigo me lembrar de ter ido à escola com crianças com deficiência ou de ter tido uma professora com deficiência?"*), supomos que a sua experiência escolar tenha sido diferente da nossa. Deveria ter sido para a geração que sucedeu a nossa. As escolas são um microcosmo da sociedade e, conforme mostramos, a sociedade está configurada para evitar o acesso e a aceitação de um grupo diverso de pessoas conhecido como deficientes. Estamos animados com as mudanças que ocorreram nas escolas e na sociedade em geral durante as últimas décadas. Ao mesmo tempo, pedimos aos educadores, que já negociam com muitos pontos de vista conflitantes, para considerarem as deficiências da mesma maneira que consideram as questões de igualdade social relacionadas a gênero, raça, etnia, classe e orientação sexual. Acreditamos que, quando fizerem isso, eles estarão tentando desmantelar ativamente o *status* de cidadania de segunda classe, permitindo que as crianças com deficiências ganhem maior acesso às salas de aula que, por sua vez, ajudam-nas a se preparar para o mundo. Com relação aos professores com deficiência: eles estão mais presentes nas escolas, criando organizações como a The Capably Disabled of the United Federation of Teachers, um grupo que defende os seus interesses, bem como educa. Assim, como diz o velho ditado, embora tenhamos percorrido um longo caminho, ainda há muito pela frente...

QUESTÕES PARA REFLEXÃO

1. Em suas próprias experiências escolares, de que alunos com deficiência você se lembra? De que professores com deficiência você se lembra? Do que você se recorda sobre a inclusão deles em todas as atividades escolares?
2. Reflita sobre os membros de sua própria família com deficiência. Quais são as opiniões deles sobre a inclusão de estudantes com deficiência nas escolas? O que eles pensam sobre as questões de acessibilidade na sociedade como um todo?
3. Você acha que as deficiências deveriam ser consideradas juntamente com as questões de raça, etnia, gênero e sexualidade, para que se crie uma escola na qual exista uma comunidade "real"?
4. Pense sobre as pessoas com deficiência que você viu nos filmes e programas de televisão, ou sobre as quais leu a respeito em livros e jornais. Quais são os primeiros exemplos dos quais você se lembra? Quais são os exemplos recentes de que você se recorda? Como eles eram representados? Que mensagens essas representações transmitiam sobre as chamadas "deficiências"?
5. De que maneira pode ser argumentado que as instituições de caridade prejudicam e/ou ajudam as pessoas com deficiência? Quem se beneficia com as organizações de caridade e de que formas elas se beneficiam?
6. Como a cultura das "deficiências" poderia ser definida? Qual é o seu propósito? Como você poderia descrever essa cultura para outra pessoa?
7. Quais são alguns dos benefícios e desvantagens das leis relacionadas às deficiências?
8. Em sua opinião, a inclusão deveria ser um direito civil? Explique a sua resposta, dando exemplos e detalhes.
9. Quais são os exemplos de expressões idiomáticas relacionadas às deficiências que você usa inconscientemente? Você acha que é importante mudar alguns aspectos do seu uso da língua? Explique sua resposta.
10. Apesar de ser criticada constantemente, e há muito tempo, a educação especial quase não mudou ao longo dos anos. Por que você acha que isso aconteceu?
11. Qual a relação entre a educação especial e a super-representação?
12. De que modo o acesso de crianças e adolescentes com deficiência às escolas é análogo ao acesso dos jovens com deficiência às universidades?

NOTAS

1. Todos os nomes reais foram modificados e substituídos por pseudônimos.
2. Ver http://www.bfi.org.uk/education/teaching/disability/thinking/stereotypes.html.
3. Ver http://www.mediaanddisability.org/portrayal.html.
4. Ver http://idea.ed.gov/download/finalregulations.html.
5. Inclusão significa que todos os estudantes têm o direito de ser educados com seus pares sem necessidades especiais, ao mesmo tempo em que recebem serviços de educação especial. Portanto, qualquer estudante com uma necessidade especial pode ser incluído. Integração significa que um estudante possui níveis e comportamentos acadêmicos semelhantes aos de seus pares da educação geral e que pode sobreviver parte do dia escolar em turmas de educação geral sem qualquer apoio da educação especial. Os estudantes que passam pela integração, consequentemente, "ganham" o direito de estar em um ambiente menos restritivo por causa de suas capacidades.
6. Para ter acesso a um misto de experiências, ver KEEFE, E. B.; MOORE, V. M.; DUFF, F. R. *Listening to the experts:* students with disabilities speak out. Baltimore: P. H. Brookes, 2006.
7. Ver http://nces.ed.gov/pubs2007/dropout/ListOfTables.asp#Table 13.
8. Ver U.S. Department of Education. Adult literacy in America survey. http://nces.ed.gov/naal/nals_products.asp
9. Ver http://www.washingtonpost.com/wp-dyn/content/story/2008/02/28/ST2008022803016.html
10. Learning Disabilities Association (n.d.), http://www.ldanatl.org/.
11. Ver http://www.nsf.gov/statistics/nsf03312/c2/c2s1.htm.

REFERÊNCIAS

AMERICAN EDUCATION RESEARCH ASSOCIATION. Special Interest Group. *Disability studies in education.* [S.l.: s.n., 20--?]. Disponível em: <http://www.aera.net/SIG143/DisabilityStudiesinEducationSIG143/tabid/12121/Default.aspx>. Acesso em: 26 nov. 2013.

ANDREWS, J. E. et al. Bridging the special education divide. *Remedial and Special Education*, Austin, v. 21, n. 5, p. 258-260, 267, 2000.

AYALA, E. C. "Poor little things" and "Brave little souls": the portrayal of individuals with disabilities in children's literature. *Reading Research and Instruction,* [Coral Gables], v. 39, n. 1, p. 103-116, 1999.

BLASER, A. *Awareness days:* some alternatives to simulation exercises. [S.l.]: Advocado, 2003. Disponível em: <http://www.raggededgemagazine.com/0903/0903ft1.html>. Acesso em: 26 nov. 213.

BRANTLINGER, E. (Ed.). *Who benefits from special education? Remediating (fixing) other people's children.* Mahwah: L. Erlbaum, 2006.

BROSNAN, F. L. Overrepresentation of low-socioeconomic minority students in special education programs in California. *Learning Disability Quarterly*, Overland Park, v. 6, n. 4, p. 517-525, 1983.
CHARLTON, J. I. *Nothing about us without us*. Berkeley: University of California, 1998.
CONNOR, D. J. Michael's story: "I get into so much trouble just by walking": narrative knowing and life at the intersections of learning disability, race, and class. *Equity and Excellence in Education*, Philadelphia, v. 39, n. 2, p. 154-165, 2006.
FERRI, B. A.; CONNOR, D. J. *Reading resistance:* discourses of exclusion in the desegregation and inclusion debates. New York: P. Lang, 2006.
FIERROS, E. G.; CONROY, J. W. Double jeopardy: an exploration of restrictiveness and race in special education. In: LOSEN, D. J.; ORFIELD, G. (Ed.). *Racial inequality in special education*. Cambridge: Harvard Education, 2002. p. 39-70.
FRANKLIN, B. M. The first crusade for learning disabilities: the movement for the education of backward children. In: POPKEWITZ, T. (Ed.). *The foundations of the school subjects*. London: Falmer, 1987. p. 190-209.
GARTNER, A.; LIPSKY, D. K. Beyond special education: toward a quality system for all students. *Harvard Education Review*, Cambridge, v. 57, n. 4, p. 367-395, 1987.
GIORDANO, G. *American special education:* a history of early political advocacy. New York: P. Lang, 2007.
HARRY, B. et al. On rocks and soft places: using qualitative methods to investigate disproportionality. In: LOSEN, D. J.; ORFIELD, G. (Ed.). *Racial inequality in special education*. Cambridge: Harvard Education, 2002. p. 71-92.
HEHIR, T. *New directions in special education:* eliminating ableism in policy and practice. Cambridge: Harvard Education, 2005.
HENDERSON, C. *College freshmen with disabilities, 1999:* a biennial statistical profile – statistical year 1998. Washington: American Council on Education, 1999. (ERIC Document Reproduction Service, No. ED436900)
HISHINUMA, E. S.; FREMSTED, J. S. NCAA college freshman academic requirements: academic standards or unfit roadblocks for students with learning disabilities? *Journal of Learning Disabilities*, v. 30, n. 6, p. 589-598, 1999.
KAUFFMAN, J. M.; HALLAHAN, D. P. *The illusion of full inclusion*. Austin: Pro-Ed, 1995.
KINCHELOE, J. L. Why a book on urban education? In: STEINBERG, S. R.; KINCHELOE, J. L. (Ed.). *19 urban questions:* teaching in the city. New York: P. Lang, 2007. p. 1-27.

LINTON, S. *Claiming disability*. New York: New York University, 1998.
LIPSKY, D. K.; GARTNER, A. *Inclusion and school reform:* transforming America's classrooms. Baltimore: P. H. Brookes, 1997.
LOZOFF, B. *The wonderful life of a fly who couldn't fly*. Charlottesville: Hampton Roads, 2002.
MOXLEY, D. P.; FINCH, J. R. (Ed.). *Sourcebook of rehabilitation and mental heath practice*. New York: Plenum, 2003.
NATIONAL ASSOCIATION FOR THE ADVANCEMENT OF COLORED PEOPLE. *Dismantling the school-to-prison pipeline*. New York: [s.n., 20--].
PARR, T. *It's okay to be different*. New York: Little, Brown, 2001.
PROCTOR, R. N. The destruction of "lives not worth living". In: TERRY, J.; URLA, J. (Ed.). *Deviant bodies:* critical perspectives on difference in science and popular cultures. Bloomington: Indiana University, 1995.
RODIS, P.; GARROD, A.; BOSCARDIN, M. L. (Ed.). *Learning disabilities and life stories*. Needham Heights: Allyn & Bacon, 2001.
RUSSELL, M. *Beyond ramps:* disability at the end of the social contract. Monroe: Common Courage, 1998.
SAFRAN, S. P. The first century of disability portrayal in film: an analysis of the literature. *Journal of Special Education*, New York, v. 31, n. 4, p. 467-479, 1998.
SAILOR, W. Special education in the restructured school. *Remedial and Special Education*, Austin, v. 12, p. 8-22, 1991.
SHAPIRO, J. P. *No pity*. New York: Three Rivers, 1993.
SHAPIRO, J. et al. Special report. *U.S. News & World Report*, Dec. 13, p. 46-60, 1993.
SKRTIC, T. M. *Behind special education:* a critical analysis of professional culture and school organization. Denver: Love, 1991.
STIKER, H. J. *A history of disability*. Ann Arbor: Love, 1999.
THOMAS, S. B. College students and disability law. [S.l.]: LD online, 2000. Disponível em: <http://www.ldonline.org/article/6082>. Acesso em: 26 nov. 2013.
TUCKER, J. Ethnic proportions in classes for the learning disabled: issues in nonbiased assessment. *Journal of Special Education*, New York, v. 14, n. 1, p. 93-105, 1980.
VILLA, R. A.; THOUSAND, J. *Creating an inclusive school*. Alexandria: Council for Supervision and Curriculum Development, 1995.
WALD, J.; LOSEN, D. J. (Ed.). *Deconstructing the school-to-prison pipeline:* new directions for youth development. Malden: Blackwell Online, 2003.

3
Examinando crenças e expandindo noções de normalidade

A PISCINA INCLUSIVA

Não tenha medo da água

"E se eu não me sentir pronto para ensinar essas crianças?"

Nas últimas três décadas, o campo da educação especial conseguiu convencer uma geração de professores de educação geral de que eles não são "especiais" o bastante (ou seja, pacientes, qualificados, competentes e naturalmente dotados o suficiente) para ensinar as crianças com deficiência. Mesmo o público em geral acredita que os educadores especiais são uma espécie separada das outras. Tudo o que temos que fazer é entrar em uma sala cheia de estranhos, iniciar uma típica conversa de coquetel e esperar que nos perguntem qual é o nosso trabalho. Assim que a resposta "Sou um(a) professor(a) de educação especial" sai dos nossos lábios, somos transformados aos olhos do público, que arfa e murmura, suavemente: "Por quê? Você deve ser uma pessoa *muito* especial". Em meio a um círculo de cabeças fazendo sinal de concordância, há sempre alguém que confessa o que os outros estão pensando: "Sabe, eu *nunca* poderia fazer o que você faz. Fico contente que haja pessoas como você no mundo".

Vamos analisar as pressuposições em jogo nesse diálogo. O que não está expresso é a crença de que a deficiência representa uma das mais infelizes circunstâncias de vida – tão infeliz (e distante da experiência de vida "comum") que esse público não consegue imaginar uma vida que não seja livre das deficiências. Está implícito, ainda, que é necessária uma pessoa *muito* especial – de preferência, uma que tenha o zelo e a natureza sacrifical de um missionário – para trabalhar com crianças com deficiência, que apresentam desafios colossais e, presumivelmente, indesejáveis. Talvez, o mais preocupante seja a gratidão expressa em relação às pessoas que *escolhem* trabalhar com crianças com deficiência, de forma que as demais (isto é, elas mesmas) possam ser poupadas de ter de lidar com qualquer tipo de deficiência.

No capítulo anterior, exploramos as origens dos estereótipos das deficiências na cultura popular. Dado que a escola pública é uma cultura particular, onde as ideias sobre as deficiências poderiam se originar em um contexto educacional? Por exemplo, o que poderia explicar a predisposição dos professores de educação geral a acreditarem que apenas os educadores especiais podem e devem ensinar crianças com deficiência?

PERSPECTIVAS SOBRE AS DEFICIÊNCIAS

Antes da implementação da Lei Pública 94–142 nas escolas públicas, a comunidade médica (p. ex., médicos de família, neurologistas, psicólogos, psiquiatras, oftalmologistas, otorrinolaringologistas, fisioterapeutas, fonoaudiólogos, terapeutas ocupacionais) funcionava como uma fonte primária de informação, tratamento e apoio aos pais de crianças com deficiência. Não é nada surpreendente, então, que o enquadramento das deficiências na Lei Pública 94–142 (e todas as revalidações subsequentes da IDEA, a Lei da Educação para Indivíduos com Deficiência) reflita a relação histórica entre a medicina e a deficiência.

O modelo médico das deficiências

Qualquer pessoa que já tenha visitado um consultório médico nos Estados Unidos tem noção do que é o nosso modelo médico. Um paciente apresenta sintomas. Um médico realiza exames clínicos com o propósito de confirmar ou descartar diagnósticos baseados nos sintomas do paciente. Após o diagnóstico ser confirmado, o médico prescreve um procedimento de tratamento médico curativo para restaurar a saúde do corpo. O paciente é solicitado a marcar uma consulta de retorno para avaliar a eficácia do tratamento.

Agora, vamos dar uma olhada nos procedimentos de avaliação, elegibilidade e colocação delineados pela IDEA. A presença de um "paciente" (aluno) com "sintomas" (problemas educacionais). O "especialista científico" (psicólogo escolar) realiza um "exame" (avaliação psicoeducacional) para confirmar ou descartar um "diagnóstico" (deficiência). Após o "diagnóstico" (deficiência) ser identificado, uma "prescrição" (Plano Educacional Individual, ou PEI) é escrita com recomendações para um "percurso de tratamento" (colocação em programa de educação especial e instrução individualizada), que tem o intuito de "curar" (remediar) o "paciente" (aluno). Uma "consulta de retorno" (revisão anual do PEI) é agendada para avaliar a eficácia do "plano de tratamento" (serviços de educação especial). A presença do modelo médico no interior da prática da educação especial é inconfundível.

Por mais de 30 anos, a educação especial tem se apoiado no modelo médico no que diz respeito à sua estrutura para compreender e dar respostas às deficiências. Vistas pelas lentes do modelo médico, as deficiências são conceituadas como uma condição patológica intrínseca ao indivíduo. Consequentemente, é uma prática naturalizada na educação especial posicionar o aluno individual como a unidade de análise. Por exemplo, utilizando os procedimentos de avaliação estabelecidos pela IDEA, um psicólogo escolar administra uma bateria de avaliações *individuais* e "com base científica" para determinar se o aluno atende ou não aos critérios para ser enquadrado dentro de uma (ou mais) de 13 categorias. Os membros do comitê de educação especial (pais e profissionais da escola) revisam os resultados da avaliação psicoeducacional e, por sua vez, determinam a elegibilidade e a colocação do aluno em relação aos serviços de educação especial. Por fim, um Plano Educacional Individual (PEI) é desenvolvido para tratar e remediar os déficits cognitivos, acadêmicos e comportamentais identificados do aluno.

Agora que está lendo nosso terceiro capítulo, você pode prever que estamos prestes a convidá-lo para olhar além do estado de coisas existente, a fim de examinar a parte vulnerável de nossa bem-estabelecida resposta às crianças com deficiência. De novo, não estamos sugerindo que as pessoas sem deficiência estejam orquestrando algum tipo de conspiração sinistra – do tipo que se vê em histórias em quadrinhos – para assegurar a sua posição superior no mundo; contudo, é bom nos lembrarmos de que as escolas públicas são espaços altamente politizados (ver Capítulo 1), povoadas por pessoas que trazem consigo uma miríade de valores, culturas, etnias, línguas, crenças, histórias e comportamentos. Também é válido lembrar que podemos legislar políticas, mas não podemos legislar atitudes. Basta olharmos para as consequências inesperadas da educação especial discutidas no Capítulo 2 (p. ex., estigma acadêmico e social, super-representação persistente de estudantes negros em salas de aula segregadas, falta de acesso ao currículo de educação geral) para reconhecermos o significado da atitude sobre os resultados dos alunos.

Como se apoiaram no modelo médico das deficiências por mais de três décadas, os funcionários de escolas públicas geralmente consideram o fundamento estrutural da educação especial como natural e isento de problemas. Afinal de contas, é o modo como *fazemos* as coisas. Nosso jargão é repleto de locuções para descrever a patologia dos alunos com deficiência – "discrepância significativa entre capacidade e aproveitamento", "déficits de processamento visual e auditivo", "desenvolvimento visual-motor atrasado", "fala imatura", "comportamento de baixo risco", "déficit no controle inibitório", "comportamentos desatentos", "impedimentos de linguagem", "desempenho errático", "desenvolvimento atípico", "defensividade tátil" e assim por diante. Considere por um momento como você poderia conceituar uma criança descrita em um relato com *todas* as locuções acima mencionadas. Mantenha essa imagem em mente. Você está olhando para a criança em sua completa humanidade – ou como a soma de seus déficits? Quais foram os seus pensamentos imediatos sobre o potencial acadêmico dessa criança e a sua capacidade ensiná-la? O jargão da patologia influenciou o seu ponto de vista de alguma forma significativa? Quando conceituamos a diferença como déficit, engendramos uma forma particular de pensar sobre as crianças com deficiências, bem como modos de responder a elas. Quanto mais focamos no indivíduo, mais parece que ele é determinado pelo seu *status* de deficiente. Talvez, conforme afirma Simi Linton, especialista em estudos da deficiência, "[...] tenhamos deficiência de linguagem, pois não conseguimos descrever isso de uma maneira que não seja como um 'problema' [...]" (LINTON, 1998).

A construção social da deficiência

Voltemos por um instante ao exemplo da Professora A e do Professor B, descrito ao final do Capítulo 1. Recapitulando: a Professora A avalia se uma nova aluna com deficiência se "encaixa" ou não em sua sala de aula (assim como seu repertório de ensino), enquanto o Professor B considera o que uma nova aluna com deficiência precisa para ser bem-sucedida em sua sala de aula e envolve outras pessoas mais bem informadas (equipe de educação especial e pais) no processo de transição. Podemos esperar um resultado diferente para a aluna, dependendo de que contexto ela adentra. O fato biológico da deficiência da aluna permanece igual. O que muda é a *resposta* à deficiência.

Não contestamos as diferenças biológicas inerentes às deficiências. Nem é nossa intenção diminuir as contribuições positivas da ciência para as vidas das pessoas. Desejamos enfatizar, porém, que o *significado* que as sociedades atribuem às deficiências muda ao longo do tempo e da cultura. Há menos de 30 anos, por exemplo, uma pessoa com deficiência grave passar sua vida inteira em uma instituição era considerado algo "correto e natural" nos Estados Unidos (BLATT; KAPLAN, 1996). Em contraste, na cultura de hoje é recorrente pessoas com deficiência grave viverem em residências coletivas em suas comunidades. Será que as deficiências, que antes eram consideradas tão graves a ponto de justificar a institucionalização, desapareceram? Certamente que não. O que *desapareceu* foi a *resposta* indiscriminada da sociedade norte-americana às deficiências graves – a prática da institucionalização. E, conforme continuamos a ressaltar, é a resposta bem estabelecida da sociedade à deficiência que determina resultados particulares para as pessoas com deficiência.

Nos últimos anos, as pessoas com deficiências, os especialistas em estudos dessa área e os defensores dos direitos dos deficientes distinguiram o impedimento da "deficiência" da seguinte maneira: um impedimento refere-se às "[...] variações que existem em comportamento, aparência, funcionamento, acuidade sensorial e processamento cognitivo humano [...]" (LINTON, 1998), em contraste com as deficiências, que são um produto de práticas sociais, políticas, econômicas e culturais (CORKER; SHAKESPEARE, 2002). Em outras palavras, há mais em jogo do que uma mera diferença biológica inerente a um indivíduo. Por exemplo, uma usuária de cadeira de rodas pode ter um impedimento que requer que ela se movimente pelo mundo de um modo que não seja caminhando; contudo, se a usuária de cadeira de rodas quer entrar em um edifício que é acessível *apenas* para pessoas que caminham, ela se torna deficiente pelo contexto. Dessa forma, a deficiência pode ser entendida como uma construção social.

Construindo deficiências em escolas públicas

Como explicamos no início deste capítulo, a educação pública se apoia no referencial do modelo médico para compreender as deficiências e dar resposta a elas. Então, não é nenhuma surpresa o fato de que a prática da educação especial incorpora a linguagem e os métodos da ciência. Por conseguinte, os alunos com deficiência serão conceituados na linguagem da patologia, o que acaba produzindo consequências particulares.

Conforme as deficiências passaram do âmbito da medicina para a educação pública, a linguagem científica usada para descrevê-las ingressou no contexto escolar. A linguagem baseada em avaliações psicoeducacionais difere significativamente da maneira como os professores falam sobre as crianças que têm dificuldade para aprender. Pense a respeito do *status* elevado que a sociedade norte-americana confere à ciência e aos cientistas. A linguagem da patologia é *culturalmente* posicionada como um discurso poderoso. Por exemplo, nas reuniões do comitê de educação especial, a linguagem científica carrega, rotineiramente, um *status* maior do que a linguagem de professores e pais (VALLE; APONTE, 2002). As necessidades educacionais das crianças, descritas em termos científicos e psicológicos, soam alienígenas para os professores da educação geral, que estão pouco familiarizados com tal terminologia – levando-os a acreditar que não possuem o conhecimento nem as habilidades para resolver questões aparentemente tão complexas. Consequentemente, os professores da educação especial (e uma variedade de provedores de serviços de apoio) se posicionaram como *os* profissionais treinados para trabalhar com *aquelas* crianças. E um mito educacional começa a tomar forma – aquele que diz que há *dois* tipos de crianças – com e sem deficiência – que requerem diferentes tipos de ensino, ministrados por professores treinados de forma diferente, trabalhando em sistemas paralelos da educação pública. E, pelas últimas três décadas, esse mito circulou entre uma geração de professores que o tomaram como verdadeiro. Certamente, há crianças com deficiências graves que *podem* exigir instrução especial fora da classe comum. Contudo, tornou-se cada vez mais naturalizado pensar os alunos com dificuldade como *pertencentes* à educação especial – uma postura crescentemente desafiada por proponentes de práticas educacionais inclusivas, que afirmam que todas as crianças são muito mais parecidas do que se pensa, e que os professores da educação geral, de fato, já possuem um rico repertório no qual se basear para ensinar todo mundo.

Entendemos que você possa estar se perguntando – por que *não* ensinar crianças com deficiência em turmas menores, utilizando materiais e estratégias instrucionais especializados? Isso dever ser uma coisa boa, especialmente na era da prestação de contas, não é mesmo? Por que os professores de ensino regular *deveriam* incluir as crianças com deficiência em suas salas de aula quando as classes especiais e os professores da educação especial estão disponíveis? Bem, a resposta para essa pergunta tem a ver com "todas aquelas *outras* coisas" de que falamos no Capítulo 1, que têm tudo a ver com as consequências inesperadas da educação especial discutidas no Capítulo 2. Em outras palavras, devemos considerar como o modelo médico das deficiências funciona, tanto no interior da cultura da educação pública quanto da cultura norte-americana.

Conforme estabelecido no início deste capítulo, o modelo médico centraliza-se no indivíduo, tomando-o como unidade de análise. Trabalhando dentro da conceituação das deficiências como algo inerente ao indivíduo, um "especialista objetivo" (psicólogo escolar) aplica uma bateria de avaliações padronizadas e individualizadas que incluem, geralmente, um teste de QI (p. ex.: a Escala Wechsler de Inteligência para Crianças, ou WISC-IV, na sigla em inglês, as Escalas de Inteligência de Stanford-Binet e os Testes de Capacidades Cognitivas de Woodcock--Johnson III – Atualização Normativa); testes de aproveitamento (p. ex.: o Teste Wechsler de Aproveitamento Individual, ou WIAT II, na sigla em inglês, os Testes de Aproveitamento de Woodcock-Johnson III e o Teste Peabody de Aproveitamento Individual, ou PIAT-R/NU, na sigla em inglês); e medidas comportamentais (p. ex.: as Escalas de Comportamento Adaptativo de Vineland, ou ECAV, a Lista de Verificação de Comportamento Infantil, as Escalas de Classificação de Comportamento de Conners, ou CBRS, na sigla em inglês). Os resultados da avaliação formam a base do plano de tratamento feito para remediar os déficits do indivíduo. Essa parece ser uma abordagem razoável. Qual poderia ser o problema?

Para começar, vamos considerar algumas pressuposições incrustadas em nossas práticas naturalizadas. A educação especial gira em torno da noção de normal/anormal. Para o "anormal" existir, necessariamente tem de haver um conceito de "normal". Em outras palavras, os parâmetros de "normal" devem ser definidos para se determinar o que é "anormal" por comparação. E é aqui que "todas aquelas *outras* coisas" entram em jogo novamente. Quem decide o que constitui "normal" e "anormal" entre todas as variedades do comportamento humano? É certo e natural conceituar a capacidade humana como se ela pudesse ser distribuída ao longo de uma "curva normal"? Será que a adesão estrita à padronização objetiva e científica (com relação aos ambientes de teste, procedimentos e instrumentos de medida) produz a mais precisa representação da capacidade humana? Quais poderiam ser as consequências que nossos muito bem-estabelecidos métodos poderiam ter na determinação e na resposta às deficiências dentro das escolas públicas norte-americanas?

O REINO DO NORMAL

Em primeiro lugar: quando, onde e como o conceito de *normal* se originou? Você já pensou nisso, ou o conceito é tão natural que você nem mesmo chegou a refletir sobre isso?

As origens do normal

Podemos encontrar indícios do uso da palavra *normal* a partir de meados da década de 1840, quando ela apareceu pela primeira vez no léxico da língua inglesa como parte do vocabulário criado pela emergente disciplina da estatística. O novo campo foi concebido na Europa como uma forma de acumular dados sobre a produção industrial e a saúde pública; contudo, Adolphe Quetelet, um estatístico francês, pensou em aplicar a estatística aos atributos físicos (p. ex.: altura e peso), assim construindo uma abstração do "homem ideal" – o primeiro referencial em que se pôde comparar os seres humanos, atribuindo-lhes o *status* de "normal" ou "anormal" (Davis, 1997).

Na segunda metade do século XIX, Sir Francis Galton, cientista, explorador, estatístico e meio-irmão de Charles Darwin, ampliou o trabalho de Quetelet para incluir uma "curva normal de distribuição" e a divisão em quartis para a classificação das características humanas em medianas, inferiores e superiores (Hanson, 1993). (É importante ressaltar que a noção de Galton da "curva normal de distribuição" é usada, nos *dias de hoje*, na avaliação e nos critérios de elegibilidade para os serviços de educação especial.) Galton, juntamente com outros estatísticos europeus, promoveu o estudo estatístico das características humanas como parte de uma ideologia popular da época conhecida como eugenia. Os eugenistas buscavam aprimorar as características positivas da população, impedindo que seus indivíduos mais fracos se misturassem com aqueles considerados superiores (Thomas; Loxley, 2001); em outras palavras, a raça humana poderia ser melhorada por meio da prática da procriação controlada. Galton promoveu a ideia de que a inteligência é uma característica hereditária, distribuída entre os seres humanos de modo desigual, de acordo com a *classe* e a *raça* (isto é, os brancos cultos possuíam inteligência inata superior à dos não brancos menos cultos) e incitaram as pessoas inteligentes a se casarem umas com as outras para compensar a crescente taxa de natalidade das indesejáveis classes inferiores (Hanson, 1993). Começamos a ver como a ciência – um discurso de verdade, que ganhou impulso para além do final século XIX – começou a funcionar de forma a apoiar as ideias socialmente construídas da cultura dominante sobre raça, classe e inteligência.

Parece, então, que a ciência possibilitou a racionalização para que se atribuísse valor aos seres humanos juntamente com características herdadas. Vamos considerar alguns exemplos. No início do século XX, os eugenistas contribuíram para a aprovação da *Immigration Act* (Lei da Imigração), de 1924, atestando que as indesejáveis características *inerentes* aos europeus do sul e do leste representavam uma ameaça significativa à saúde da população dos EUA. Por volta da mesma época, os legisladores norte-americanos, baseando-se na literatura eugenista, aprovaram leis estaduais proibindo casamentos entre pessoas com doenças mentais e deficiências intelectuais, forçando a esterilização como uma medida para prevenir a transmissão às gerações subsequentes. E a mais terrível de todas: o movimento eugenista contribuiu muito para a construção da solução final de Adolf Hitler – dando-lhe a justificativa científica para erradicar os assim chamados defeitos genéticos, a fim de criar uma raça dominante. É importante destacar que os primeiros alvos de Hitler foram as pessoas com deficiências intelectuais e físicas, que ele chamava de "parasitas inúteis", antes de voltar a sua atenção para a perseguição e o extermínio de ciganos, homossexuais e judeus. (VALENCIA, 1997). Quem poderia ter previsto que o desenvolvimento da análise de dados estatísticos contribuiria para os horrores inimagináveis do Holocausto?

E esse é o nosso ponto. Devemos ser vigilantes com relação às consequências esperadas e inesperadas das práticas científicas. No caso da eugenia, seus proponentes desejavam diminuir o sofrimento humano por meio da procriação seletiva, um meio científico para erradicar doenças e deficiências com vistas a criar famílias mais fortes e saudáveis. Porém, como a história iria revelar, as coisas não são tão simples. *Quem* decide quais características são mais ou menos desejáveis (que definem, em última análise, quais pessoas são mais ou menos valiosas), para que propósito e para o benefício de quem? Essas perguntas permanecem relevantes à medida que consideramos a "ascensão do normal" nas escolas públicas norte-americanas.

A ascensão do normal nas escolas públicas

O teste de inteligência é uma característica ubíqua das escolas públicas. Ocupando a posição central do processo de determinação da elegibilidade para os serviços de educação especial, o teste de QI é a base de comparação para as outras medidas (p. ex.: discrepâncias entre os escores de QI e os de aproveitamento são considerados significativos para a identificação de certas deficiências). Os testes de inteligência requerem que acreditemos em sua eficácia para que a instituição da educação especial – conforme escolhemos concebê-la – funcione sem problemas. Embora os testes de QI sempre tenham tido seus críticos, houve bem pouca resistência à confiança que depositamos nos escores de QI como parte da avaliação necessária para se determinar a elegibilidade e a colocação na educação especial.

Sendo assim, como os testes de inteligência se tornaram uma prática naturalizada na educação pública? Voltemos, novamente, ao início do século XX. Com os eugenistas promovendo, constantemente, a noção de inteligência hereditária, não causa nenhuma surpresa o fato de que o campo da psicometria surge para fornecer um meio pelo qual medir a capacidade intelectual. Em 1905, Alfred Binet, um psicólogo francês, construiu o primeiro teste de inteligência, a pedido do ministro da educação da França, para identificar estudantes que necessitavam de assistência educacional. (É importante registrar que a lei francesa concedeu o direito à educação pública a *todos* os alunos, incluindo àqueles considerados "deficientes intelectuais".) Antevendo o potencial para a existência de uma excessiva confiança em um único escore de QI, Binet expressou, publicamente, reservas quanto ao seu uso (THOMAS; LOXLEY, 2001). Apesar das preocupações de Binet em relação ao uso generalizado de seu teste de inteligência, a demanda pelo teste cresceu imediatamente, em particular nos Estados Unidos. Em 1916, Lewis Terman, um psicólogo da Universidade de Stanford, modificou, expandiu e renomeou o teste (Stanford-Binet), popularizando, assim, o seu uso nos Estados Unidos (HANSON, 1993).

A ciência reinava soberana como Discurso de Verdade no início do século XX. Lembra-se de todos aqueles proponentes da eficiência social (ver o Capítulo 1) que se baseavam "na racionalidade e na tecnologia científica" para aumentar a eficiência da escola pública? O campo emergente da psicometria forneceu apenas as "ferramentas científicas" necessárias para diferenciar a educação de acordo com o potencial vocacional *prognosticado* dos estudantes. Desse modo, os testes de QI se tornaram o meio pelo qual se distribuem os indivíduos em níveis de desempenho (p. ex.: abaixo do normal, acima do normal), maximizando a eficiência ao oferecer aos alunos *somente* a educação necessária para os seus lugares pré-determinados na sociedade. Dado que os testes de QI surgiram da tradição da ciência, sua legitimidade não é colocada em questão, nem a sua prática de separação de estudantes de acordo com escores de QI. O que naturaliza tais práticas é a sua associação aos métodos da ciência natural (THOMAS; LOXLEY, 2001).

Se pensarmos sobre a relação histórica entre a ciência e a deficiência, bem como a tradição bem-estabelecida de testes de QI nas escolas públicas, veremos que é bastante previsível que os testes de QI sejam escolhidos como o instrumento principal de avaliação para a elegibilidade e os procedimentos de colocação da educação especial. É válido apontar que, de novo, nossa confiança nos testes de QI nos últimos 30 anos contribuiu para uma bem-documentada e persistente super-representação de crianças negras em ambientes segregados de educação especial (ver Capítulo 2). Será que, em nome do atendimento das necessidades educacionais das crianças com deficiência, acabamos por reintroduzir noções promovidas pelos eugenistas – isto é, que os estudantes da cultura dominante, advindos das classes média e alta, são *adequados* à escola pública *mainstream* e representam o ideal ("normalidade"), que serve como base de comparação para classificar os demais? E, novamente, pedimos para que você considere a nossa pergunta – quem se beneficia com essas conceituação e prática particulares?

DEFICIÊNCIAS EM CONTEXTO

Imagine o seguinte cenário. Você está ensinando em sua sala de aula como você faz todos os dias. Alguém bate na sua porta. Uma pessoa estranha entra e pede para que você a acompanhe. Quando você pergunta do que isso se trata, ela sorri e explica que precisa descobrir a melhor forma de lhe ajudar a ensinar. Embora não esteja ciente de que precisa de algum tipo de ajuda na sala de aula, você intui que esse encontro tenha sido pré-estabelecido, e não está aberto à negociação. Seus alunos o observam à medida que você é levado para fora da sala de aula. Ao avançar pelo corredor, você repara que todos os outros professores permanecem em suas salas de aula como de costume. A estranha o leva para uma pequena sala sem janelas. Ela lhe explica que você responderá a perguntas e que você deve fazer o seu melhor. E avisa que haverá algumas questões que ela não poderá repetir e algumas questões que você deve responder dentro de um limite de tempo. Ela pega um cronômetro. Finalmente, você é informado de que não deve perguntar se as suas respostas estão corretas. O questionário começa. Você se questiona sobre por que as perguntas não parecem ter muita relação com ensino. Depois de duas horas, a estranha lhe agradece por seu empenho e lhe conduz de volta à sua sala de aula.

Passam-se semanas. Você está envergonhado demais para perguntar se algum dos outros professores também teve um encontro com a estranha. Você finalmente esquece o encontro. Então, certo dia, o diretor lhe chama em sua sala. Ele abre um arquivo que contém papéis relacionados ao seu desempenho em sala de aula, incluindo um relatório escrito pela estranha, no qual ela explica o quão bem você respondeu as perguntas em comparação com os professores da mesma idade e que trabalham em outras partes dos Estados Unidos. Um único escore numérico resume o relatório dela. Além desse relatório, o arquivo contém observações de sua atividade de ensino (conduzidas sem o seu conhecimento) e listas de verificação de seu desempenho preenchidas pelo diretor e por seu supervisor. O diretor lhe explica que os resultados de sua avaliação indicam que seria melhor se você lecionasse em salas de aulas com menos alunos e com maior supervisão. Você é transferido para outra sala de aula no dia seguinte. Você entende o recado tácito. Você é menos competente do que os professores que permanecem em suas salas de aula.

Reconhecemos que exageramos um pouco em nosso exemplo. Contudo, considerando que os funcionários de escola em geral consideram as práticas da educação especial como naturais e quase sem problemas, esperamos tê-lo desafiado a refletir mais profundamente sobre aquilo que é considerado como ponto pacífico. Por exemplo, o cenário que acabamos de descrever parece absurdo quando aplicado à avaliação do desempenho de professores. Porém, esperamos que os alunos (e seus pais) aceitem esse processo – sem questionamento – como legítimo e benéfico.

A avaliação em educação especial é fundamentada em métodos científicos. Os testes padronizados comparam os desempenhos dos indivíduos a uma amostra normativa; desse modo, os examinadores devem seguir um procedimento estrito (p. ex.: usar palavras exatas ao instruir o examinado e *apenas* em determinadas circunstâncias, apresentar tarefas em uma ordem particular, colocar blocos e peças de quebra-cabeça na frente do examinado de uma maneira especificada). As condições ambientais são igualmente padronizadas. Os testes devem acontecer em um ambiente descontextualizado, livre de distrações visuais e auditivas. Além disso, exige-se que os examinadores mantenham uma postura objetiva para minimizar influências imprevistas sobre as condições de testagem. Qualquer violação desses procedimentos invalida os resultados.

Os procedimentos de avaliação delineados pela IDEA exigem que reconheçamos tais métodos científicos como "corretos e bons" e à prova de qualquer reprovação. Somos solicitados a acreditar que (1) métodos padronizados produzem medidas precisas de comportamento e cognição; (2) objetividade, descontextualização e padronização controlam as influências indevidas sobre o desempenho nos testes; e (3) desvio desses procedimentos invalida a verdade conforme concebida pelo autor do teste. Supõe-se que a "prática da ciência" é, por si só, livre de vieses e um fator que não interfere no contexto de avaliação. Porém, como a *prática da padronização* poderia influenciar o desempenho em testes, bem como na construção das deficiências?

O contexto é importante

Não muito diferente de nosso exemplo exagerado do desempenho de professores, podemos considerar que a situação social anormal é, para uma criança (que, em geral, é pega de maneira desprevenida), ter de acompanhar um adulto que ela não conhece (e que lhe oferece explicações mínimas) até uma pequena sala onde questões cronometradas e sem limitação de tempo (escolhidas pelo adulto) são apresentadas pelo menos por 2 horas. O que é uma questão de prática rotineira para o adulto pode ser experimentado por uma criança como algo semelhante a ser "levado" para um interrogatório policial. Em ambos os casos, "a autoridade" possui conhecimentos do qual "o sujeito" não está a par; logo, a ansiedade aumentada, por parte do "sujeito", poderia ser esperada e reconhecida como uma influência indevida sobre o desempenho. Mas não o é. A não ser no caso eventual de uma criança com extrema resistência à testagem, as avaliações são, em geral, consideradas como medidas válidas de desempenho. A dependência da educação especial de métodos das ciências naturais deixa de lado a verdade fundamental – de que "os seres humanos não são, como os objetos da ciência natural, coisas que não concebem a si próprios" (JOYNSON, 1974). O que as crianças têm a nos dizer sobre si próprias? Que aspectos das crianças *não* consideramos, e será que isso é importante? É possível que os nossos bem-estabelecidos procedimentos de avaliação construam a eficiência/deficiência de formas particulares, e não de outras? Para estimulá-lo a pensar sobre essas questões conosco, apresentaremos duas pessoas com deficiência, Paul e Madelyn, a fim de que você tenha em conta o *contexto* de suas histórias reais de vida.

Gênio da invenção

O marido de Jan, Paul, tem uma deficiência auditiva neurossensorial. Ele se move facilmente pelo mundo com dois aparelhos auditivos e uma vida inteira de estratégias compensatórias adquiridas. O que começou com uma suave perda de audição durante a infância é agora um perda entre moderada e grave na meia-idade. Embora haja uns poucos tons dentro do alcance sonoro da fala humana que ele não consegue ouvir, a perda auditiva de Paul não é imediatamente percebida por outras pessoas, nem ele reivindica uma identidade de deficiente auditivo. Ele considera a sua perda auditiva como uma das muitas características que fazem dele quem ele é – uma característica contributiva e que não é diferente em escala, por exemplo, de sua ascendência ítalo-americana.

Como ele frequentou o ensino fundamental nos anos de 1960 (antes do advento da Lei Pública 94–142), a perda auditiva de Paul chamou a atenção apenas durante os exames de visão e audição administrados pelas enfermeiras da escola. A cada ano, ele levava uma carta para casa, que indicava que ele havia sido reprovado em um exame auditivo. E, a cada ano, os pais dele desconsideravam a carta. No contexto de uma grande e animada família ítalo-americana, a perda auditiva de Paul era simplesmente uma questão de acomodação. Em vez de "curar" os ouvidos de Paul, todos assistiam à TV com o volume um pouco mais alto. Em vez de pedirem a Paul para que ele tivesse um comportamento auditivo próximo do normal, os seus parentes ajustaram as *suas* maneiras de interação (p. ex.: tocavam nele para chamar a atenção, encaravam-no quando falavam, repetiam a fala sempre que necessário). Essas acomodações não ocupavam mais ou menos atenção do que a dispensada às necessidades específicas de qualquer outro membro da família. E, por sua vez, ele descobriu maneiras de compensar a sua diferença auditiva, que funcionavam para ele e para os demais.

Paul recebeu seu diploma universitário sem o benefício de acomodações acadêmicas ou amplificação sonora. Quando ainda era um jovem adulto, entretanto, a sua audição piorou. À época de nosso casamento, em 1980, Paul colocou um aparelho auditivo pela primeira vez. À luz da natureza mutável de sua perda auditiva ao longo do tempo, cada estágio novo trouxe outra oportunidade de para a resolução de problemas – não muito diferente dos outros desafios da vida que enfrentamos juntos. Os avanços tecnológicos crescentes oferecem um leque de soluções em cada fase – a maioria dos quais não poderíamos ter imaginado no passado.

Mantemos um preciso arquivo, que não para de aumentar, dos audiogramas anuais que traçam o percurso degenerativo da audição de Paul. Em seu exame anual, Paul se senta em uma cabine à prova de som e repete as palavras que ele escuta através de um fone de ouvido. Ele faz o mesmo teste todos os anos, de forma que as comparações podem ser feitas. Baseando-se nos resultados, o audiologista calibra os aparelhos de Paul.

Sempre acompanho Paul nessas consultas de audiologia. E, a cada ano, a dimensão da perda auditiva revelada pelos exames me impressiona. Começo a pensar que ele pode estar negando o progresso de sua perda auditiva, pois ele nunca me *parece* tão impedido quanto os resultados indicam. Além disso, Paul detesta essas sessões devido à sua própria incapacidade de reconciliar os resultados dos audiogramas com a forma como ele vê a si próprio. Por anos, nunca nos ocorreu questionar a *natureza* desses exames.

Com certeza, a tecnologia de amplificação do som tem tido um impacto positivo no dia a dia de Paul. De fato, eu inicialmente atribuía a bem-sucedida negociação de Paul com o "mundo ouvinte" somente à tecnologia – até que fizemos a nossa primeira viagem ao exterior. Depois de convencer meu marido de que poderíamos nos fiar no francês que aprendi no ensino médio, assumi avidamente a tarefa de intérprete tão logo tocamos o solo europeu. Mal eu havia começado a traduzir a primeira frase, Paul já sabia aonde ir e o que fazer. Fiquei olhando para ele. Ele me retribuiu com um sorriso. "Sabe de uma coisa? Não consigo ouvir em inglês. E não consigo ouvir em francês. Não faz a menor diferença onde estou, não é mesmo?". E, assim, eu fui seguindo meu guia turístico, que se movimentava competente e confiantemente pelo mundo como ele faz todos os dias – apoiando-se em maneiras engenhosas que ele mesmo inventou para extrair sentido do contexto visual.

Como resultado da viagem, passei a entender a discrepância entre as minhas percepções de Paul "no mundo" e os resultados dos audiogramas. O ambiente fechado da cabine de audiologia retira de Paul todas as informações sensoriais diferentes do estímulo auditivo apresentado através de um fone de ouvido. É tão somente uma medida pura de acuidade auditiva. O que os exames não medem é o "comportamento auditivo" de Paul no contexto da vida diária. Seu nível *real* de funcionamento no mundo, mesmo sem os aparelhos auditivos, é mais forte do que seria esperado dado o nível da patologia documentada em um audiograma. Em outras palavras, a deficiência de Paul pode ser construída diferentemente, dependendo se focarmos em sua acuidade auditiva mensurada em um contexto clínico para o propósito de calibrar os seus aparelhos auditivos ou no "comportamento auditivo" que ele apresenta em seu cotidiano.

Se retornarmos à nossa discussão sobre práticas de avaliação em educação especial, poderemos ver como o foco na descoberta da patologia (deficiência) como uma condição interna ao indivíduo pode produzir uma construção diferente daquela gerada por uma avaliação que reconhece o indivíduo no contexto. Se o contexto é importante – como acreditamos que o seja –, o que poderia estar sendo negligenciado ao se avaliar crianças utilizando métodos científicos descontextualizados, padronizados e objetivos? É possível que as crianças pareçam menos capazes ao serem solicitadas a desempenhar certas tarefas sob condições que removem as pistas contextuais rotineiras? A confiança em métodos científicos poderia ser responsável pelas discrepâncias, nos relatos dos pais, entre as representações de seus filhos nos relatórios psicoeducacionais e as suas percepções das crianças no contexto? Como as ideias e as práticas educacionais sobre o que constitui normal/anormal (e os valores complementares atribuídos às crianças em cada lado dessa dicotomia imposta) poderiam se estender para nossas comunidades e na cultura em geral? Convidamos você a considerar essas questões à medida que lê a história de Madelyn.

A aldeia de Madelyn

Madelyn recém fez 9 anos (uma importante distinção no mundo infantil), tem olhos castanho-escuros e um sorriso levado. Ela usa os seus cabelos castanho-claros em um vistoso rabo-de-cavalo que balança de um lado para outro conforme caminha. Passei um sábado agradável com Madelyn recentemente. Compartilhamos uma tarde preguiçosa jogando cartas na varanda dos fundos, saboreando batatinhas fritas com molho, entornando incontáveis copos de refrigerante e fazendo juras de dedinho para manter em segredo as opiniões sussurradas de Madelyn a respeito dos meninos mais bonitinhos do 4º ano.

Mas nem tudo é o que parece. Madelyn é filha de uma amiga minha e participou de um estudo piloto que conduzi alguns anos atrás sobre mães e educação especial. Atualmente, a mãe de Madelyn está desafiando a mudança que o distrito escolar fez na classificação do *status* da deficiência de sua filha: de "deficiência de fala e linguagem" para "deficiência intelectual", e ela me pediu assistência como consultora.

Para dar sentido à minha tarde com Madelyn, é necessário localizá-la dentro dos discursos sinuosos das escolas dos Estados Unidos. A trajetória particular de Madelyn pertence ao discurso das escolas norte-americanas, que naturalizaram formas de falar sobre as características das crianças *individualmente*. Ao adotar a necessária dicotomia de sucesso/fracasso promovida pelas escolas, a comunidade escolar de Madelyn envolveu-a no discurso de desenvolvimento infantil, normas, testes, séries e aproveitamento e rotulou-a como deficiente em todos os critérios. O seu contexto imediato é o de uma família branca de classe média, em que os pais têm nível universitário e as quatro irmãs mais velhas são academicamente talentosas. A família vive em uma afluente comunidade-dormitório da cidade de Nova York, cujos habitantes são, em sua maioria, brancos e asiáticos bem-sucedidos (em termos norte-americanos), assim como os seus filhos. Como um todo, essa é uma comunidade composta de pessoas que estão no topo do jogo competitivo dos Estados Unidos. Madelyn não se encaixa muito bem em nenhum desses mundos. Considerando-se que a sua origem cultural, socioeconômica e étnica é uma combinação vantajosa para o sucesso acadêmico, só pode haver uma única explicação para o inesperado fracasso em uma fase tão prematura de sua vida. Ela *é* "intelectualmente deficiente", o que é uma grande tragédia para ela e para a sua família. Madelyn é um fracasso, conforme a definição dada às crianças norte-americanas de 9 anos.

Embora conheça muito bem os pais de Madelyn, fiquei sem vê-la por alguns anos. Madelyn é, entretanto, bastante próxima de uma amiga em comum, Kate, que visita frequentemente a casa da família. Combinei de visitar Kate em um dia em que ela havia combinado cuidar de Madelyn. Esperava que a minha presença nesse cenário fosse mais natural do que um encontro artificialmente arranjado com Madelyn. Para a minha surpresa, não foi bem assim. Vamos adentrar a cena. Assim que cheguei, Kate me apresentou rapidamente à Madelyn e logo saiu para ir a um casamento – deixando, abruptamente, Madelyn e eu sozinhas. Mal havíamos nos voltado uma para a outra quando um vizinho veio até a varanda. Do nada, a prima de Kate apareceu para tirá-lo dali com urgência. Ouvi-a sussurrar para ele: "Ela está aqui para trabalhar com Madelyn". E, dessa forma, parecia que Madelyn e eu não seríamos capazes de escapar do discurso da escola. As outras pessoas se comportam à nossa volta de acordo com os rótulos que a escola nos deu. Madelyn é a criança defeituosa e eu, a benevolente educadora especial que sabe como tratar as crianças defeituosas. Esse discurso nos seguiu da escola até a comunidade.

Em uma bela tarde de sábado, uma garota de 9 anos (que supõem intelectualmente deficiente) enfrentava uma situação social incomum. Uma companheira de brincadeiras muito mais velha havia sido inexplicavelmente jogada em seu mundo. Dotada de algum tipo de intuição, Madelyn reconheceu e aceitou a responsabilidade que lhe foi dada e interagiu comigo de forma obediente. Ela se empenhou e se envolveu. Imagino quantas crianças de 9 anos teriam feito o mesmo.

Em meio a um jogo de cartas, a prima de Kate ressurgiu, observou-nos por um instante e perguntou em alto e bom som: "Isso é para testar as habilidades cognitivas dela?". Fiz uma careta e falei o óbvio – estamos jogando. Reconheci imediatamente a minha mentira. Eu era cúmplice na construção de Madelyn em termos de sucesso e fracasso. Como aqueles que buscavam evidências sobre o que Madelyn não conseguia fazer, eu, sob o disfarce de um jogo, buscava evidências sobre o que Madelyn *conseguia* fazer. Era culpada de participar desse jogo interminável de observação e documentação de Madelyn.

Kate retornou e perguntou: "Como ela se saiu?". Respondi, categoricamente, que Madelyn e eu havíamos nos divertido juntas. Ela prosseguiu, descrevendo as suas preocupações em relação às habilidades de conversação de Madelyn e recontando uma série de perguntas que havia feito à Madelyn no início do dia, para as quais ela recebeu respostas pouco elaboradas – aquele tipo de pergunta aborrecida que os adultos fazem às crianças quando não estão realmente interessados em ouvir o que elas têm a dizer. Qualquer criança de 9 anos poderia ter respondido em monossílabos. Porém, o seu comportamento é registrado e documentado como deficiente, porque agora é assim que se *espera* que Madelyn seja – e o comportamento é catalogado como evidência adicional do fracasso de Madelyn. Essa conversa corrobora a crítica de Varenne e McDermott às escolas públicas norte-americanas, na qual afirmam que "elas fazem a criança ocupar o primeiro plano, para que seja comparada com as outras. Talvez seja necessária uma aldeia inteira para criar uma criança, mas, nos EUA, mesmo quando as vidas são equilibradas, a criança fica sozinha para a aldeia julgá-la" (Varenne; McDermott, 1998, p. 107). E a aldeia de Madelyn, em particular, faz comparações no nível mais alto de competição.

Mais tarde, nos reunimos todos na varanda. O vizinho pega um isqueiro. Madelyn o observa. Ela me pede, discretamente, para lembrá-la do nome dele. Ela se aproxima dele de forma polida, chama-o pelo nome e pede para que ele não fume perto de nós. Esse jovem enorme, cuja profissão é a de segurança de boate, sorri com o cigarro na boca e continua o seu ritual de fumante. Madelyn permanece firme e, polidamente, repete o seu pedido. Ele a fita por um momento e, então, sai da varanda. Satisfeita, Madelyn se ajeita novamente em sua cadeira.

É importante destacar que Madelyn fez menos pontos nas Escalas de Comportamento Adaptativo de Vineland do que a média da sua idade – uma das medidas de comportamento social que contribuiu para que ela adquirisse seu novo rótulo de "deficiente intelectual". Se o cenário anterior tivesse sido um teste de competência social, quantas crianças de 9 anos teriam negociado tão bem quanto Madelyn? Será que esse é apenas um exemplo dos "[...] momentos fugazes de sucesso que ninguém repara... As coisas que as crianças conseguem fazer e que, no entanto, desaparecem das narrativas usuais de suas vidas [...]" (VARENNE; MCDERMOTT, p. 65)?

Agora, vamos voltar às questões que pedimos para você considerar enquanto lia a história de Madelyn. Quão bem você acha que uma avaliação típica de educação especial poderia refletir a *essência* de Madelyn? É possível que Madelyn pareça ser menos capaz ao ser solicitada a desempenhar uma tarefa em um ambiente descontextualizado e padronizado? Como a confiança nos métodos científicos poderia ser responsável por uma discrepância entre a forma com que a mãe de Madelyn compreende a sua filha no contexto e os resultados de testes científicos que apontam uma "deficiência intelectual" adquirida desde a sua última avaliação? De que maneiras você poderia ver ideias e valores com relação ao que é "normal" e "anormal" circulando para fora da escola até a comunidade de Madelyn? E o que tudo isso significa para a jovem vida de Madelyn?

EXPANDINDO AS NOÇÕES DE DIVERSIDADE

Reconhecemos que aquilo que parece ser natural e certo é inquietante e, até mesmo, problemático. Aí está você, um professor em seu primeiro ano, concentrado em *fazer* o que é certo, e nós lhe pedindo para pensar *se* é mesmo certo. Imaginamos que, a essa altura, a maior parte da sua energia está sendo gasta em sua luta para sobreviver. E agora lembramos a você que o ensino também é uma responsabilidade *social*, que requer pensamento e ação cuidadosos. As vidas de jovens estão em jogo. A responsabilidade sobre tudo isso pode – e deve – parecer avassaladora. É tentador acreditar que "todas aquelas *outras* coisas" irão, de alguma forma, resolver-se por si só. Além disso, faz bem receber elogios por se realizar os deveres prescritos de modo competente e sem questionar. Por que complicar ainda mais um trabalho inerentemente complicado com preocupações éticas?

A partir de nosso ponto de vista privilegiado de educadores especiais veteranos, consideramos a aprovação da Lei Pública 94–142 como um dos *mais importantes* avanços para as pessoas com deficiência em nosso país. O espírito da lei reflete as esperanças e os sonhos das pessoas com deficiência e os seus defensores. A lei da educação especial garante o direito a uma educação pública gratuita e adequada para *todas* as crianças. Consequentemente, não é nossa intenção desprezar as muitas contribuições positivas que essa lei trouxe. Não duvidamos das intenções "corretas e boas" daqueles que trabalharam duro para assegurar os procedimentos e as práticas que sustentam a nossa bem-estabelecida resposta às deficiências nas escolas públicas. O que nos preocupa, no entanto, é que uma quantidade muito maior de tempo, energia e dinheiro é dedicada a manter o sistema atual do que aquela que é gasta em reconhecimento, reflexão e resposta às *consequências* daqueles procedimentos e práticas nas vidas das crianças com deficiência e suas famílias.

É mais fácil acreditar que o sistema atual não tem problemas do que apontar os desafios e responder a eles. O primeiro não necessita de ação e o segundo, sim. Refletir sobre nós mesmos é, sinceramente, um trabalho difícil. Por exemplo, vamos considerar a pergunta colocada no título de nosso capítulo: *"E se eu não me sentir pronto para ensinar essas crianças?"*. Podemos entender a pergunta como uma preocupação em relação a não se ter o treinamento adequado para ensinar crianças com deficiência. De fato, um professor que faz uma pergunta desse tipo pode acreditar de verdade que a falta de treinamento é a sua maior preocupação. Contudo, "não me sinto preparado" também

pode refletir uma variedade de atitudes, medos e crenças irrefletidos, como estes:
- Não quero ensinar essas crianças.
- Tenho medo de ensinar essas crianças.
- Não é meu trabalho ensinar essas crianças.
- Não acredito que essas crianças sejam adequadas à minha sala de aula.
- Não sei como trabalhar com essas crianças.
- Acho que essas crianças são significativamente diferentes das que não têm deficiências.
- Acredito que essas crianças precisam de professores especiais, pois elas aprendem de forma diferente.
- Acho que não consigo lidar com essas crianças *e* fazer o meu trabalho.
- Já tenho responsabilidades demais para assumir o ensino dessas crianças.
- Acho que não tenho paciência para trabalhar com essas crianças.
- Não sei por que esperam que eu ensine essas crianças.
- Temo *não conseguir* ensinar essas crianças.
- Não compreendo nem quero compreender a burocracia da educação especial.
- Penso que apenas professores experientes deveriam ensinar essas crianças.
- Acredito que essas crianças tomam o tempo de outras crianças, o que é injusto.
- Tenho medo de que essas crianças façam com que eu pareça não saber o que estou fazendo.

Alguma dessas afirmações parece verdadeira para você? Se você é capaz de reconhecer que já teve algum desses pensamentos, congratule-se. Você está no caminho da reflexão. Não é nossa intenção julgar professores (novatos ou experientes) que concordem com qualquer uma das afirmações acima. Na verdade, esperamos que nossos três primeiros capítulos ajudem a esclarecer *por que* tais ideias circulam entre os professores. Examinar e refletir honestamente sobre as nossas crenças, os nossos valores, as nossas atitudes e os nossos medos é o primeiro passo em direção à criação de comunidades inclusivas.

Até aqui, temos nos concentrado bastante na explicação de como "nós chegamos até aqui" e de como o modelo médico constrói as deficiências de maneiras particulares. Temos a esperança de que tais discussões proporcionem um espaço novo dentro do qual se (re)considere ideias naturalizadas sobre as crianças com *e* sem deficiência.

Como formadores de professores, pedimos aos nossos alunos de graduação para repensarem o "mito da homogeneidade", que orienta a busca incessante de novos métodos para se classificar as crianças de acordo com as suas semelhanças. Ouvimos, rotineiramente, professores lamentando sobre o número de alunos que ficam aquém do desempenho definido para a sua série. Ano após ano, os professores expressam a sua decepção com o fato de que ainda não tiveram, em suas carreiras no ensino, uma turma em que todos tenham tido o desempenho esperado para a série. E nunca a terão. Temos noções *construídas* sobre "séries" da mesma maneira que temos noções construídas sobre normal e anormal. Na verdade, parece que a instituição da educação especial reforçou a noção de "série", ao fornecer um *lugar* para enviar as crianças que *não* estão no nível da "série" da escola comum. Se classificarmos adequadamente aquelas crianças que se qualificam para a educação especial (isto é, aquelas crianças consideradas fora da faixa do "normal"), parece certo que teremos salas de aula com o desempenho esperado para a série. E, ainda assim, isso não acontece – apesar de todas as formas que concebemos para determinar quem se adequa e quem não se adequa. Dessa maneira, talvez o problema esteja em nossas expectativas. Acreditar que a homogeneidade existe (presumivelmente, em algum lugar lá fora, na sala de aula de alguma outra pessoa) significa ficar permanentemente desapontado – e perder de vista o objetivo do ensino. De algum modo, parece que a conceituação de normal/anormal da educação especial tem influenciado os professores a verem os alunos como "adequados" ou "não adequados". Pobre da criança que é considerada como "não adequada" para a educação especial (ou seja, os resultados dos testes indicam inelegibilidade para os serviços) e cujo professor a vê como "não adequada" para a educação geral também. Temos de dar um passo para trás e nos perguntar o que uma educação pública gratuita e adequada para *todas* as crianças realmente significa.

Podemos começar reestruturando nossas expectativas. Por que será que continuamos a ficar surpresos com a diversidade inerente aos estudantes em qualquer sala de aula? Por que não esperar *diversidade* em vez de homogeneidade? Toda comunidade de turmas é um mosaico singular de variação. As crianças chegam até nós com formas múltiplas e interseccionadas de diversidade (p. ex.: etnia, classe socioeconômica, configuração familiar, religião, cultura, raça, tradição linguística, base de conhecimentos, gênero, experiência de vida e capacidade). Em outras palavras, as crianças chegam à escola trazendo tudo que as faz humanas.

As comunidades inclusivas reconhecem e se baseiam em toda sorte de variação humana. Diferentemente dos serviços tradicionais de educação especial, que se concentram apenas nos estudantes considerados "elegíveis" com base nas deficiências, as práticas inclusivas abordam as necessidades acadêmicas e sociais de *todos* os estudantes. A diversidade *é* o coração da inclusão. Sendo assim, vamos para o próximo capítulo, no qual propomos uma discussão sobre a natureza das práticas inclusivas.

QUESTÕES PARA REFLEXÃO

1. Quais são as consequências do modelo médico das deficiências que você vê nas escolas públicas?
2. Como as deficiências são construídas no interior das escolas públicas?
3. Deveríamos incluir estudantes com deficiência nas classes comuns das escolas regulares? Por quê?
4. Você consegue ver vestígios da eugenia na educação especial de hoje? Explique.
5. Quem se beneficia do modelo médico das deficiências nas escolas públicas e por quê?
6. Como os métodos de testagem padronizados poderiam influenciar no desempenho em testes, bem como na construção das deficiências?
7. Quanta influência você acha que o *contexto* tem sobre a maneira como percebemos as deficiências? Dê exemplos que sustentem a sua posição.
8. Que atitudes, medos ou crenças irrefletidos você poderia ter em relação aos estudantes com deficiência? Qual é a origem, você diria, dessas ideias?
9. De que maneiras a educação especial reforçou as expectativas de que houvesse salas de aula homogêneas?

REFERÊNCIAS

BLATT, B.; KAPLAN, F. *Christmas in purgatory*: a photographic essay on mental retardation. Syracuse: Human Policy, 1966.

CORKER, M.; SHAKESPEARE, T. *Disability/postmodernity*: embodying disability theory. New York: Continuum, 2002.

DAVIS, L. J. Constructing normalcy. In: DAVIS, L. J. (Ed.). *Disability studies reader*. New York: Routledge, 1997. p. 9-28.

HANSON, F. A. *Testing, testing*: social consequences of the examined life Berkeley: University of California, 1993.

JOYNSON, R. B. *Psychology and common sense*. London: Routledge and Kegan Paul, 1974. p. 2.

LINTON, S. *Claiming disability*. New York: New York University, 1998. p. 141.

THOMAS, G.; LOXLEY, A. *Deconstructing special education and constructing inclusion*. Philadelphia: Open University, 2001.

VALENCIA, R. R. (Ed.). *The evolution of deficit thinking*. London: Falmer, 1997.

VALLE, J. W.; APONTE, E. IDEA: a bakhtinian perspective on parent and professional discourse. *Journal of Learning Disabilities*, Austin, v. 35, n. 5, p. 469-479, 2002.

VARENNE, H.; MCDERMOTT, R. *Successful failure*: the school America builds. Boulder: Westview, 1998.

4
Praticando a equidade educacional em uma democracia

Em cima do muro no jardim da educação

"E se ainda não tenho certeza sobre a inclusão?"

Como é rotina na primeira aula da maior parte dos cursos de pós-graduação em educação, eu (Jan) peço aos alunos para que se apresentem entre si e falem um pouco sobre os seus trabalhos atuais como professores e/ou experiências de ensino passadas. Em um curso recente, uma professora em seu primeiro ano de ensino – com uns pouquíssimos dias de experiência – descreveu a sua nova atribuição como professora do 2º ano de uma equipe de ensino colaborativo (CTT).[1] Explicou que ela é uma professora bilíngue de educação especial que leciona em uma sala de aula inclusiva, em colaboração com uma professora de educação geral. Refletindo por um momento sobre os últimos dias, ela se perguntou em voz alta a respeito de sua preparação para lecionar nesse modelo de inclusão. Seu rosto se anuviou de preocupação. Então, ela afirmou, cautelosamente: "A professora que leciona comigo me disse o quão contente ela estava por me ter em sua sala de aula, pois ela não gosta de trabalhar com crianças lentas. Isso não é *correto*, né?". Com poucos dias de carreira, essa jovem professora já sabe o que a sua experiente colega ainda ignora. Isso *não* é inclusão. E isso *não* é correto.

Podemos aprovar leis. Podemos tirar as crianças das salas de aula segregadas e colocá-las nas salas de aula de educação geral. Podemos até mesmo colocar dois professores em uma sala de aula. A inclusão não é resultado de mudanças estruturais. Ela acontece quando a mudança se dá na maneira com que os professores *pensam* sobre a diversidade na sala de aula. Tente substituir, no comentário da professora, "crianças lentas" por outros tipos de diversidade (p. ex.: crianças negras, crianças judias, meninas, crianças pobres, crianças bilíngues), e ele se torna inimaginável. Mesmo assim, pensar e falar sobre crianças como se elas fossem mais ou menos merecedoras, com base na *capacidade* delas, é uma prática que permanece naturalizada entre os professores.

INCLUSÃO COMO EQUIDADE EDUCACIONAL

Se há uma coisa em que republicanos e democratas conseguiriam concordar, em relação à eleição presidencial de 2008, seria a dimensão do debate em torno dos "ismos" (p. ex.: racismo, sexismo, ageísmo) que essa corrida política, em particular, evocou. Esses não são, é claro, debates novos. Já faz algum tempo que os "ismos" fazem parte da consciência nacional. Embora os norte-americanos possam não concordar em todas as questões, existe uma consciência cultural comum sobre o que geralmente constituem práticas discriminatórias. Esse não é o caso, porém, do ableísmo (ver Capítulo 2). De fato, esse é um "ismo" que recebe muito menos atenção da mídia – se é que recebe alguma. Poderíamos arriscar e dizer que, muito provavelmente, o norte-americano médio nunca se deparou com o termo "ableísmo". Se o ableísmo (isto é, a imposição da capacidade como a norma; práticas discriminatórias baseadas na capacidade) ainda tem de conquistar seu espaço em nossa consciência nacional, não chega a surpreender o fato de que encontramos pensamentos e práticas ableístas no seio da escola pública.

O que a inclusão não é

Há alguns anos, visitei uma escola de ensino fundamental com uma reputação extraordinária por ser uma comunidade inclusiva. Na verdade, a escola foi uma das primeiras em seu distrito a praticar a inclusão e, à época, já o fazia há mais de 10 anos. Nos últimos anos, o modelo de CTT foi adotado para uma turma designada em cada ano da escola. Em outras palavras, um par de professores (um de educação geral e outro de educação especial) em cada ano ensinam colaborativamente uma turma formada por alunos com e sem deficiência.

Ao visitar as salas de aula CTT dessa escola, observei de forma consistente que o principal modo de instrução utilizado era o de "ensino paralelo" – ou seja, o professor de educação geral com um grupo de estudantes o professor de educação especial com o outro grupo. Embora os grupos trabalhassem em uma mesma disciplina (p. ex.: matemática, leitura), o conteúdo e as tarefas apresentadas para cada grupo pareciam ser significativamente diferentes. Conversas subsequentes com diversos professores confirmaram minhas observações. Eles me explicaram que funcionava melhor para o professor de educação especial ensinar os alunos com deficiência, a fim de atender mais efetivamente às necessidades educacionais delineadas em seus PEIs. E, em contrapartida, o professor de educação geral ficaria em melhor posição para atender às necessidades dos alunos da educação geral, sem a distração representada pelas "crianças da inclusão" sobre o ritmo da instrução. Uma professora me mostrou, com orgulho, o biombo que o marido dela construiu para a sala de aula recentemente. Ela me explicou que, de vez em quando, as "crianças da inclusão" queriam ver e ouvir o que os outros alunos estavam fazendo, de modo que a parede é usada (quando há necessidade) para reduzir a distração.

Não pude deixar de me lembrar de minha própria experiência escolar de "segregação dentro da integração" no início dos anos de 1970 (ver Capítulo 1). Conforme continuamos a apontar, podemos aprovar leis que obriguem as mudanças estruturais, mas não podemos legislar atitudes. No exemplo que acabamos de descrever, a colocação de alunos com deficiência em salas de aula de educação geral representa a adesão a uma mudança estrutural obrigatória, mas a sua implementação específica recria a segregação. Isso *não* é inclusão. E, ainda assim, apesar de não haver dúvidas de que sejam bem-intencionados, esses professores não apenas acreditam que isso *é* inclusão, mas também que seu modelo progressista de sala de aula atende às necessidades de todas as crianças. O que está faltando é a compreensão fundamental da inclusão como equidade educacional.

Ao longo de sua história, a educação pública norte-americana ganhou a reputação de se agarrar à última tendência enquanto desenvolve, simultaneamente, o que parece ser uma amnésia aguda em relação às ideias previamente propagandeadas. Em nosso momento histórico atual, parece que acreditamos que, se *chamamos* alguma coisa de inclusão, então essa coisa *é* inclusão. Deixe-me dar outro exemplo da vida real. Há alguns anos, eu me envolvi na defesa de uma família que queria que seu filho, Brock, fosse incluído na educação geral em vez de permanecer em uma sala de aula autocontida para estudantes com deficiências físicas. Brock, um adolescente astuto com uma inteligência muito adiantada para a sua idade, desafiou a lógica de sua colocação em uma turma segregada fazendo a seguinte pergunta: "Por que alguém acha que quero estar apenas com estudantes em cadeiras de rodas? Por que *alguém* iria querer ficar só com pessoas iguais a ela? Será que pensam que fico apenas com pessoas com deficiência quando não estou na escola? Quem é que vive assim?".

Brock tem paralisia cerebral. Ele se movimenta com uma cadeira de rodas motorizada. Ele tem alguns movimentos involuntários no corpo e no rosto. Sua fala difere em termos de ritmo e clareza. Baseando-se em sua presença física, as pessoas rotineiramente supõem que ele tenha uma deficiência cognitiva. De fato, os funcionários da escola consideraram Brock "muito deficiente" para a educação comum, apesar de ter notas acima da média na sua turma.

Após intensas negociações entre a família e os funcionários da escola, Brock finalmente foi "incluído" em uma turma de educação geral do 8º ano com serviços de apoio para a educação especial. Apesar do fato de a deficiência de Brock ter permanecido a mesma, independentemente do contexto, o *significado* atribuído a ela provou-se variável. No contexto da educação geral, esperava-se que Brock tivesse um desempenho semelhante ao de seus colegas para justificar a sua presença. É importante notar que os funcionários da escola referiam-se à integração de Brock à educação geral como inclusão.

Na realidade, a integração de Brock refletiu a tradição da integração, conforme descrito no Capítulo 2. Aparentemente, a inclusão era entendida como um termo atualizado para integração, em vez de uma orientação filosófica significativamente diferente. A professora de educação geral conceituou a deficiência de Brock (ou seja, sua forma de estar no mundo) como um fato que necessitava não ser reconhecido caso ele *realmente* fosse adequado à sala de aula. (Tradução: Permitiremos que você entre em nosso mundo de corpos capazes se você der um jeito de agir como um de nós e não nos obrigar a pensar ou fazer nada diferente para você.) A escolha da professora de "não ver" as deficiências de Brock é comparável a se alegar "daltonismo" em relação à raça – uma tentativa ingênua de provar a falta de preconceito que, pelo contrário, revela a trágica falta de compreensão e reconhecimento de complexas questões históricas e contemporâneas.

Por outro lado, a fisioterapeuta da escola (procedendo de acordo com uma perspectiva médica da deficiência) conceituou Brock como a soma de sua patologia. Por exemplo, ela pediu para que Brock permanecesse sentado em sua cadeira de rodas durante a aula. Embora Brock tenha explicado que costuma sair da sua cadeira de rodas para se sentar em cadeiras convencionais, a fisioterapeuta insistiu na "melhor estabilidade" que a cadeira de rodas proporcionaria. (Brock sempre se sentava em uma cadeira enquanto falava comigo. Eu o observei passando, sozinho, da cadeira de rodas para uma cadeira muitas vezes.) Na sua negociação com o mundo a partir de sua posição como uma pessoa com paralisia cerebral, Brock considerava a sua cadeira de rodas como um meio de ir de um lugar a outro – não como o único assento disponível para ele. Apesar dos esforços de Brock para afirmar o seu jeito de ser no mundo (um jeito que acabou sendo aproximado ao "comportamento normal de se sentar" – respaldando a expectativa da sua professora de que ele se comportasse como todos os outros), a fisioterapeuta insistiu em medicalizar sua condição, baseando-se no seu entendimento de como "tratar" melhor as pessoas com paralisia cerebral.

Uma visita a um museu histórico local naquele ano revelou a dimensão do posicionamento de Brock como um estranho nesse contexto "inclusivo". Foram feitos preparativos para que os estudantes fossem e voltassem de ônibus da visita ao museu. Não passou pela cabeça da professora que Brock seria incapaz de viajar em um ônibus sem acessibilidade para deficientes físicos – até que a mãe dele ligou. A conversa terminou quando a mãe de Brock se ofereceu para levá-lo ao museu na caminhonete adaptada da família. Não passou pela cabeça da professora sugerir que outros estudantes fossem juntos na caminhonete com Brock. O pequeno museu consistia de duas salas – uma sala grande no térreo e uma menor no segundo piso. Não havia elevador para o segundo piso. Não passou pela cabeça da professora perguntar previamente sobre a acessibilidade para cadeira de rodas no museu. O almoço na lanchonete encantou os estudantes – em especial, a varanda à qual todos subiram para comer. Não passou pela cabeça da professora que Brock não conseguiria acessar a varanda, até reparar que ele estava comendo com a mãe no primeiro piso.

É tentador julgar essas ações da professora (ou a falta de ação) de forma dura, porém, a verdade é que esse tipo de pensamento ableísta permeia a nossa cultura. E as escolas, conforme continuamos a ressaltar, encarnam a cultura em que vivemos. Nossa sociedade é projetada para os fisicamente aptos. A acessibilidade é considerada *a posteriori*, isso quando chega a ser considerada – e, na maioria das vezes, só quando a lei obriga. Para algumas pessoas fisicamente aptas, acomodar *todo mundo* é ceder às demandas absurdas de uns poucos. Afinal, não vivemos em um país onde a maioria é quem manda? Por que as pessoas fisicamente aptas deveriam ser importunadas pelas necessidades particulares daqueles com deficiência? (Aqui na cidade de Nova York, por exemplo, não é incomum que alguns passageiros apresentem uma irritação visível com a demora causada pela entrada de um usuário de cadeira de rodas no ônibus.)

Então, vamos considerar o que os colegas de Brock podem ter aprendido sobre deficiência com base na "inclusão" dele em sua sala de aula:
- O mundo é feito para nós, não para os outros.
- Pessoas com deficiência podem estar conosco, mas não precisamos estar com elas.
- As necessidades das pessoas com deficiências são menos importantes do que as nossas.
- Deficiência não é algo para se falar a respeito, especialmente com a pessoa com deficiência.
- Não temos nada em comum com pessoas com deficiência.
- Pessoas com deficiência não têm sentimentos ou opiniões. Não são pessoas com quem se pode ter uma amizade de verdade.
- Pessoas com deficiências causam problemas para os outros.
- Não é nossa responsabilidade envolver as pessoas com deficiência. Não podemos ajudá-las com os seus problemas.
- Realmente, não dá para as pessoas com deficiências ficarem com a gente.
- As pessoas com deficiências tomam muito do nosso tempo.
- Não temos nada para aprender com as pessoas com deficiência.
- Pessoas com deficiências fazem com que nos sintamos desconfortáveis. Não sabemos como falar com elas.
- Não sabemos por que pessoas com deficiência têm de estar em nossa turma.

Se as escolas públicas preparassem as crianças da nossa nação para se tornarem os cidadãos de amanhã, como seria o futuro para as pessoas com deficiência? A prática da segregação baseada na capacidade (como foi ilustrada na história de Brock) ensina os nossos futuros cidadãos que é "correto e natural" viver em uma sociedade feita para alguns, mas não para outros – na verdade, é o *privilégio* dos cidadãos fisicamente aptos considerar a equidade apenas nos seus próprios termos. Deixar de contestar a segregação baseada na capacidade que ocorre nas escolas públicas garante um futuro no qual as pessoas com deficiência podem esperar um *status* de segunda classe. E o ableísmo continuará no cerne das estruturas sociais que sustentam sua reprodução.

INCLUSÃO: UMA QUESTÃO DE JUSTIÇA SOCIAL

A inclusão da experiência de Brock que acabamos de fazer não pretende ser uma caracterização de *todos* os professores da educação geral; nem pretendemos diminuir ou desprezar o trabalho dos professores que se esforçam *mesmo* para incluir todas as crianças. Em vez disso, desejamos trazer a sua atenção, como um professor em seu primeiro ano, às atitudes naturalizadas e às respostas dadas à deficiência que persistem nas escolas públicas, e desafiá-lo a pensar sobre o impacto de nossas práticas atuais nas vidas dos estudantes com deficiências. Temos apenas de olhar para o passado da nossa nação para identificar outros exemplo de atitudes naturalizadas e comportamentos que parecem inimagináveis pelos padrões de hoje. Basta assistir a um episódio do seriado *Mad Men* – ambientado no início dos anos de 1960 – para ser lembrado do *status* de segunda classe compartilhado por afro-americanos e mulheres em um passado não tão remoto. O que então parecia ser não problemático agora é considerado, de forma inequívoca, racista e sexista. Foram necessários o movimento dos direitos civis e o movimento de liberação da mulher para despertar a nossa consciência coletiva para essas injustiças sociais. Do mesmo modo, o atual movimento de inclusão desafia a nossa cultura a reconhecer e a abordar as injustiças sociais do ableísmo.

No Capítulo 2, apresentamos a documentação de resultados negativos para os estudantes de educação especial em nível nacional (p. ex.: taxas crescentes de evasão, subemprego, desemprego). Mas como os indivíduos com deficiência, *em particular,* poderiam experimentar o sistema criado para o seu benefício? O que eles têm a nos dizer? Nos últimos anos, as narrativas de estudantes da educação especial começaram a aparecer na literatura – em sua maioria, nos trabalhos dos especialistas em estudos das deficiências (Connor, 2006; Connor, 2008; Keefe; Moore; Duff, 2006; Reid; Button, 1995; Rodis; Garrod; Boscardin, 2001).

Uma visão do lado de dentro

Nossa área de estudos reflete essa tendência narrativa. Em um estudo recente, nós (juntamente com os nossos colegas Beth Ferri, Santiago Solis e Donna Volpitta) entrevistamos quatro professores de educação especial que se identificaram como pessoas com dificuldades específicas de aprendizagem. Em especial, estamos interessados em aprender como esses professores negociam discursos culturais sobre deficiência para construir sua própria compreensão de dificuldades específicas de aprendizagem (Ferri et al., 2005; Valle et al., 2004).

Nessas entrevistas individuais, os participantes fizeram referências às suas experiências como estudantes com dificuldades específicas de aprendizagem e como professores de educação especial. É válido ressaltar que todos os quatro professores escolheram entrar no campo da educação especial para que estudantes como eles pudessem ter uma expe-riência escolar mais positiva do que as suas. Um elemento comum às quatro narrativas é o uso da metáfora como um meio de contação de histórias descritivas. Como artista, eu (David) fiquei impressionado por essas vívidas imagens verbais e, subsequentemente, representei-as na forma de mosaicos visuais (Figuras 4.1 a 4.4). Vamos dar uma olhada no que o mosaico de cada participante revela sobre a educação especial a partir do seu interior.

Jeff, inicialmente classificado como pessoa com deficiência durante os seus primeiros anos de ensino fundamental, descreveu, com amargura, a "experiência desmoralizante" da "testagem sem fim". Ele comparou a sua experiência com a avaliação de educação especial (ver Capítulo 3) à do rato de laboratório que vive para percorrer labirintos. Depois de ser publicamente "marcado" e separado como tendo dificuldades específicas de aprendizagem (LD), Jeff esforçou-se para resistir aos "pressupostos de déficit" mantidos por professores e colegas. Descrevendo-se como uma "pessoa com LD que odiava a si mesma" durante seus anos de escola, Jeff compartilhou exemplos nos quais ele se sentiu posicionado com uma vítima da autoridade de outros (p. ex.: professores, avaliadores, administradores), que presumiam estar defendendo os interesses dele. Em um esforço para preservar sua autoestima, Jeff escolheu ver a si mesmo como uma "espécie rara", cujas dificuldades de aprendizagem foram erroneamente identificadas como do tipo deficitário, que prejudicava outros alunos com LD. Se não fosse o apoio de sua família, Jeff suspeita que teria abandonado a escola.

Patrick recebeu seu diagnóstico de LD quando estava no 3º ano. Ao receber a notícia de que "não era como os outros meninos e meninas", Patrick pensou, inicialmente, que tinha uma doença que precisava de tratamento. (É importante destacar que, quando criança, o entendimento de Patrick sobre deficiência refletia o modelo médico.) Carregando o novo rótulo de pessoa com deficiência, Patrick foi avisado de que precisaria "aprender diferentemente e se esforçar mais" para acompanhar os seus colegas. E, de fato, Patrick ficou atrás de competidores mais rápidos na corrida da educação inclusiva. Como aluno de educação especial que recebeu recursos externos à educação geral, Patrick se recorda do embaraço diário que era ter de "passar pelo corredor formado por seus colegas" ao sair da sala de recursos – seu *status* de pessoa com deficiência exposto a todos. No silêncio que acompanha esse tipo de ritual escolar, Patrick entendeu a vergonha da deficiência – tão vergonhosa que os outros só conseguiam falar sobre isso em sussurros.

Tendo emigrado aos 12 anos de idade da República Dominicana para os Estados Uni-

Figura 4.1 Jeff.
Fonte: Os autores.

Figura 4.2 Patrick.
Fonte: Os autores.

dos, Mia enfrentou dificuldades, durante o ensino médio, com desafios de aprendizagem considerado típicos para alunos que têm o inglês como segunda língua. Foi só a partir de sua segunda tentativa de ingressar na universidade que Mia foi diagnosticada como disléxica. Inspirada pelo livro de Patricia Polacco sobre a sua própria dislexia (*Thank You, Mr. Falker*), Mia decidiu falar abertamente aos alunos de educação especial sobre a sua dificuldade de aprendizagem, na esperança de que sua história pudesse servir de exemplo. De sua perspectiva como professora de educação especial, Mia observa que a segregação leva as outras pessoas (p. ex.: estudantes, professores, pais) a estigmatizarem os estudantes com deficiência ("eles acham que você tem cinco cabeças") como estranhos que devem ir para outro lugar ("eles pensam que a educação especial é um armário no qual há retardados, ou loucos, ou estúpidos"). Preocupada com aquilo que ela vê como efeitos negativos da rotulação, Mia rompe o silêncio que circunda as deficiências e encoraja os estudantes a verem a si mesmos como "diferentes, não como pessoas com deficiência".

Figura 4.3 Mia.
Fonte: Os autores.

Robert, o mais velho dos quatro participantes, frequentou a escola pública antes do advento da Lei Pública 94–142. Ele não foi identificado como tendo uma LD até chegar à universidade, embora ele tivesse a sensação de que "alguma coisa estava errada" durante sua trajetória escolar. Como o seu diagnóstico só ocorreu quando já era adulto, Robert pôde escolher (diferentemente de Jeff e Patrick) se iria revelar ou não a sua dificuldade específica de aprendizagem. Como professor de educação especial e desenvolvedor de equipe em meio turno, Robert está a par das atitudes negativas que seus colegas da educação geral demonstram em relação dos alunos de educação especial. Ele vê a escola pública como um contexto hostil para os estudantes rotulados como pessoas com dificuldade específica de aprendizagem e conclui que a revelação iria submetê-lo aos mesmos tipos de preconceitos que recaem sobre seus alunos. Ele se imagina anunciando a sua própria dificuldade específica de aprendizagem "com alto-falantes" e, depois, sendo "desprezado e queimado na fogueira" pelos colegas que, ele prevê, não iriam mais respeitá-lo. Os medos de Robert se originam de suas experiências anteriores com a revelação no nível universitário – rebaixado em um contexto e apoiado em outro –, instilando, dentro dele, sentimentos profundos de vulnerabilidade às percepções alheias. Ao se distanciar de seus alunos (diferentemente de Mia), Robert inconscientemente compartilha a vergonha da deficiência, em vez de resistir a ela.

Figura 4.4 Robert.
Fonte: Os autores.

Prática ética

Ao mesmo tempo em que não pretendemos sugerir que nossos mosaicos dos participantes representam as experiências de *todos* os estudantes e professores de educação especial, é válido registrar que o conteúdo da entrevista corrobora outras narrativas em primeira pessoa de educação especial documentadas em um corpo de literatura cada vez maior. Do mesmo modo, nossas observações como educadores especiais confirmam que existem consequências imprevistas para aqueles que, presume-se, se beneficiam da prática da educação especial.

Conforme discutido no Capítulo 2, os pais de crianças com deficiência e seus defensores aproveitaram o impulso do movimento dos direitos civis para reivindicar a "igualdade perante a lei" para uma classe de pessoas (alunos com deficiência), cujos direitos civis foram violados devido à sua exclusão sistemática da educação pública. Se pensarmos a inclusão em termos de direitos civis, algum professor tem o direito de excluir um aluno baseando-se na deficiência? Afinal, não podemos excluir um estudante com base na raça, classe, gênero, origem linguística, cultura ou orientação sexual. Além disso, se escolhermos não reconhecer as consequências imprevistas da educação especial e continuarmos considerando-as como um ponto pacífico, não seríamos tão culpados da persistente marginalização das pessoas com deficiência por meio de nossa *inação* quanto àqueles que os excluem ativamente?

A decisão de se criar um sistema paralelo de educação especial – uma decisão tomada com a melhor das intenções – resultou em uma educação do tipo "separados e desiguais" para muitos estudantes com deficiência (ver Capítulo 2). Enquanto continuarmos a nos apoiar na colocação de alunos em educação especial segregada, os direitos dos alunos com deficiência de terem acesso às mesmas oportunidades educacionais que os estudantes sem deficiência permanecerão incompletos. Ao mesmo tempo em que reconhecemos que pode não ser possível incluir *todos* os alunos com desenvolvimento atípico *todo* o tempo, defendemos que as escolas, em geral, deixam muito a desejar no que se refere à aceitação dos alunos com deficiência como adequados à educação geral. Quando enquadrarmos a inclusão como uma questão de justiça social e equidade educacional, o debate sobre incluir ou não os alunos com deficiência estará resolvido. A pergunta feita neste capítulo – "*E se ainda não tenho certeza sobre a inclusão?*" – se tornará "O que posso fazer para incluir *todos* os estudantes?". A questão não é sobre *se* devemos praticar a inclusão, mas sobre *como* fazê-la adequadamente.

INCLUSÃO IDEALIZADA

Ao longo do ano escolar de 2002–2003, eu (Jan) tive o prazer de visitar, semanalmente, uma sala de aula CTT da cidade de Nova York para estudar como duas professoras de 4º ano, trabalhando em colaboração (uma de educação geral e outra de educação especial), praticavam a inclusão. Entre comigo nessa sala de aula. Sinta a energia palpável que emana de alunos e professoras trabalhando juntos. Olhe ao redor. Evidências da aprendizagem em andamento estão por toda a parte – projetos dos alunos, composições originais, cartazes que documentam os seus pensamentos – nenhum quadro de avisos feito pelas professoras está à vista. Esta sala de aula pertence às crianças que ali estudam. Por toda parte, pequenos grupos se envolvem pensativamente uns com os outros. Lá está o quadro de avisos de "Precisa-se de ajuda", onde os alunos publicam recados sobre os seus desafios atuais (p. ex.: ortografia, digitação, estudo individual, organização, habilidades computacionais, pesquisa de projeto) e os colegas respondem com os serviços que podem oferecer. Ambas as professoras circulam pela sala de aula, pedindo para que as crianças compartilhem os seus pensamentos em voz alta. Repare na constituição da turma que os alunos criaram e assinaram no primeiro dia de escola. Adoro as fotografias emolduradas de alunos participando de vários projetos e atividades da turma – parecem-se muito com as fotos de família que adornam um lar. Neste contexto de sala de aula inclusiva, as crianças entendem a aprendizagem como uma empreitada colaborativa, em vez de competitiva. Os sorrisos abundam. A alegria da aprendizagem é contagiosa. Todo mundo é adequado. E, como sempre, reluto para ir embora.

Parece bom demais para ser verdade? Bem, isso tudo *é* verdade – e há filmagens para comprovar! Porém, talvez mais significativa do que a documentação visual de inclusão bem-sucedida seja a filmagem das interações momento a momento, entre alunos e professoras, à medida que confrontam as suas diferenças, aprendem a pensar e a trabalhar de maneiras novas, dirimem concepções errôneas que têm sobre os demais, negociam e renegociam aquilo que funciona melhor para a comunidade de aprendizagem, enfrentam os desafios que a diversidade pode apresentar e acabam compreendendo melhor a si mesmos e aos outros. A inclusão não acontece por si mesma. Ela é *praticada* diariamente por pessoas específicas em contextos *de* aprendizagem específicos, a fim de viverem e trabalharem juntas de forma significativa.

O que a inclusão é

Enquadrada como uma questão de justiça social e de equidade educacional, a inclusão é um sistema de crenças de âmbito escolar, no qual a diversidade é vista como um recurso rico para todo mundo, em vez de um problema a ser superado. Repare que nos referimos à *diversidade* em vez de à deficiência. A educação inclusiva é frequentemente compreendida como dizendo respeito apenas à participação de crianças com deficiência na educação geral, sem ter de conquistar o seu espaço por meio do desempenho, como as crianças sem deficiência. Embora a inclusão aborde, com toda a certeza, o direito dos alunos com deficiência de acessar o currículo da educação geral ao lado de seus colegas sem deficiência, ela é uma filosofia educacional que vai muito além da deficiência, já que afirma a diversidade em *todas* as crianças. Em outras palavras, as salas de aula inclusivas reconhecem, respeitam e se apoiam nos pontos fortes que todos os tipos de diversidade (p. ex.: raça, classe, etnia, capacidade, gênero, orientação sexual, língua, cultura) trazem para uma sala de aula.

A inclusão significa que *todas* as crianças aprendem e participam de uma maneira significativa. Desse modo, a sala de aula inclusiva é uma comunidade de aprendizagem criativa, em que todos são adequados e todos se beneficiam. Ela é um contexto educacional no qual as crianças desenvolvem amizades, colaboram em vez de competir e aprofundam a valorização da diversidade. Em seu sentido mais profundo, a inclusão é um modelo de democracia em funcionamento que tem relevância para todos nós. Lembre-se por um instante de Madelyn (Capítulo 3), bem como de Brock, Jeff, Patrick, Mia e Robert. Imagine cada um deles dentro do contexto inclusivo que acabamos de descrever. Como as práticas inclusivas poderiam ter produzido consequências diferentes em suas vidas? Se os professores, administradores, avaliadores e estudantes em torno deles tivessem trabalhado com uma filosofia e em um contexto inclusivos, como as suas percepções e opiniões poderiam ter sido diferentes?

Deficiências na sala de aula

Apesar de termos acabado de descrever a inclusão em termos de diversidade em vez de deficiência *per se*, reconhecemos que os novos professores nem sempre estão familiarizados com as 13 categorias de deficiências, definidas pela *Individuals with Disabilities Act*. Desse modo, para a sua informação e referência, decidimos incluir as categorias de deficiências. Como essas categorias se concentram na patologia das deficiências, queremos esclarecer nossa posição de que as crianças com deficiência são mais parecidas do que diferentes daquelas que não têm deficiência. Além disso, é importante ter em mente que as crianças nem sempre se encaixam bem nas categorias. Por exemplo, uma criança com um distúrbio de comunicação poderia manifestar características de uma criança rotulada como tendo um transtorno emocional/comportamental; uma criança rotulada como atrasada em termos cognitivo e desenvolvimental poderia apresentar características associadas à dislexia; uma criança superdotada poderia refletir algumas características da síndrome de Asperger; uma criança rotulada como tendo um transtorno emocional/comportamental pode ter deficiências de aprendizagem não identificadas, ou uma criança com distúrbios de linguagem poderia parecer atrasada no que diz respeito ao desenvolvimento e à cognição. Com essas ressalvas em mente, as 13 categorias definidas pela IDEA são as seguintes:

(1) (i) **Autismo** representa uma deficiência desenvolvimental que afeta, significativamente, a comunicação verbal e não verbal e a interação social; em geral, é evidenciada antes dos 3 anos de idade e afeta negativamente o desempenho educacional de uma criança. Outras características frequentemente associadas com o autismo são a execução de atividades repetitivas e de movimentos estereotipados, a resistência às mudanças ambientais ou à mudança nas rotinas diárias e as repostas incomuns às experiências sensoriais. O termo não se aplica se o desempenho educacional de uma

criança é negativamente afetado, principalmente se devido a um distúrbio emocional da criança, conforme definido no parágrafo (b)(4) desta seção.
(ii) Uma criança que manifesta as características de "autismo" após a idade de 3 anos pode ser diagnosticada como tendo "autismo", se satisfizer os critérios do parágrafo (c)(1)(i) desta seção.

(2) **Surdocegueira** representa deficiência visual e auditiva concomitantes, uma combinação que causa tão graves necessidades de comunicação, desenvolvimentais e educacionais que os alunos não podem ser acomodados em programas de educação especial exclusivos para crianças com surdez ou para crianças com cegueira.

(3) **Surdez** representa a deficiência auditiva grave o suficiente para que a criança seja incapaz de processar informação linguística por meio da audição, com ou sem amplificação, e que afeta negativamente o seu desempenho educacional.

(4) **Distúrbio emocional** é assim definido:
(i) O termo representa uma condição que exibe uma ou mais das seguintes características durante um longo período de tempo e em um determinado grau que afeta negativamente o desempenho educacional da criança:
(A) Uma incapacidade de aprender que não pode ser explicada por fatores intelectuais, sensoriais ou de saúde.
(B) Uma incapacidade de construir ou manter relações interpessoais satisfatórias com colegas e professores.
(C) Tipos inapropriados de comportamento ou de sentimentos sob circunstâncias normais.
(D) Um estado generalizado de humor infeliz ou depressivo.
(E) Uma tendência de desenvolver sintomas físicos ou medos associados a problemas pessoais ou escolares.
(ii) O termo inclui a esquizofrenia. O termo não é aplicado às crianças que são socialmente desajustadas, a menos que seja determinado que elas tenham um distúrbio emocional.

(5) **Deficiência auditiva** representa uma deficiência na audição, seja permanente ou flutuante, que afeta negativamente o desempenho educacional da criança, mas que não está incluída na definição de surdez desta seção.

(6) **Retardo mental*** representa o funcionamento intelectual geral em um nível significativamente abaixo da média, existindo de modo concomitante com déficits no comportamento adaptativo; manifesta-se durante o período de desenvolvimento e afeta negativamente o desempenho educacional da criança.

(7) **Deficiências múltiplas** representam deficiências concomitantes (tais como deficiência intelectual-cegueira, deficiência intelectual-deficiência ortopédica, etc.), uma combinação que causa tão graves necessidades educacionais que os alunos não podem ser acomodados em programas de educação especial exclusivos para uma única deficiência. O termo não inclui a surdocegueira.

(8) **Deficiência ortopédica** representa uma deficiência ortopédica que afeta negativamente o desempenho educacional da criança. O termo inclui deficiências causadas por anomalias congênitas (p. ex.: pé torto, falta de algum membro, etc.) deficiências causadas por doença (p. ex.: poliomielite, tuberculose óssea, etc.) e deficiências com outras causas (p. ex.: paralisia cerebral, amputações e fraturas ou queimaduras que causam contraturas).

(9) **Outra deficiência de saúde** representa possuir força, vitalidade ou atenção limitada, incluindo uma atenção aumentada por estímulos ambientais, a qual resulta em atenção limitada em relação ao ambiente educacional, e que:
(i) deve-se a problemas crônicos ou agudos, como asma, transtorno de déficit de atenção ou transtorno de déficit de atenção/hiperatividade, diabetes, epilepsia, uma condição cardíaca, hemofilia, enve-

---

* N. de R.T.: O termo e a definição apresentados neste item estão defasados. Em 2010, a American Association on Mental Retardation passou a adotar a nomenclatura "definição intelectual" com a seguinte definição: "Incapacidade caracterizada por limitações significativas tanto no funcionamento intelectual quanto no comportamento adaptativo expresso em habilidades conceituais, sociais e práticas. Esta inabilidade se origina antes da idade dos 18 anos." (Luckasson et al., 2002 apud Veltrone; Mendes, 2012, p. 362).

nenamento por chumbo, leucemia, nefrite, febre reumática e anemia falciforme; e (ii) afeta negativamente o desempenho educacional da criança.

(10) **Dificuldades específicas de aprendizagem** são assim definidas:
(i) **Geral.** O termo representa um transtorno em um ou mais dos processos psicológicos básicos envolvidos na compreensão ou no uso da linguagem, falada ou escrita, que podem se manifestar em uma capacidade imperfeita de ouvir, pensar, falar, escrever, soletrar ou fazer cálculos matemáticos, incluindo condições como as deficiências de percepção, lesões cerebrais, disfunção cerebral mínima, dislexia e afasia desenvolvimental.
(ii) **Transtornos não incluídos.** O termo não inclui os problemas de aprendizagem que são o resultado principal de deficiências visuais, auditivas ou motoras; de deficiência intelectual; de distúrbio emocional; ou de desfavorecimento ambiental, cultural ou econômico.

(11) **Distúrbio de fala ou linguagem** representa um transtorno de comunicação, como gagueira, articulação deficiente, uma deficiência na linguagem ou uma deficiência de voz, que afeta negativamente o desempenho educacional da criança.

(12) **Lesão cerebral traumática** representa uma lesão cerebral adquirida, causada por uma força física externa, resultando em deficiências totais ou parciais ou deficiência psicológica, ou ambos, que afeta negativamente o desempenho educacional da criança. O termo se aplica às lesões na cabeça, abertas ou fechadas, que resultam em deficiências em uma ou mais áreas, como cognição; linguagem; memória; atenção; raciocínio; pensamento abstrato; juízo; resolução de problemas; capacidades sensoriais, de percepção e motoras; comportamento psicossocial; funções físicas; processamento de informações; e fala. O termo não se aplica às lesões cerebrais que são congênitas ou degenerativas, ou às lesões cerebrais provocadas por trauma durante o parto.

(13) **Deficiência visual, incluindo a cegueira** representa uma deficiência na visão que, mesmo com correção, afeta negativamente o desempenho educacional da criança. O termo inclui tanto a visão parcial quanto a cegueira. (20 U.S.C. 1401(3)(A) e (B); 1401(26) (United States Department of Education, 2004).

É interessante que a IDEA defina critérios específicos para cada uma das 13 categorias de deficiências, mas não tanto sobre a forma como as deficiências poderiam se manifestar dentro de um contexto de sala de aula. Das 13 categorias, as deficiências que são mais prováveis de aparecer em uma sala de aula de educação geral (referidas como deficiências de "alta incidência") são as dificuldades de aprendizagem, os distúrbios de linguagem e as necessidades emocionais/comportamentais leves. Em nossa experiência como educadores especiais, os estudantes rotulados com deficiências de "alta incidência" podem experimentar poucos, alguns ou a maioria dos seguintes desafios acadêmicos:

Desafios de leitura
- Consciência fonológica
- Fonologia
- Reconhecimento de palavras/habilidades de decodificação
- Automaticidade/fluência
- Silabação
- Compreensão de leitura
- Estratégias textuais
- Atenção/energia de leitura

Desafios na linguagem escrita
- Ortografia (relacionada à consciência fonológica e à fonologia)
- Fluência e precisão na escrita a mão
- Pontuação e capitalização
- Gramática básica (p. ex.: uso dos tempos verbais, concordância verbal/nominal, construções de verbos irregulares)
- Construção e elaboração de sentenças
- Organização do pensamento
- Planejamento e revisão textuais
- Orientação espacial no papel
- Energia de escrita

Desafios na linguagem oral
- Recuperação/fluência de palavras na expressão
- Organização da expressão verbal

- Qualidade da linguagem oral relativa à idade
- Gramática básica
- Compreensão de figuras de linguagem/metáforas/piadas
- Vocabulário
- Linguagem pragmática (p. ex.: habilidades conversacionais, compreensão de pistas de comunicação não verbal)

Desafios em matemática
- Aspectos direcionais (p. ex.: acima e abaixo na adição, esquerda e direita no reagrupamento)
- Retenção de fatos matemáticos e de novas informações
- Sentido do número e valor da posição
- Compreender horários
- Orientação espacial no papel
- Numerar linhas
- Algoritmos
- Problemas matemáticos

É válido registrar que tais desafios acadêmicos são comuns em estudantes *sem* deficiência também – o que corrobora a nossa afirmação de que as crianças com deficiência são mais parecidas do que diferentes das crianças sem deficiência.

Inclusão em ação

Vamos voltar por um momento ao modelo médico das deficiências. Se conceituarmos a deficiência como patologia, segue-se que nossa instrução terá natureza terapêutica. Então, não é de se admirar que remediar torna-se o foco da instrução de educação especial. E, dada a "fundamentação científica" da educação especial, é bastante previsível que remediar se torne sinônimo de abordagens behavioristas à instrução. Se "tratarmos" a patologia de forma bem-sucedida, poderemos devolver os estudantes com deficiência à educação geral. Logo, a instrução dirigida pelo professor e baseada em habilidades, associada ao behaviorismo, se torna institucionalizada como a melhor prática para alunos em educação especial.

Ao longo dos anos, contudo, as pressuposições comuns que reforçam a instrução da educação especial vêm sendo cada vez mais criticadas (BRANTLINGER, 1997; HESHUSIUS, 1994; POPLIN, 1988; VARENNE; MCDERMOTT, 1998). Além disso, um número crescente de estudiosos da educação especial, a maioria dos quais baseia seu trabalho em teorias piagetianas e vygotskianas de aprendizagem, afirmam que as práticas instrucionais behavioristas realmente *tornam* os alunos com deficiência em alunos passivos e dependentes (DUDLEY-MARLING, 2004; ENGLERT, 1992; ENGLERT et al., 1998; MARIAGE; PAXTON-BUURSMA; BOUCK, 2004; REID; VALLE, 2005). Será que a conceituação dos alunos com deficiência, em termos de seus déficits, poderia posicioná-los, inadvertidamente, para que se *tornem* alunos menos capazes? Quão profundamente investidos de uma orientação ao déficit os educadores gerais e especiais poderiam estar?

Na sala de aula CTT que filmei, as professoras compartilharam numerosos exemplos em que colegas perguntavam se os alunos com deficiência poderiam ou não se beneficiar da instrução de educação geral. Por exemplo, os fonoaudiólogos expressaram dúvidas de que os estudantes com dificuldades específicas de aprendizagem pudessem adquirir *qualquer coisa* valiosa participando da aula de leitura em voz alta e recomendaram que, em vez disso, eles frequentassem instruções suplementares de linguagem naquele período. Do mesmo modo, professores que trabalhavam em colaboração em outras séries desafiaram a decisão delas de não "colocar de lado" os alunos com deficiência como se fossem um grupo instrucional dentro da sala de aula. Apesar dessas críticas dos colegas, essas professoras permaneceram firmes em sua convicção de incluir os alunos com deficiência dentro de sua comunidade de aprendizagem.

Vamos dar uma olhada em algumas transcrições da instrução que aconteceu nessa sala de aula de CTT onde todos os alunos, independentemente do nível de habilidade, foram incluídos. Para mostrar a participação dos alunos com deficiência, identifiquei as contribuições feitas por esses alunos nas transcrições.

Transcrição 1

A professora começa modelando uma estratégia de "leitura em voz alta" para a turma.

> **Professora:** O poema é *The Blue Between*. Vou fazer uma leitura interpretativa desse poema para vocês. Depois, vocês conversarão com um colega sobre o que está se passando em minha cabeça enquanto leio.
> *The Blue Between* (O Azul de Entremeio)
> Em poesia, os títulos são superimportantes.
> *Everyone watches the clouds* (Todos observam as nuvens)
> Muitas pessoas observam as nuvens.
> *Naming creatures they've seen* (Dando nomes às criaturas que veem)
> As pessoas se deitam nos parques e veem nuvens que se parecem com um carro, uma girafa – não é como se houvesse um carro no céu, mas as pessoas veem coisas nas nuvens.
> *I see the blue between* (Vejo o azul de entremeio)
> Em vez de olhar para as nuvens, ela está olhando para o céu entre elas. É diferente do que as outras pessoas estão fazendo. Volte-se para um colega. O que vocês notaram que eu estava fazendo?

À medida que as crianças se envolvem na discussão, a professora circula entre os alunos, escuta-os e facilita a conversão quando necessário.

> **Professora:** Ouvi alguns de vocês falando. Jamal reparou que fiz anotações. Raymond reparou que parei de falar sozinha. Vamos voltar para os primeiros quatro versos.
> **Serena (LD):** Ela vê animais nas nuvens.
> **Professora:** Alguém quer acrescentar alguma coisa ao que Serena disse?
> **Gary:** Ela está olhando para a parte sem nuvens. O azul cercado pelas nuvens.
> **Harriet (LD):** Concordo.
> **Professora:** Ela realmente vê uma mulher azul no céu?
> **Crianças:** Nãããããão!

Até este ponto da lição, a professora fez um número de movimentos que reflete a crença dela de que *todas* as crianças são ativas construtoras de sentido. Ela escolhe uma estratégia de "pensar em voz alta" para introduzir a turma à interpretação de poesia (em vez de dar instruções diretas), refletindo a confiança na capacidade das crianças de tirarem suas próprias conclusões sobre o que elas ouvem e leem. Ela reconhece cada criança como um membro valioso e contribuidor para o conhecimento que eles constroem como uma comunidade de sala de aula. Serena, uma aluna rotulada como tendo LD, entra no diálogo, oferecendo uma ideia válida e concreta sobre o poema. Sua contribuição é aceita no debate da comunidade e reconhecida pela professora como um bom ponto a se acrescentar. Harriet, outra estudante com LD, participa ao apontar sua concordância com a contribuição de outro colega. É significativo que Harriet, que, em geral, precisa de tempo para formular uma expressão verbal, entra com facilidade na discussão ao ouvir a resposta bem-elaborada de um colega e avaliar se essa se adequa ou não à sua própria compreensão do poema, ainda não verbalizada.

Transcrição 2

> **Professora:** Leiam os próximos versos com seus colegas.

A professora se movimenta entre as crianças, ouvindo-as. Ela avisa quando falta apenas um minuto e, depois, reúne as crianças.

> **Professora:** Vi algumas pessoas esboçando um desenho. Zachary estava ajudando Howie, desenhando como a cena poderia se parecer. Essa é uma boa maneira de ajudar seu colega.
> **Frank:** Há uma grande distância entre as nuvens por causa da girafa. Está esticada.
> **Andy:** Não é um dia de tempestade. Tinha que ser um dia ensolarado para se ver o azul.
> **Jamie:** Os golfinhos precisam de um espaço grande, pois é um grupo deles. Um monte deles!
> **Andy:** Há muitas nuvens.
> **Jamal:** Os cargueiros são como nuvens cheias de chuva.

Professora: Prestem atenção. Ele acabou de falar algo realmente inteligente.
Jamal: Olhei para a palavra "carga". Sei que cargueiros carregam algo e que nuvens carregam algo.
Susan: Um menino girando suas nuvens ao redor e, então, fica com as pontas dos dedos azuis. Já que são finas, as nuvens ficam bem juntinhas.

Nessa seção da transcrição, a professora encoraja as crianças a trabalharem juntas para que construam sentido. É particularmente digno de nota que ela tenha reconhecido a estratégia espontânea de desenhar utilizada por Zachary e Howie (que é rotulado como tendo síndrome de Asperger), sem destacar como um aluno sem deficiência ajuda um aluno com deficiência, mas ilustrando uma maneira efetiva com qual *todos* os colegas podem trabalhar juntos para ajudar uns ao outros.

Transcrição 3

Professora: A última estrofe, eu a lerei para vocês e, então, vou querer que vocês conversem com o seu colega sobre o que acham que isso significa.

A professora lê a última estrofe. As crianças discutem entre si. A professora transita entre as crianças para ouvir as suas conversas.

Serena (LD): Como estava olhando para os espaços no entremeio, ela vê algo diferente das outras pessoas que estão olhando para as nuvens.
Jamie: Reparamos que a primeira e a terceira estrofe são semelhantes. Elas se repetem.
Sharon: É um tipo de jogo de palavras. Ele termina como começou.
Iris (PC*): Imaginamos as nuvens se separando.
Professora: É algo que vocês podem fazer com qualquer tipo de texto. Com poemas, é mais fácil de fazê-lo. Observem cada palavra e infiram, a partir das pistas, o que o autor lhes oferece. É como ser um detetive.

Aqui, Serena (LD) oferece uma segunda e mais sofisticada ideia do que na sua primeira resposta. Embora ela não tenha contribuído para a discussão anterior (Transcrição 2), ela estava ouvindo, construindo ideias e se beneficiando de uma maneira que isso permitiu que ela contribuísse mais tarde (Transcrição 3) com um pensamento importante, que reflete um nível mais alto de abstração. Seu nível de participação é particularmente notável, pois, depois de passar anos recebendo instrução de educação especial tradicional, Serena começou o ano escolar sem saber muito bem como participar de debates em grupo e sem quase nenhuma autoconfiança para fazê-lo.

Na próxima transcrição, o professor envolve os alunos em uma oficina de leitura sobre *Fly Away Home* (Voar de Volta para Casa), de Eve Bunting, uma história sobre um pai e um filho sem-teto que vivem em um aeroporto. Cada aluno tem uma cópia da história para ler silenciosamente. Eles leem a história em trechos curtos, parando para debatê-los. A professora relê partes em voz alta a partir de uma cópia projetada na parede para se assegurar de que todos os alunos têm acesso à história.

Transcrição 4

Professora: Como "papai e eu dormimos sentados" se encaixa no que acabamos de ler? Converse com um colega.

As crianças conversam entre si. A professora nota que Jon (LD) não está falando com ninguém. Ela o encoraja a se juntar à conversa.

Professora: Levantem suas mãos se vocês tiverem uma ideia.
Angie: *Parece* que eles estão prestes a entrar em um avião. Eles não querem ser pegos.
Professora: Quantos de vocês concordam com isso ou querem acrescentar alguma coisa?
Jamal: Eles querem parecer que estão cochilando, enquanto esperam por um avião.
Randy (LD): (referindo-se à mulher no aeroporto que empurra um carrinho com seus pertences) Eles não querem se parecer com *ela*.
Jamie: (referindo-se à caderneta que o pai carrega) Poderia ser um mapa do aeroporto.

---
* N. de R.: Paralisia cerebral.

Sharon: Ou um calendário. Para não se perderem.

A professora pede para que as crianças leiam a próxima seção.

Professora: Se vocês tiverem uma ideia, anotem na margem ou sublinhem uma ideia.

As crianças leem para si mesmas.

Professora: Virem-se para seu vizinho. Como isso se encaixa?

As crianças começam a conversar. A professora chama a atenção deles para um trecho em particular.

Professora: O que significa esta parte?

Lisa: *Tudo* está se mexendo. Até a escada rolante, mas *eles* ficam ali.

Professora: Alguém pode repetir o que Lisa disse?

Os alunos continuam a construir mutuamente seus pensamentos sobre a história.

Randy (LD): (referindo-se às declarações recém-feitas por seus colegas) Concordo com Lisa e Kenny.

Usando evidência textual para dar suporte à sua opinião, Randy espontaneamente lê em voz alta: "sentar-se junto fará com que notem você". Acho que eles [todos os sem-teto que habitam o aeroporto] não se sentam juntos porque não querem ser pegos.

Professora: Bom raciocínio, Randy. Você fez a conexão com a ideia anterior de não querer ser pego. Todos ouviram a conexão do Randy?

Nesse trecho da transcrição, vimos Randy, um aluno rotulado como tendo LD, contribuindo ativamente para a discussão. Randy, que tem dificuldades de leitura e que foi construído pelos professores de educação especial anteriores como um aluno que se beneficiaria *apenas* de exercícios e práticas, demonstrou a sua capacidade de se envolver inteligentemente com um texto considerado muito "acima de seu nível de leitura". Como Serena, Randy começou o ano escolar sem ter aprendido a linguagem para participar de uma conversa sobre um texto – o resultado de ter sido relegado à instrução de planilha nos anos anteriores. Nessa transcrição, ele segue a discussão e acrescenta comentários apropriados, usa estratégias de conversação para reivindicar a sua vez de falar (como "concordo com..."), e oferece evidência textual para dar suporte à sua própria interpretação. Tendo recebido a oportunidade de participar, Randy demonstra o quão capaz ele é.

Neste último trecho da transcrição, o professor inicia a discussão a cerca de uma parte do texto em que um pássaro fica preso no aeroporto.

Transcrição 5

Professora: Por que ISSO está ali? Vire-se para o colega ao seu lado e discuta.

As crianças conversam entre si. A professora começa a conversar com Jon (LD).

Professora: Certo, temos um minuto para ver se conseguimos solucionar isso. Por que tem um pássaro aqui?

Sharon: Acho que o pássaro é um tipo de símbolo. *Fly Away Home* (Voar de Volta para Casa) é o nome da história, então acho que é um símbolo.

Professora: Então, você está dizendo algo parecido com o que Jon (LD) estava falando.

Jon (LD): Eles querem ser livres como o pássaro.

Lisa: Ela sabia como era. Então, mesmo que não pudesse se libertar, ela queria que o pássaro fosse livre.

Professora: Quantas pessoas sentiram que eles estavam fazendo algo de bom?

Durante toda a oficina de leitura, Jon (LD), outro aluno com dificuldades de leitura, parece relutante em participar da discussão. Em uma seção anterior da transcrição, a professora facilitou a entrada de Jon no debate com os colegas. Aqui, ela decide conversar com ele para entender melhor como Jon estava se envolvendo com o texto. Enquanto a discussão em grupo segue, a professora abre um espaço para que Jon decida se quer contribuir ou não. Ele o faz com confiança, afirmando que "eles querem ser livres como o pássaro". As verbalizações de Sharon e Lisa sobre o significado do pássaro podem ser consideradas mais desenvolvidas e texturizadas; entretanto, a interpretação de Jon, expressa de maneira mais simples, revela que ele também compreende o significado do simbolismo, demonstrando a sua capacidade de pensar abstratamente.

Essas transcrições nos mostram como a inclusão é praticada momento a momento nas interações que acontecem entre professores e alunos. Em uma sala de aula onde *todos* os estudantes são respeitados como alunos competentes e ativos – independentemente do nível de habilidade – há um espaço para que todos aprendam e cresçam. Lembre-se: não se trata de incluir ou não alunos com deficiência em uma sala de aula de educação geral, mas *como* fazê-lo de forma efetiva. Nos próximos quatro capítulos, compartilharemos estratégias específicas para fazer a inclusão acontecer.

QUESTÕES PARA REFLEXÃO

1. Quais evidências do ableísmo você vê em sua escola e comunidade?
2. Por que você acha que os norte-americanos são menos cientes do ableísmo do que do racismo, do sexismo e do classismo? De que formas o ableísmo cruza com o racismo, o sexismo e o classismo?
3. Se não desafiarmos as práticas ableístas dentro das escolas, como pode vir a ser o futuro para as pessoas com deficiência?
4. Você acredita que a inclusão seja uma questão de direitos civis? Por quê? Dê exemplos que sustentem a sua posição.
5. Como a educação especial é representada nos quatro mosaicos? Os mosaicos influenciaram o seu pensamento de alguma forma? Explique.
6. Você concorda que a educação especial resultou em uma educação do tipo "separados e desiguais" para muitas crianças com deficiência? Por quê?
7. Qual é o argumento para conceituar a inclusão em termos de diversidade em vez de deficiência? Como a sua escola conceitua a inclusão?
8. Como a instrução de educação especial tradicional (fundamentada no behaviorismo) tornou estudantes com deficiência em alunos passivos e dependentes?
9. De que forma a inclusão é uma questão de justiça social e de equidade educacional? Explique.

NOTA

1. Ensino colaborativo em equipe (CTT) é um termo usado nas as escolas da cidade de Nova York para descrever uma sala de aula inclusiva, na qual um professor de educação geral e um de educação especial ensinam de forma colaborativa.

REFERÊNCIAS

BRANTLINGER, E. A. Using ideology: cases of non-recognition of the politics of research and practice in special education. *Review of Educational Research*, v. 67, p. 425-460, 1997.

CONNOR, D. J. Michael's story: "I get into so much trouble just by walking": narrative knowing and life at the intersections of learning disability, race, and class. *Equity and Excellence in Education*, Philadelphia, v. 39, n. 2, p.154-165, 2006.

CONNOR, D. J. *Urban narratives*: portraits in progress. New York: P. Lang, 2008.

DUDLEY-MARLING, C. The social construction of learning disabilities. *Journal of Learning Disabilities*, Austin, v. 37, n. 6, p. 482-489, 2004.

ENGLERT, C. S. et al. Accelerating reading progress in early literacy project classrooms: three exploratory studies. *Remedial and Special Education*, Austin, v. 19, n. 3, p. 142-159, 1998.

ENGLERT, C. S. Writing instruction from a sociocultural perspective: the holistic, dialogic, and social enterprise of writing. *Journal of Learning Disabilities*, Austin, v. 25, n. 3, p. 153-172, 1992.

FERRI, B. et al. Teachers with LD: mediating discourses of dis/ability. *Journal of Learning Disabilities*, Austin, v. 38, n. 1, p. 62-78, 2005.

HESHUSIUS, L. Freeing ourselves from objectivity: managing subjectivity or turning toward a participatory mode of consciousness? *Educational Researcher*, Washington, v. 23, p. 15-22, 1994.

KEEFE, E. B.; MOORE, V. M.; DUFF, F. R. *Listening to the experts*: students with disabilities speak out. Baltimore: Paul H. Brookes, 2006.

MARIAGE, T. V.; PAXTON- BUURSMA, D. J.; BOUCK, E. C. Interanimation: repositioning possibilities in educational contexts. *Journal of Learning Disabilities*, Austin, v. 37, n. 6, p. 534-549, 2004.

POPLIN, M. S. The reductionist fallacy in learning disabilities: replicating the past by reproducing the present. *Journal of Learning Disabilities*, Austin, v. 21, 1988, p. 389-400, 1988.

REID, D. K.; BUTTON, L. J. Anna's story: narratives of personal experience about being labeled learning disabled. *Journal of Learning Disabilities*, Austin, v. 28, n. 10, p. 602-614, 1995.

REID, D. K.; VALLE, J. W. A constructivist perspective

from the emerging field of disability studies. In: FOSNOT, C. T. (Ed.). *Constructivism:* theory, perspectives, and practice. 2nd ed. New York: Teachers College, 2005.

RODIS, P.; GARROD, A.; BOSCARDIN, M. L. (Ed.). *Learning disabilities and life stories.* Needham Heights: Allyn & Bacon, 2001.

UNITED STATES DEPARTMENT OF EDUCATION. Individuals with Disabilities Education Act (IDEA) of 1990, P. L. 101-476 20, U.S.C # 1400 et seq.; Amendments of 1997, 2004.

VALLE, J. et al. The disability closet: teachers with LD evaluate the risks and benefits of coming out. *Equity and Excellence in Education,* Philadelphia, v. 37, n. 1, p. 4-17, 2004.

VARENNE, H.; MCDERMOTT, R. *Successful failure:* the school America builds. Boulder: Westview, 1998.

VELTRONE, A. P.; MENDES, E. G. Impacto da mudança de nomenclatura de deficiência mental para deficiência intelectual. *Educação em Perspectiva,* Viçosa, v. 3, n. 2, p. 359-373, jul./dez. 2012.

Parte II

Como a prática aprofunda o conhecimento

5

Selecionando abordagens e ferramentas de ensino inclusivo

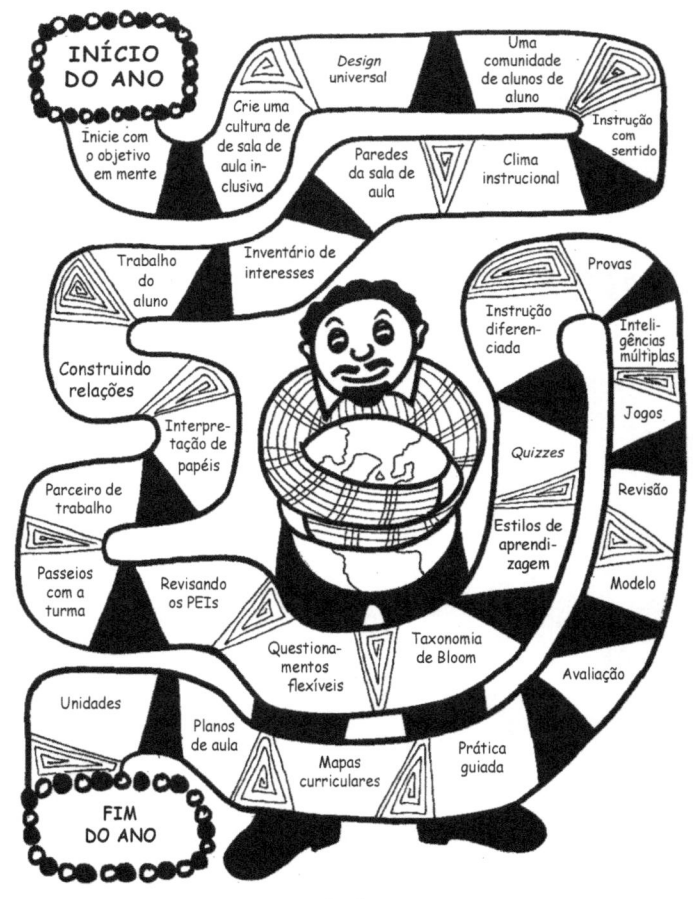

O mundo é sua ostra

"Como vou saber o que ensinar em uma sala de aula inclusiva?"

Em muitos aspectos, uma professora é como a capitã de um navio que precisa partir de um porto rumo a um destino muito distante. Como capitã, ela é responsável pelo bem-estar de todos os passageiros por todo o tempo de duração da jornada. Depois que o navio parte das docas e adentra o alto-mar, ela deve negociar dois mundos. O primeiro está sob o seu controle – supervisionar as condições a bordo; já o segundo não está sob seu controle – responder aos elementos externos, como o sol, o vento, as nuvens e a chuva. Seu trabalho é transportar os passageiros em segurança, navegando em um mundo exterior que pode mudar de glorioso para tempestuoso e voltar ao estado anterior em um piscar de olhos. Ao mesmo tempo, o conforto de todos no ambiente é de grande importância. À medida que atravessam os mares, familiarizando-se com cada parte da jornada, os passageiros aprendem mais sobre si mesmos, os outros e o mundo.

Certo, isso é um tanto melodramático, admitimos. Nosso argumento, porém, não é. Todos os dias, professores encaram responsabilidades enormes com relação às direções às quais conduzem as suas salas de aula. Permanecendo com a metáfora da jornada, e relembrando as palavras de uma antiga canção de Diana Ross, os professores devem se perguntar: "Você sabe para onde está indo?". Decisões, decisões, decisões...

Mas há boas notícias: você não está exatamente à deriva no mar, segurando em suas mãos suadas o destino das crianças. Existem guias! Comumente conhecidos como currículos, esses guias contêm todas as informações de que você necessita para saber sobre *o que* você ensinará. Com frequência escritos em linguagem fácil de ler, com sugestões na margem e textos recomendados, esses "guias oficiais" orientam os professores ao longo de todo o caminho. Em outras palavras, as expectativas para que se acumulem *conhecimentos de conteúdo* ao longo da jornada estão claramente determinadas.

Para ajudar a assegurar que todos os conteúdos sejam "cobertos" – apesar de preferirmos pensar nisso como "trabalhados" –, muitos professores utilizam um dispositivo de planejamento chamado *mapa curricular*. Esse dispositivo é um organizador gráfico detalhado que traça a trajetória desejada por meio dos conhecimentos de conteúdo, prevendo um ritmo consistente em direção ao destino final. (A Figura 5.1 neste capítulo mostra um exemplo.) A maior parte dos professores acha que é mais fácil planejar com "o objetivo em mente" (Wiggins; McTigue, 1998). Em outras palavras, depois que você estabelece um destino, um mapa curricular o ajuda a chegar lá.

Neste capítulo, observamos três grandes áreas de interesse. A primeira seção discute as muitas formas com que os professores podem transformar as suas salas de aula em lugares confortáveis para todos os alunos. A segunda seção descreve maneiras com que os professores podem investir em um planejamento cuidadoso. Por fim, sugerimos formas para os professores abordarem o ensino do conteúdo de modo flexível.

CRIANDO UMA CULTURA DE SALA DE AULA INCLUSIVA

Até este ponto de nossa viagem, temos usado o termo "passageiros" como uma metáfora para os alunos. Ambos os termos conjuram imagens de grupos genéricos de indivíduos. Porém, a verdade é que as pessoas podem ser tão significativamente diferentes quanto similares às pessoas sentadas ao lado delas. Para ensinarem de forma inclusiva, os professores devem conhecer os seus alunos como indivíduos. Ao fazerem a pergunta "a quem eu vou ensinar?" e descobrirem o máximo possível sobre os seus alunos, especialmente no início do semestre, os professores podem usar as informações para atualizar todos os aspectos de sua prática – planejamento, instrução, atividades e avaliações. Conhecer bem os alunos *e* ser competente em todas as áreas do conteúdo significa que os professores criam "condições a bordo", que garantem que os alunos sintam-se confortáveis e seguros por toda a sua jornada de aprendizagem.

Uma forma de abordar o ensino de forma inclusiva é pensar em termos de *design universal*. Não é de se surpreender que o conceito de *design* universal traduza a noção de "criado com todas as pessoas em mente". O uso original do conceito provém da arquitetura e surgiu na década de 1960, com a exigência de se criar novos prédios acessíveis aos cidadãos com restrições de mobilidade. Entretanto, Ron Mace, o líder do movimento do *design* universal, descobriu que repensar como os prédios eram tradicionalmente configurados realmente beneficiava a *todos* os usuários. Então, enquanto originalmente se pretendia que o *design* universal incorporasse as pessoas com deficiência, a flexibilidade que ele ofereceu beneficiava a todos. Por exemplo, o rebaixamento do meio-fio para os usuários de cadeira de rodas ajuda as pessoas a empurrarem carrinhos de bebê e a carregarem malas ou itens grandes ou pesados.

A ideia de criar ambientes acessíveis desde a origem, em vez de readaptar os *designs* existentes, é muito poderosa quando aplicada à instrução de sala de aula. Usado na educação, o *design* universal ajuda os professores a planejar currículos e lições acessíveis a todos os estudantes desde o princípio. O Council for Exceptional Children apoia a ideia de *design* universal aplicada à aprendizagem em sala de aula, conforme a seguir:

> Em termos de aprendizagem, o *design* universal significa o planejamento de materiais e atividades instrucionais que tornam as metas de aprendizagem possíveis para indivíduos mais comprometidos em suas capacidades de ver, ouvir, falar, mover-se, ler, escrever, compreender a língua, frequentar, organizar, envolver-se e lembrar-se. O *design* universal para a aprendizagem é alcançado por meio de materiais e atividades curriculares flexíveis, que proporcionam alternativas para os alunos com diferentes capacidades. Essas alternativas são incorporadas ao *design* instrucional e aos sistemas operacionais de materiais educacionais – eles não são acrescentados após o fato. (Burgstahler, 2006).

Muitas vezes, professores experientes para quem esse conceito é novo expressam respostas mistas. Muitos dizem: "não sabia que se podia usar essas opções ao mesmo tempo!" e percebem que têm maior flexibilidade na esfera da instrução para alcançar e ensinar um grupo diverso de alunos. Por outro lado, outros dizem: "Isso dá muito trabalho! Não consigo preparar três aulas separadas! Não tenho tempo!". Para o primeiro grupo, dizemos: "Sim, vocês estão certos. Isso permite que o ensino respeite todos os alunos e nos desafia a pensarmos de maneiras não tradicionais". Para o segundo grupo, dizemos: "Não se trata de três aulas separadas. Mas *pode* se tratar de oferecer uma variedade de oportunidades de envolvimento com um mesmo conteúdo". Em outras palavras, não é mais trabalho *per se*, mas é uma forma diferente de se pensar sobre como planejamos e ensinamos.

Utilizando os princípios do *design* universal para a instrução

No Centro para o *Design* Universal da Universidade Estadual da Carolina do Norte, um grupo de arquitetos, engenheiros, *designers* de produto e pesquisadores de *design* ambiental se encontram com o intuito de desenvolver diretrizes para a criação de ambientes que sejam acessíveis a todas as pessoas. O grupo sugeriu sete princípios, listados abaixo. Seguindo cada princípio, estão alguns exemplos de como eles podem ser aplicados à instrução, conhecidos como *design* universal para instrução (UDI, na sigla em inglês).

1. Uso equitativo. O *design* é útil para todas as pessoas.

Aplicação à instrução: A instrução é projetada para ser útil e acessível às pessoas com capacidades diversas. Os mesmos meios podem ser proporcionados a todos os alunos e, quando isso não for possível, um meio equivalente deve ser proporcionado.

- Audiolivros podem ser dados ou gravados para os estudantes disléxicos.
- Uma *webpage* da aula deve ser acessível a todos. Para estudantes cegos ou disléxicos, *software* de conversão de texto para fala pode ser empregado.
- Filmes, documentários e programas educacionais televisivos devem conter legendas para alunos surdos ou com dificuldades de audição.

2. Flexibilidade de uso. O *design* acomoda um amplo leque de capacidades e preferências individuais.

Aplicação à instrução: A instrução é projetada para acomodar uma ampla variedade de capacidades individuais. O instrutor deve dar oportunidade de escolha nos métodos usados.

- As informações podem ser acessadas em uma variedade de fontes, tais como livros, documentos, *sites* e entrevistas.
- Escolhas para um projeto escolar podem incluir uma apresentação ou um artigo escrito.
- O trabalho final pode ser representado por um portfólio ou uma prova.
- O formato das provas pode ser variado (p. ex.: resposta escrita curta, múltipla escolha, aplicação criativa, resolução de problemas, uso de ilustrações e etiquetas).

3. Simples e intuitivo. O *design* é direto e fácil de entender, independentemente do conhecimento, da experiência, das habilidades linguísticas e do nível atual de concentração do usuário.

Aplicação à instrução: A instrução é projetada de uma maneira direta e fácil de entender, independentemente do conhecimento, da experiência, das habilidades linguísticas e do nível atual de concentração do estudante.

- Instruções claras podem ser fornecidas para todas as tarefas.
- Instruções que foram dadas por escrito podem ser repetidas oralmente.
- Materiais, tais como textos e atividades de sala de aula, devem ser simples de acompanhar.
- Os resultados esperados precisam ser claramente determinados (p. ex.: por meio de anotações).
- Métodos de acesso múltiplo (p. ex.: aprendizagem colaborativa, atividades práticas) devem ser oferecidos.
- Apoio de professor e/ou colega pode ser disponibilizado durante as tarefas e os trabalhos.

4. Informações perceptíveis. O *design* comunica informações necessárias ao usuário, independentemente das condições ambientais ou de suas capacidades sensoriais.

Aplicação à instrução: A instrução é projetada de modo que as informações necessárias sejam comunicadas de forma bem-sucedida aos estudantes, independentemente de onde eles estejam ou quais sejam as suas capacidades sensoriais.

- Cópias digitais podem ser disponibilizadas, bem como cópias impressas.
- Impressões ampliadas podem ser disponibilizadas para estudantes com deficiência visual.
- Os alunos podem gravar a aula.
- Todas as mídias devem conter legendas.

5. Tolerância ao erro. O *design* minimiza os riscos e as consequências de ações acidentais ou imprevistas.

Aplicação à instrução: O instrutor prevê variações no ritmo de aprendizagem individual dos alunos e nas habilidades necessárias.

- Acomodações adicionais podem ser providenciadas para a construção de habilidades, em aula ou fora dela (*on-line*, com outro professor de apoio, em parceria com os pais, etc.).
- Os alunos podem entregar trabalhos em partes para receberem *feedback*.
- A taxa, o volume e a complexidade de tarefas específicas podem ser modificadas (Levine; Reed, 1999).

6. Baixo esforço físico. O *design* pode ser usado de maneira eficiente e confortavelmente e com o mínimo de fadiga.

Aplicação à instrução: A instrução é projetada para minimizar esforço físico desnecessário, a fim de permitir o máximo de atenção voltada à aprendizagem. (Esse princípio não é aplicado quando o esforço físico integra os requisitos essenciais ou a natureza fundamental do curso.)

- Um processador de palavras pode ser usado na prova.
- A sala de aula deve ser configurada para permitir a mobilidade dos alunos que utilizam cadeira de rodas.
- Os textos podem ser oferecidos em formato digital ou de áudio.

7. Tamanho e espaço para abordagem e uso. São fornecidos tamanho e espaço apropriados para abordagem, alcance, manipulação e uso, independentemente do tamanho, da postura ou da mobilidade do corpo do usuário.

Aplicação à instrução: A instrução é projetada de modo a considerar o tamanho e o espaço apropriados para abordagem, alcance, manipulação e uso, independentemente do tamanho, da postura ou da mobilidade do corpo do aluno.

- O equipamento pode ser ajustável.
- As superfícies de trabalho podem ficar em níveis diferentes.
- Maçanetas em portas e armários aumentam a acessibilidade para todos.
- Carteiras para destros e canhotos, do tipo "tudo em uma", precisam ser disponibilizadas.
- A disposição dos assentos deve ser flexível, de acordo com o tipo de instrução (p.ex.: semicircular, circular, estilo de arena, linhas, ferradura, mesas).

Especialistas da Universidade de Connecticut adicionaram à lista de princípios do *design* universal para instrução os dois conceitos a seguir.

8. Uma comunidade de alunos. O ambiente instrucional promove interação e comunicação entre os estudantes e entre estudantes e docentes.

- A aprendizagem pode ocorrer com a turma inteira, em grupos, em duplas e em instruções individuais com o professor.
- Todos sabem o nome de todos.
- As habilidades e os talentos de cada estudante são reconhecidos.
- A discussão entre os estudantes é deliberadamente estimulada.

9. Clima instrucional. A instrução é projetada para ser acolhedora e inclusiva. Há expectativas elevadas em relação a todos os alunos.

- O professor modela a criação de um ambiente acolhedor e inclusivo, com respeito à diversidade.
- A diversidade é apoiada pelo que está expresso nas súmulas, no início do semestre, e de formas relevantes e contínuas ao longo do semestre.
- O *feedback* específico ao indivíduo é permanente.
- As expectativas elevadas são transmitidas (p.ex.: comunicar-se com os estudantes que têm faltas excessivas ou notas inconsistentes).

Como se pode ver, o *design* universal para instrução convida a tomar uma posição *proativa* em relação à instrução de estudantes com capacidades diversas, em vez de uma posição *reativa*, fazendo-se mudanças demoradas para readaptar as salas de aula e os currículos. Você poderia começar pensando sobre a sua turma como uma ampla variedade de alunos individuais, em vez de um único usuário "médio". Também é importante mencionar que uma deficiência é apenas uma das muitas características que um indivíduo pode ter. O conceito de "universal" é aplicado às variações que existem entre todos nós (p. ex.: origens étnicas e raciais, gênero, classe social, nacionalidade, língua, cultura, orientação sexual). Por fim, empregar esses princípios não exclui a necessidade de se possibilitar acomodações específicas para estudantes com deficiência (p. ex.: colaborar com intérpretes de linguagem de sinais que trabalham com estudantes surdos).

A perspectiva global: dos princípios à prática

Os princípios de *design* universal para instrução proporcionam uma estrutura geral para se pensar sobre como criar uma cultura de sala de aula inclusiva para estudantes diversos. O Quadro 5.1 contém uma visão geral do que considerar no *design* universal.

Embora pareça um plano passo a passo, reconhecemos que ensinar e aprender raramente são algo tão simples e direto. De muitas maneiras, o *design* universal é uma estrutura útil (até mesmo "ideal"), que nos ajuda a pensar por meio da "perspectiva global" do ensino em sala de aula. Pedimos para que você contemple a teoria do *design* universal e o seu compromisso com a prática de sala de aula. Na seção intitulada "Ambiente", discutimos preocupações práticas sobre *como* ensinar em uma sala de aula inclusiva que abordam muitas das áreas previamente listadas.

Os seguintes aspectos da sala de aula ficam em algum lugar entre os nove princípios do *design* universal para instrução, e todos são partes integrantes do estabelecimento e da manutenção da "perspectiva global". Ao mesmo tempo em que são peças interconectadas do mesmo quebra-cabeça, acreditamos que cada um merece ser colocado em primeiro para que se destaquem, temporariamente, suas questões relevantes.

Quadro 5.1 O processo do *design* universal

1. Familiarizar-se com o curso, as metas, o conteúdo.
2. Definir o grupo de alunos que estará na aula. Identificar a diversidade potencial dentro do grupo, com respeito ao gênero, à idade, ao tamanho, à etnia, à raça, à língua nativa, aos estilos de aprendizagem e às capacidades de ver, ouvir, movimentar-se, manipular objetos e aprender.
3. Aplicar os métodos do *design* universal.
4. Aplicar o processo do *design* universal.
5. Aplicar as avaliações do processo do *design* universal.
6. Monitorar a efetividade da instrução, coletando *feedback* da participação dos alunos e aprendendo a fazer modificações baseadas em seu *feedback*.

Fonte: Os autores.

Ambiente

Talvez estejamos afirmando o óbvio quando dizemos que as salas de aula deveriam sempre parecer convidativas. Estudantes e professores passam muito tempo em salas de aula, de forma que elas deveriam ser tão alegres e agradáveis quanto possível – lugares onde todo mundo gosta de estar. Isso não significa que as paredes devem ser decoradas com imagens "inspiradoras", como a do pôster *Você Consegue Se Tentar de Verdade*, que apresenta um gatinho adorável pendurado em um galho de árvore por apenas uma pata. Contudo, recomendamos o seguinte:

Espaço da sala de aula

Embora pareça, inicialmente, uma preocupação secundária para alguns educadores, não podemos deixar de enfatizar a importância de como o espaço da sala de aula é utilizado. Há muitas opções para se configurar cadeiras, carteiras, armários e outros móveis. Independentemente da turma, acreditamos que, mesmo se um professor tiver uma forma preferida de organizar o mobiliário, este deve ser móvel e reconfigurado para servir aos objetivos de uma aula específica. Por exemplo, os alunos devem ter a oportunidade de trabalhar individualmente, em duplas, em pequenos grupos e com a turma inteira. A disposição espacial do mobiliário da sala de aula deve ser levada em consideração, de modo que todos os alunos possam se movimentar pela sala de aula livremente.

Além da fluidez na disposição dos assentos da sala de aula, pode haver áreas "permanentes" na sala de aula que ofereçam aos alunos uma experiência consistente. Por exemplo, podem-se estabelecer centros para que os estudantes desempenhem tarefas específicas. Em um centro computacional, eles podem usar processadores de palavras ou fazer pesquisa na *internet*. Em uma lojinha, eles podem comprar itens hipotéticos e verificar o seu troco. Em um cantinho de animais, podem alimentar, observar, medir e desenhar uma tartaruga viva.

Paredes da sala de aula

As paredes podem ser usadas para informar as crianças sobre as demais, exibindo o trabalho dos estudantes. Uma regra geral: dê destaque aos trabalhos dos alunos! Deve haver pelo menos um exemplo de cada estudante, seja a formação de uma única letra, um ensaio de cinco parágrafos, um trabalho de arte original, como um problema matemático foi resolvido, um relato sobre um país ou ilustrações de uma cadeia alimentar. Os trabalhos devem incluir amostras que indicam níveis variados de sucesso. Em outras palavras, não publique apenas os trabalhos que tiraram nota dez ou um conceito A+; em vez disso, incorpore uma variedade de níveis de resposta, explicando o que cada trabalho tem de valioso. Também é igualmente válido apresentar trabalhos sem as suas respectivas notas.

Os interesses das crianças também podem ser exibidos nas paredes. Perfis dos estudantes, declarações, biografias, gostos, fotografias, autorretratos, cartazes de "Procura-se" e assim por diante podem motivar os alunos a ler e analisar informações sobre os demais, ajudando-os a criar conexões em sua comunidade de aprendizagem.

Conceitos importantes também devem ser representados nas paredes, tanto permanentemente (como uma tabuada) como temporariamente (como uma lista semanal de vocábulos). Os professores sempre têm a opção de mover conceitos exibidos temporariamente para locais de exibição permanente, como as Paredes de Palavras, em que termos acumulados de conteúdos específicos são mantidos ao alcance dos alunos (flores: pétalas, estame, pistilo, caule, folhas, raízes, solo). Esses grupos de vocábulos poderiam ser criados pelo professor ou feitos a partir de materiais disponíveis no comércio.

As características físicas da sala de aula que acabamos de descrever devem refletir o senso de comunidade entre os indivíduos que ali trabalham. Construir relações com e entre os estudantes é uma parte vital do ensino. Esse deve ser um dos primeiros objetivos de todos os professores. Afinal, a qualidade do ensino que você proporciona aos seus alunos está intrinsecamente ligada ao quão bem você conhece as capacidades e as personalidades deles.

Como diz a canção: "Conhecer você, saber tudo sobre você!"

Durante as primeiras aulas, os alunos precisam de uma oportunidade para fazer a transição para um novo ambiente e conhecer quem você é. Como professor, você pode se apresentar e pedir para que eles façam o mesmo. A seguir, apresentamos atividades que podem ser usadas para promover o compartilhamento de informações sobre todos os membros da turma:

- Pedir para que os alunos completem uma fórmula simples, pela qual eles declarem duas ou três coisas (p. ex.: meu nome é...; eu gosto de...; meu *hobby* é...).
- Ler uma lista de afirmações aos alunos e pedir para que se levantem se a afirmação lhes disser respeito (p. ex.: "nasci nessa cidade", "tenho mais de dois irmãos", "levo mais de 30 minu-

tos para chegar à escola", "prefiro o azul ao vermelho", etc.). Os alunos podem ser convidados a comentar a afirmação e a fazer perguntas aos seus colegas.
- Pedir para que os alunos desenhem a si mesmos e descrevam três coisas (ou pessoas) que são importantes para eles. Cada um pode, então, compartilhar com um colega próximo, que poderá, por sua vez, apresentar seu "novo colega" ao grande grupo.
- Pedir para que os alunos formem dois círculos, um dentro do outro. Os alunos do círculo de dentro devem ficar de frente para fora; os do círculo de fora devem ficar voltados para dentro. Cada pessoa deve ficar frente a frente com outra. O professor pode, então, sugerir um tópico (Você tem algum bicho de estimação? Qual é o seu programa de TV favorito? Qual é a sua matéria favorita na escola?) e pedir para que os alunos conversem entre si. Depois de um minuto, pode pedir para que o círculo de dentro se mova uma posição em sentido horário e oferecer um novo tópico.

Interesses, preferências de aprendizagem e aspirações acadêmicas

Para conhecer os interesses dos alunos, as suas preferências de aprendizagem e as suas aspirações acadêmicas, os professores podem
- Fornecer inventários de interesse (REIF; HEIMBURGE, 1996).
- Dar uma lista de verificação detalhada, pedindo aos alunos que façam uma autoanálise em termos de leitura, escrita, atenção e assim por diante (LEVINE, 1994).
- Pedir para que os alunos se autoavaliem em diversas áreas, mapeiem os escores que eles mesmos se atribuíram e discutam as áreas em que eles são bons e as áreas em que precisam melhorar. Esses gráficos podem ser revisitados durante o semestre para mapear o crescimento nas diversas áreas.
- Pedir para que os alunos "dividam" as suas inteligências múltiplas (ver seção posterior neste capítulo para obter uma explicação mais detalhada) e criem um gráfico de *pizza* de oito fatias que reflita como eles veem a si mesmos.
- Crie uma Cápsula do Tempo em um envelope para cada aluno, contendo uma variedade de itens, como informações biográficas, metas acadêmicas e previsões para o próximo ano.

Conhecimento sobre deficiências

Para avaliarem o conhecimento dos alunos sobre deficiências, os professores podem
- Adotar uma atitude avaliadora e iniciar frases de final aberto, tais como "Pessoas em cadeiras de rodas me despertam..." ou "Pessoas que nasceram com deficiência...", etc. (SHAPIRO, 1999).
- Fazer uma sondagem sobre deficiências, incluindo questões como esta: "Uma pessoa com deficiência está quase sempre doente? Sim/Não/Não tenho certeza" (BARNES; BERRIGAN; BIKLEN, 1978).
- Observar para avaliar como os alunos com e sem deficiência estão interagindo uns com os outros (SALEND, 2001).

Todas as atividades citadas ajudam os professores a aprender sobre os seus alunos enquanto promovem ativamente o senso de comunidade. Ao encorajar os estudantes a compartilhar e escutar uns aos outros por meio da técnica de *round-robin* (em geral, uma conversa em círculo alternada, em que todos se revezam), cada um deles tem a oportunidade de conhecer os seus colegas em maior profundidade. Além disso, ao criarem oportunidades para os alunos compartilharem atividades em duplas ou em pequenos grupos, os professores encorajam interações sociais que contribuem para uma sala de aula dinâmica.

Construindo e mantendo relacionamentos

A construção do relacionamento com os alunos se desenrola ao longo do tempo. Contudo, quando eles reconhecem que o professor prepara as aulas levando em consideração, de modo respeitoso, os níveis individuais de conhecimento, os gostos, os interesses, as capacidades e as carências, para proporcionar uma aula interessante, envolvente e desafiadora, que ajude-os a progredir, então um senso de respeito mútuo se desenvolve. Os professores dedicam muito de seu tempo, sua energia e seu esforço para proporcionar instrução de qualidade, refletindo continuamente sobre o quão bem os estudantes "a captaram". Ao proporcionarem instrução de qualidade e tomarem decisões justas de modo constante, os professores constroem um relacionamento forte e harmônico com os seus alunos. Além de tudo isso, você já pensou nas responsabilidades que os professores têm na construção de relacionamentos, até mesmo de amizades, *entre* os alunos?

Ainda que reconheçamos que amizades não podem ser forçadas, um professor pode facilitá-las em uma sala de aula amistosa. Por exemplo, os alunos são mais propensos a conversarem uns com os outros se tiverem a oportunidade de interagir em situações de sala de aula criadas pelo professor. Potencialmente, há um grande benefício social e acadêmico ao pedir para que os alunos trabalhem em duplas, trios, grupos pequenos e grupos grandes.

Trabalhando em **duplas**, os estudantes podem
- Primeiro, pensar como indivíduos, e, então, formar duplas para compartilhar.
- Comparar e explicar respostas.
- Propor um *brainstorm* sobre os tópicos.
- Resolver problemas.
- Debater pontos e contrapontos.

Trabalhando em **trios**, os estudantes podem
- Assumir papéis (formulador de perguntas, anotador, repórter).
- Debater questões, adotando três perspectivas sobre qualquer assunto (p. ex.: como os três poderes do governo).
- Interpretar papéis em determinadas situações.
- Resolver problemas.
- Criar um projeto, um pôster ou um folheto.
- Revezar-se na leitura de um texto.

Trabalhando em **pequenos grupos**, os estudantes podem
- Praticar e alternar papéis (leitor, marcador, definidor, resolvedor, verificador).
- Praticar habilidades específicas, como organização, gerenciamento de tempo e escuta.
- Compartilhar pensamentos, respostas e sugestões originais.
- Dividir-se e informar o outro grupo sobre seus achados.
- Contribuir coletivamente de alguma forma.
- Proporcionar oportunidades de reflexão e autoavaliar comportamentos colaborativos (Vernon; Deshler; Schumaker, 1999).

Trabalhando com a **turma toda**, os alunos podem
- Compartilhar informações originais com todos.
- Continuar acrescentando, mutuamente, às ideias dos demais.

Os alunos experimentam uma ampla variedade de oportunidades de acesso a todos os membros de sua sala de aula quando os professores, por vezes, exigem que eles trabalhem em grupo e, por outras, sugerem o trabalho em grupo como opcional.

Abaixo, apresentamos algumas ideias para facilitar a amizade em sala de aula:
- Criar projetos contínuos ou de longo prazo, como jornais de sala de aula, jogos, plantar nos jardins da escola, organizar um evento patrocinado, etc.
- Ensinar explicitamente o conceito de amizade como atividade curricular (Shapiro, 1999).

- Dar aulas de habilidades sociais que incluam interpretação de papéis.
- Exemplificar interações sociais, bons comportamentos, uso adequado da língua.
- Organizar passeios com a turma.
- Formar um comitê/grupo para questões de resolução de problemas a respeito da amizade e da inclusão (SALEND, 2007).

Avaliação informal

Os testes padronizados produzem, frequentemente, um escore ou uma classificação para a criança. Por exemplo, uma porcentagem revela o quão bem uma criança pontuou em comparação aos seus colegas (77% significa que ela pontuou melhor do que 77% das demais crianças que fizeram o teste). Ou um *continuum* entre 4 e 1 (do mais alto ao mais baixo) mostra, de modo amplo, o padrão atual de um estudante. Contudo, nenhum desses escores fornece informações suficientes sobre as áreas específicas em que um estudante apresenta carências. Os professores são capazes, entretanto, de reunir informações sobre os seus alunos ao longo do ano inteiro, e por uma variedade de meios. No Capítulo 7, são discutidas múltiplas formas de avaliação, tais como avaliação de portfólio, técnicas de se pensar em voz alta, diários e registros de alunos, análise de erros, autoavaliação dos alunos, entrevistas com os alunos, testagem cooperativa em grupo, testes feitos por professores, *quizzes*, observações informações, avaliação dinâmica, rubricas, medida baseada em currículo, avaliação de desempenho real e análise de amostras de trabalhos dos alunos.

Estudantes com Planos Educacionais Individuais (PEIs)

Todos os professores precisam saber quais estudantes em suas salas de aula têm uma classificação de deficiência "oficial" para compreender as suas necessidades particulares. O Plano Educacional Individual (PEI) de um estudante com deficiência contém uma ampla variedade de informações, incluindo

- Níveis presentes de desempenho acadêmico do estudante.
- Metas sociais e/ou acadêmicas anuais mensuráveis do estudante e os passos necessários para alcançá-las.
- Os serviços de educação especial recebidos pelo estudante (tipo, duração, frequência).
- Todos os serviços recebidos pelo estudante (p. ex.: aconselhamento, terapia fonoaudiológica, terapia ocupacional, etc.).
- Uma declaração que explica por que o estudante não está recebendo a sua educação em uma sala de aula de educação geral.
- Adaptações de avaliação para o estudante.
- Quaisquer necessidades de tecnologia auxiliar que o aluno apresente.
- Avaliações feitas por funcionários de escola (psicólogos, professores).

O objetivo é que os PEIs informem os professores sobre os seus alunos, listando metas específicas que devem ser levadas em consideração para o planejamento, a instrução e a avaliação. É importante registrar que os PEIs variam enormemente em clareza, precisão e adequação. Enquanto alguns são documentos próximos da perfeição, pois funcionam como uma descrição rica sobre quem o estudante é e como ele precisa aprender, outros parecem uma compilação desconexa de relatórios, formulários obrigatórios, listas de verificações e metas geradas por computador. Em outras palavras, o grau de informação útil em um PEI vária enormemente.

Com as recentes revalidações da *Individuals with Disabilities Education Improvement Act* (IDEIA), as metas e os objetivos dos PEIs se tornaram alinhadas com o currículo de educação geral. Isso significa que um educador geral é obrigado a participar de todas as reuniões anuais de PEI para assegurar que o conteúdo do currículo seja considerado em quaisquer planos em desenvolvimento. A importância de reuniões de PEI pode ser minimizada no agitado contexto das rotinas escolares cotidianas.

Três ferramentas úteis para o ensino

A boa notícia para quem trabalha no mundo do ensino é que há muitas ferramentas úteis para ajudar os educadores a se planejarem efetivamente. Descobrimos três ferramentas extremamente úteis, tanto quando éramos professores iniciantes quanto agora, em nossas aulas na faculdade. A Taxonomia de Bloom, uma consciência dos estilos de aprendizagem e uma compreensão das múltiplas inteligências podem ser usadas para afiar as suas técnicas de ensino.

Ferramenta 1: A Taxonomia de Bloom

Há mais de um século, Benjamin Bloom liderou um grupo de psicólogos educacionais no esclarecimento dos níveis de comportamento que acreditavam ser necessários para o processo de aprendizagem. O sistema de classificação veio a ser conhecido como Taxonomia de Bloom e consiste em seis níveis, que vai do simples ao complexo (BLOOM, 1984).

Estudos mostram que a maioria das perguntas feitas em salas de aula e em provas se encontra nos níveis mais baixos da cognição e gira em torno do que os estudantes se *recordam* das informações, sem necessariamente compreendê-las (BLOOM, 1984). Desde então, a pesquisa sobre como o cérebro funciona enfatizou como níveis mais altos de cognição são alcançados quando se pede aos estudantes para que respondam perguntas de alto nível e participem de atividades que requerem mais do que memorização e aplicação (WOLFE, 2001). Porém, todos os indivíduos se beneficiam ao pensarem em todos os níveis, e cada um pode ser inserido em atividades e responder a perguntas em sala de aula.

Questionamentos flexíveis: Em termos gerais, as perguntas podem ser categorizadas em dois tipos, aquelas que usam as habilidades de pensamento de baixo nível (conhecimento, compreensão, aplicação) e aquelas que usam habilidades de pensamento de alto nível (análise, síntese, avaliação). Cada uma serve a um propósito, com as primeiras servindo para conectar os estudantes ao conhecimento específico, e as segundas exigindo uma abordagem mais questionadora e criativa para a compreensão de informações. Ver Tabela 5.1.

Tabela 5.1 Usando a Taxonomia de Bloom para fazer perguntas

Nível	Tipos de pergunta	Verbos úteis
Conhecimento	Quem...? Quando...? Onde...? Quanto...? Quantos...? Defina... Conte... Liste... Nomeie... Descreva... Relate... Recite...	Organize, use, cite, escolha, liste, combine, selecione, rotule, agrupe, encontre, localize, nomeie, ofereça, omita, pegue, mencione, disponha, mostre, diga, reorganize, repita, soletre, toque, escreva, identifique, aponte...
Compreensão	Relate com suas próprias palavras... Relate em uma palavra... O que isso significa? Isso é a mesma coisa que...? Indique... Explique o que está acontecendo... Que parte não se encaixa? Leia o gráfico ou a tabela... Traduza... Esboce... Que exceções há...? Qual é o mais provável? Resuma...	Converta, expresse, construa, reformule, mude, traduza, expanda, explique, infira, reitere, reconte, defina, explicite, esboce, ofereça, submeta, avance, proponha, projete, altere, varie, modere, justifique...
Aplicação	Preveja... Selecione... Diga o que iria acontecer... Mostre em um gráfico ou em uma tabela... Dê um exemplo... Quais...? Avalie os efeitos... Quantas mudanças haveria... Identifique resultados de...	Resolva, classifique, explique, tente, use, empregue, utilize, manipule, solucione, modifique, faça uso de, compute, demonstre, relacione...

continua

Tabela 5.1 Usando a Taxonomia de Bloom para fazer perguntas (*continuação*)

Nível	Tipos de pergunta	Verbos úteis
Análise	Qual é a função de...? Quais as pressuposições...? Qual é a premissa...? Relate o ponto de vista de... Qual é a relação entre...? Qual é a ideia principal...? Qual é a ideia secundária...? O que se pode concluir? Que ideias se aplicam...? O que é fato e opinião em...? O que o autor pressupõe...?	Esmiúce, desvende, examine, divida, deduza, averigue, disseque, teste, relacione, esboce, infira, ilustre, faça diagramas, distinga, categorize, analise, selecione, separe, classifique, contraste, compare, discrimine...
Síntese	Crie... Projete... Planeje... Formule uma teoria... Como você testaria...? Proponha uma alternativa... Coreografe... Escolha... Desenvolva... Imagine... Invente... Resolva o seguinte... Componha...	Crie, associe, construa, compile, produza, desenvolva, reorganize, reordene, estruture, faça, componha, erga, gere, evolua, invente, forme, formule, conceba, origine, constitua...
Avaliação	O que é mais importante...? Avalie... Estime... Defenda... Critique... Pondere...	Decida, classifique, priorize, estime, categorize, pondere, aceite, rejeite, avalie, ordene, estabeleça, critique, premie, arbitre, julgue, determine...

Fonte: Composto a partir de uma variedade de fontes, incluindo J. Maynar, lista não publicada, Pomana, CA: G. Disenberg e G. Stevens, folheto não publicado distribuído no Encontro SETRC/Albany.

Atividades flexíveis: Além disso, a Taxonomia de Bloom é útil para ser aplicada quando se escolhe ou projeta atividades de sala de aula. Ao se examinar a Tabela 5.2, fica evidente como formas diferentes de envolvimento na sala de aula podem ser empregadas para tornar o ambiente de sala de aula um lugar desafiador para todos os estudantes.

Tabela 5.2 Usando a Taxonomia de Bloom para atividades

Níveis	Propósito	Expectativas para os alunos	Atividades
Conhecimento	Conhecer as especificidades Utilizar fatos	Lembrar-se de uma ideia ou de um fato da mesma forma com que foi aprendido	– Sessões de perguntas e respostas – Planilhas – Livros didáticos – Instrução programada – Jogos e quebra-cabeças – Busca de informações – Trabalhos de leitura – Exercício e prática – Encontrar definições – Jogos de memória ou *quizzes*
Compreensão	Ser capaz de interpretar, extrapolar, traduzir	– Comunicar uma ideia de uma forma nova e diferente – Comunicar em relação a uma experiência pessoal – Ver relação entre as coisas – Projetar o efeito das coisas	– Debate – Fazer previsões ou estimativas – Fazer suposições – Fazer projetos em grupos pequenos – Dramatizar – Dar exemplos – Ensinar colegas

continua

Tabela 5.2 Usando a Taxonomia de Bloom para atividades (*continuação*)

Níveis	Propósito	Expectativas para os alunos	Atividades
Aplicação	Ser capaz de praticar o que foi ensinado	– Usar o material aprendido em novas situações – Aplicar regras, leis, métodos, *frameworks*, teorias	– Resolver problemas matemáticos – Construir quadros e gráficos – Demonstrar o uso correto de um método ou um procedimento – Prever como um personagem agiria em uma determinada situação
Análise	Ser capaz de entender em um nível mais profundo do que a compreensão ou a aplicação, já que requer compreensão tanto do conteúdo quanto da forma estrutural do material	– Dividir e examinar fragmentos de informação – Ver o relacionamento entre as partes e reconhecer os princípios organizacionais envolvidos	– Distinguir entre fatos e inferências – Reconhecer pressuposições não declaradas – Analisar a estrutura de escrita – Analisar uma obra de arte ou uma peça de música
Síntese	Ser capaz de – Comunicar de uma forma única – Desenvolver um plano ou um conjunto proposto de operações – Desenvolver um conjunto de relações abstratas (propor uma hipótese)	– Pensar criativamente – Fazer coisas originais – Pegar coisas existentes e reconfigurá-las de uma nova forma	– Produzir um plano original – Definir um problema – Identificar metas e objetivos – Criar um produto original – Mostrar como uma ideia ou um produto podem ser mudados – Encontrar novas combinações – Escrever um tema bem organizado – Compor um discurso bem organizado
Avaliação	Ser capaz de – Julgar em termos de padrões internos – Julgar em termos de critérios externos	– Fazer julgamentos sobre coisas baseando-se em condições e critérios internos ou externos – Aceitar ou rejeitar coisas baseando-se em padrões	– Gerar critérios para avaliação – Avaliar projetos e apresentações de colegas – Avaliar dados e critérios fornecidos para aplicação – Autoavaliar ideias e produtos

Fonte: Os autores.

Ferramenta 2: Estilos de aprendizagem

O termo "estilos de aprendizagem" é usado para compreender e aproveitar ao máximo as muitas formas em que os estudantes aprendem. A ideia de que os estudantes possuem diferentes estilos de aprendizagem originou-se com Dunn e Dunn há mais de 40 anos (Dunn; Dunn, 1972; Dunn, 1984). Alguns desses fatores são ambientais, outros são desenvolvimentais, e os estilos de aprendizagem podem mudar de acordo com o tempo, o lugar e o contexto. Contudo, é útil ter essas ideias em mente para o planejamento da instrução. Apresentamos abaixo cinco lentes importantes por meio das quais podemos enxergar um aluno, junto com as considerações que cada perspectiva oferece.

Lentes ambientais: Conforto e receptividade em relação à aprendizagem são significativamente influenciados por aquilo que rodeia o indivíduo. Por exemplo, considere estas perguntas:
- A iluminação é forte, fraca ou moderada?
- A temperatura é fria, quente ou amena? Pode-se regular a temperatura?

- O assento é macio, duro ou médio? O indivíduo pode se mexer?
- A atmosfera é quieta, barulhenta ou mediana? Há música tocando? Se há música, quais tipos são favorecidos e quais são evitados?

Lentes sociológicas: Esta perspectiva foca nas maneiras em que os indivíduos aprendem em associação com outros. Por exemplo, considere estas perguntas:
- A pessoa prefere trabalhar sozinha ou em duplas?
- O indivíduo gosta de ser orientado ou de orientar?

Lentes fisiológicas: Esta visão leva em consideração os ritmos mentais e físicos das pessoas. Por exemplo, considere estas perguntas:
- Quando é o melhor momento para a aprendizagem, em termos de energia: manhã, meio-dia, tarde, anoitecer, noite?
- Quando é o melhor momento para a aprendizagem, em relação às refeições: antes, durante, após?
- Até que grau uma pessoa deve mover seu corpo para aprender? Quão bem um indivíduo pode aprender ficando sentado sem se mexer? Mover-se menos? Mover-se mais?

Lentes psicológicas: Este elemento considera diferentes formas das pessoas processarem informações e, então, responder a elas. Por exemplo, considere estas perguntas:
- As pessoas são reflexivas ou impulsivas?
- Elas são holísticas ou atomísticas? Elas veem e trabalham partindo do todo para as partes, ou das partes até o todo?

Lentes emocionais: Esta perspectiva considera o quão confortável os indivíduos se sentem ao lidar com seu trabalho. Por exemplo, considere estas perguntas:
- Os indivíduos preferem completar uma tarefa de cada vez?
- Os indivíduos preferem ter diversas tarefas em andamento ao mesmo tempo?

Essas cinco lentes e as questões que elas levantam têm implicações abrangentes para os professores. Embora não se possa proporcionar todos esses estilos ao mesmo tempo, os professores podem incorporar escolhas e opções, em suas aulas, que permitam que os estudantes se tornem conscientes de seus estilos de aprendizagem e de como melhor usá-los para aprender.

Outra conceituação dos estilos de aprendizagem vem da visão tradicional da educação especial de que os estudantes devem ser ensinados por meio de abordagens multissensoriais: formas visuais, auditivas e tátil-cinestésicas (VAKT, na sigla em inglês) (Fernald, 1943).

Alunos visuais: Os alunos visuais processam e compreendem informações, principalmente, vendo-as. Esse estilo de aprendizagem corresponde aos diagramas, quadros, fotografias e/ou ilustrações que ajudam os estudantes a criarem uma imagem mental forte do que está sendo ensinado. Além disso, os alunos visuais se beneficiam ao verem as expressões faciais, os gestos e os movimentos corporais do professor para processar e compreender as informações apresentadas.

Alunos auditivos: Os alunos auditivos processam informações, principalmente, ouvindo e falando. Isso pode tomar a forma de se escutar o professor, conversar com os outros e/ou discutir conceitos/questões/temas com colegas de aula. As informações escritas em textos, planilhas ou folhetos são, frequentemente, insuficientes para envolver os alunos auditivos de modo satisfatório, que precisam processá-las por meio da conversação ativa.

Alunos tátil-cinestésicos: Os alunos tátil-cinestésicos compreendem as informações e os conceitos melhor quando têm uma conexão física, ou seja, alguma coisa para tocar. Esses alunos gostam de explorar movimentando-se ativamente e manipulando materiais (p. ex.: fichas, modelos, jogos, materiais de arte). A aprendizagem pode ser inibida sem esses tipos de materiais e oportunidades.

Os professores devem planejar com uma visão que incorpore todos os três elementos em suas salas de aula, fazendo a si mesmos, simplesmente, perguntas como estas: que auxílios visuais usarei para ajudar a alcançar meus objetivos para a lição? Quais instruções faladas darei, quando as darei e como as darei? Que tipo de objetos manipuláveis usarei para ajudar os alunos a processar as habilidades/os conceitos que estou ensinando?

Finalmente, muitos pesquisadores educacionais acreditam que os estilos de aprendizagem são influenciados por diferenças culturais, de acordo com a raça, a etnia e a classe social (GRANT; SLEETER, 1986; LADSON-BILLINGS, 1994). Em outras palavras, as interações sociais e as expectativas dentro de todas as subculturas podem influenciar significativamente a receptividade e os níveis de conforto de todos os alunos.

Ferramenta 3: Inteligências múltiplas

Por muito tempo, pensou-se que a inteligência era fixa, inata e quantificável, conhecida por um quociente de inteligência (QI). Entretanto, essa visão foi abalada pela teoria das inteligências múltiplas, de Howard Gardner, em que ele defende que todos os indivíduos apresentam tipos variados de inteligência (GARDNER, 1983). Ao delinear as várias inteligências, Gardner afirma que todo mundo tem todas as oito (com as ainda a serem reconhecidas), mas elas variam muito entre nós. Cada inteligência é listada na Tabela 5.3, junto com as capacidades que lhes são associadas, exemplos de pessoas que ilustram cada "tipo" e atividades de sala de aula que promovem o crescimento de cada área. Apesar de a discussão dessa teoria poder, sozinha, tomar conta do livro inteiro, ainda acreditamos que apresentá-lo a essa ideia irá permitir que você veja, imediatamente, as formas em que lhe possa ser útil considerá-la para a prática cotidiana de sala de aula.

Tabela 5.3 As inteligências múltiplas de Gardner

Inteligência	Capacidade para...	Exemplos de pessoas famosas	Atividades para desenvolver essa habilidade
Linguística	– Ser sensível às nuances da língua – Usar palavras de maneira eficiente – Entender o uso que as outras pessoas fazem das palavras – Criar poesia e prosa – Escrever discursos – Usar conversação formal e informal	William Shakespeare, dramaturgo e poeta Martin Luther King Jr., líder do movimento dos direitos civis Amy Tan, romancista Toni Morrison, romancista	– Escrever diários – Ler em voz alta – Contar histórias – Fazer discursos – Fazer apresentações – Debater – Criar publicações – Dramatizar – Representar papéis
Espacial	– Visualizar padrões, desenhos e aspectos na forma concreta – Discernir o espaço – Saber a direção – Entender a própria posição no espaço – Interpretar e criar experiências visuais	Gaudi, arquiteto Frank Lloyd Wright, arquiteto Frida Khalo, artista Tim Burton, diretor	– Completar quebra-cabeças – Desenhar – Usar organizadores gráficos – Fazer modelos – Fazer quadros e gráficos – Fazer analogias visuais – Visualizar e descrever – Organizar o espaço
Lógico-matemática	– Compreender por meio de padrões – Saber e usar representações simbólicas – Aplicar raciocínio – Resolver problemas numéricos	Albert Einstein, cientista Stephen Hawking, cientista	– Usar dinheiro – Fazer medições – Coletar e analisar dados – Resolver problemas – Classificar

continua

Tabela 5.3 As inteligências múltiplas de Gardner (*continuação*)

Inteligência	Capacidade para...	Exemplos de pessoas famosas	Atividades para desenvolver essa habilidade
Corporal-cinestésica	– Demonstrar habilidades motoras amplas, usando o corpo para competir em esportes (p. ex.: futebol, ginástica) ou para uma capacidade estética (p. ex.: dança, performance) – Usar habilidades motoras finas para completar tarefas intrincadas – Trabalhar habilidosamente com objetos	Alvin Ailey, dançarino Greg Louganis, nadador Martina Navratilova, tenista David Beckham, jogador de futebol	– Dançar – Participar de atividades práticas – Experimentar – Dramatizar explicações – Criar cenas dramáticas – Jogar – Fazer atividades que envolvem o movimento do corpo
Musical	– Perceber, analisar, desempenhar e criar música – Reconhecer e apreciar formas diferentes de música – Perceber ritmo, tom, melodia, harmonia	Stevie Wonder, cantor e compositor Paul McCartney, cantor e compositor Aaron Copland, compositor	– Compor *rap* – Tocar instrumentos – Criar ritmo – Escrever letras de música – Cantar – Apresentar-se
Intrapessoal	– Analisar e conhecer seus sentimentos, suas emoções, suas forças e suas fraquezas em relação às outras pessoas – Agir sobre esse entendimento	Dalai Lama, líder religioso David Sedaris, autor	– Ler independentemente – Personalizar projetos – Personalizar respostas – Fazer conferências – Desenvolver metas pessoais
Interpessoal	– Observar e entender perspectivas, sentimentos e emoções das outras pessoas e agir de acordo – Socializar-se bem com os outros – Trabalhar bem com pessoas	Oprah Winfrey, apresentadora de *talk show* e empresária Robin Williams, humorista	– Aprender cooperativamente – Estudar em grupos – Editar com colegas – Fazer monitoria com crianças mais jovens – Mediar conflitos – Ensinar colegas
Naturalista	– Entender, explicar e agir em relação ao que é encontrado na natureza	Jacques Cousteau, conservacionista do oceano Jane Goodall, primatologista	– Coletar – Classificar – Identificar

Fonte: Os autores.

INVESTINDO EM PLANEJAMENTO CUIDADOSO

Em termos de planejamento, professores devem fazer a si mesmos uma série de perguntas, incluindo as seguintes: o que vou ensinar? Por que vou ensinar isso? Como vou ensinar isso? Quando isso será ensinado? Como saberei que isso foi ensinado? Ademais, ao se ensinar em colaboração, essas questões devem ser discutidas com o parceiro de docência (ver Capítulo 8). Acreditamos que se deve gastar tempo na preparação cuidadosa e no entendimento da interconectividade do planejamento de longo, médio e curto prazos. Em linhas gerais, o planejamento de longo prazo envolve a rota geral do estudo; o planejamento de médio prazo foca na unidade do estudo; e o planejamento de curto prazo é a lição de estudo imediata.

Planejamento invertido

Embora reconheçamos que os diferentes educadores têm uma variedade de abordagens para o planejamento, somos defensores do "planejamento invertido", ou ter, desde o início, o grande objetivo em mente (Wiggins; McTighe, 1998). Em resumo, ao se planejar com o fim em mente, os educadores são capazes de declarar os resultados que pretendem alcançar e, então, orientar seu curso na direção desses resultados.

Estágio 1: Identificar os resultados/efeitos desejados

Quais são os resultados desejados para a aprendizagem dos alunos expressos no currículo? Quais são alguns dos objetivos para atingir essas metas? Quais são as "compreensões duradouras" para os estudantes que estão fazendo este curso? A noção de compreensões duradouras é valiosa, já que ajuda o professor a focar na valorização das ideias importantes, que são essenciais para a disciplina e de valor perene, e não itens em uma lista de verificação para se "cumprir o currículo" tão somente. Essas ideias servem para envolver os alunos, devem ter significância no mundo fora da sala de aula e podem ser abstratas ou, muitas vezes, mal interpretadas. Ao responderem questões importantes, os alunos são capazes de aprofundar sua compreensão dos conceitos. Estes são exemplos de perguntas importantes:
- Qual é o significado de ser plenamente humano?
- Qual é a relação entre conflito e mudança?
- Como o ambiente molda o comportamento animal?
- Como as civilizações definem a si mesmas *versus* como elas são definidas pelos outros?
- Qual a conexão entre exploração e progresso?

Estágio 2: Determinar o que representa evidências aceitáveis da competência dos alunos

Que tipos de evidências revelarão que as metas foram alcançadas? Como o professor ou os alunos saberão que as questões foram respondidas? O estudante deve ser capaz de executar uma tarefa – contextualizada dentro da aplicação no mundo real – que mostra o seu conhecimento e as suas habilidades. As evidências podem ser mensuradas por meio de avaliação formal criteriosa (p. ex.: testes, *quizzes*, dicas), avaliação informal (p. ex.: conversas, observações) e autoavaliações de estudantes.

Estágio 3: Planejar instrução e experiências de aprendizagem

Em qual ordem o conteúdo deve ser apresentado? Que tipos de atividades estimularão os estudantes a processar a informação apresentada? Os professores traçam uma sequência de conceitos de conteúdo específico e, depois, os conectam a atividades que promovem o envolvimento dos alunos com o material.

Equilibrando o tempo de planejamento: fazendo de tudo

Depois que um curso foi estabelecido, é útil dividi-lo em unidades instrucionais. Por exemplo, um curso de 20 semanas poderia ser dividido em seis ou sete unidades, com cada unidade variando de uma a seis semanas. Por sua vez, dentro de cada unidade, há uma série de aulas sequenciais. Pode ser útil pensar em um bolo (o curso) que é dividido em fatias de tamanhos diferentes (as unidades) e que, dentro de cada fatia, há pedaços de bolo (aulas). Traçar o curso em um organizador gráfico ajuda os professores a terem uma ideia do todo, bem como de seus componentes. Algumas pessoas se referem a esses organizadores como "calendários de ritmo", já que auxiliam os professores a gerenciar e organizar o tempo e a sequência do currículo. Outras pessoas preferem usar um mapa de currículo, que é um organizador mais detalhado que serve, literalmente, como um mapa do semestre (ou do ano todo) para se chegar de A até B, e que inclui perguntas, conteúdos, habilidades, atividades e avaliações essenciais. Ver Figura 5.1.

	Conteúdo	Habilidades	Avaliação	Padrões
Setembro	• Apresentação autobiográfica • Capítulo 2 – Entrevista • Capítulo 3 – Cultura de pesquisa • Introdução aos círculos literários	• formatar estilos • palavras-chave/ vocabulário • gramática • esboço • compreensão/ aplicação de leitura • habilidades de trabalho em grupo	• *quizzes* de gramática e vocabulário • projetos em grupo • esboços concluídos	* E1a-Ler livros * E1c-Informações * E2a-Relatório de informações * E3b-Reuniões em grupo * E4a-Gramática * E4b-Revisão * E5a-Resposta de literatura * E5b-Produzir gênero * E6a-Ensaio crítico
Outubro	• Capítulo 4 – Narrativa de uma lembrança significativa • Capítulo 5 – Debatendo a educação pública • Capítulo 6 – Passeio pela vizinhança • Círculos literários autobiográficos	• formatar estilos • palavras-chave/ vocabulário • gramática • esboço • compreensão/ aplicação de leitura • habilidades de trabalho em grupo	• *quizzes* de gramática e vocabulário • projetos em grupo • esboços concluídos	* E1a-Ler livros * E1c-Informações * E2a-Relatório de informações * E2c-Narrativa * E2e-Ensaio pessoal * E3b-Reuniões em grupo * E4a-Gramática * E4b-Revisão * E5a-Resposta de literatura * E5b-Produzir gênero
Novembro	• Capítulo 7 – Carta • Capítulo 8 – Escrita livre • Círculos literários autobiográficos	• formatar estilos • palavras-chave/ vocabulário • esboço • compreensão/ aplicação de leitura • habilidades de trabalho em grupo	• *quizzes* de gramática e vocabulário • projetos em grupo • esboços concluídos	* E1a-Ler livros * E1c-Informações * E2c-Narrativa * E3b-Reuniões em grupo * E4a-Gramática * E4b-Revisão * E5a-Resposta de literatura * E5b-Produzir gênero
Dezembro	• Capítulo 10 – Obituário ou Discurso de premiação • Círculos literários autobiográficos • Aulas realizadas por alunos	• estilos • palavras-chave/ vocabulário • gramática • esboço • compreensão/ aplicação de leitura • habilidades de trabalho em grupo • reflexão ao término do livro desenvolvimento de tema/personagem	• *quizzes* de gramática e vocabulário • projetos em grupo • esboços concluídos • Círculo literário – projeto final	* E1a-Ler livros * E1c-Informações * E2b-Resposta de literatura * E2f-Ensaio de reflexão * E3b-Reuniões em grupo * E4a-Gramática * E4b-Revisão * E5a-Resposta de literatura * E5b-Produzir gênero
Janeiro	• Capítulo 1– Introdução • Apresentação oral	• reflexão e compreensão do tema • compilação e redação final • habilidades de fala • compreensão da avaliação	• Autobiografia escrita completa • Teste de unidade • Relatório oral e pôster	* E1a-Ler livros * E1c-Informações * E2f-Ensaio de reflexão * E3a-Conferência de professores * E3b-Reuniões em grupo * E3c-Apresentação individual * E3e-Analisar a fala em público * E4a-Gramática * E4b-Revisão * E5a-Resposta de literatura * E5b-Produzir gênero * E7b-Produzir documento funcional

Figura 5.1 Mapa de currículo: inglês do 9º ano (*continua*).

	Conteúdo	Habilidades	Avaliação	Padrões
Fevereiro	• História das Revoluções • Pano de fundo sobre Charles Dickens • Introdução a *Um Conto de Duas Cidades*: ambiente, personagens, enredo, enredo secundário, ponto de vista • Grupos de estudos de personagem (atividade com certificado)	• compreensão das conexões históricas na literatura • influências do autor na literatura • construção de vocabulário • habilidades de trabalho em grupo • compreensão das múltiplas linhas narrativas • compreensão de leitura – compreendendo os princípios básicos de um romance	• gramática em contexto • projetos de grupo de personagens • *quizzes* de leitura e vocabulário	* E1a-Ler livros * E1c-Informações * E2b-Resposta de literatura * E3b-Reuniões em grupo * E3d-Informar julgamentos * E4a-Gramática * E5a-Resposta de literatura
Março	• Conclusão de *Um Conto de Duas Cidades*: tema, desenvolvimento de personagem, desenvolvimento de enredo, simbolismo • Analisar a história (revolução) • Grupos de estudos de personagem (atividade com certificado) • Ensaio de cinco parágrafos • Projeto reflexivo e apresentações • Introdução aos contos • Explorando as necessidades dos contos	• compreensão das conexões históricas na literatura • construção de vocabulário • habilidades de trabalho em grupo • compreensão de leitura – conectar múltiplos enredos, desenvolver temas maiores, compreender os símbolos • desenvolver a estrutura de uma tese e de um ensaio • utilizar fontes primárias • rascunho/revisão • apresentações de estudantes • conto: personagens, enredo, ambientação, temas, ponto de vista, mecanismos, gênero	• gramática em contexto • projetos de grupos de personagens • *quizzes* de leitura e de vocabulário • projeto de trilha sonora/letra/símbolo • Ensaio - O romance é sobre amor ou ódio? • críticas ao conto	* E1a-Ler livros * E1c-Informações * E2b-Resposta de literatura * E2f-Ensaio reflexivo * E3b-Reuniões em grupo * E3c-Apresentação individual * E3d-Informar julgamentos * E4a-Gramática * E4b-Revisão * E5a-Resposta de literatura * E5b-Produzir gênero
Abril	• Exploração dos acréscimos aos contos • Introdução aos teatros shakespeariano e elisabetano • Introdução a *Romeu e Julieta*: como ler uma peça, contexto histórico, apresentação dos personagens, desenvolvimento do enredo, ambientação • Grupos de atuação (R&J) • Analisar as versões da peça (R&J)	• conto: mecanismos e estruturas do gênero • compreensão das conexões históricas na literatura • terminologia da peça • compreensão de leitura – relacionamentos dos personagens • compreensão das interpretações dos diretores	• conto original • gramática em contexto • *quizzes* de leitura e vocabulário • desempenhos de atores • *quizzes* de versões cinematográficas	* E1a-Ler livros * E1c-Informações * E2b-Resposta de literatura * E3b-Reuniões em grupo * E3d-Informar Julgamentos * E4a-Gramática * E5a-Resposta de literatura * E5b-Produzir gênero

Figura 5.1 Mapa de currículo: inglês do 9º ano (*continua*).

	Conteúdo	Habilidades	Avaliação	Padrões
Maio	• Conclusão de *Romeu e Julieta*: desenvolvimento de personagens, entraves, temas principais, enredos secundários, compreender os finais • Grupos de atuação (R&J) • Analisar as versões da peça (R&J) • Refinar o ensaio de cinco parágrafos • Revisar a peça	• compreensão das conexões históricas na literatura • vocabulário de leitura • atuação em grupo • compreensão de leitura – conectar os múltiplos enredos, desenvolver os temas maiores, compreender as reações dos personagens • compreensão das interpretações dos diretores • reescrever as peças • desenvolver a estrutura de uma tese e de um ensaio • reconhecer e utilizar termos e mecanismos literários	• gramática em contexto • *quizzes* de leitura e vocabulário • desempenhos de atores • *quizzes* de versões cinematográficas • finais modificados-causa e efeito projeto de cena Ensaio – *Romeu e Julieta* morrem por causa do destino ou por causa de suas escolhas?	* E1a-Ler livros * E1c-Informações * E2b-Resposta de literatura * E2f-Ensaio reflexivo * E3b-Reuniões em grupo * E3d-Informar julgamentos * E4a-Gramática * E4b-Revisão * E5a-Resposta de literatura * E5b-Produzir gênero
Junho	• Introdução à poesia: forma, mecanismos, temas, gêneros • Desenvolvendo sua própria poesia: estilo, voz e formas • Reflexão poética e resposta aos poemas • História global • Poema sobre o passado • Revista literária do 9º ano	• compreensão de leitura – estilos e formas de poesia • escrever poesia – encontrando sua voz • responder à poesia • prática de habilidades de apresentação • analisar poesia histórica • usar informações históricas em poesia	• poemas individuais • poemas sobre o passado (portfólio de história global) • submissão de poemas para a revista literária do 9º ano	* E1a-Ler livros * E1c-Informações * E3d-Informar julgamentos * E3e-Analisar a fala em público * E4b-Revisão * E5a-Resposta de literatura * E5b-Produzir gênero * E7b-Produzir documento funcional

Figura 5.1 Mapa de currículo: inglês do 9º ano (*continuação*).
Fonte: Fran Nosal, professor de ensino médio, Cidade de Nova York.

PROJETANDO UM CURRÍCULO DIFERENCIADO

A educação inclusiva requer que os professores criem e mantenham salas de aula flexíveis. A instrução é voltada para os alunos de todos os diferentes níveis de aproveitamento. Isso significa que a instrução é criativa, maleável e projetada para atender uma variedade de alunos "onde eles estão" em termos de conteúdo e habilidades, ao mesmo tempo em que facilita o seu crescimento em direção ao "próximo passo". A instrução diferenciada é uma das ideias mais criativas e vitais a surgir na educação na última década. Ela pede para que os professores criem salas de aula que se adequem às necessidades dos alunos, em vez de criar estudantes que se adequem às necessidades da sala de aula. A instrução diferenciada também é altamente compatível com a educação inclusiva. De acordo com Carol Ann Tomlinson, as características de uma sala de aula diferenciada incluem o seguinte (Tomlinson, 1999):

- As diferenças dos alunos são estudadas para que se obtenha uma base para o planejamento.
- A avaliação é contínua e diagnóstica, a fim de compreender como fazer a ins-

trução mais receptiva às necessidades dos alunos.
- O foco nas múltiplas formas de inteligência é evidente.
- A excelência é definida, em grande medida, pelo crescimento individual a partir de um ponto inicial.
- Os alunos são guiados, frequentemente, a fazerem escolhas de aprendizagem baseadas em seu interesse.
- Muitos perfis de aprendizagem são proporcionados.
- Muitos arranjos instrucionais são utilizados.
- O preparo, o interesse e os perfis de aprendizagem moldam a instrução.
- Habilidades essenciais são usadas para compreender e dar sentido aos princípios e conceitos-chave.
- Avaliações com múltiplas opções são frequentemente usadas.
- O tempo é usado flexivelmente e de acordo com as necessidades humanas.
- Múltiplos materiais são fornecidos.
- Múltiplas perspectivas sobre ideias e eventos são buscadas rotineiramente.
- O professor facilita as habilidades dos estudantes de se tornarem alunos mais autossuficientes.
- Os alunos ajudam outros alunos e o professor a resolver problemas.
- Os alunos trabalham com o professor para estabelecer metas tanto para a aprendizagem da turma inteira quanto individual.
- Os alunos são avaliados de múltiplas formas.

O planejamento para uma sala de aula inclusiva significa que os professores estão cientes dos benefícios associados aos princípios acima listados. Uma maneira de assegurar de que o planejamento esteja "fatiado" em unidades e lições que reflitam uma instrução diferenciada é usar *pirâmides de planejamento*.

Usando pirâmides de planejamento

Reconhecemos que as unidades podem ser planejadas de muitas maneiras e em diversos formatos. Os professores experientes tendem a personalizar a tarefa de acordo com seu próprio estilo e seu formato preferido, pegando ideias daqui e dali. Até esse ponto do capítulo, compartilhamos unidades criadas em um formato de "*design* invertido", mas gostaríamos, também, de introduzir o leitor ao planejamento piramidal (Schumm; Vaughn; Leavell, 1994). A premissa básica do *design* piramidal é ajudar os professores a planejar as suas aulas para uma gama de resultados esperados dos estudantes, permitindo que pensem em termos do que TODOS, a MAIORIA ou ALGUNS estudantes serão capazes de fazer. A intenção de se seguir essa linha de raciocínio não é predeterminar o nível que qualquer estudante pode alcançar, mas estabelecer que conhecimentos e habilidades centrais são esperados de todos os estudantes, bem como reconhecer que, no processo de aprendizagem, alguns ganharão mais do que outros. O plano piramidal pode ser usado em qualquer nível da educação básica. Repare que o planejamento não tem de ser fisicamente mapeado no formato de um triângulo; o triângulo pode agir como um mecanismo "mental" para lembrar os professores de planejarem em múltiplos níveis. Ver as Figuras 5.2 e 5.3 para obter exemplos desse mecanismo.

ALGUNS estudantes aprenderão a...
- Criar um problema de subtração
- Criar seus próprios problemas de adição
- Escrever seu próprio problema de adição utilizando operações com duplos
- Entender por que operações de ordem inversa não podem ser usadas em subtrações
- Usar material dourado para mostrar operações -0 e -1

A MAIORIA dos estudantes aprenderá a...
- Escrever um problema de adição
- Usar uma calculadora para resolver problemas de adição
- Escrever e resolver modelos numéricos verticais e horizontais
- Enumerar de 5 a 10 operações com duplos
- Escrever 10 operações de ordem inversa com números de um dígito
- Escrever operações de ordem inversa utilizando números de dois dígitos
- Usar operações -0 e -1 com números de dois dígitos
- Criar suas próprias operações -0 e -1 nas formas horizontal e vertical

TODOS os estudantes irão aprender a...
- Entender o que é uma "unidade" em um problema matemático
- Mostrar um problema matemático por meio de imagens
- Escrever um modelo numérico de adição
- Identificar padrões em problemas de adição +0 e +1
- Mostrar uma representação pictórica para um problema de adição
- Fazer a adição de operações +0 e +1 usando uma calculadora
- Entender a definição da palavra "soma"
- Usar as operações com duplos de 1 a 5
- Usar a tabela de operações de adição e subtração
- Reconhecer os padrões duplos nos dominós
- Demonstrar a compreensão dos números de ordem inversa de um único dígito
- Listar 5 operações de ordem inversa de um único dígito
- Entender o significado de uma operação de ordem inversa
- Usar a tabela de operações de adição para responder aos problemas de adição de ordem inversa
- Escrever um problema simples de subtração
- Usar operações -0 e -1 com números de 1 a 10
- Criar um exemplo de uma operação -0 e de uma -1, usando números de 1 a 10

TÍTULO DA UNIDADE: 2º ano – Operações de Adição e Subtração

MATERIAIS/RECURSOS:

Cadernos de matemática, livros de matemática, tabela numérica grande, tabelas numéricas individuais, retas numéricas, quadros brancos individuais, marcadores, fichas, papel para rascunho, planilhas ampliadas de adição/subtração, dominós, retroprojetores, transparência de uma tabela de operações, transparência de um dominó mostrando operações com duplos, números escritos em folhas de papel coloridas presas na parede com adesivos, material dourado

ADAPTAÇÕES/ESTRATÉGIAS INSTRUCIONAIS:

Uso de tabelas numéricas individuais para ajudar os estudantes a contar
Uso de fichas para demonstrar a adição e a subtração visualmente
Reelaboração de problemas de adição e subtração
Quadros brancos individuais para se escrever equações específicas de adição e subtração

OPÇÕES DE ENSINO EM EQUIPE:

1. Instrução para grupo pequeno para completar um problema matemático usando palavras e/ou figuras.
2. Um professor pode ficar no tapete e trabalhar com os estudantes que querem fazer outro exemplo antes de começarem o seu trabalho de aula, enquanto o outro professor circula pela sala verificando o progresso dos estudantes.
3. Enquanto um professor está ensinando uma minilição, o outro circula pela sala verificando o progresso dos estudantes.
4. Os professores pegam um grupo pequeno e mostram a eles o jogo "Vença a Calculadora".
5. Um professor segura pedaços de papel (ou outro auxílio visual) para ajudar a demonstrar operações com duplos, enquanto um professor está falando e escrevendo operações com duplos no quadro.
6. Um professor pode mover números escritos em folhas de papelão para mostrar as operações de ordem inversa, enquanto o outro professor discute sobre isso com a turma durante o trabalho de mensagem matemática.
7. Os professores podem pegar grupos de quatro ou cinco alunos de cada vez e mostrar as operações -0 e -1 usando material dourado.

AVALIAÇÃO/PRODUTOS:

Avaliação informal das respostas da mensagem matemática
Problemas de adição e subtração criados por alunos (com figuras)
Avaliações informais dos trabalhos de aula registrados na caderneta do professor.
Avaliação formal ao final de unidade.

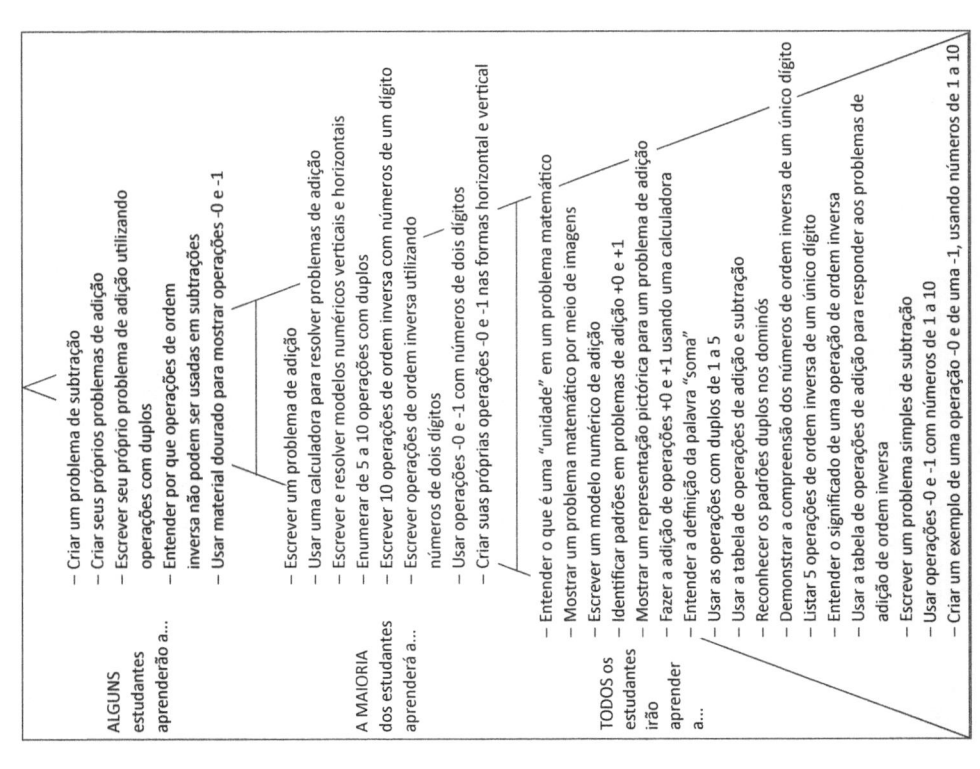

Figura 5.2 Unidade de planejamento piramidal - Nível: primeiro ciclo do ensino fundamental.
Fonte: Rob Van Voorst, professor do primeiro ciclo do ensino fundamental, Pensilvânia.

ALGUNS estudantes aprenderão a...
- Escrever uma pequena peça
- Comparar e contrastar R&J com outra peça de Shakespeare

A MAIORIA dos estudantes aprenderá a...
- Explicar temas importantes detalhadamente
- Articular e avaliar diferentes pontos de vista
- Representar uma cena não escrita
- Comparar e contrastar interpretações cinematográficas de R&J
- Desenvolver um ensaio filosófico sobre "destino"/escolhas nas vidas de R&J

TODOS os estudantes irão aprender a...
- Fazer conexões históricas na literatura
- Definir a terminologia usada nas peças
- Descrever os relacionamentos dos personagens e explicar como eles ajudam a entender o texto
- Entender as interpretações dos diretores
- Entender as conexões históricas em literatura
- Usar novo vocabulário
- Agir dentro de um grupo
- Conectar múltiplos enredos, desenvolver grandes temas e compreender reações de personagem
- Reescrever peças pela criação de uma cena inexistente
- Desenvolver uma afirmação de tese e estruturar um ensaio
- Reconhecer e usar termos e mecanismos literários

TÍTULO DA UNIDADE: *Romeu e Julieta* (aproximadamente 4 semanas)

PERGUNTAS ESSENCIAIS:
1. Como o texto pode ser transportado para o palco?
2. O que controla as nossas vidas: o destino ou as nossas escolhas?

MATERIAIS/RECURSOS:
- "Textos divididos" (um lado em inglês elisabetano, o outro em língua contemporânea)
- Filmes: *Shakespeare Apaixonado*, *R&J*, *Romeu e Julieta* (Zefirelli)
- Folhetos selecionados com informações e ilustrações interessantes sobre: Elisabete e a Inglaterra, teatro elisabetano, The Globe, vida e obra de Shakespeare, etc.
- Calendário de ritmo compartilhado com os estudantes (ver Figura 5.7).

ESTRATÉGIAS/ADAPTAÇÕES INSTRUCIONAIS:
- Leitura individual, em duplas, em pequenos e em grandes grupos (em silêncio e dramatizada)
- Análise do texto
- Orientações prévias
- Organizadores gráficos (causa e efeito, comparação de personagens e temas, etc.)

OPÇÕES DE ENSINO EM EQUIPE:
- Cada dia é determinado individualmente
- Os professores se revezam na introdução da lição e mudam conforme planejado/necessário
- Quando um professor se posiciona de modo "frontal", o outro se movimenta para ajudar os estudantes individualmente
- Dividir a avaliação de trabalhos
- "Verificação" diária

AVALIAÇÃO/PRODUTOS:
- Cenas reescritas
- Projetos individuais (*menu de opções*)
- Análise de personagens, incluindo avaliação de todas as ações dos personagens e interpretação de citações
- *Quizzes* e testes semanais
- Ensaio formal (em componentes, depois reunidos) respondendo às perguntas essenciais

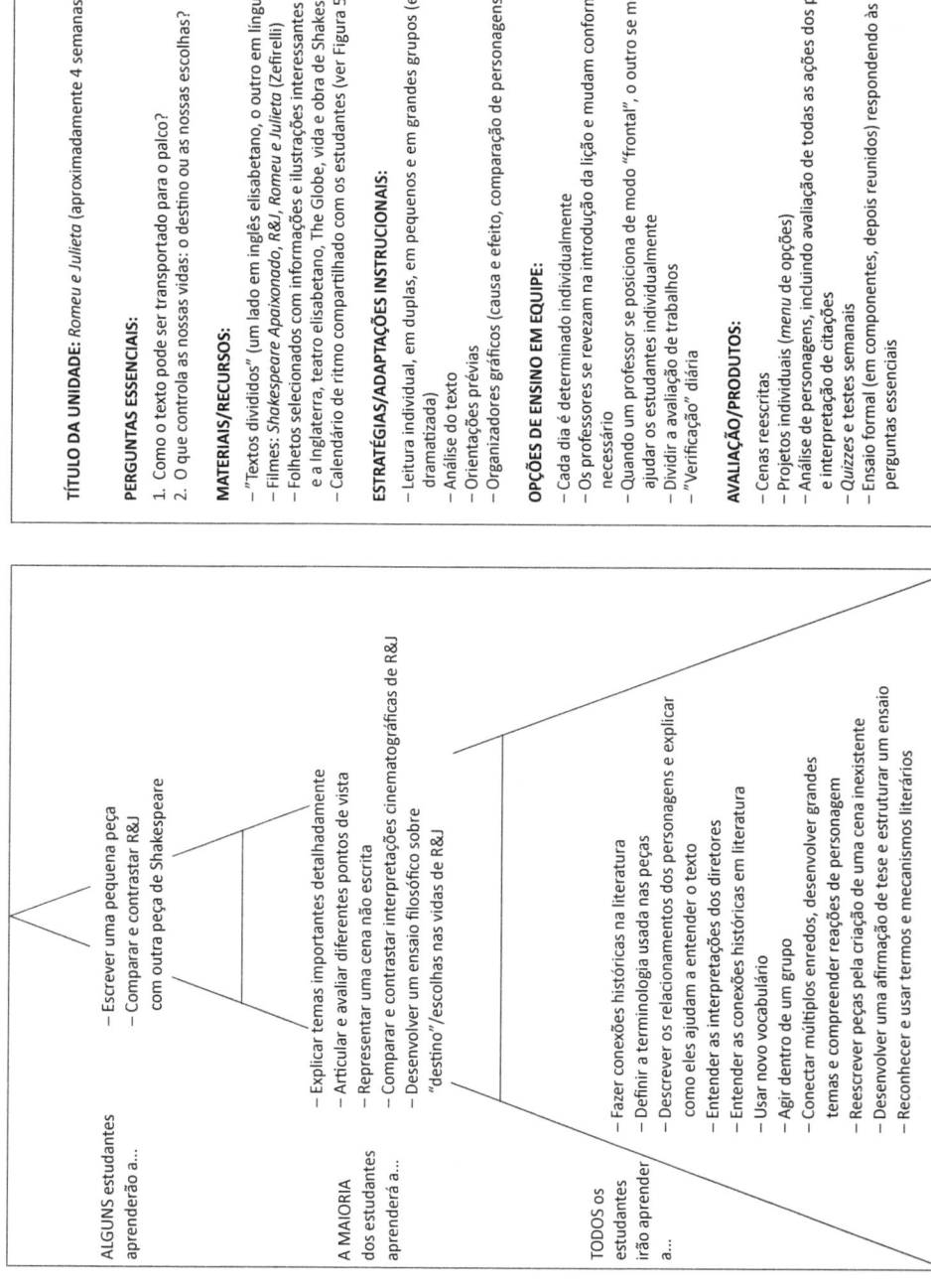

Figura 5.3 Unidade de planejamento piramidal - Nível: ensino médio.
Fonte: Os autores.

Como um adendo, a informação contida em planos de unidades (piramidais ou outros) pode ser compartilhada com estudantes na forma de um calendário que mostra, claramente, as expectativas em termos de ritmo e trabalhos. Ver Figura 5.4 para obter um exemplo disso.

Ademais, os planos piramidais também podem ser aplicados em formato de aula, como mostrado nas Figuras 5.5 e 5.6.

Nome: _____

	Segunda-feira	Terça-feira	Quarta-feira	Quinta-feira/Sexta-feira
24 a 28 de abril	* Introdução a Shakespeare * Inglaterra Elisabetana * *Shakespeare Apaixonado*	* *Globe Theater* * *Shakespeare Apaixonado*	ATO I * Introdução à unidade * Cena 1 * Análise do enredo	ATO I * Cenas 2-3 * Análise de personagens/relacionamentos
1º a 5 de maio	ATO I * Cenas 4-5 * Grupos de atuação	ATO II * Cena 1-2 * Análise do enredo	ATO II * Cenas 2-3 * Duplas de atuação	ATO II * *Quiz* do filme Atos I & II
8 a 12 de maio	ATO II * Cenas 4-6 * Análise de personagens/relacionamentos * Acréscimos ao enredo	ATO III * **Grande *Quiz* Atos I & II** * Cena 1 * Grupos de atuação	ATO III * Cenas 2-3 * Análise de Personagem * Grupos de atuação	ATO III * Cenas 4-5 * Relacionamentos dos personagens * Atuação de colegas
15 a 19 de maio	ATO IV * Cenas 1-2 * Análise do enredo (subtexto)	ATO IV * Cenas 3-4 * Análise dos personagens	ATO IV * Cena 5 * Análise dos personagens	ATO IV * **Grande *Quiz* Atos III & IV** * *Quiz* do filme Atos III & IV
22 a 26 de maio	ATO V * Cenas 1-2 * Introdução ao Projeto de Cena	ATO V * Cena 3 * Introdução ao ensaio	ATO V * Corpo do ensaio * Grupos de atuação	ATO V * **Tarefa: Proposta de cena** * Conclusão do ensaio * Finais de filmes
29 de maio a 2 de junho	Sem aula	* **Tarefa: Esboço de ensaio** * Tempo para trabalhar no Projeto de Cena	* Debate/julgamento amor *versus* ódio * Tempo para trabalhar no Projeto de Cena	* **Tarefas/Apresentações de projetos** * Revisão do ensaio * Prequela [narrativa prévia]/sequência * Forma do livro

Figura 5.4 Calendário de *Romeu e Julieta*.
Fonte: Sarah Bickens, professora de ensino médio, Cidade de Nova York.

DATA: **TURMA:** 2º ano   **UNIDADE:** Adição e subtração

OBJETIVOS DA AULA: Os estudantes irão criar, representar e resolver problemas de adição.

MATERIAIS	AVALIAÇÃO
Calculadoras, cadernos de matemática, livros de matemática, folhas adicionais	Avaliação do trabalho da mensagem matemática e da conferência individual

TRABALHOS EM AULA	TEMAS DE CASA
Mensagem Matemática, páginas 20-21 do livro de matemática	Página 242 do livro de temas de casa de matemática

OPÇÕES DE ENSINO EM EQUIPE: 1) Os professores podem distribuir os alunos em dois pequenos grupos e completar alguns problemas matemáticos usando palavras e/ou imagens. **2)** Um professor pode ficar no tapete e trabalhar com os estudantes que querem fazer outro exemplo antes de começarem o seu trabalho de aula, enquanto o outro professor circula entre eles.

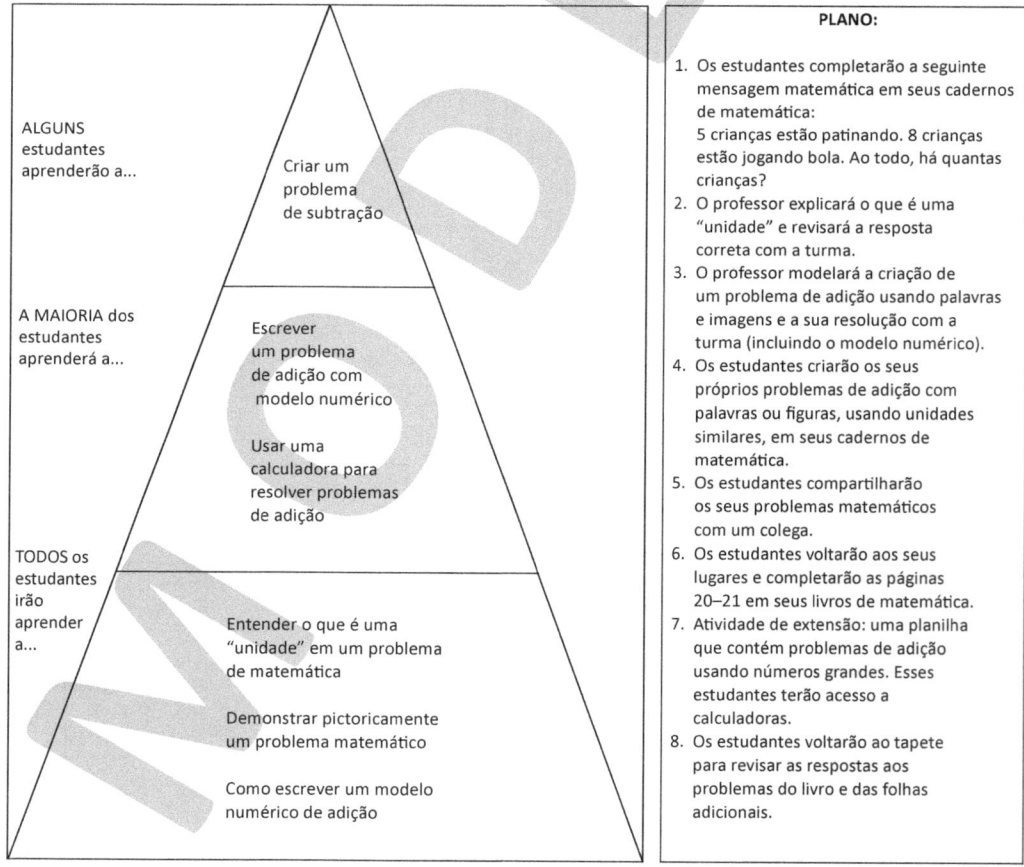

		PLANO:
ALGUNS estudantes aprenderão a...	Criar um problema de subtração	1. Os estudantes completarão a seguinte mensagem matemática em seus cadernos de matemática: 5 crianças estão patinando. 8 crianças estão jogando bola. Ao todo, há quantas crianças?
A MAIORIA dos estudantes aprenderá a...	Escrever um problema de adição com modelo numérico	2. O professor explicará o que é uma "unidade" e revisará a resposta correta com a turma.
	Usar uma calculadora para resolver problemas de adição	3. O professor modelará a criação de um problema de adição usando palavras e imagens e a sua resolução com a turma (incluindo o modelo numérico).
TODOS os estudantes irão aprender a...	Entender o que é uma "unidade" em um problema de matemática	4. Os estudantes criarão os seus próprios problemas de adição com palavras ou figuras, usando unidades similares, em seus cadernos de matemática.
	Demonstrar pictoricamente um problema matemático	5. Os estudantes compartilharão os seus problemas matemáticos com um colega.
	Como escrever um modelo numérico de adição	6. Os estudantes voltarão aos seus lugares e completarão as páginas 20–21 em seus livros de matemática.
		7. Atividade de extensão: uma planilha que contém problemas de adição usando números grandes. Esses estudantes terão acesso a calculadoras.
		8. Os estudantes voltarão ao tapete para revisar as respostas aos problemas do livro e das folhas adicionais.

Figura 5.5 Aula de planejamento piramidal - Nível: primeiro ciclo do ensino fundamental.
Fonte: Rob Van Voorst, professor do primeiro ciclo do ensino fundamental, Pensilvânia.

Ressignificando a deficiência **119**

DADOS: **TURMA:** Inglês do 9º ano **UNIDADE:** Poesia

OBJETIVO: Como podemos realizar o nosso concurso de poesias?

OBJETIVOS DA AULA: Os estudantes serão capazes de
- Definir um concurso de poesia, enfatizando o foco em questões sociais
- Interpretar e apresentar poesias escritas por poetas de concursos selecionados
- Criar e realizar seu próprio concurso de poesia

MATERIAIS	AVALIAÇÃO
– Videoclipe de concurso de poesia em Nova York – Folhetos informativos sobre concursos de poesia – Dois conjuntos de poemas feitos por poetas de concursos	– Apresentação – Poema escrito

TRABALHOS EM AULA	TEMAS DE CASA
– "Prática" de poesia – Poema próprio	Estender/refinar poema original

OPÇÕES DE ENSINO EM EQUIPE: Fluido. Fran conduz a aula até a aula do videoclipe. David faz todos os aquecimentos e exercícios. Ambos circulam e ajudam os alunos. Fran organiza a primeira apresentação. David organiza a segunda apresentação. Legenda: (F) Fran (D) David.

Pirâmide de aprendizagem:

- ALGUNS alunos aprenderão a...
  - Usar um refrão em seus poemas
- A MAIORIA dos alunos aprenderá a...
  - Apresentar a sua poesia, dando-lhe emoção, projeção e gestos
- TODOS alunos irão aprender a...
  - Definir um concurso de poesia
  - Listar questões sociais relevantes
  - Expressar emoções, utilizar projeção de voz e interpretar utilizando gestos
  - Interpretar a poesia de outros
  - Criar e realizar o seu próprio concurso de poesia

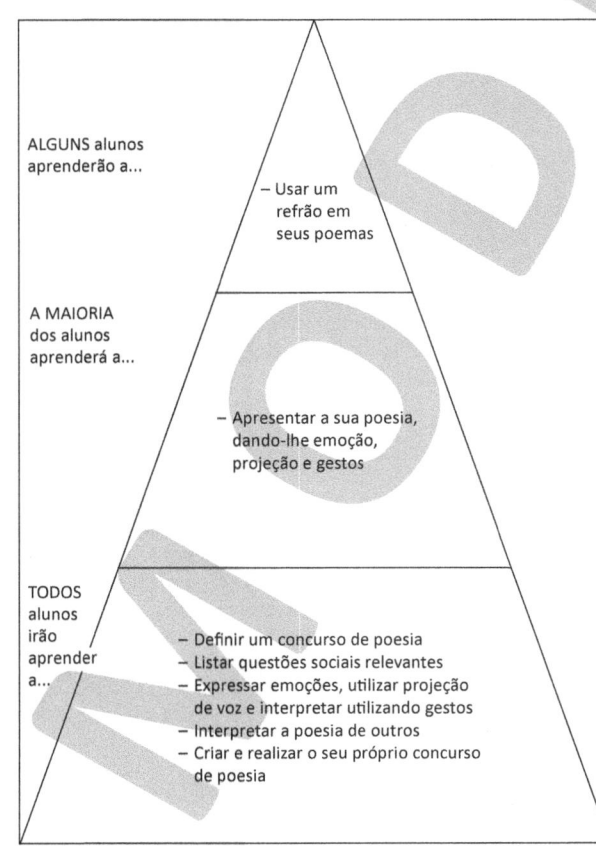

PROCEDIMENTO:

As classes são organizadas em forma de U, com um grande espaço no centro.
1. Faça agora: Uma lista de cinco problemas sociais que lhe tocam profundamente. Lista no quadro: (F/D)
2. Quem já ouviu falar sobre concurso de poesia? O que você sabe sobre eles? (F/D)
3. Informações gerais: texto introdutório com breve descrição sobre concursos de poesia. (F/D)
4. Videoclipe: poemas selecionados de um concurso de poesia. Os alunos listam as questões sociais. (F/D)
5. Dica de atuação. Os estudantes deixam as carteiras e ficam em pé, em círculo, para realizar uma série de exercícios de interpretação, de *round-robin* e de coral, incluindo: (i) respiração, (ii) aplausos, (iii) usar emoções variadas com a mesma frase: [3 rodadas] "Eu te amo", "Está falando comigo?", "Você acha que sou grosseiro?" [D/F] – discutir emoção, projeção, gestos.
6. Distribuir dois poemas, permitindo que os estudantes possam escolher um deles. Os estudantes praticam sozinhos ou em separado. [D/F]
7. Os estudantes se oferecem como voluntários para usar todas as três habilidades (emoção, projeção, gestos). [F/D]
8. Os estudantes escrevem um poema utilizando uma das questões sociais listadas no quadro. [D/F]
9. A aula termina com os estudantes interpretando seus próprios poemas. [D/F]

Figura 5.6 Lição de planejamento piramidal – Nível: ensino médio.
Fonte: Fran Nosal, professor de ensino médio, Cidade de Nova York.

JUNTANDO TUDO

Este capítulo foca no valor de se criar uma cultura de inclusão na sala de aula que beneficie todos os alunos. Esperamos que os princípios do *design* universal para a instrução ajudem-no a considerar todos os alunos no planejamento e na didática. Inicialmente, pode parecer complexo dividi-los em nove componentes. Mas a sua fundamentação reside em um único e simples ponto: o professor tem grande influência no fornecimento de instrução significativa aos alunos, quaisquer que sejam os seus níveis e as suas necessidades acadêmicas.

Como professor iniciante, é impossível que você incorpore, de uma vez, todas as coisas para as quais chamamos a sua atenção. Em vez disso, encorajamos você a gravitar em torno das sugestões deste capítulo que lhe agradaram, aquelas que fazem imediato sentido para você e aquelas que você acredita que estão dentro do seu alcance imediato. Entendemos que os novos professores devem planejar e refinar, conscientemente, o seu modo de pensar e de trabalhar – e isso leva *tempo* –, ao contrário dos professores mais experientes, que são capazes de planejar mais fácil e rapidamente, considerando a sua base de experiências acumuladas. Esperamos que a nossa inclusão deliberada de uma ampla variedade de aplicações práticas facilite o seu planejamento. No Capítulo 6, deixaremos as considerações sobre o planejamento para seguirmos com as considerações sobre o ensino na sala de aula inclusiva.

QUESTÕES PARA REFLEXÃO

1. Por que criar uma comunidade de sala de aula é tão importante para professores e alunos?
2. De que maneiras a Taxonomia de Bloom pode ser aplicada em todas as aulas?
3. De quais formas imediatamente identificáveis os professores podem usar os princípios do *design* universal para a instrução?
4. Nos termos da Teoria das Inteligências Múltiplas, quais inteligências você identifica como os seus pontos fortes e quais são aquelas que você precisa melhorar?
5. Ao contemplar os estilos de aprendizagem, que tipo de ambiente maximiza a sua própria aprendizagem?
6. Em sua experiência como aluno (nos ensinos fundamental e médio, na graduação ou na pós-graduação), descreva algumas vezes em que você trabalhou sozinho, com um colega ou em grupos. Como você se sentiu a respeito disso naquele momento? Como você se sente agora em relação à perspectiva de tomar essas decisões?
7. Descreva um modo com o qual você poderia ensinar qualquer coisa (para aqueles que precisam de um tópico predeterminado, tentem estes: Rimas, Retângulos, O Império Romano ou Rochas Ígneas) de forma visual, auditiva ou tátil.
8. Quais são alguns dos benefícios de se planejar uma visão geral do que deve ser ensinado ao longo semestre?
9. Quais são os aspectos do planejamento que mais lhe atraem? Por quê?
10. Se você pudesse criar uma sala de aula ideal, como ela seria?

REFERÊNCIAS

BARNES, E.; BERRIGAN, C.; BIKLEN, D. *What's the difference?* Teaching positive attitudes toward people with disabilities. Syracuse: Human Policy, 1978.

BLOOM, B. S. *Taxonomy of educational objectives.* Boston: Allyn and Bacon, 1984.

BURGSTAHLER, S. *Equal access:* universal design of instruction. Seattle: University of Washington, 2006.

DUNN, R. Learning style: state of the scene. *Theory into Practice,* Columbus, v. 23, n. 1, p. 10-19, 1984.

DUNN, R.; DUNN, K. *Practical approaches to individualizing instruction.* Englewood Cliffs: Prentice-Hall, 1972.

FERNALD, G. M. *Remedial techniques in basic school subjects.* New York: McGraw-Hill, 1943.

GARDNER, H. *Frames of mind:* the theory of multiple intelligences. New York: Basic Books, 1983.

GRANT, C.; SLEETER, C. E. Race, class, and gender in education research: an argument for integrative analysis. *Review of Educational Research,* Washington, v. 56, n. 2, p. 195-211, 1986.

LADSON-BILLINGS, G. *The dreamkeepers:* successful teachers of African American children. San Francisco: Jossey-Bass, 1994.

LEVINE, M. *Educational care.* Cambridge: Educators, 1994.

LEVINE, M.; REED, M. *Developmental variation and learning disorders.* 2nd ed. Cambridge: Educators, 1999.

REIF, S. F.; HEIMBURGE, J. A. *How to reach and teach all students in the inclusive classroom.* New York: The Center for Applied Research in Education, 1996.

SALEND, S. *Creating inclusive classrooms:* effective and reflective practices. 4th ed. Upper Saddle River: Prentice Hall, 2001.

SALEND, S. *Creating inclusive classrooms:* effective and reflective practices. 7th ed. Upper Saddle River: Prentice Hall, 2007.

SCHUMM, J. S.; VAUGHN, S.; LEAVELL, A. G. Pyramid planning: a framework for planning diverse students' needs during content area instruction. *Reading Teacher,* Newark, v. 47, p. 608-615, 1994.

SHAPIRO, A. *Everybody belongs:* changing negative attitudes toward classmates with disabilities. New York: Routledge, 1999.

TOMLINSON, C. A. *The differentiated classroom:* responding to the needs of all learners. Alexandria: ASCD, 1999.

VERNON, S.; DESHLER, D. D.; SCHUMAKER, J. B. *The THINK strategy.* Lawrence: Edge, 1999.

WIGGINS, G.; MCTIGHE, J. *Understanding by design.* Alexandria: Association for Supervision and Curriculum Development, 1998.

WOLFE, P. *Brain matters:* translating research into classroom practice. Alexandria: Association for Supervision and Curriculum Development, 2001.

6

Criando uma cultura dinâmica de sala de aula

Todos conseguiram

"Como posso ter certeza de que atingi todos os alunos?"

"Por que é difícil conseguir a atenção das crianças?"
"O que acontece com as crianças que não estão motivadas para aprender?"
"Como posso despertar nos alunos o interesse pelo conteúdo?"
"E se um grupo de crianças estiver prejudicando o avanço das demais?"
"O que é justo ao se diferenciar trabalhos?"

Todas as perguntas listadas acima são subjacentes ao título deste capítulo. Todos os professores encaram constantemente o desafio de se conectar com os alunos, de forma significativa, por meio da introdução de novas informações, da construção do conhecimento sobre a base já estabelecida, da interação dos alunos com o novo conhecimento, do encorajamento do trabalho criativo e da demonstração do conhecimento em algum aspecto ou forma. Não importa se as salas de aula possuem cinco, 20 ou 35 alunos, os professores devem tentar envolver todos eles ao longo de toda a aula. Embora essa pareça ser uma tarefa assustadora à primeira vista, muitos professores são capazes de maximizar o envolvimento dos alunos por meio de uma variedade de abordagens e atividades significativas.

Neste capítulo, nos concentraremos nas muitas maneiras em que um professor pode atingir os alunos. Muito embora as aulas possam variar em tipo e extensão, é bastante útil conceituar todas elas de modo que tenham um começo, um meio e um fim. Descrevemos as maneiras com que os professores podem (1) começar a aula, (2) facilitar o envolvimento dos alunos de maneiras variadas e (3) encerrar a aula. Nossas sugestões são baseadas nas nossas experiências de ensino, na sabedoria dos professores com quem trabalhamos e em práticas de ensino baseadas em pesquisa.

Não há dúvidas de que ensinar é um processo complexo que se dá entre professores e alunos. Na Figura 6.1, tentamos tornar visível o processo dinâmico envolvido na facilitação da construção do conhecimento em sala de aula.

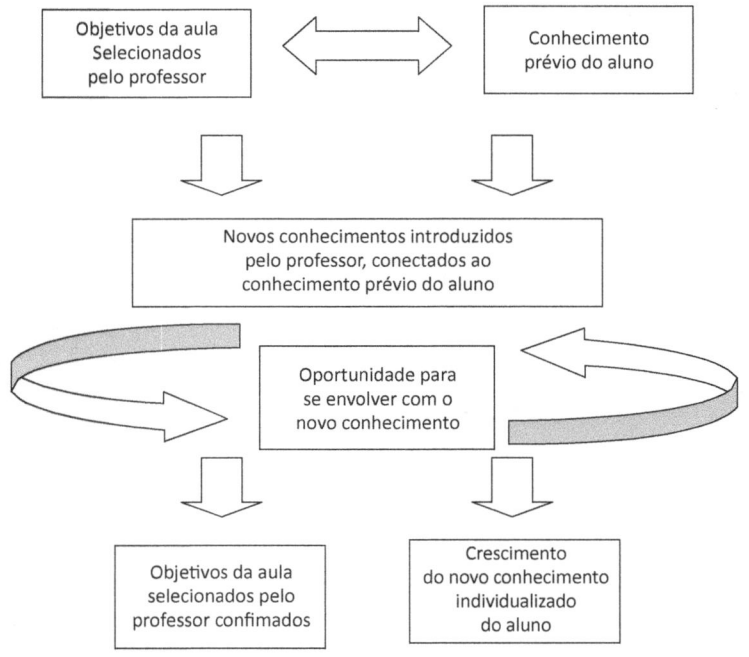

Figura 6.1 A conexão do conhecimento aluno-professor.
Fonte: Os autores.

Ao longo deste capítulo, focaremos na arquitetura de uma aula e de seus componentes interligados. Começamos pela introdução de oito elementos básicos de uma aula. Cada elemento é descrito e aplicado a cinco tópicos de conteúdo por todo o currículo. Em outras palavras, você será capaz de ver como cada elemento funciona dentro dos tópicos de amostra selecionados para este capítulo:

1. Os sete continentes
2. Tipos de triângulos
3. *Romeu e Julieta*
4. O crescimento de sementes
5. A arte abstrata

Ao final do capítulo, integramos os oito elementos para ilustrar um plano de aula completo para cada um dos cinco tópicos de conteúdo.

A ARTE DO PLANEJAMENTO DE AULAS

Acreditamos que o planejamento de aulas seja um exercício de elaboração de um ambiente interativo e envolvente, no qual os alunos aprendem e demonstram conhecimento sobre o que o professor predeterminou *e* o que não foi predeterminado. O planejamento de aulas pode ser um processo complexo que demanda tempo. Mas, com experiência, os professores podem refinar, e de fato o fazem, as suas habilidades de planejamento e ensino.

Oito elementos básicos de uma aula

O planejamento de aulas pode ser um dos aspectos mais avassaladores de ser um professor em seu primeiro ano. É conveniente pensar sobre aulas em termos dos oitos componentes a seguir:
1. Gerar objetivos (sempre instrucionais, possivelmente sociais e comportamentais).
2. Proporcionar oportunidades para a aplicação de habilidades recentes e/ou para a demonstração de conhecimentos recentes.
3. Propor questões envolventes para descobrir o conhecimento prévio dos alunos.
4. Introduzir, explicitamente, o que é esperado dos alunos na aula.
5. Proporcionar oportunidades para explicações claras do conteúdo e múltiplas oportunidades para os alunos se envolverem com ele.
6. Verificar com os alunos ao longo de toda a aula se estão compreendendo o conteúdo proposto.
7. Proporcionar oportunidades para que os alunos demonstrem os seus conhecimentos e as suas habilidades, seja em curto prazo (pergunta, *quiz*, exercício, resolução de problemas) ou em longo prazo (teste, projeto, portfólio).
8. Terminar a aula revisando o que foi aprendido (informações propostas) e o que foi compreendido (conexões dos alunos).

COMEÇANDO A AULA

Conforme mencionado anteriormente, há muitas maneiras de se planejar uma instrução. Acreditamos que os oito elementos acima servem como um guia amplo e viável para o desenvolvimento de aulas de qualidade. Vamos começar olhando para *o que* queremos ensinar.

Elemento um: gerar objetivos

Gerar objetivos instrucionais

Uma aula começa com *o que* os alunos são capazes de fazer como resultado da instrução. Ao escrever objetivos instrucionais, certifique-se de usar verbos ativos e estrutura simples de sentença. Os exemplos de objetivos claros são os seguintes:
Os alunos irão
- **listar** os sete continentes do mundo e **identificá-los** em um mapa;

- **comparar** as diferenças e as similaridades entre os triângulos retângulo, isósceles e equilátero;
- **descrever** as características de *Romeu e Julieta*;
- **analisar** o crescimento das sementes expostas aos variados graus de luz, água e temperatura;
- **criar** uma obra de arte abstrata original.

Ao selecionar o objetivo instrucional, os professores em uma sala de aula inclusiva consideram o que gostariam que *todos* os alunos fossem capazes de fazer. Dependendo das especificidades dos alunos, o objetivo pode ser modificado, ao mesmo tempo em que ainda é mantido como uma meta para toda a turma. Dessa maneira, os professores começam com uma visão clara do ponto aonde pretendem chegar, ou seja, o que os alunos são capazes de fazer como resultado da instrução. Contudo, a outra parte da equação da sala de aula é formada pelos alunos que você ensina e o conhecimento que eles trazem. O conhecimento que os alunos começam a *gerar* em aula como resultado de serem introduzidos ao novo material conecta-se à base de conhecimentos adquiridos anteriormente. Aqui estão dois exemplos:

1. **Listar** os sete continentes do mundo e **identificá-los** no mapa.
   Possível conhecimento trazido pelos alunos:
   Definição de país, exemplos de países e de unidades geográficas que não os são (Califórnia, África), países visitados, países de onde suas famílias ou ancestrais vieram, etc.
   Possível conhecimento coletivo criado na lição:
   Definição de continente, comparação entre continente e país, reconhecimento da origem de animais específicos (tigres na Ásia), geografia (florestas tropicais na África, Ásia, Américas do Sul e Central).
   Possíveis conexões individuais feitas pelos alunos na lição:
   A ordem de tamanho dos continentes (do maior ao menor), ou suas distâncias (do mais próximo ao mais distante).

2. **Comparar** as diferenças e as similaridades entre os triângulos retângulos, o isósceles e os equilátero.
   Possível conhecimento trazido pelos alunos:
   Os triângulos são polígonos com três lados, são fáceis de desenhar, a forma de certas intersecções, têm quase a forma de uma fatia de pizza.
   Possível conhecimento coletivo criado na lição:
   Todos os triângulos, mesmo diferentes, compartilham certos atributos (p. ex.: a soma de seus ângulos é igual a 180 graus, têm três lados, podem variar em tamanho).
   Possíveis conexões individuais feitas pelos alunos na lição:
   Triângulo das Bermudas, "tri" significa três, como em triciclo, triplo e triatlo.

3. **Descrever** as características de *Romeu e Julieta*.
   Possível conhecimento trazido pelos alunos:
   Shakespeare é o autor, o tema é o amor, há muitas versões cinematográficas, a história se passa na Itália.
   Possível conhecimento coletivo criado na lição:
   Ambos são jovens, Julieta é confiante, Romeu está dominado pelo amor, ambos são leais às suas famílias – mas a atração que sentem um pelo outro é mais forte.
   Possíveis conexões individuais feitas pelos alunos na lição:
   O amor pode transcender divisões sociais, os jovens do passado também sentiam grandes emoções, as famílias podem influenciar bastante os seus membros na escolha de um companheiro.

4. **Analisar** o crescimento de sementes expostas aos variados graus de luminosidade, água e temperatura.
Possível conhecimento trazido pelos alunos:
As plantas e as árvores crescem a partir de sementes, e as sementes podem ser encontradas nos frutos de muitas plantas, como em laranjas, maçãs e tomates.
Possível conhecimento coletivo criado na lição:
O crescimento das sementes está sujeito a certas condições ambientais, incluindo luz, água e temperatura.
Possíveis conexões individuais feitas pelos alunos na lição:
Diferentes tipos de árvores. Que árvores crescem em que lugar, e que árvores têm "folhas o ano todo". Por que as árvores nas florestas tropicais são tão altas.

5. **Criar** uma obra de arte abstrata original.
Possível conhecimento trazido pelos alunos:
Cores, formas, definição de abstrato ou reconhecimento de trabalhos abstratos.
Possível conhecimento coletivo criado na lição:
Reconhecimento de certos artistas, como Jackson Pollock ou Piet Mondrian, técnicas para começar, experimentar, desenvolver uma peça original.
Possíveis conexões individuais feitas pelos alunos na lição:
Recordar imagens da vida real reminiscentes das pinturas abstratas (p. ex.: cores em um pôr do sol, ladrilhos, *designs* de roupas com padrões de cor ou vistas aéreas de paisagem).

Dessa forma, começamos com a premissa de um professor definindo um objetivo instrucional *desejado*, seguido pela importância de reconhecer e aceitar o conhecimento que os alunos trazem. O objetivo instrucional é a base de uma lição, ancorando todas as decisões sobre a prática que decorre. Contudo, *construir sobre a base* envolve estruturar perguntas, atividades e oportunidades para que os alunos se envolvam com o processo da aprendizagem. Dentro dessa estrutura, os alunos compreendem *o que* um professor está os orientando a aprender e, ao mesmo tempo, a gerar o seu próprio conhecimento sobre como isso se conecta ao mundo fora da sala de aula.

Gerar objetivos sociais

Embora tenhamos colocado em primeiro plano os objetivos instrucionais como a âncora de cada lição, os professores também podem definir objetivos sociais quando e onde for apropriado. Os objetivos sociais podem ser incorporados para abordar o ensino explícito de habilidades sociais. Por exemplo, o agrupamento cooperativo é um método excelente para promover a aprendizagem dos alunos, embora uma grande parte de seu sucesso resida na interação entre os participantes, os alunos poderiam não vir à aula com as habilidades previamente requisitadas para essa abordagem de aprendizagem e, portanto, podem precisar ser ensinados sobre cada passo do processo. A integração de objetivos sociais pode ser feita em curto prazo ou ao longo do ano. Por exemplo, você poderia ter objetivos para grupos de trabalho cooperativo, como os seguintes:
Os alunos irão
- falar cada um na sua vez;
- aderir aos papéis designados;
- praticar o elogio mútuo;
- compartilhar a responsabilidade pela tarefa atribuída;
- avaliar a si mesmo como indivíduos e membros de grupo.

Já com os objetivos instrucionais, os professores devem ter um dispositivo para avaliá-los, seja pela observação direta do professor, pelo *debriefing* do grande grupo ao fim da aula ou pelas autoavaliações individuais ou de pequenos grupos por escrito.

Gerar objetivos comportamentais

Os objetivos comportamentais podem ser criados para a turma inteira com o objetivo de assegurar que o tempo de aprendizagem seja maximizado e as salas de aula sejam gerenciadas de uma maneira excepcional, com respeito a todos que participam delas. Ademais, os objetivos comportamentais podem ser desenvolvidos para um estudante individual, personalizado para mudar comportamento(s) que podem interferir em sua própria aprendizagem e/ou de outrem. Os objetivos comportamentais podem ser pensados como um modo de reforçar um comportamento desejado, ou restringir uma ação indesejada. Uma vez que os professores são capazes de articular o que gostariam que ocorresse, eles devem, também, *oferecer apoio* aos alunos para que mudem comportamentos. A seguir, apresentamos alguns exemplos para uma *turma inteira*:

A turma irá
- Gerar duas perguntas originais baseadas em sua leitura independente (reforçando o comportamento desejado).
Possível(is) apoio(s): O professor planeja a forma como são geradas perguntas originais, como um "momento de prática" com grupos grandes para induzir os alunos a darem exemplos, ou proporciona sentenças iniciais.
- Guardar os seus materiais e limpar a classe antes da próxima aula começar (reforçando o comportamento desejado).
Possível(is) apoio(s): O professor planeja e pede aos alunos para que completem a tarefa em estágios (p. ex.: primeiro um lado da sala, depois o outro).
- Levantar suas mãos para falar durante todo o período da aula (reforçando o comportamento desejado).
Possível(is) apoio(s): Lembrete cinestésico (o professor levanta a mão), lembrete verbal: "Levante a mão". O professor fica satisfeito em reconhecer que os alunos podem contribuir com algo, mas deve seguir o protocolo de levantar as mãos.

Exemplos de objetivos comportamentais *individuais* para alunos:
- David irá se automonitorar para manter a sua concentração (restringindo um comportamento indesejado: devaneio).
Possível(is) apoio(s): Uma lista de verificação, feita pelo professor, para que David marque a cada cinco minutos; o professor ajuda-o a "checar" ao longo de toda a aula.
- Santiago irá se abster de tocar os outros alunos (restringindo um comportamento indesejado: ultrapassar os limites espaciais).
Possível(is) apoio(s): Lembrá-lo no início da aula, colocá-lo próximo a alunos que possam ajudá-lo a se lembrar, parceria com um professor assistente ou acompanhante, elogio.
- Jan diminuirá o número de vezes em que grita em aula (restringindo um comportamento indesejado: interromper a aula).
Possível(is) apoio(s): Rever com Jan o objetivo no início da aula, ignorar intencionalmente caso ela grite, ou lembrá-la com gestos discretos (colocar o dedo na frente dos lábios), fazer uma retrospectiva ao fim da aula, recompensá-la com elogios ou observações positivas/ligar para os pais dela.

Antes de a aula começar, normalmente se solicita aos alunos para que permaneçam sentados, prontos para prestar atenção. Como incentivar os alunos a fazer isso é algo que varia de professor para professor e é, muitas vezes, influenciado por fatores como a idade, a turma, o preparo e se eles já estavam assistindo a uma aula antes (em especial, no ensino fundamental) ou se recém entraram na sala de aula (em especial, no ensino médio). De qualquer forma, os professores devem ajudar os alunos a fazerem a transição para uma nova lição, apresentando uma atividade de orientação.

Elemento dois: proporcionar oportunidades para a aplicação de habilidades recentes e/ou para a demonstração de conhecimentos recentes

Começar explorando o que os alunos já sabem e o que já podem fazer. Você pode sondá-los dando-lhes instruções oralmente, no quadro, na classe de cada um ou em mesas coletivas. Exemplos:

1. **Listar** os sete continentes do mundo e **identificá-los** em um mapa.
   Atividade foco: Descrever, em poucas frases, a diferença entre um continente e um país.
2. **Comparar** as diferenças e as similaridades entre os triângulos retângulo, isósceles e equilátero.
   Atividade foco: Em uma folha de papel, combine os seis triângulos com suas formas simples.
3. **Descrever** as características dos personagens Romeu e Julieta.
   Atividade foco: Liste cinco características (que não sejam físicas) que fazem você ser quem você é. Por exemplo, "Eu sou... [honesto, irritadiço, otimista, etc.]".
4. **Analisar** o crescimento de sementes expostas aos variados graus de luminosidade, água e temperatura.
   Atividade foco: Categorize essas sementes denominadas (p. ex.: milho, grama, ervilhas, rosas, repolho, etc.) em plantas comestíveis e plantas que não são comestíveis.
5. **Criar** uma obra de arte abstrata original.
   Atividade foco: Escolha a sua favorita entre estas obras de arte abstratas (mostre pôsteres/projeções de Kandinsky, Rothko e Delaney) e escreva, em poucas palavras, o que exatamente as distingue de outros trabalhos, incorporando comentários sobre cor, forma, tom e motivo.

Obviamente, há muitas maneiras de se começar uma aula, mas essa abordagem assegura que os alunos que fazem a transição para a matéria envolvam-se ativamente e recebam uma tarefa relacionada com o que foi ensinado na aula anterior (dando novo impulso ao conhecimento). Essa abordagem também ajuda os alunos a experimentar a continuidade do conteúdo, bem como lhes dá múltiplas oportunidades para aplicar as habilidades relacionadas.

Elemento três: propor questões envolventes para descobrir o conhecimento prévio dos alunos

Assim que os alunos estiverem instalados e tenham terminado sua tarefa inicial, o professor pode, então, ver o quão bem (ou não) eles estão indo na tarefa em questão. Tais estruturas permitem que o professor veja o que os alunos lembram e quão bem eles aplicam o conhecimento e, até mesmo, determinar o seu nível de interesse. Avaliar esses aspectos beneficia o professor, já que ele pode, então, usar essas informações nas decisões à medida que dá continuidade à aula.

Uma revisão das informações previamente ensinadas também pode ser muito útil. Essa pode ter a forma de questões que sejam gerais e de final aberto, ou altamente específicas:

1. **Listar** os sete continentes do mundo.
   Pergunta de caráter geral: Quem começará e nos lembrará do que aprendemos sobre países na aula de ontem?
   Pergunta de caráter específico: A África é um país ou um continente?
2. **Comparar** as diferenças e as similaridades entre os triângulos retângulo, isósceles e equilátero.
   Pergunta de caráter geral: Quantos tipos diferentes de triângulos você viu nos 12 exemplos?
   Pergunta de caráter específico: Quais grandes obras de arquitetura são baseadas em um *design* triangular?

3. **Descrever** as características dos personagens Romeu e Julieta.
   Pergunta de caráter geral: Qual é a característica que você buscaria em um parceiro ideal?
   Pergunta de caráter específico: Como você priorizaria os traços que você listou?
4. **Analisar** o crescimento de sementes expostas aos variados graus de luminosidade, água e temperatura.
   Pergunta de caráter geral: Pense por um momento e esteja preparado para falar ao seu colega o que já aprendemos sobre como a água e a temperatura podem influenciar o crescimento de sementes e plantas.
   Pergunta de caráter específico: Usando a sua categorização, quais são as plantas que comemos e quais não comemos?
5. **Criar** uma obra de arte abstrata original.
   Pergunta de caráter geral: Qual você pensa que é a qualidade mais importante da obra abstrata: tamanho, tom, cor, forma ou motivo?
   Pergunta de caráter específico: O que você pensa que é mais importante na obra abstrata que você escolheu: tamanho, tom, cor, forma ou motivo?

Como você pode ver, a linha de questionamento é sempre relacionada ao que os alunos vêm fazendo, mas também podem ser tanto gerais como de final aberto (convidando todos os tipos de respostas de alunos), ou altamente específicas (resposta guiada). Em essência, o professor está tentando se conectar com todos os alunos, aproveitando os seus níveis atuais de conhecimento. Ao revisar o que foi ensinado, o professor impulsiona as conexões de seus alunos com a matéria sendo tratada.

Após os alunos terem respondido, indicando o seu interesse despertado e a sua atenção atraída, você então pode começar a estabelecer *o que os alunos já sabem*, chegando assim até sua base coletiva de conhecimento. Isso serve como uma "checagem" e significa que o professor não faz pressuposições sobre o conhecimento preexistente do estudante. Frequentemente, é útil mapear as respostas na forma de um mapa semântico. A seguir, alguns exemplos de como estimular o que os alunos podem saber:

1. **Listar** os sete continentes do mundo e **identificá-los** em um mapa.
   Opções para evocar as informações prévias: Onde você ouviu o termo "continente" mencionado antes? Quais são alguns dos lugares distantes no mundo que você tem visto na TV e em filmes? Quem ouviu falar da Antártica? Se você pudesse ir a qualquer lugar do mundo, aonde você iria e por quê? Quais são os nomes de algumas massas de água (mares, oceanos, lagos) que separam massas de terra?
2. **Comparar** as diferenças e as similaridades entre os triângulos retângulo, isósceles e equilátero.
   Opções para evocar as informações prévias: Deixe-me listar o que vocês já sabem sobre triângulos. Quantos tipos de triângulo você conhece?
3. **Descrever** as características dos personagens Romeu e Julieta.
   Opções para evocar as informações prévias: Vamos recapitular o que sabemos sobre Romeu e Julieta. Quais foram as ações deles – e o que as ações podem nos dizer sobre eles? Quais foram as palavras deles – e o que essas palavras podem nos dizer sobre Romeu e Julieta?
4. **Analisar** o crescimento de sementes expostas aos variados graus de luminosidade, água e temperatura.
   Opções para evocar as informações prévias: Digam-me todos os tipos diferentes de árvores que vocês conhecem e onde elas podem ser encontradas.
5. **Criar** uma obra de arte abstrata original.
   Opções para evocar as informações prévias: O que os artistas poderiam

levar em consideração ao planejar uma obra abstrata? De que fontes eles poderiam obter algumas ideias?

Incentivar os alunos para que fiquem abertos aos conhecimentos do demais, encorajando-os a compartilhar e participar, é uma maneira respeitosa de ensinar e comunicar o valor das contribuições de *todos* alunos. Isso também permite que os professores aproveitem as informações previamente ensinadas, ajudando os alunos a fazer conexões.

Elemento quatro: introduzir, explicitamente, o que é esperado dos alunos na aula

Os professores têm a opção de compartilhar o objetivo da aula com os alunos, antes ou depois de estabelecerem o conhecimento prévio deles. Os alunos devem ser informados, claramente, das expectativas colocadas sobre eles. Em outras palavras, eles são informados sobre o que devem ser capazes de fazer ao final da lição, conforme definido pelo objetivo instrucional:
- "Hoje vamos aprender os nomes e as localizações dos sete continentes do mundo".
- "Ao final da aula, seremos capazes de dizer as diferenças e as semelhanças entre três tipos de triângulos".
- "Hoje nos concentraremos em explorar os personagens de *Romeu e Julieta* e em descrever o que faz deles o que são – as suas características".
- "Hoje, nosso trabalho será estudar as variações nas sementes que foram expostas a diferentes condições, incluindo quantidades de luz, água e temperatura".
- "Hoje, nossa meta é criar uma obra de arte original que seja abstrata".

Embora esse pareça ser um passo simples e óbvio, muitas vezes ele é omitido ou negligenciado. Incluí-lo torna você claro e direto, ajudando as crianças a focarem naquilo que estão prestes a aprender.

FACILITANDO O ENVOLVIMENTO SIGNIFICATIVO

Nesta seção, chamamos a atenção para a importância de se planejar o envolvimento *significativo* dos alunos. Enfatizamos a palavra *significativo* para salientar que, embora muitas das estratégias apresentadas nesta seção promovam o envolvimento dos alunos, pode-se confundir facilmente "atividades" com "momento de diversão", "trabalho intenso" ou "pontos já abordados". Todas as atividades devem apoiar claramente os objetivos de aprendizagem. Esse ponto é muito importante e não deve ser esquecido, portanto... *Repetimos:* todas as atividades devem apoiar claramente os objetivos de aprendizagem. É também um exemplo importante de como o planejamento invertido é usado. Após o resultado final ter sido concebido e identificado, tudo o que foi planejado para a aula – grande e pequeno – deve ser orientado para aquela meta.

Elemento cinco: proporcionar oportunidades para explicações claras do conteúdo e múltiplas oportunidades para os alunos se envolverem com ele

Os professores devem proporcionar explicações claras do conteúdo a ser abordado *antes* de oferecerem instruções sobre como os alunos devem se envolver com ele. Para os professores que estão nadando em um mar de informações, é útil determinar os conceitos centrais do programa pedagógico (p. ex.: continente como uma divisão de massa de terra, tipos de propriedades de polígonos, caracterização literária, condições para plantar vida na terra, arte abstrata e figurativa). Esses conceitos devem ser ensinados de forma clara, tendo em mente as múltiplas inteligências e os estilos de aprendizagem, bem como o preparo e as preferências dos alunos. Com frequência, a instrução para grandes grupos é o melhor método para o professor ensinar a todos os conceitos centrais. Depois que os alunos tiverem entendido o que está sendo ensinado e conectado o seu conhecimento prévio a isso, eles serão capazes de interagir de diversas maneiras. (Ver Quadro 6.1, para obter uma explicação mais completa.)

Quadro 6.1 Ensinando coisas diferentes, de diferentes maneiras, para alunos diferentes

---

Conforme aludimos anteriormente neste livro (ver exemplos no Capítulo 3), as práticas inclusivas frequentemente desafiam muitas pressuposições fundamentais e tradicionais da educação. Uma dessas pressuposições é a de que todas as crianças deveriam estar trabalhando, aproximadamente, o mesmo conteúdo, no mesmo ritmo, sendo avaliados da mesma maneira e com a expectativa de produzirem resultados semelhantes entre si. Em uma aula inclusiva, os professores consideram as necessidades de cada estudante. Muitas vezes, as acomodações são explicitadas no Plano Educacional Individual (PEI) da criança (ver Quadro 6.3). Contudo, os professores têm autonomia para tomar decisões informadas sobre o quê, quando e como ensinar os alunos de forma diferente. É claro, a diferenciação contínua pode chamar a atenção de certos alunos de forma indesejada, de modo que ela deve ser evitada. Entretanto, isso realmente depende do contexto específico de uma situação de sala de aula.

Por quê?
- Nem todos os alunos aprendem da mesma maneira ou no mesmo ritmo.
- Os alunos com múltiplas deficiências podem precisar de uma modificação no currículo ao longo do ano.

Quando?
- A diferenciação não precisa ocorrer a todo instante durante a aula. Há momentos em que a instrução para todo o grupo pode alcançar todos os alunos, a instrução para pequenos grupos pode incorporar todos os alunos e a instrução individualizada pode ser utilizada quando e onde for apropriado.
- Em qualquer momento durante a aula.

Como?
- Se possível, com a consultoria de um professor da equipe ou um colaborador.
- Usando níveis diferentes de perguntas ("Quais cores o artista usa?", "Que essas cores poderiam simbolizar?", "Quais artistas foram influenciados por Pollock e de que maneira?")
- Mudando o ritmo, o volume ou a complexidade do que está sendo perguntado ao estudante (LEVINE; REED, 1999). Exemplos:
  - Ritmo: mudar o tempo, solicitando a alguns alunos para que completem cinco, 10 ou 15 problemas. Alternativamente, todos os alunos podem "ir tão longe quanto lhes for possível". O objetivo é ver se os alunos conseguem fazer o trabalho, não necessariamente o quão rápido eles conseguem fazê-lo.
  - Volume: reduzir ou aumentar o número de conceitos sendo ensinados. Alguns alunos podem ser capazes de comparar apenas dois triângulos diferentes, não três ou mais.
  - Complexidade: ao descrever as características de Romeu e Julieta, alguns alunos podem começar a entender o conceito das características listando, primeiramente, as características físicas. Outros, já familiarizados com características psicológicas, podem especular sobre como elas influenciam as interações de Romeu e Julieta, entre eles e com outros personagens.
- É importante se lembrar de que o conteúdo da matéria deve ser o mesmo para todos os alunos. Por exemplo, ao estudar um continente em particular, uma turma pode ser dividida em grupos que possuem materiais de diferentes níveis – ainda assim, eles estão estudando um aspecto daquele continente.
- Os materiais de leitura também podem variar. Por exemplo, um professor pode ter quatro versões de *Romeu e Julieta*. A primeira é um texto "padrão". A segunda é um texto em língua moderna. A terceira é um texto bilíngue (uma página em inglês, a outra em, digamos, espanhol). A quarta é uma versão abreviada com ilustrações, até mesmo em forma de história em quadrinhos. O professor pode distribuir vários textos para alunos específicos, ou os alunos podem, por si só, escolhê-los.

Como os professores já enfatizaram desde o primeiro dia que eles lecionam em uma sala de aula que reconhece e aceita as diferenças humanas, os alunos entendem que é justo dar a alunos diferentes coisas diferentes para fazer. Ao verem isso como parte integrante do dia a dia da cultura de sala de aula, todos os alunos aprendem a como trabalhar com a diferença, em vez de marginalizá-la ou tentar erradicá-la. Uma grande fonte para o primeiro ciclo do ensino fundamental é o livro *It's Okay To Be Different* (Tudo Bem Ser Diferente), de Todd Parr (NY: Little, Brown, 2001). O texto colorido lista "Tudo bem ter um amigo imaginário... Tudo bem usar uma cadeira de rodas... Tudo bem ter duas mães...", e os professores podem acrescentar: "Tudo bem fazer trabalhos diferentes em aula", ao ensinarem sobre diferenças individuais e como elas influenciam as especificidades individuais.

Fonte: Os autores.

Abaixo, apresentamos algumas possibilidades para:

Trabalho individual:
- Escolher um continente e listar tudo o que sabe sobre ele.
- Criar três modelos usando (1) um (2) dois e (3) três tipos de triângulos.
- Falar mais sobre três características de seu parceiro ideal, dando detalhes.
- Fazer uma previsão do crescimento de cinco plantas, baseando-se nas informações apresentadas.
- Usar sete linhas retas ou curvas para criar uma ideia para um projeto abstrato.

Trabalho em duplas:
- Usar um organizador gráfico com seu parceiro, escrever o que você gostaria de saber sobre cada continente.
- Uma pessoa pega um triângulo isósceles e a outra pega um triângulo retângulo. O indivíduo A explica o que elas têm em comum, e o indivíduo B explica quais são as diferenças.
- Preencher o quadro T sobre as características físicas de Romeu de um lado e algumas de suas ações correspondentes do outro (vamos discutir o que essas ações podem nos dizer sobre a personalidade dele).

Trabalho em trios:
- Vocês lerão sobre a China e discutirão as informações antes de decidirem sobre os três pontos mais importantes a serem compartilhados com a turma.
- Cada um de vocês fará anotações sobre uma das coisas a seguir – a importância da (a) luz (b) água ou (c) temperatura – com vistas a apresentar suas informações aos demais. Juntos, vocês as classificarão em ordem de importância.
- Você criará uma série de desenhos abstratos que estejam relacionados de alguma maneira (padrão, cor, textura). Cada um pode pegar um atributo em separado, ou vocês podem trabalhar coletivamente neles e revezarem-se.

Trabalho em grupos de quatro:
- Cada grupo fica encarregado de um continente e criará um quadro de imagens visuais para ajudar os colegas de aula a se lembrarem do nome do continente.
- Registrar as medidas dos lados e dos ângulos de 16 triângulos numerados colocados em um envelope.
- Escrever uma pequena "cena inexistente" envolvendo quatro personagens da peça que falam sobre o que pensam a respeito de Romeu.

Trabalho em grupos grandes:
- Preparar-se para contrastar a China e a Rússia.
- Preparar-se para um *quiz*, envolvendo duas equipes, sobre os efeitos da luz e da água, antes de considerar a temperatura.
- Preparar anotações e comentários para um debate: Qual é a forma de arte mais importante do século XX – abstrata ou figurativa?

Trabalho com a turma inteira:
- Cada uma das atividades acima pode ter uma "quota", permitindo que o professor tenha uma oportunidade de envolver a turma inteira em pensamentos e conhecimentos produzidos pelos alunos.
- Revisar pontos/informações importantes até o momento.
- Fazer *brainstorm* sobre a melhor maneira de se escrever teorias a respeito das formas em que o ambiente influencia o crescimento das plantas.

Nas sugestões a seguir, elaboramos métodos populares que se provaram bem-sucedidos em muitas salas de aula. Tenha em mente que esses métodos podem ser personalizados para corresponder a uma série e/ou nível particular de desempenho acadêmico atual. Embora tenhamos escolhido categorizá-los segundo o uso com alunos individuais, duplas, grupos pequenos e grupos grandes, todos eles podem ser adaptados.

Alunos individuais

Organizadores gráficos: são apoios visuais que mostram relações entre conceitos-chave e outras importantes ideias relacionadas. Eles podem ser usados em todos os estágios do processo de aprendizagem: informações pré-ensino, organização de informações conforme os alunos se envolvem com elas e informações pós-ensino para esclarecer as relações. Os exemplos incluem estruturas que comparam e contrastam, mostram a ordem dos eventos, relacionam componentes entre si, mostram relações hierárquicas e dão suporte a soluções de problemas.

Mapeamento conceitual: é uma forma de organizar graficamente um conceito e seus subcomponentes. A ideia principal (p. ex.: Índia) é frequentemente colocada no centro, e vários subconceitos são relacionados a ela (p. ex.: população, história, comida, religião) derivam a partir dela. Além disso, esses subconceitos podem ser anexados (p. ex.: população = segunda maior do mundo, relativamente jovem, diferenças linguísticas).

Brainstorm: ocorre à medida que os alunos compartilham suas próprias conexões com um tópico estabelecido. Por exemplo, ao receberem "A Floresta Tropical", eles podem listar e/ou compartilhar oralmente algumas ideias relacionadas, tais como "África", "árvores altas", "macacos", etc. Os professores podem aceitar todas as sugestões e criar uma rede de conexões no quadro.

Teatro dos leitores: permite que os alunos leiam seus próprios trabalhos, ou um texto selecionado (poema, cena, artigo de jornal), para a turma inteira. Há um tempo destinado para ensaio e todas as leituras devem ser cheias de teatralidade e expressão.

Redações rápidas: geralmente levam de 1 a 6 minutos e dão a chance a todos os alunos de registrarem os seus pensamentos sobre certo tópico. Elas podem ser usadas para aproveitar conhecimentos prévios sobre um assunto que deve ser introduzido em breve, ou no meio da aprendizagem de um tópico (às vezes chamadas de "pare e anote"), ou no final da aprendizagem. Como os alunos são frequentemente solicitados a registrar seus pensamentos no papel, eles se tornam cada vez mais acostumados a formular e registrar seus pensamentos.

Redações livres: são similares às redações rápidas, mas são maiores e, frequentemente, com o final mais aberto, provocando pensamentos especulativos com relação a um conceito como arte, amor, ambiente e assim por diante. O fluxo de ideias é encorajado, inspirando, desse modo, muitas ideias a partir das quais se pode construir um texto mais formal.

Mapas de história: são organizadores gráficos que ajudam os alunos a se lembrar dos elementos de uma história que eles leram, bem como a criar um plano para a sua própria escrita. Os elementos incluem cenário, personagens, problema, ação crescente, clímax, solução e lição aprendida.

Quadros de história: são outra forma de organizador gráfico, que consistem em quadrados brancos, um depois do outro. Em cada caixa, os alunos fazem um desenho a lápis, expressam uma ideia ou registram ambos. O resultado é um plano sequencial para a criação de uma nova narrativa ou para a recordação de uma já apresentada pelo professor.

Desenhos: podem ser usados por alunos de qualquer idade e, frequentemente, ajudam-nos a memorizar informações do conteúdo. Por exemplo, desenhar e rotular ilustrações sobre os efeitos da luz, da água e da temperatura sobre as plantas ajudará alguns alunos a se lembrarem. Desenhar múltiplos tipos de triângulos, desenhar figuras de *Romeu e Julieta* ou desmembrar e sombrear o mapa-múndi em continentes encoraja a participação significativa e serve para ajudar os alunos a se concentrar, e discutir, sobre a matéria em questão.

Diários interativos: promovem a conversação individualizada, normalmente por escrito, entre professor e estudante. Os alunos podem selecionar tópicos importantes, os tópicos podem ser gerados pelos professores, ou ambos. Os diários podem ser incorporados em qualquer matéria de aula e podem ser usados em qualquer momento da lição, inclusive no início ("Escreva sobre as plantas nos apartamentos das pessoas que você conhece", "Descreva o que o 'amor verdadeiro' significa para você") ou no fim da aula ("Registre o que você aprendeu sobre triângulos hoje" ou "Escreva livremente sobre a ideia de arte abstrata").

Diários de registro duplo: são projetados para promover interação personalizada com um texto. Cada página do diário é dobrada ao meio, no sentido longitudinal. Enquanto leem um texto, os alunos podem escrever uma pergunta, listar palavras, anotar uma frase e assim por diante, em coluna à esquerda. Depois de ler, o estudante pode, então, retornar à coluna da direita para responder à informação selecionada, como fazer conexões pessoais com uma frase, definir palavras desconhecidas ou um novo vocabulário, ou responder a uma pergunta feita a si mesmo. Os alunos têm a opção de compartilhar com a sua dupla ou com o grande grupo.

Prós/Contras/Considerações: é uma abordagem usada para conectar os alunos a um texto antes de começarem a ler. A ideia principal pode ser expressa, resumida ou citada, e solicita-se aos alunos para que analisem e comentem a questão (os prós, os contras e os comentários gerais). Por exemplo: "a população do mundo usa hoje mais árvores do que nunca" pode produzir respostas como estas:

- PRÓS: Quase todo mundo tem mobília em suas casas e combustível para se manter aquecido.
- CONTRAS: As árvores não estão crescendo rápido o suficiente para serem substituídas, há áreas na Terra que estão mudando rapidamente e os animais estão perdendo seu *habitat* natural.
- CONSIDERAÇÕES: O que pode acontecer se não houver madeira o bastante? O que pode ser usado como mobília e combustível em vez de madeira?

Relações entre perguntas e respostas: é um método que requer que os alunos analisem os tipos de perguntas, as suas respostas e a relação com o texto (RAPHAEL, 1982). Os tipos de perguntas estão no texto ("bem ali" ou "pense e olhe") ou na cabeça do autor ("o autor e o leitor" ou "o leitor sozinho"). A abordagem é válida, embora demande certo tempo no início, já que promove a compreensão da natureza interativa da relação entre leitor e texto. Por exemplo, *Romeu e Julieta* poderia ser considerado dessa maneira:

- Onde a história se passa? ("bem ali")
- De que forma sabemos como o amor de Julieta por Romeu se desenvolveu tão rapidamente? ("pense e olhe")
- O que você faria se seus pais proibissem que você visse uma pessoa que você ama? ("o autor e o leitor")
- Por que as pessoas se apaixonam e deixam de se apaixonar? ("o leitor sozinho")

Linhas do tempo: são organizadores gráficos que ajudam os alunos a traçar os incidentes que aconteceram sequencialmente, como na vida de uma pessoa, como Cristóvão Colombo, ou os eventos de um período histórico, tais como o Colonialismo Europeu do século XV.

Duplas de alunos

Pensar-fazer duplas-compartilhar: é uma abordagem de múltiplas etapas, ainda que simples, para encorajar a participação de todos os alunos no esforço de responder a uma questão feita por um professor. Primeiro, cada aluno é solicitado a elaborar os seus pensamentos e/ou escrevê-los resumidamente. Segundo, ele forma uma dupla com um colega para que compartilhem seus pensamentos um com o outro. Terceiro, depois que todos compartilharam com suas duplas, eles são encorajados a compartilhar com todo o grupo. Os professores podem usar esse método em qualquer matéria, e ele é um dispositivo apropriado para se fazer perguntas de alto nível e de final aberto.

Pantomima: peça para que os alunos representem silenciosamente uma história ou uma cena de uma história que seja lida em voz alta por outro estudante ou pelo professor. Essa pode ser uma história no estilo tradicional, como *Romeu e Julieta*, ou também pode ser uma história relacionada ao conteúdo, tais como a de três cientistas que decidem experimentar as condições necessárias para o crescimento ótimo de uma planta, ou uma história sobre o que poderia ter sido visto por uma viajante se ela tivesse visitado os sete continentes do mundo.

Interpretação de papéis: requer que os alunos "experimentem" outro personagem ou ponto de vista e se envolvam em um diálogo com um colega. Essa atividade pode ser usada para envolver todos os alunos com a matéria, como fazer um estudante interpretar o papel de um entrevistador de TV falando com outro estudante que interpreta Romeu; uma cena com dois pintores (um abstrato e outro figurativo) explicando a sua arte um para o outro; ou uma cena em que cientistas debatem as condições mais importantes para se fazer uma planta crescer.

Leitura em parceria: proporciona a oportunidade de os alunos lerem juntos em duplas. Eles podem se revezar na leitura e, então, fazer perguntas ou discutir o que foi lido. Também é possível colocar alunos menos proficientes em leitura com leitores mais proficientes que servem como modelo de fluência.

Ler em voz alta/Pensar em voz alta: proporciona o exercício dos Sete Hábitos dos Bons Leitores (ver Quadro 6.2). Por exemplo, ao ler uma passagem sobre um continente em particular ou sobre como as plantas crescem, os alunos podem "pensar em voz alta" para que um colega ouça, chamando a atenção, explicitamente, para como eles estão determinando o que é importante na passagem.

Quadro 6.2 Usando os Sete Hábitos dos Bons Leitores

A maior parte da nossa educação formal nos chega por meio da leitura da palavra escrita. De maneira geral, até o 3º ano, os alunos estão aprendendo a ler. Após o 3º ano, eles estão lendo para aprender. Embora professores de matérias específicas muitas vezes não vejam a si mesmos como professores de leitura, aqueles que incorporam estratégias explícitas de leitura em seu ensino apoiam ativamente todos os alunos. Independentemente da matéria, a leitura é um processo interativo entre os pensamentos do leitor e o texto. Os leitores bem-sucedidos internalizaram estratégias específicas para ajudá-los a produzir significado a partir de um texto. A lista a seguir destaca os sete hábitos dos bons leitores (HARVEY; GOUDVIS, 2000; KEENE; ZIMMERMAN, 1997). Eles podem ser usados por todos os professores de todas as matérias.

1. **Ativar o conhecimento prévio do aluno**
   Durante a pré-leitura, pergunte aos alunos o que eles sabem e como eles sabem. Quanto mais conexões eles fizerem com o assunto, mais provavelmente o interesse deles pelo texto será estimulado e novas conexões serão criadas.

2. **Visualizar**
   Durante a leitura, fazer os alunos pausarem para conversar sobre o que eles veem através do olho de suas mentes. Como eles descrevem o jardim de Julieta? Como é a varanda? A varanda está muito acima de Romeu? Que tipo de roupas ela está vestindo? Que tipo de roupas Romeu está vestindo? Como são seus rostos? Para vocês, eles se parecem com quem?

3. **Perguntar**
   Deve-se fazer perguntas com relação ao texto constantemente: antes, durante e depois de ser lido. Se eles estiverem lendo sobre o continente asiático, as perguntas que os alunos fazem a si mesmos podem ser como estas:
   Pré-leitura: Quem eu conheço que veio da Ásia? Quais países existem lá? De que cidades já ouvi falar? Como será a paisagem? Que animais vivem lá? Durante a leitura: [trecho sobre a indústria pesqueira do Japão]. Sempre haverá peixe suficiente no oceano próximo para alimentar a crescente população? O que pode acontecer se houver pesca excessiva? Quais países poderiam comercializar que produtos para fornecer peixes ao Japão?
   Pós-leitura: Como a tradição da pesca de baleias colidiu com os esforços de conservação dos oceanos? Quão bem-sucedida tem sido a aquicultura? Como a tradicional dieta japonesa pode mudar no futuro?

continua

Quadro 6.2 Usando os Sete Hábitos dos Bons Leitores (*continuação*)

---

4. Fazer inferências
Uma leitura cuidadosa do texto permite que o leitor processe informações, reúna indícios sobre o que está acontecendo e por que e, baseado em tais informações, especule sobre o que está por vir. Por exemplo, em um trecho sobre o que faz as sementes crescerem, o leitor já aprendeu que água demais ou de menos é algo que influenciará o crescimento de uma semente. Quando o subtítulo seguinte for "Temperatura", o leitor já pode prever que as temperaturas muito altas ou muito baixas podem inibir o crescimento da planta. Eles serão estimulados a aprender mais sobre as exatas temperaturas que promovem ou inibem o crescimento.

5. Determinar a importância
Há muitas informações em todos os textos, e os leitores devem aprender a diferenciar aquilo que é mais importante em termos do significado central do texto. Por exemplo, em um texto sobre polígonos, os alunos que estão estudando triângulos irão verificar que essa informação é, no momento, mais importante de se conhecer para esta aula, embora eles possam se sentir igualmente intrigados com quadrados e pentágonos.

6. Sintetizar
Os leitores combinam novas informações (do texto) com o conhecimento existente (informações prévias) para formar novos pensamentos. Sintetizar é um processo contínuo, no qual múltiplos fragmentos de informação – novos e velhos – unem-se para criar um pensamento original. Por exemplo, ao ler sobre as condições necessárias para se fazer uma planta crescer, um aluno pode começar a desenvolver ideais sobre onde e quando plantar sementes em uma horta doméstica.

7. Monitorar para obter significado
Os leitores eficazes também monitoram o que eles próprios estão lendo, perguntando a si mesmos: "Isso faz sentido?". Se a resposta for "não", então o leitor recorre a diferentes estratégias, como ler mais devagar, reler, perguntar a outra pessoa, pausar para fazer conexões com o conhecimento prévio e quaisquer das outras opções listadas acima.

Ensinando explicitamente os Sete Hábitos dos Bons Leitores
Todas essas habilidades promovem uma maior compreensão de um texto escrito. Contudo, embora os leitores bem-sucedidos tenham desenvolvido essas habilidades, os leitores menos proficientes se beneficiam ao receberem aulas sobre essas habilidades de forma explícita. Isso pode ser feito utilizando-se um método de "Para, Com e Por", como o seguinte:

PARA
• O professor explica, inicialmente, o valor de uma estratégia.
• O professor constrói em voz alta a estratégia para seus alunos, incluindo os processos mentais usados na leitura ("O sol ergue-se sobre a colina... hum... isso deve significar que a ação acontece de manhã cedo...").

COM
• O professor e os alunos praticam a estratégia juntos numerosas vezes. O professor diminuiu lentamente o nível de apoio.

POR
• Os alunos experimentam a estratégia sozinhos (ou com um colega) e recebem *feedback*.
• Cada estudante aplica a estratégia sozinho e em um formato simples.
• Os alunos aplicam a estratégia em formatos diferentes e/ou problemas diferentes.

Fonte: Criado em cooperação com Ida Benton.

Ensino recíproco (quatro tipos de questões): é uma estrutura que encoraja os alunos a "interrogar o texto" usando quatro estratégias, separadamente ou em combinação. Essas estratégias são as seguintes: questionamento, resumo, esclarecimento e previsão. Quando um estudante lê um trecho do texto, o outro estudante pode fazer perguntas como estas: como o movimento abstrato começou? (questionamento); explique brevemente as qualidades da arte abstrata (resumo); o que significa "Sotheby's"? (esclarecimento); em função do maior interesse em pinturas abstratas, o que você acha que vai acontecer com os seus preços? (previsão). Repare que o ensino recíproco pode ser usado de diversas maneiras, e que cada componente deve ser ensinado de forma explícita e praticado muitas vezes antes dos alunos se sentirem confiantes para usá-lo independentemente.

Pequenos grupos

Aprendizagem cooperativa: é um termo abrangente que engloba muitas formas de trabalho em grupo, em que todos os membros contam uns com os outros para resolver problemas, criar soluções, praticar habilidades ou desenvolver ideias. Os alunos podem ser agrupados de muitas maneiras, incluindo por interesse, por capacidade ou aleatoriamente.

Círculos literários: proporcionam a oportunidade para grupos pequenos lerem o mesmo livro. Os professores podem sugerir o mesmo livro para toda a turma, ou cada círculo literário pode selecionar seu próprio texto de acordo com o interesse ou o nível de leitura. Os alunos devem ler previamente as seções e vir preparados para discutir certos aspectos do texto. O professor encoraja a discussão e oferece vários estímulos. Contudo, os alunos também podem estabelecer tópicos que eles gostariam de comentar.

Quebra-cabeça: é uma abordagem em que pequenos grupos trabalham na aprendizagem de diferentes aspectos de um único tópico, e depois compartilham o que aprenderam com a turma inteira. Em uma turma de 28 alunos, por exemplo, sete grupos de quatro podem compartilhar informações diferentes que aprenderam em textos fornecidos por professores.

Cenários de interpretação: proporcionam aos alunos uma oportunidade de dramatizar informações importantes de cada matéria. Por exemplo, os grupos poderiam criar um comercial de televisão persuadindo os espectadores a visitar um continente específico; os três tipos de triângulos poderiam se reunir para se conseguir encontrar "pontos em comum", apesar de suas "diferenças". Romeu e Julieta poderiam ser transportados para o século XXI, incluindo suas falas e interesses; uma fileira de plantas cultivadas por alunos poderia demonstrar as mudanças físicas de acordo com as quantidades aumentadas ou reduzidas de luz, água e temperatura; quatro pintores poderiam se encontrar para discutir quem tem a obra mais importante.

Turma inteira

Carrossel: envolve "estações", criadas pelo professor, em grupos de classes ou nas paredes da sala. As estações contêm materiais como um documento histórico, um texto, uma lei, uma análise de personagem ou uma fotografia. Os grupos de alunos começam em uma estação e, depois de terem completado a tarefa (p. ex.: discutir a fotografia ou o documento histórico enquanto fazem anotações), o professor dá um sinal para eles se movimentarem em sentido horário para a próxima estação. Após todas as estações terem sido visitadas por todos os alunos, o professor pode fazer o *debriefing* com o grande grupo ou continuar a discussão em grupos pequenos.

Carousel Graffiti:[1] opera sob a mesma premissa do "carrossel" acima mencionado, exceto pelo fato de que se solicita aos alunos que respondam no documento fornecido. O escrito pode ser na forma de uma ideia original, uma resposta pessoal, ou uma declaração de "concordo" ou "discordo" acompanhada por uma assinatura. Quando todas as estações tiverem sido visitadas, o professor pode selecionar certas respostas, compartilhá-las com a turma, pedir a uma autora para que expanda seus pensamentos/razões e convidar o resto da turma para comentar os pensamentos da aluna.

Orientações prévias: preparam os alunos para a leitura ao se pedir para que respondam a uma série de declarações curtas sobre o conteúdo que está prestes a começar. Os alunos respondem a essas declarações ao articularem "concordância" ou "discordância". Por exemplo, "a Austrália é o maior continente do mundo", "Romeu e Julieta eram jovens demais para conhecer o verdadeiro amor" ou "todos os triângulos contêm 180 graus". O interesse dos alunos é despertado e as respostas reais são "respondidas" pelo conteúdo do texto subsequente. Ao comparar suas respostas originais com as informações do texto, os alunos têm a oportunidade de reajustar seu pensamento.

Técnica de previsões: é simples, mas eficaz, já que solicita que os alunos utilizem todas as informações em seus cérebros (p. ex.: conhecimento prévio, informações atuais apresentadas, ilustrações, observações, discussões de sala de aula) para que façam uma suposição informada sobre o que pode acontecer a seguir. As predições podem ser feitas em relação a todos os textos, experimentos e discussões.

SQA: é um acrônimo que representa Saber/Querer saber/Aprendido. SQA pode ser usado antes, durante e/ou após uma lição ou unidade. Como é um organizador gráfico com três colunas, o SQA começa perguntando aos alunos o que eles já sabem (os professores podem obter essa informação por meio de uma variedade de atividades, como o *brainstorming*). A partir desse conhecimento prévio, pede-se para que os alunos gerem o que eles gostariam de saber. É claro que isso pode ser modificado conforme a turma avançar na lição ou na unidade. A coluna final é usada ao término da lição ou da unidade para registrar as respostas às perguntas que os alunos queriam saber, bem como uma miscelânea de novos conhecimentos.

Classificação: é usada pelo professor, que seleciona um conceito-chave e pede para a turma fazer um *brainstorm* de palavras associadas. Depois que todas as palavras tiverem sido escritas (uma opção é fazer uma por nota adesiva), os professores agrupam-nas em classificações. Por exemplo, o vocábulo "polígono", como uma palavra-chave, evoca cerca de 20 respostas que poderiam ser classificadas em "exemplos regulares", "exemplos irregulares", "ângulos" e "número de lados". Ao criarem classificações, os alunos desenvolvem habilidades de pensamento de alto nível.

Teias: são organizadores gráficos (também chamados de mapas semânticos) que mostram claramente como os conceitos são relacionados entre si. Elas podem ser criadas em cooperação com a turma ou organizadas por professores.

Canções: podem ser usadas para ajudar os alunos a praticar certas habilidades (p. ex.: a pronúncia de vocabulário), bem como para promover a retenção dos conhecimentos trabalhados. Além disso, os professores podem mapear conceitos importantes em canções familiares aos alunos (p. ex.: "Parabéns pra Você", ou uma canção de sucesso de algum cantor ou grupo contemporâneo).

Chamado e resposta: é uma forma dinâmica de interagir com uma turma inteira de alunos. Os professores podem fazer afirmações para a turma (p. ex.: "Um país é maior do que um continente") e incentivar os alunos a responderem brevemente ("sim/não" ou "verdadeiro/falso"). Ou ele pode especificar (p. ex.: "Quantos são os continentes?" [sete!]). Isso pode ser usado ao se ensinar explicitamente qualquer conceito e/ou durante a revisão.

Dica para a turma, resposta individual: é muito similar à natureza de coral do chamado e resposta, operando com o princípio de que todos os alunos podem responder a todas as perguntas em vez de um único aluno levantar a mão. Por exemplo, um professor de matemática pode dar uma dica, como "Desenhe um triângulo isósceles!", e todos os alunos podem fazê-lo (ou dar o seu melhor!) usando um marcador apagável em seus próprios quadros brancos. O professor pode ver imediatamente quais alunos estão enfrentando dificuldades, e os alunos com dificuldades têm a oportunidade de ver vários bons exemplos de como um triângulo isósceles se parece.

Elemento seis: verificar com os alunos ao longo da aula se estão compreendendo o conteúdo proposto

A extensa lista que apresentamos acima apenas arranha a superfície de como as informações podem ser apresentadas e trabalhadas em sala de aula. Embora os métodos tenham sido intencionalmente agrupados conforme o modo como eles podem ser usados com indivíduos, duplas, grupos pequenos ou a sala inteira, todos podem ser modificados e usados com várias configurações de alunos.

Introduzir informações, conectar com o conhecimento prévio, fazer perguntas pertinentes e proporcionar oportunidades para que os alunos se envolvam de modo significativo com os materiais preparam os professores para o próximo passo importante: como sabemos que os alunos estão "pegando a matéria"? Nós sabemos ao observar, interagir, fazer perguntas, facilitar a conversação, e estudar os trabalhos produzidos pelos alunos. Os 12 exemplos a seguir são maneiras pelas quais os professores podem ficar sabendo o quanto os seus alunos estão compreendendo:

- Organizadores gráficos – Quão bem eles são preenchidos? Eles estão completos? As respostas são adequadas, simples, sofisticadas?
- *Brainstorming* individual – Quão longa é a lista dos alunos? Que alunos se voluntariam mais para compartilhar suas respostas? Quais são os benefícios de se caminhar rapidamente entre os alunos para ver se todos estão fazendo a tarefa e produzindo conexões?
- Redações rápidas – Quem escreve mais? Quem escreve menos? Qual é a qualidade e o foco de todos os alunos?
- Diários interativos – Quão bem uma aluna se expressa? Em que grau os alunos estão interagindo com a matéria?
- Linhas do tempo – Quão detalhadas elas são? E quão informativas?
- Pantomima – Quão precisa é a atuação silenciosa na descrição da ação? De que maneiras ela melhora ou estimula a discussão posterior do conteúdo?
- Ensino recíproco – Quão "encenado" (em oposição a quão "natural") fica quando dois alunos estão trabalhando em um texto fragmentado, em seções facilitadas? Que tipos de perguntas são feitas? Que tipos de conceitos estão sendo esclarecidos?
- Círculos literários – Quão bem as "normas" de grupo estão funcionando? Qual é a qualidade e a relevância dos itens que eles sugerem para serem discutidos e debatidos? Quão bem eles respondem às dicas do professor?
- Carrossel – Quão bem os grupos trabalham juntos e fazem anotações? De que maneiras as suas anotações individualizadas refletem o conteúdo que está sendo ensinado?
- Orientação prévias – Quão bem os alunos sabem ou pensam que sabem? De que maneiras eles "retornam" à sua posição inicial com relação a uma declaração, e como eles podem ajustá-la?
- Previsões – Quantos alunos fazem previsões prováveis? Previsões criativas? Previsões inusitadas ou improváveis? Como as respostas deles lhe informam sobre a forma como eles pensam e o grau em que eles interagiram com as informações do conteúdo?
- Dica para a turma, resposta individual – Quem está respondendo mais rápido, mais devagar, mais precisamente?

Acima de tudo, os professores devem proporcionar oportunidades para que os alunos façam perguntas em um ambiente seguro e favorável. Isso pode ser feito frente a frente com o professor, em um ambiente de turma inteira ou como parte de uma resposta escrita. As perguntas dos alunos são a melhor fonte de informações para se compreender em que ponto eles "estão" no entendimento do que você ensinou.

Elemento sete: proporcionar oportunidades para que os alunos demonstrem os seus conhecimentos e as suas habilidades, seja em curto prazo (pergunta, *quiz*, exercício, resolução de problemas) ou em longo prazo (teste, projeto, portfólio)

A maioria das abordagens de ensino neste capítulo, se não forem todas, encorajam os alunos a mostrarem o que eles sabem e o que eles podem fazer. As oportunidades para se compartilhar conhecimento, trocar ideias e fazer perguntas devem ser construídas durante toda a lição. Nesta seção, tocamos em algumas formas em que os professores reúnem conhecimentos sobre como os alunos estão aprendendo e pensando em suas aulas.

Avaliação de curto prazo

Perguntas do professor: As perguntas podem ser "adequadas" ao nível e à capacidade dos alunos, sendo que algumas perguntas são feitas para a turma inteira.

Perguntas dos alunos: Quando perguntas são parte da rotina diária da sala de aula, os alunos desenvolvem o hábito de fazer perguntas em relação ao conteúdo com o qual eles estão trabalhando.

Quizzes: Essas avaliações rápidas podem ser de tamanhos variados (p. ex.: verdadeiro ou falso, múltipla escolha, preencher os espaços em branco) e permitem que os professores "tomem o pulso" do que está sendo lembrado pela turma.

Exercícios: As planilhas corrigidas podem ser uma maneira importante de os alunos praticarem o que aprenderam recentemente. Contudo, elas são superutilizadas por alguns professores, de modo que devem ser usadas cuidadosamente e com o intuito de dar aos alunos *feedback* corretivo que lhes seja útil.

Resolução de problemas: Aplicação na vida real do conteúdo que foi recentemente aprendido ajuda os alunos a fazerem conexões com o mundo real.

Avaliação de longo prazo

Provas: As provas preparadas por professores devem sempre refletir o que foi ensinado e oferecer uma variedade de formatos para que os alunos demonstrem os seus conhecimentos.

Projetos: Os alunos podem trabalhar em projetos selecionados por eles mesmos (em alguns casos, orientados pelo professor). O tempo para o projeto pode ser programado como uma parte da aula. Os projetos finais devem ser expostos, exibidos e apresentados.

Apresentações: Os professores podem incorporar as apresentações como um resultado de um período contínuo de envolvimento com um tópico. Os alunos podem fazer as apresentações para a turma individualmente, em duplas ou em grupos.

Portfólios: Os alunos podem juntar e organizar o seu trabalho ao longo de um período de tempo. As amostras de trabalho devem refletir as evidências de crescimento acadêmico. Os alunos podem ter a oportunidade de compartilhar aspectos selecionados de seus portfólios com a turma ou com um público formado pelos funcionários da escola e pelos pais.

Também é importante notar que as adaptações necessárias para a avaliação podem estar listadas no plano de PEI ou Seção 504 do estudante. Para mais informações, confira o Quadro 6.3.

o 6.3

CONDUZINDO A AULA EM SEU ENCERRAMENTO

Perto do fim da aula, os professores precisam ver ou ouvir as evidências em relação ao que os seus alunos aprenderam. Para fazer isso, o professor pode empregar uma série de estratégias que lhe permitam "rematar" uma lição e verificar a aprendizagem.

Quadro 6.3 Adaptações e modificações de avaliação para alunos com planos de PEI ou Seção 504

Muitos alunos com deficiência recebem adaptações para situações de avaliação. Elas se aplicam a todos os testes, sejam eles exames oficiais do governo do estado ou testes informais de sala de aula. Frequentemente, as adaptações são explicitamente declaradas no PEI da criança e são parte dos seus direitos. É importante lembrar que as adaptações são oferecidas aos alunos, de forma que eles possam mostrar o que são capazes de fazer sem as condições padronizadas de testes que são incapacitantes. De modo geral, as adaptações são relacionadas à programação ou ao tempo, aos ajustes para a administração das avaliações, às mudanças no método de apresentação e às mudanças em termos do método de resposta. Elas podem incluir:
- Acréscimo de 50% ao tempo regular.
- O dobro do tempo.
- Local alternativo.
- Acompanhamento de um escriba.
- Cópias impressas grandes.
- Ler três vezes as orientações em voz alta.

Embora alguns professores sintam que os alunos não precisam dessas adaptações, elas sempre devem ser oferecidas enquanto estiverem expressas no PEI.
- Simplificação ou explicação das perguntas dos testes.
- Uso de uma calculadora em um teste de habilidades computacionais do aluno.
- Leitura de itens projetados para testar as habilidades de leitura do aluno.
- Uso de dispositivos de correção gramatical em um teste de habilidades de escrita do estudante.

Fonte: Adaptação de documento do Departamento de Educação do Estado de Nova York.

Elemento oito: terminar a aula revisando o que foi aprendido (informações propostas) e o que foi compreendido (conexões dos alunos)

Talvez a maneira mais fácil para um professor rematar a aula seja voltar aos objetivos e fazer esta pergunta: Como sei se os alunos podem...
1. Listar os sete continentes do mundo e identificá-los em um mapa?
   Os alunos podem...
   - listá-los por escrito e, então, apontá-los em um mapa;
   - acrescentar outros quatro continentes em uma lista que contém três;
   - listá-los oralmente;
   - em um mapa em branco, colorir e nomear as áreas que representam os continentes.
2. Comparar as diferenças e as similaridades entre os triângulos retângulo, isósceles e equilátero?
   Os alunos podem...
   - articular semelhanças e diferenças por escrito;
   - descrever semelhanças e diferenças a um colega e apresentar as suas informações a outra dupla de alunos;
   - completar um organizador que liste semelhanças e diferenças;
   - trabalhar em trios e, ao receber formas de triângulos, explicar como o seu triângulo (retângulo, isósceles ou equilátero) é semelhante e diferente dos outros.
3. Descrever as características de *Romeu e Julieta*?
   Os alunos podem (trabalhando em grupos de quatro ou cinco)...
   - criar um pôster que resuma as características de Romeu e Julieta;
   - debater quais as características são claras, quais são implícitas e quais se sobrepõem;
   - resumir individualmente as características de Romeu e Julieta em uma ou duas sentenças;
   - criar um pequeno anúncio pessoal que liste as características de Romeu e Julieta.

4. Analisar o crescimento de sementes expostas aos variados graus de luminosidade, água e temperatura?
Os alunos podem...
- discutir os resultados obtidos por meio de gráficos sobre o crescimento das sementes expostas a diferentes níveis de luz, água e temperatura;
- comparar e contrastar gráficos fornecidos;
- escrever um breve resumo dos achados por meio de informações apresentadas e observações pessoais;
- fazer previsões baseadas em informações apuradas por eles.

5. Criar uma obra de arte abstrata original?
Os alunos podem...
- produzir uma variedade de trabalho de arte;
- discutir perguntas sobre arte abstrata;
- analisar mutuamente os trabalhos, articulando conexões e especulando a respeito das escolhas dos artistas;
- descrever os pensamentos por trás de seus próprios trabalhos.

A partir dessa breve lista de possibilidades, fica claro que o tempo deve ser alocado para que os alunos se reconectem às questões maiores introduzidas em aula, às conexões que os alunos fizeram e à aplicação do conhecimento. Proporcionar aos alunos múltiplas oportunidades para compartilharem informalmente (p. ex.: respostas orais, discussões) e formalmente (p. ex.: exercícios por escrito, listas a serem coletadas) é importante, já que os responsabiliza por seu aprendizado e encoraja o pensamento reflexivo.

De uma maneira similar, os professores podem verificar rapidamente se os alunos atingiram metas sociais e comportamentais ao ouvirem e observarem. Por exemplo, os alunos falam cada um na sua vez, seguem seus papéis designados, complementam as contribuições uns dos outros, compartilham a responsabilidade pela tarefa atribuída e avaliam a si mesmos como indivíduos e membros do grupo? Pode-se projetar folhas personalizadas para que os alunos se autoavaliem. Em termos das metas comportamentais citadas anteriormente neste capítulo, o professor tem evidências de que os alunos (por exemplo) geraram duas perguntas originais baseadas em suas leituras independentemente? Guardaram os seus materiais e limparam as classes antes de a próxima aula começar? Ou ergueram as mãos para falar durante o trabalho com a turma inteira? Os exemplos podem incluir a lista de verificação de David completa, a redução nas vezes em que Santiago invade o espaço físico alheio e o fato de Jan levantar a sua mão ao invés de gritar.

A seguir, apresentamos estratégias adicionais que ajudam a se fazer uma avaliação rápida da aprendizagem dos alunos, que pode ser generalizada para muitos tópicos:

1. Encorajar alunos a fazerem perguntas. No que eles estão pensando, baseados naquilo que aprenderam? Muitas vezes, a profundidade e a complexidade do pensamento dos alunos é simplesmente revelada em suas perguntas. Cada estudante poderia escrever uma pergunta e apresentá-la à turma, ou à sua dupla ou entregar ao professor para que ele a responda.

2. Os alunos devem criar um "Bilhete para Saída". Pode ser em um pedaço de papel especialmente preparado para isso, ou em uma nota adesiva. Todos devem escrever uma resposta ao estímulo do professor e entregá-la antes de sair da sala (um professor pode até ficar na porta para coletá-las). Exemplos de bilhetes de saída podem ser como os seguintes:

Acadêmico
- Qual conteúdo lhe intriga mais e por quê?
- Fale-me algo novo que você aprendeu sobre triângulos hoje.
- Quais são as suas características favoritas de Romeu e de Julieta? Por quê?

- Qual dos três fatores (luz, água e temperatura) é o mais importante para se cultivar uma planta? Por quê?
- Termine esta sentença: "A arte abstrata é..."

Social
- Em uma escala de 1 a 10, como foram as suas atividades de grupo?
- De que você gostou durante as atividades de grupo?
- No que você acha que seu grupo precisa melhorar?

Comportamental
- O que funcionou bem para você no dia de hoje?
- Cite exemplos de como você cumpriu o seu contrato hoje.
- De que você se orgulha no dia de hoje? No que você precisa continuar trabalhando?
- Como você se avalia em relação às suas metas no dia de hoje?

3. Os professores podem criar Bilhetes para Saída de diversas maneiras, indo de respostas simples, com uma única palavra, até respostas complexas, na forma de declarações, tais como fazer previsões para a próxima aula, fornecer um resumo ou oferecer um pensamento original. Essas podem ser na forma de um "3-2-1" (Figura 6.2).

3-2-1

3 – Liste os três menores continentes do mundo.

2 – Escreva duas coisas que você aprendeu sobre a Ásia.

1 – Faça uma pergunta sobre uma dúvida que você tenha sobre qualquer continente.

Figura 6.2 Um exemplo de Bilhete para Saída.
Fonte: Os autores.

Atribuição de notas

Atribuir notas pode ser uma dos aspectos mais difíceis do ensino. Os professores perguntam a si mesmos como eles podem tratar os alunos igual e justamente, reconhecendo que alguns alunos avançam rapidamente e sem esforço, enquanto outros dão 100% e não atingem as "normas" ou padrões aceitos. O tópico da atribuição de notas provoca dúvidas "maiores" sobre o que é ser justo, incluindo o que ensinamos, como o ensinamos e como entendemos as diferenças entre os alunos quando tomamos decisões sobre suas notas. O conceito de justiça pode ser, na melhor das hipóteses, enganoso!

Deutsch considerou útil contemplar a justiça de três maneiras: igualdade, equidade e necessidade.[2] A *Igualdade* se refere ao fato de todo participante receber a mesma recompensa; todo mundo é tratado da mesma maneira. A *Equidade* reflete como a recompensa é proporcional ao *input*. Um estudante que contribuiu o máximo ou recebeu a pontuação mais alta tem o direito de receber a maior recompensa. A *Necessidade* é baseada no fato de que aqueles que têm a maior necessidade recebem a maior recompensa. Rampas para cadeiras de rodas e almoços gratuitos (e serviços de educação especial, nesse caso) são proporcionados àqueles que precisam deles. Desse modo, a justiça pode ser vista como algo em camadas, em vez de algo claro. Pensar sobre a justiça em nuances ajuda a orientar os professores sobre as maneiras em que se pode atribuir notas a uma estudante ou o que ela pode fazer, não apenas como ela é avaliada em relação aos outros alunos, mas, mais importante, como ela é avaliada em relação a si mesma.

ALGUMAS OBSERVAÇÕES FINAIS SOBRE PLANEJAMENTO DE AULAS

Encerraremos com alguns apontamentos finais sobre planejamento de aulas. Há muitas formas de planejar e organizar lições; contudo, nós o exortamos a empenhar-se no desenvolvimento de planos de lições que vão além dos modelos predefinidos. Encorajamos você a pensar nos planos de lições como documentos vivos, elaborados por profissionais atenciosos e habilidosos. Lembre-se: o planejamento de aulas é um processo bastante personalizado. No início, ele normalmente leva tempo; mas, depois que se pega o jeito, os professores são capazes de produzir planos de qualidade em prazos razoáveis.

1. Reserve um tempo para planejar e cumpra-o. Via de regra: quanto melhor for planejada, melhor a aula é executada.
2. Comece pelos seus objetivos – todo o resto deve apoiá-los.
3. Entenda que dividir a aula em três partes a torna mais viável. Pergunte a si mesmo: (a) Como eu irei ajudar os alunos a fazerem a transição para a sala de aula, "aquecê-los", revisar conhecimentos antigos, conectar os conhecimentos e as experiências deles e apresentá-los a algo novo? (b) De que maneiras estou oferecendo apoio e tempo para que eles pratiquem novos conhecimentos e habilidades? (c) De que maneiras estou proporcionando oportunidades para que eles demonstrem e reflitam sobre os seus conhecimentos e habilidades?
4. Compartilhe os seus objetivos com os alunos – de modo que eles saibam o que vão aprender.
5. Planeje para todos. Esteja preparado para modificar a instrução conforme for avançando.
6. Encoraje o seu próprio pensamento reflexivo. Mantenha um caderno com seus pensamentos, ideias, experiências e reações.
7. Encoraje os alunos a fazerem as suas próprias conexões, mas também proporcione múltiplas conexões você mesmo. Misture material anteriormente ensinado, entremeando intencionalmente o conhecimento em todas as lições.
8. Proponha revisões do que foi previamente ensinado.
9. Acerte o tempo com o professor que leciona com você e cumpra com o que for programado (mais informações sobre isso no Capítulo 8).
10. Lembre-se de que é muito melhor planejar demais do que de menos; e você tem a opção de usar quaisquer "sobras" de uma aula na próxima.

Neste capítulo, detalhamos os elementos de uma lição para mostrar como, em cada passo, o professor pode envolver os alunos de maneiras significativas, interessantes e estimulantes. É claro, nem todo mundo pode estar 100% envolvido durante cada minuto todas as aulas. Embora acreditemos que os professores tenham a responsabilidade de planejar bem, é importante prestar muita atenção nas interações "no momento", decidindo a melhor maneira de prosseguir, de modo que envolva os alunos ao máximo. O professor que é reflexivo (pensa sobre tudo o que acontece na aula) e flexível (capaz de ajustar o plano de acordo com as respostas e as interações dos alunos) atingirá e ensinará todos os alunos. Em outras palavras, o professor encoraja continuamente os alunos a fazerem conexões durante cada passo da lição.

Ao encerrarmos esta seção, reunimos cinco exemplos para mostrar como poderiam ser as aulas de várias séries, em uma síntese de todos os elementos que discutimos até aqui. Embora não sejam perfeitas (como nenhum professor é!), estas aulas mostram como cada elemento se encaixa com os outros para oferecer um caminho claro de instrução, com apoio adequado para uma variedade de alunos.

PLANOS DE AULAS

COMPONENTES SINTETIZADOS: AULA SOBRE CONTINENTES

Ano: 3º
Padrão:
- Apontar lugares da comunidade local, do estado e do país; localizar os continentes da Terra em relação aos demais e aos principais paralelos e meridianos. (Adaptado de *National Geography Standards*, 1994)

1. **Gerar objetivos.**
   Listar os sete continentes do mundo e identificá-los em um mapa.

   > *Possível conhecimento trazido pelos alunos:*
   > Definição de país, exemplos de países e de unidades geográficas que não os são (Califórnia, África), países visitados, países de onde suas famílias ou ancestrais vieram, etc.
   > *Possível conhecimento coletivo criado na lição:*
   > Definição de continente, comparação entre continente e país, reconhecimento da origem de animais específicos (tigres na Ásia), geografia (florestas tropicais na África, Ásia, América do Sul e América Central).
   > *Possíveis conexões individuais feitas pelos alunos na lição:*
   > A ordem de tamanho dos continentes (do maior ao menor), ou as suas distâncias (do mais próximo ao mais distante).

   Agrupamentos: individual, grupos de quatro, turma inteira
   Objetivos comportamentais: David irá se automonitorar para manter a sua concentração (diminuindo os momentos de devaneio). Fornecer uma cópia de lista de verificação produzida pelo professor para David marcar a cada cinco minutos; "verificar" com ele ao longo de toda aula.

2. **Proporcionar oportunidades para a aplicação de habilidades recentes e/ou para a demonstração de conhecimentos recentes.**
   Atividade foco: Com os colegas, descrever a diferença entre um continente e um país em uma sentença ou duas.

3. **Propor questões envolventes para descobrir o conhecimento prévio dos alunos (opções).**
   Pergunta de caráter geral: quem começará e nos lembrará do que aprendemos sobre países na aula de ontem?
   Pergunta de caráter específico: A África é um país ou um continente? *Para evocar as informações prévias:* Onde você ouviu a palavra "continente" usada antes? Quais são alguns dos lugares distantes no mundo que você tem visto na TV e em filmes? Se você pudesse ir a qualquer lugar do mundo, onde você iria e por quê? Quem já ouviu falar da Antártida?

4. **Introduzir, explicitamente, o que é esperado dos alunos na aula.**
   - "Hoje vamos aprender os nomes e as localizações dos sete continentes do mundo".

5. **Proporcionar oportunidades para explicações claras do conteúdo e múltiplas oportunidades para os alunos se envolverem com ele.**
   - Individualmente, "liste rápido": olhe para o mapa-múndi na parede, escolha um continente e liste tudo o que sabe sobre ele.

6. **Verificar com os alunos ao longo de toda a aula se estão compreendendo o conteúdo proposto.**
   - O professor fornece um mapa-múndi de tamanho A4 para cada estudante; cada mesa tem sete marcadores ou lápis de cores diferentes.
   - Os professores usam o mesmo mapa no retroprojetor e explicam que a turma irá contornar cada continente com uma cor diferente.
   - O professor começa com a América do Norte, contornando-a em vermelho.

continua

- O professor pergunta aos alunos: "O que vocês já sabem sobre a América do Norte?" e exibe amostras de contribuições dos alunos (feitas na seção anterior), mediando respostas quando necessário.

7. **Proporcionar oportunidades para que os alunos demonstrem os seus conhecimentos e as suas habilidades, seja em curto prazo (pergunta, *quiz*, exercício, resolução de problemas) ou em longo prazo (teste, projeto, portfólio).**
   - Repetir nos seis continentes restantes: América do Sul (azul), Europa (roxo), África (verde), Ásia (amarelo), Oceania (laranja), Antártica (marrom).
   - Em grupos de quatro, o professor distribui sete pequenos documentos sobre os animais de cada continente.
   - Cada grupo lê e discute os pequenos documentos (com perguntas focadas, podem variar em tamanho conforme o grupo).
   - Compartilha-se com o grande grupo, descrevendo o animal de seu continente. À medida que cada grupo apresenta, os alunos escolhem um animal para simbolizar o continente de seu grupo, por exemplo: águia-calva (América do Norte), sucuri (América do Sul), tigre (Ásia), elefante (África), raposa (Europa), pinguim (Antártica), canguru (Oceania). [Note que essa associação serve como um mecanismo de memorização.]

8. **Terminar a aula revisando o que foi aprendido (informações propostas) e o que foi compreendido (conexões dos próprios alunos).**
   - Revise a localização dos sete continentes com a turma inteira.
   - Em uma nota adesiva de tamanho médio, peça para que os estudantes completem uma legenda usando os animais.
   - Coloque a legenda no mapa.
   - Em duplas, peça para um dos alunos listar os sete continentes do mundo, enquanto o outro os aponta (troque-os de posição se houver tempo).

COMPONENTES SINTETIZADOS: AULA SOBRE TRIÂNGULOS

Ano: 4º
Padrão:
- Desenvolver relações entre observações para construir descrições de objetos e eventos e para formar suas próprias explicações provisórias daquilo que foi observado.

1. **Gerar objetivos.**
   - *Comparar* as diferenças e as similaridades entre os triângulos retângulo, isósceles e equilátero.

   Possível conhecimento trazido pelos alunos:
   Os triângulos são polígonos com três lados, são fáceis de desenhar, a forma de certas intersecções, têm quase a forma de uma fatia de *pizza*.
   Possível conhecimento construído:
   Todos os triângulos, mesmo diferentes, compartilham certos atributos (p. ex.: a soma de seus ângulos é igual a 180 graus, têm três lados, podem variar em tamanho).
   Possíveis conexões próprias dos alunos:
   Triângulo das Bermudas, "tri" significa três, como em triciclo, triplo, triatlo, etc.

   Agrupamentos: individual, duplas, turma inteira
   Objetivos comportamentais: Santiago irá se abster de tocar nos outros alunos (lembrete pessoal no início da aula; colocação junto com Donna e Jamal, alunos que podem lembrar Santiago; elogio ao final da aula).

2. **Proporcionar oportunidades para a aplicação de habilidades recentes e/ou para a demonstração de conhecimentos recentes.**
   Atividade foco: Em uma folha de papel, trace uma linha para ligar os seis triângulos a suas formas semelhantes (fornecidos, misturados).

continua

3. **Propor questões envolventes para descobrir o conhecimento prévio dos alunos (opções).**
   Pergunta de caráter geral: Quantos tipos diferentes de triângulos você viu nos 12 exemplos?
   Pergunta de caráter específico: Quais grandes obras de arquitetura são baseadas em um *design* triangular? (Pista: são encontradas nas civilizações antigas.)
   Para evocar as informações prévias: Quantos tipos de triângulo você conhece?
4. **Introduzir, explicitamente, o que é esperado dos alunos na aula.**
   - "Ao final da aula, seremos capazes de dizer as diferenças e as semelhanças entre três tipos de triângulos: retângulo, isósceles e equilátero".
5. **Proporcionar oportunidades para explicações claras do conteúdo e múltiplas oportunidades para alunos se envolverem com ele.**
   - Distribua um envelope para cada dupla de alunos. O envelope contém três tipos de triângulos coloridos: retângulo (azul), isósceles (verde) e equilátero (amarelo).
   - Peça aos alunos para que criem um padrão usando um tipo de triângulo.
   - Peça aos alunos para que criem um padrão usando dois tipos de triângulos.
   - Peça aos alunos para que criem padrões usando três tipos de triângulos.
   - Perguntas: Quais triângulos reconhecemos? (Retângulo e isósceles, já ensinados) Qual é o que ainda não conhecemos muito bem? (Equilátero) Examine um triângulo equilátero: o que você pode me dizer sobre ele? (Três lados de mesmo tamanho). Quem gostaria de fazer uma previsão a respeito dos ângulos?
6. **Verificar com os alunos ao longo de toda a aula se estão compreendendo o conteúdo proposto.**
   - O professor cria um quadro com três colunas; os alunos criam um em seus cadernos.

Tipo de triângulo	3 lados	3 ângulos (= 180 graus)
Retângulo (c/ ilustração)		
Isósceles (c/ ilustração)		
Equilátero (c/ ilustração)		

   - Revisão do triângulo-retângulo: em duplas, os alunos escrevem o que eles sabem sobre os triângulos retângulos ensinados anteriormente (os três lados podem ser diferentes, dois po-dem ser iguais; quando um ângulo tem 90 graus, a soma dos outros dois ângulos é igual a 90 graus, etc.).
   - Ao convocar voluntários, o professor faz revisão com a turma inteira.
   - Revisão do triângulo isósceles: em duplas, os alunos escrevem o que eles sabem em relação ao que foi anteriormente ensinado sobre triângulos isósceles (dois lados são iguais; dois ângulos são iguais, etc.).
   - Ao convocar voluntários, o professor faz revisão com a turma inteira.
   - Comparar com uma figura do triângulo equilátero. Rever comentários que os alunos fizeram anteriormente (observações, previsões); ensinar explicitamente as características do triângulo equilátero: três lados de mesmo comprimento, três ângulos de mesma medida.
7. **Proporcionar oportunidades para que os alunos demonstrem os seus conhecimentos e as suas habilidades, seja em curto prazo (pergunta, *quiz*, exercício, resolução de problemas) ou em longo prazo (teste, projeto, portfólio).**
   - Os alunos trabalham em duplas. Cada membro da dupla desenha 10 triângulos (triângulos retângulos, isósceles ou equiláteros). Os alunos trocam os papéis e escrevem R, I ou E em cada triângulo. Os alunos trocam os papéis de volta e atribuem notas ao trabalho do colega.
   - O professor pode desenhar no retroprojetor ou apresentar três tipos de recortes de triângulo em papel de parede, colados na parede ou no quadro-negro com fita adesiva. Individualmente, os alunos identificam de seis a 10 exemplos (eles podem usar os seus quadros para verificar).

continua

- Os alunos afastam os seus quadros e são solicitados a ver se seu colega consegue...
  - descrever as características de um triângulo retângulo
  - descrever as características de um triângulo isósceles
  - descrever as características de um triângulo equilátero
8. **Terminar a aula revisando o que foi aprendido (informações propostas) e o que foi compreendido (conexões próprias dos alunos).**
   - Perguntar ao grande grupo: "Onde vemos esses três tipos de triângulos na vida real?" (queijo, calços de porta, rampas, etc.)
   - Redação rápida: "Se seu amigo lhe dissesse na aula que ele acha que um triângulo equilátero é exatamente igual ao triângulo retângulo, você concordaria com ele? Caso não concordasse, você explicaria algumas semelhanças e algumas diferenças?"

COMPONENTES SINTETIZADOS: AULA SOBRE *ROMEU E JULIETA*

Ano: 8º
Padrão:
- Ouvir os outros atentamente e acrescentar às ideias deles ao conversar com colegas e adultos.
- Desenvolver informações com material de apoio adequado, tais como fatos, detalhes, exemplos ilustrativos e anedotas, e excluir material alheio.

1. **Gerar objetivos.**
   - Descrever as características de *Romeu e Julieta*

> *Possível conhecimento trazido pelos alunos:*
> Shakespeare é o autor, o tema é o amor, há muitas versões cinematográficas, a história se passa na Itália.
> *Possível conhecimento coletivo criado na lição:*
> Ambos são jovens, Julieta é confiante, Romeu está dominado pelo amor, ambos são leais às suas famílias – mas a atração que sentem um pelo outro é mais forte, etc
> *Possíveis conexões dos próprios alunos:*
> O amor pode transcender divisões sociais, os jovens do passado também sentiam grandes emoções, as famílias podem influenciar bastante os seus membros na escolha de um companheiro.

Agrupamentos: individual, grupos de quatro, turma inteira

2. **Proporcionar oportunidades para a aplicação de habilidades recentes e/ou para a demonstração de conhecimentos recentes.**
   Atividade foco: Liste cinco características (que não sejam físicas) que fazem você ser quem você é. Por exemplo: "Eu sou... [honesto, irritadiço, otimista, etc.]".

3. **Fazer perguntas envolventes para descobrir o conhecimento prévio dos alunos (opções).**
   Pergunta de caráter geral: Qual é a característica que você buscaria em um parceiro ideal?
   Pergunta de caráter específico: Como você priorizaria os traços que você listou?
   Para evocar as informações prévias: Vamos recapitular o que sabemos sobre Romeu e Julieta. Quais foram as ações deles – e o que as ações podem nos dizer sobre eles? Quais foram as palavras deles – e o que essas palavras podem nos dizer sobre Romeu e Julieta?

4. **Introduzir, explicitamente, o que é esperado dos alunos na aula.**
   - "Hoje nos concentraremos em explorar os personagens de *Romeu e Julieta* e em descrever o que faz deles o que são – suas características."

continua

5. **Proporcionar oportunidades para explicações claras do conteúdo e múltiplas oportunidades para os alunos se envolverem com ele.**
   - Escreva uma pequena "cena inexistente" envolvendo quatro personagens da peça que falam sobre o que pensam a respeito de Romeu ou Julieta (incluindo tanto as características favoráveis e desfavoráveis). Certifique-se de que seus comentários são baseados no que Romeu e Julieta disseram ou fizeram.
   - O professor dá um exemplo, escolhendo um personagem que interagiu com Romeu e articula algumas preocupações do personagem (Ama: "Romeu é muito persistente [característica] com a minha senhora. Ele retorna para ela todas as noites [ação]").
   - O professor faz um *brainstorm* com os alunos sobre alguns possíveis personagens.
   - O professor divide os alunos em grupos de quatro
6. **Verificar com os alunos ao longo de toda a aula se estão compreendendo o conteúdo proposto.**
   - Por 5 minutos, cada estudante é responsável por escrever os seus pensamentos (pode-se usar textos).
   - A seguir, os alunos compartilham as suas ideias uns com os outros.
   - O professor circula enquanto os alunos trabalham para ajudá-los individualmente (localizando exemplos, articulando características, etc.) e, depois, em grupos (verificando exemplos, se todos os alunos estão contribuindo, etc.)
7. **Proporcionar oportunidades para que os alunos demonstrem os seus conhecimentos e as suas habilidades, seja em curto prazo (pergunta, *quiz*, exercício, resolução de problemas) ou em longo prazo (teste, projeto, portfólio).**
   - Os grupos devem compartilhar as suas respostas interpretando os "personagens". Isso pode se dar na frente da sala ou em suas mesas.
   - Ao menos um grupo para Romeu e um grupo para Julieta devem compartilhar com a turma.
8. **Terminar a aula revisando o que foi aprendido (informações propostas) e o que foi compreendido (conexões dos próprios alunos).**
   - O professor facilita a discussão sobre suas características: Quem concorda? Quem discorda? Quais evidências nós temos?
   - Os alunos debatem quais características são claras, quais são implícitas e quais se sobressaem.
   - Para finalizar a atividade, a turma inteira colabora no preenchimento de um quadro T que lista as características de Romeu e Julieta (com exemplos).

ROMEU	JULIETA
características e exemplos	características e exemplos

COMPONENTES SINTETIZADOS: SEMENTES

Ano: 5º
Padrão:
- Execute os planos deles para a exploração de fenômenos por meio da observação direta e do uso de instrumentos simples que permitam as medições de quantidades (p. ex.: comprimento, massa, volume, temperatura e tempo).
- Organize observações e medições de objetos e eventos por meio da classificação e da preparação de quadros e tabelas simples.

1. **Gerar objetivos.**
   - *Analisar* o crescimento das sementes expostas a graus variados de luz, água e temperatura (observe que essa aula/esse tópico levará uma semana).

continua

> *Possível conhecimento trazido pelos alunos:*
> As plantas e as árvores crescem a partir de sementes, e as sementes podem ser encontradas nos frutos de muitas plantas, como em laranjas, maçãs e tomates.
> *Possível conhecimento coletivo criado na lição:*
> O crescimento das sementes está sujeito a certas condições ambientais, incluindo luz, água e temperatura.
> *Possíveis conexões próprias dos alunos:*
> Diferentes tipos de árvores. Que árvores crescem em que lugares, e que árvores têm "folhas o ano todo". Por que as árvores nas florestas tropicais são tão altas.

Agrupamentos: individual, duplas, trios, grande grupo

2. **Proporcionar oportunidades para a aplicação de habilidades recentes e/ou para a demonstração de conhecimentos recentes.**
   Atividade foco: Categorize essas sementes denominadas (p. ex.: milho, grama, ervilhas, rosas, repolho, etc.) em plantas comestíveis e plantas que não são comestíveis.

3. **Propor questões envolventes para descobrir o conhecimento prévio dos alunos (opções).**
   Pergunta de caráter prévias: Pense por um momento e esteja preparado para falar ao seu colega o que já aprendemos sobre como água e temperatura podem influenciar o crescimento de sementes e plantas.
   Pergunta de caráter específico: Usando a sua categorização, descreva a um colega – quais são as plantas que comemos e quais não comemos?
   Para evocar as informações prévias: Digam-me todos os tipos diferentes de árvores e/ou plantas que vocês conhecem e onde elas podem ser encontradas.

4. **Introduzir, explicitamente, o que é esperado dos alunos na aula.**
   - "Hoje, nosso trabalho será estudar as variações nas sementes que foram expostas a diferentes condições, incluindo quantidades de luz, água e temperatura".

5. **Proporcionar oportunidades para explicações claras do conteúdo e múltiplas oportunidades para os alunos se envolverem com ele.**
   - Fazer uma previsão do crescimento de cinco plantas, baseando-se nas informações apresentadas: (1) uma planta com luz moderada, água moderada e temperatura moderada; (2) uma planta com luz e água, temperatura baixa; (3) uma planta com água e temperatura moderada, sem luz; (4) uma planta com luz e temperatura moderada, sem água; (5) uma planta sem luz, sem água e sem temperatura.
   - Cada um de vocês tomará notas sobre *um dos itens a seguir:* importância de (a) luz (b) água, ou (c) temperatura, com o intuito de apresentar sua informação aos outros. Juntos, vocês as classificarão segundo sua ordem de importância.

6. **Verificar com os alunos ao longo de toda a aula se estão compreendendo o conteúdo proposto.**
   - Os alunos montam seu experimento com plantas.
   - O professor circula, monitora, proporciona ajuda e classificação sempre que necessário.

7. **Proporcionar oportunidades para que os alunos demonstrem os seus conhecimentos e as suas habilidades, seja em curto prazo (pergunta, *quiz*, exercício, resolução de problemas) ou em longo prazo (teste, projeto, portfólio).**
   - Os alunos escrevem previsões sobre cada planta.
   [As condições diárias permanecem constantes ao longo de sete dias]
   - Os alunos mapeiam diariamente os dados sobre as plantas: condição geral, comprimento, etc. Observação: Observar, descrever e medir plantas torna-se um componente integral das nossas próximas quatro lições, resultando em medição e comparação final após uma semana letiva.

continua

Quando os alunos traçarem e atualizarem os gráficos, faça estas perguntas:
- O que você observou até agora? O que está mudando? O que está ficando na mesma?
- Quão precisas foram as suas previsões têm sido até agora? Baseando-se no que foi observado, como você poderia modificá-las?

8. **Terminar a aula revisando o que foi aprendido (informações propostas) e o que foi compreendido (conexões próprias dos alunos).**
[Essa lição em particular]
- Revise oralmente o que foi realizado hoje.

[Lições futuras]
- Parafraseie os resultados obtidos traçando gráficos sobre o crescimento das sementes.
- Comparar e contrastar gráficos fornecidos ao longo do tempo.

[Lição final]
- Baseando-se em suas experiências e observações, qual dos três fatores (luz, água e temperatura) é o mais importante para se cultivar uma planta? Por quê?

COMPONENTES SINTETIZADOS: ARTE ABSTRATA

Ano: 10º
Padrão:
- Criar trabalhos de arte nos quais eles usam e avaliam diferentes tipos de meios, assuntos, temas, símbolos, metáforas e imagens.

1. **Gerar objetivos.**
   - Criar uma obra de arte abstrata original.

> *Possível conhecimento trazido pelos alunos:*
> Cores, formas, definição de abstrato ou reconhecimento de trabalhos abstratos.
> *Possível conhecimento coletivo criado na lição:*
> Reconhecimento de certos artistas, como Jackson Pollock ou Piet Mondrian; técnicas para começar, experimentar, desenvolver uma peça original.
> *Possíveis conexões próprias dos alunos:*
> Recordando de imagens na vida reminiscentes das pinturas abstratas (p. ex.: cores em um pôr do sol, ladrilhos, *designs* de roupas com padrões de cor ou vistas aéreas de paisagem)

Agrupamentos: individual, trios colaborativos, grande grupo
Objetivos comportamentais: Jan diminuirá o número de vezes em que grita em sala de aula (revisar com ela no início da aula, usar lembretes não verbais, usar lembretes verbais se for necessário e revisar no fim da aula).

2. **Proporcionar oportunidades para a aplicação de habilidades recentes e/ou para a demonstração de conhecimentos recentes.**
   Atividade foco: Escolha o seu favorito entre estas obras de arte abstratas (mostre pôsteres/projeções de Kandinsky, Rothko e Delaney) e escreva, em poucas palavras, o que exatamente as distingue de outros trabalhos, incorporando comentários sobre cor, textura, motivo e tom. Forneça um organizador gráfico.

Cor	Textura
Motivo	Tom

3. **Propor questões envolventes para descobrir o conhecimento prévio dos alunos (opções).**
   Pergunta de caráter geral: Qual você pensa que é a qualidade mais importante da obra abstrata: tamanho, tom, cor, forma ou motivo?
   Pergunta de caráter específico: O que você pensa que é mais importante na obra abstrata que você escolheu: cor, textura, motivo ou tom?

continua

Para evocar as informações prévias: Quais são as coisas que os artistas poderiam levar em consideração quando estão planejando uma obra abstrata? De onde eles poderiam obter algumas ideias?

4. **Introduzir, explicitamente, o que é esperado dos alunos na aula.**
   - "Hoje, nossa meta é criar uma obra de arte original que seja abstrata".
5. **Proporcionar oportunidades para explicações claras do conteúdo e múltiplas oportunidades para alunos se envolverem com ele.**
   - Os alunos usam sete linhas retas ou curvas para criar uma ideia para um projeto abstrato. (Exibir algumas amostras).
   - Quando os alunos tiverem completado a tarefa, eles trabalharão em grupos de três. Cada um irá "trabalhar" no seu projeto abstrato por 7 minutos, concentrando-se em um ou mais aspectos de motivo, cor e textura.
   - Depois de 7 minutos, o desenho será passado para outra pessoa.
   - Depois de mais 7 minutos, o desenho será passado para uma terceira pessoa.
   - Depois disso, o desenho retornará àquele que começou, que terá 5 minutos para acrescentar qualquer contribuição adicional.
6. **Verificar com os alunos ao longo de toda a aula se estão compreendendo o conteúdo proposto.**
   - O professor circula, trabalhando com os alunos individualmente e em grupo, oferecendo *feedback* sobre os seus trabalhos, demonstrando técnicas quando necessário, fazendo sugestões, etc.
7. **Proporcionar oportunidades para que os alunos demonstrem os seus conhecimentos e as suas habilidades, seja em curto prazo (pergunta, *quiz*, exercício, resolução de problemas) ou em longo prazo (teste, projeto, portfólio).**
   - Assim que todos os alunos estiverem satisfeitos com os seus trabalhos, eles os colocam em uma parede da sala de aula. As três peças devem ficar bem juntas, demonstrando as conexões de cor, textura, motivo e tom.
   - Os alunos são, então, convidados a andar pela sala (ou, opcionalmente, sentar) e ver todas as pinturas.
8. **Terminar a aula revisando o que foi aprendido (informações propostas) e o que foi compreendido (conexões próprias dos alunos).**
   - Então, o professor facilita uma conversa: O que você observou? Que conexões você vê? Como as pinturas fazem você se sentir? O que se pode dizer sobre o uso de cores, tons, formas pelos artistas? (Oportunidade para introduzir vocabulário: *tríptico*.)
   - Pede-se para que os alunos descrevam, individualmente, o pensamento por trás de seu próprio trabalho.
   - Antes de irem embora, pede-se para que os alunos completem esta sentença, oralmente, para o grande grupo: "Com base no que exploramos hoje, arte abstrata é..."

Fonte: Os autores.

QUESTÕES PARA REFLEXÃO

1. De modo geral, quais são as partes do planejamento da aula que você considera mais importantes?
2. Por que é importante se conectar com os alunos antes de tentar ensinar novas informações?
3. Quais são algumas das maneiras de iniciar as lições? Com quais você se sente confortável para experimentar?
4. Que atividades podem ser usadas para envolver os alunos individualmente, em duplas, em pequenos grupos, em grupos grandes e com a turma inteira? Com quais você já estava familiarizado, e quais eram novas para você?
5. Quando você era estudante, de que atividades de sala de aula você mais se beneficiou?
6. De que maneiras você pode verificar o grau em que os alunos estão se envolvendo com o conteúdo?
7. Quais são algumas das maneiras de se "finalizar" uma aula e consolidar o conhecimento dos alunos?
8. Quais poderiam ser algumas formas de se diferenciar as atividades sugeridas?
9. De que formas você pode integrar adaptações de testagem em algumas das estratégias de ensino deste capítulo?
10. Como você priorizaria os Sete Hábitos dos Bons Leitores? Explique as suas decisões.

NOTAS

1. Carousel Graffiti© é uma atividade desenvolvida pelo grande professor Christopher Lagares. Ver CONNOR, D. J.; LAGARES, C. High stakes in high school: 25 successful strategies from an inclusive social studies classroom. *Teaching Exceptional Children*, Reston, v. 40, n. 2, p. 18-27, 2007.
2. Uma discussão de Deutsch aplicada às questões da educação especial pode ser encontrada em WELCH, A. B. *Exceptional Children*, v. 33, n. 2, p. 36-40, 2000.

REFERÊNCIAS

HARVEY, S.; GOUDVIS, A. *Strategies that work:* teaching comprehension to enhance understanding. Portland: Stenhouse, 2000.

KEENE, E. L.; ZIMMERMAN, S. *Mosaic of thought:* teaching comprehension in a reader's workshop. Portsmouth: Heinemann, 1997.

LEVINE, M.; REED, M. *Developmental variation and learning disorders*. 2nd ed. Cambridge: Educators, 1999.

RAPHAEL, T. E. Question-answering strategies for children. *The Reading Teacher*, Newark, v. 36, n. 2, p. 186-190, 1982.

7
Avaliando o conhecimento e as habilidades dos alunos na sala de aula inclusiva

RODA DE AVALIAÇÃO

Não aposte... escolha com cuidado!

"Como vou saber se todos entenderam?"

Se o professor ensina alguma coisa, mas os alunos não a aprendem, será que essa "coisa" foi realmente ensinada? Esta é uma pergunta difícil. De alguma maneira, a resposta é "sim" e "não", dependendo da sua percepção do que é o ensino. Se vê o ensino como um modelo de *transmissão* em que o educador fornece informações e os alunos devem aprendê-las, independentemente do estilo do professor (falar com frequência, dar aulas expositivas, usar folhas com tarefas e assim por diante), você pode concluir que, uma vez que a professora tenha *falado* aos estudantes sobre as informações do conteúdo, o trabalho dela está feito. Se os estudantes não "assimilam", é responsabilidade deles. Entretanto, conforme vimos em capítulos anteriores, o ensino eficaz não é tão simples, e os professores devem planejar maneiras para envolver os estudantes de verdade. Maximizar o envolvimento dos alunos é parte de um modelo *interativo* de ensino, no qual o conhecimento é *construído* entre os professores e os estudantes. É claro, o ensino e a aprendizagem interativa não são criados a partir do nada; eles consistem do entrelaçamento entre o conhecimento do conteúdo que os professores fornecem com o conhecimento, as perguntas e as ideias dos estudantes, à medida que eles se envolvem em atividades para estimular seu pensamento e aplicá-lo de maneiras significativas. Acreditamos que um dos desafios mais importantes para os professores é afirmar: "sei que ensinei isso", mas depois perguntam a si mesmos: "como posso saber em que grau e de que formas isso foi aprendido?".

Neste capítulo, examinamos várias maneiras para se avaliar os alunos, explorar as melhores formas de descobrir o que os alunos *conseguem* fazer, e usar essa informação para planejar o seu próximo nível de ensino. Além disso, registramos o valor das avaliações antes, durante e depois da aprendizagem. Ao utilizarem avaliações formativas e somativas, os professores podem vir a conhecer a compreensão e as capacidades dos estudantes à medida que eles avançam no currículo.

MÚLTIPLOS PROPÓSITOS DA AVALIAÇÃO

Antes de qualquer coisa, queremos enfatizar que o propósito da avaliação é saber o que os estudantes *conseguem* fazer. Na educação especial tradicional, os alunos são vistos, primeiramente, através de uma lente de déficit que detalha o que eles *não conseguem* fazer. É claro, conhecer os desafios que um estudante enfrenta é importante para orientar o processo de tomada de decisão do professor, mas enfatizar excessivamente o que os estudantes são incapazes de fazer resulta em consequências imprevistas. Em outras palavras, um professor pode acabar vendo os alunos da educação especial como incapazes de aprender muito e, por sua vez, esses estudantes assumem as baixas expectativas que se tem deles. Ao contrário, sugerimos que os professores vejam os estudantes com base em um *modelo baseado nos pontos fortes,* o qual pressupõe competência.

Ao operarem a partir de um modelo baseado nos pontos fortes, os professores falam com os estudantes sobre as áreas em que eles se destacam, enfatizando seus talentos, dons, interesses e capacidades. Conforme você vai conhecendo os pontos fortes de cada estudante, torna-se possível aproveitá-los ao mesmo tempo em que se trabalha com os desafios que esse estudante enfrenta. Por exemplo, uma criança que pode memorizar letras intrincadas de um *rap,* mas tem dificuldade para se lembrar da tabuada da multiplicação poderia aprendê-la por meio do *rap;* um estudante que é excelente artista, mas tem dificuldades para escrever, poderia criar o enredo de uma história por meio de uma história em quadrinhos.

A avaliação de alunos pode tomar muitas formas, e ocorre em qualquer parte do processo de aprendizagem: antes de introduzir os alunos em um conteúdo novo; enquanto eles estão processando informações em uma aula; e quando esses criam produtos para mostrar o que eles aprenderam. Também pode se dar ao final de uma unidade de estudo, ao final do semestre ou ao final do ano. Ela acontece por meio de avaliações informais de informações coletadas pelo professor (p. ex.: observações, conversas, interações), ou por meio de avaliações formais (p. ex.: jogos, testes, provas finais). Ela pode ocorrer por meio de um trabalho em grupo de longo prazo, de projetos e de apresentações em aula. E ela certamente inclui exames padronizados locais e estaduais. Cada tipo de avaliação será discutida em maior profundidade nas páginas seguintes.

Em certos aspectos, é melhor separar a ideia da avaliação em duas áreas grandes: *avaliação formativa* e *avaliação somativa*. Embora esses termos soem extravagantes, eles representam ideias que são, em essência, bastante simples. A avaliação formativa ocorre quando os professores levam em conta o que os estudantes dizem e fazem diariamente em sala de aula (p. ex.: como eles respondem e fazem perguntas, trabalham com os demais, comentam sobre o que está sendo ensinado e aprendido) e integram essas observações ao planejamento instrucional. A avaliação formativa é uma abordagem contínua, e ela permite que os professores monitorem a aprendizagem do estudante. Em contrapartida, as avaliações somativas ocorrem ao final de um período específico de tempo (uma semana, uma unidade, um semestre, um ano) para se averiguar o crescimento de um estudante. As informações obtidas por meio das avaliações somativas revelam o que um estudante sabe e o que ele não sabe, e são também usadas para planejamento instrucional futuro. Para maximizar a eficácia do ensino, ambas as abordagens de avaliação devem ser usadas.

ESCOLHENDO OPÇÕES PARA AVALIAÇÃO CONTÍNUA

Antes de começarmos uma lista que descreve as muitas opções de avaliação existentes... um aviso! Para alguns leitores, todas as opções que os professores têm para avaliar os estudantes podem parecer excessivas. No início, pode parecer que você não sabe nem por onde começar. Entretanto, à medida que você se sente mais confortável com as rotinas de sala de aula, começará a ver os benefícios de se usar várias avaliações para propósitos diferentes. Nosso interesse aqui é descrever métodos criativos de avaliação, tanto no longo quanto no curto prazo, que possam ser usados pelos professores em salas de aula inclusivas.

Observações informais

Os professores avaliam informalmente os níveis atuais dos conhecimentos e das habilidades de seus estudantes com base na observação contínua. Por exemplo, você pode fazer a si mesmo perguntas como estas: Em que eles estão indo bem? Em que eles estão tendo dificuldades? Sobre o que eles têm conhecimentos parciais? Sobre o que eles têm uma compreensão incompleta? Quais evidências vejo ou ouço para confirmar minhas impressões iniciais? Muitos professores desenvolvem maneiras de averiguar o grau em que cada estudante entende o que está sendo ensinado. Alguns preferem manter alguma forma de registro, do breve ao detalhado, citando exemplos ("José traçou as coordenadas no gráfico, completou todas as tarefas", "Maria compôs uma rede dos lugares que ela gostaria de visitar" ou "Jongu esperou por sua vez de falar no trabalho em grupo"). Muitos professores gostam de carregar pranchetas para fazer anotações enquanto circulam pela sala de aula, ao passo que outros preferem usar cadernetas. Ademais, as observações podem variar em formato (ver Figura 7.1).

Avaliação do portfólio

Os portfólios de estudantes contêm uma coleção de trabalhos de estudantes criados durante um período de tempo e demonstram evidências claras da aprendizagem dos estudantes. Sua função é documentar o grau do crescimento do estudante e servir como uma afirmação de suas capacidades. Conforme sua concepção, os portfólios são centrados nos alunos, de modo que eles selecionam os trabalhos que acreditam representá-los.

(a) Observações gerais

DADOS:	Observações
Ayala, Pedro	
Braithewaite, Lesley	
Gorsky, Natasha	
Kashiguro, Ino	
Louis, Amy	
Merryweather, Tisi	
Ocloo, Maria	

(b) Observações direcionadas, *feedback* específico e acompanhamento

DADOS:	Pontos fortes	Áreas em que precisa melhorar	*Feedback* para o aluno	O que observar na próxima vez
Ayala, Pedro				
Braithewaite, Lesley				
Gorsky, Natasha				
Kashiguro, Ino				
Louis, Amy				
Merryweather, Tisi				
Ocloo, Maria				

(c) Folha de observação do processo de escrita

DADOS:	Antes da escrita	Planejamento	Primeiro rascunho	Revisão	Edição	Versão final
Ayala, Pedro						
Braithewaite, Lesley						
Gorsky, Natasha						
Kashiguro, Ino						
Louis, Amy						
Merryweather, Tisi						
Ocloo, Maria						

Figura 7.1 Amostras de registros de professor.
OBSERVAÇÃO: O professor pode fazer anotações qualitativas ou usar símbolos (*, +), letras ou números.
Fonte: Os autores.

Os portfólios são altamente individualizados e podem ser personalizados conforme as necessidades e os níveis de capacidade de qualquer estudante. Um bom portfólio inclui metas claras que os estudantes devem trabalhar para alcançar. Antes de iniciar esse tipo de avaliação, é importante que os alunos vejam um bom modelo de portfólio para ajudá-los a visualizar como seus próprios resultados podem vir a ser. Os portfólios deveriam ser vistos não apenas como uma coleção de trabalhos dos estudantes, mas também como uma oportunidade para os estudantes refletirem e discutirem sobre o progresso de seus esforços, oralmente e/ou por escrito. Alguns professores formalizam a avaliação de portfólios solicitando que os estudantes apresentem seu trabalho aos colegas, aos familiares e aos outros professores.

Avaliação autêntica e avaliações de desempenho

As avaliações autênticas são aquelas que refletem as tarefas da "vida real" que são significativas e relevantes para os alunos. Elas são centradas nos estudantes, baseadas em atividades e orientadas ao produto. Em outras palavras, os estudantes desempenham um papel ativo na criação de algo em que eles estejam interessados e que seja útil e finito. Por exemplo, eles poderiam entrevistar uma série de adultos sobre suas opiniões com relação à imigração ou à guerra e, então, sintetizá-las em uma apresentação (estudos sociais), reunir informações e criar um panfleto para promover a reciclagem no bairro (ciência), organizar informações reunidas sobre o uso que os colegas fazem de vários produtos eletrônicos em gráficos (matemática), ou criar um jornal da turma (língua, artes). A avaliação autêntica envolve o planejamento invertido, à medida que os professores perguntam a si mesmos: "O que gostaria que os estudantes fossem capazes de fazer?". Criar projetos relacionados à "vida real" permite aos estudantes a experiência de usar muitas habilidades e integrar algumas novas. Sejam as tarefas autênticas grandes ou pequenas, com frequência os professores usam uma rubrica para transmitir expectativas explícitas do que o resultado final deve demonstrar (ver mais informações sobre rubricas na Figura 7.2). As avaliações autênticas usadas em conjunto com rubricas são maneiras com que os professores podem avaliar o grau em que seus estudantes estão atingindo os padrões estaduais de desempenho.

Aprendizagem baseada em projetos

A aprendizagem baseada em projetos está intimamente ligada à avaliação autêntica, uma abordagem que contrasta com lições de curto prazo mais tradicionais e centradas no professor, nas quais o conhecimento é apresentado de forma isolada, descontextualizada do mundo. Uma abordagem de longo prazo que requer a criação de projetos significativos conectados às questões do mundo real, a aprendizagem baseada em projetos proporciona oportunidades para os estudantes desenvolverem múltiplas habilidades dentro de um contexto. Os estudantes são motivados pela busca de seus interesses com orientação personalizada do professor. Essa abordagem também enfatiza o trabalho com outras pessoas, a resolução de problemas, a tomada de iniciativa e de decisões. Na aprendizagem baseada em projetos, o papel do professor é multifacetado. Por exemplo, há momentos em que o professor fornece informações explícitas, modela habilidades e coordena atividades envolvendo o grupo todo. Há outros momentos em que o professor pode guiar, orientar, fornecer recursos e aprender junto com os alunos. Por exemplo, todos os alunos podem trabalhar em grupos de quatro para criar uma narrativa sobre uma "vida cotidiana" em um determinado tempo na história. Após dividir as responsabilidades de pesquisa, os estudantes se juntam para integrar todas as informações em uma apresentação de PowerPoint, usando documentos históricos para apoiar a sua apresentação. Em relação à história dos Estados Unidos, por exemplo, a turma inteira poderia considerar "vidas cotidianas" de várias eras: um indígena pré-colombiano; um marinheiro nas viagens de Colombo; uma puritana; um pescador escravizado na África; um revolucionário; um latifundiário; um imigrante durante a Revolução Industrial; uma mulher indo para o oeste em um trem; e assim por diante. Ao usarem essa abordagem, os estudantes investigam, discutem, criam, narram e debatem a vida em vários momentos da história do país.

Usando inteligências múltiplas

No Capítulo 5, delineamos os benefícios de se ensinar por meio de uma abordagem de inteligências múltiplas. Similarmente, podemos aproveitar a mesma abordagem para a avaliação. Os métodos tradicionais de testagem favorecem, inquestionavelmente, os estudantes proficientes em habilidades linguísticas e matemáticas. Usar uma abordagem de inteligências múltiplas valida os esforços e as habilidades dos alunos que não se destacam ou que têm dificuldades nessas áreas. Em grande medida, a Teoria das Inteligências Múltiplas está ligada à avaliação autêntica, já que os estudantes podem dizer o que eles gostariam de produzir e, em termos de capacidades, têm a oportunidade de "aproveitar os seus pontos fortes". Depois que os professores conhecem os perfis individuais de aprendizagem de seus alunos, eles podem proporcionar uma variedade de maneiras que podem ser usadas para avaliar a aprendizagem: criar pôsteres (espacial); autoavaliar e monitorar o desempenho (intrapessoal); fazer uma apresentação em grupo (interpessoal); fazer exames orais (linguística); resolver problemas lógicos da vida real (matemática); escrever e interpretar uma cena teatral (corporal-cinestésica); reescrever letras de música (musical); descrever um animal ameaçado em profundidade e delinear passos para protegê-lo (naturalista). Como se pode ver, o uso da maioria desses exemplos sobrepõe mais de uma inteligência, proporcionando formas inovadoras de avaliar o trabalho de estudantes.

Avaliação dinâmica

Essa abordagem implica (1) analisar os princípios da tarefa em questão (e incentivar os alunos a desempenharem a tarefa a fim de aferir os níveis atuais); (2) ensinar aos alunos os princípios da tarefa por meio de instrução altamente interativa, na qual os alunos são capazes de discutir e questionar o que estão aprendendo; e (3) pedir para que os estudantes desempenhem a tarefa original de novo. Ao usarem o modelo de três passos, os professores são capazes de ver os pontos fortes e os fracos dos estudantes. A instrução pode, então, ser adaptada às necessidades específicas, à medida que o professor fala com os alunos enquanto trabalham, faz perguntas a eles sobre os seus trabalhos e encoraja-os a fazerem perguntas. Nessas interações, os professores verificam o que os alunos estão aprendendo, que perguntas eles têm, de quanto tempo precisam e em que níveis estão funcionando atualmente. Por fim, a meta é conduzir os alunos ao próximo nível de desenvolvimento. Após a instrução, um novo teste é dado para que se revele o que foi aprendido e o que ainda poderia pedir atenção.

Rubricas

As rubricas são dispositivos usados, com frequência, em conjunto com a avaliação autêntica, a avalição baseada no desempenho e a aprendizagem baseada no projeto. Em suma, a rubrica é um organizador gráfico em grade, usada para avaliar o nível do desempenho ou do progresso do estudante com base em elementos de avaliação dentro de uma tarefa específica. Por exemplo, uma rubrica para a criação de pôster de viagem para um destino estudado na aula de história poderia avaliar o seguinte: o desenho da imagem principal, os gráficos, o uso das cores, a qualidade do *slogan*, a atratividade geral. Em cada uma dessas áreas, os alunos podem receber a pontuação de (4) excelente, (3) padrão, (2) próximo do padrão ou (1) abaixo do padrão. A Figura 7.2 mostra uma rubrica para se avaliar um projeto de grupo sobre sementes e plantas, e a Figura 7.3 é um exemplo de uma rubrica para se avaliar a composição feita pelos estudantes de uma cena para acrescentar a *Romeu e Julieta*.

Critério	1	2	3	4
Colaboração em grupo	As habilidades de grupo ainda estão nos estágios iniciais; necessitam desenvolvimento.	O grupo trabalhou bem junto por parte do tempo.	O grupo trabalhou bem junto.	O grupo exibiu muitas habilidades de apoio; harmonia no relacionamento.
Previsões	As previsões raramente são precisas e não são baseadas nas informações fornecidas.	As previsões são razoavelmente precisas em parte do tempo e parcialmente baseadas nas informações fornecidas.	As previsões são precisas e claramente baseadas em informações fornecidas.	As previsões são altamente precisas e baseadas em informações fornecidas.
Observação contínua do crescimento de plantas	As discussões e as ilustrações refletiram pouco e/ou imprecisamente o que se pode chamar de observações precisas do crescimento de plantas.	As discussões e as ilustrações refletiram algumas observações precisas do crescimento de plantas.	As discussões e as ilustrações refletiram observações precisas do crescimento de plantas.	As discussões e as ilustrações, altamente desenvolvidas, refletiram observações precisas do crescimento de plantas.
Mapeando habilidades	O gráfico estava bastante confuso e difícil de ler, além de conter muitas imprecisões.	O gráfico estava razoavelmente claro e não muito difícil de ler, além de conter algumas informações precisas.	O gráfico estava claro, fácil de ler e preciso.	O gráfico estava excepcionalmente claro, bem organizado e preciso.
Conclusão	A conclusão do grupo foi bastante imprecisa, com pouca ou nenhuma conexão com os dados reunidos.	A conclusão do grupo foi parcialmente precisa e baseada nos dados reunidos; é necessário desenvolvimento mais aprofundado.	A conclusão do grupo foi precisa e baseada nos dados reunidos.	A conclusão do grupo envolveu a teorização dos dados coletados e a produção de inferências e de especulações.

Total de pontos:

Feedback específico e apontamentos para a próxima vez:
_____
_____

Figura 7.2 Rubrica de grupo para Projeto de Sementes/Plantas.
Fonte: Os autores.

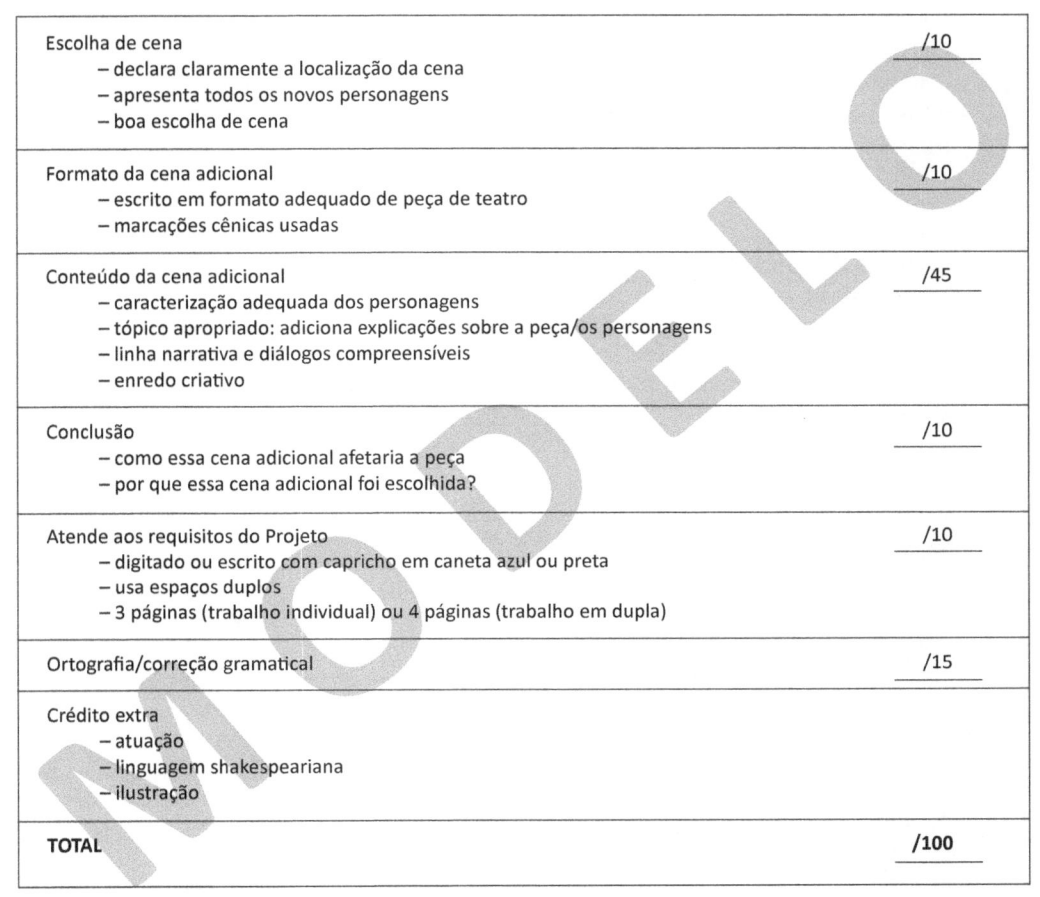

Escolha de cena
    – declara claramente a localização da cena
    – apresenta todos os novos personagens
    – boa escolha de cena
	/10

Formato da cena adicional
    – escrito em formato adequado de peça de teatro
    – marcações cênicas usadas
	/10

Conteúdo da cena adicional
    – caracterização adequada dos personagens
    – tópico apropriado: adiciona explicações sobre a peça/os personagens
    – linha narrativa e diálogos compreensíveis
    – enredo criativo
	/45

Conclusão
    – como essa cena adicional afetaria a peça
    – por que essa cena adicional foi escolhida?
	/10

Atende aos requisitos do Projeto
    – digitado ou escrito com capricho em caneta azul ou preta
    – usa espaços duplos
    – 3 páginas (trabalho individual) ou 4 páginas (trabalho em dupla)
	/10

Ortografia/correção gramatical	/15

Crédito extra
    – atuação
    – linguagem shakespeariana
    – ilustração	

TOTAL	/100

Figura 7.3 Rubrica de Projeto de Cena de *Romeu e Julieta*.
Fonte: Fran Bittman, Manhattan Village Academy, Cidade de Nova York.

Por meio da atribuição de notas a cada elemento, em uma escala de 1 a 4, os estudantes recebem *feedback* especificamente elaborado, que informa a eles (e ao professor) os pontos fortes, bem como os pontos fracos. As rubricas são úteis, pois fornecem aos estudantes expectativas claras sobre como um resultado final deve ser. Já há muitas rubricas disponíveis, desenvolvidas por professores de todo o país (por exemplo, ver www.rubrics4teachers.com), e os professores podem desenvolver suas próprias rubricas *on-line* (ver, por exemplo, www.rubistar.com). Entretanto, um dos usos mais eficazes desse tipo de anotação é construí-las com os alunos. Também é válido registrar que alguns professores usam listas semelhantes a rubricas que os estudantes usam para verificar os seus trabalhos com relação à completude, à precisão e à qualidade.

Registros e diários

Os registros e os diários fornecem outra oportunidade para avaliar os alunos "no momento", ao fim da lição ou ao longo do tempo. Eles podem ser usados em todas as séries e matérias e dão ao professor muitas opções para descobrir o que os estudantes pensam. Por exemplo, registros podem ser usados ao início de uma aula ("Descreva três coisas que você acha interessante a respeito dos tubarões"), durante a aula ("Escreva três novas informações sobre tubarões que aprendemos até aqui") ou para encerrar a aula ("Diga por que um tubarão não pode ficar parado e deve nadar sempre", e ainda "Escreva uma pergunta sobre tubarões que você gostaria de fazer aos seus colegas"). Os professores podem circular pela sala para ler as respostas dos estudantes e "ver em que pé" está o aprendizado. Os registros e os diários podem ser altamente estruturados, semiestruturados ou de final aberto. Um registro de diário altamente estruturado, por exemplo, poderia ser

1. O que são as coordenadas?
2. Descrever um exemplo de quando elas são usadas no "mundo real".
3. Quais são, para você, as facilidades de se usar coordenadas?
4. O que você acha complicado?
5. Crie um pequeno problema de palavras usando coordenadas.

Uma resposta semiestruturada poderia ser assim: "O que aprendi sobre coordenadas foi...". Uma forma não estruturada de se escrever em um diário é a de "escrita livre", na qual os estudantes podem escrever sobre o que escolherem. Por exemplo, o professor poderia orientar: "Escreva algo que você acha interessante sobre coordenadas".

Medição baseada no currículo

Esse é um método que os professores usam para descobrir como os estudantes estão progredindo em áreas acadêmicas centrais, como leitura, escrita e matemática. A avaliação baseada no currículo permite um *feedback* rápido e mensurável, que pode ser traçado em um gráfico. Em geral, os testes são muito breves (duram cerca de 1 minuto) e podem consistir de palavras para serem soletradas por escrito e/ou oralmente, de uma amostra de palavras multissilábicas para serem lidas foneticamente ou de problemas matemáticos para serem resolvidos. A brevidade da avaliação permite que o professor tabule rapidamente o número de respostas corretas e incorretas. Uma avaliação como essa possui múltiplos propósitos, incluindo fornecer informações sobre os graus em que os estudantes estão aprendendo habilidades e conteúdos; proporcionar uma comparação com outros estudantes da turma; e fornecer dados para serem usados na diferenciação da instrução.

Uso da análise de erros

A análise de erros pode ser usada em qualquer tipo de avaliação. Em termos práticos, os professores analisam o trabalho dos estudantes com um olhar voltado para a observação de padrões de erros, áreas problemáticas, habilidades não desenvolvidas e formas de abordar a própria tarefa. Essa abordagem se preocupa com erros generalizados e habituais – e não com erros aleatórios ou de atenção. Depois que um professor determina as áreas problemáticas, algumas são priorizadas (talvez umas duas ou três) e a instrução é personalizada de modo a atender as necessidades do estudante. Os professores podem acompanhar os padrões de erros do estudante (junto com os pontos fortes) em seus próprios registros, e discutir abertamente com os estudantes as áreas visadas no ensino. A análise de erros também pode ser usada *com* os estudantes, incluindo o *feedback* de colegas, em que os membros da turma revisam os trabalhos uns dos outros, seguindo passos e orientações específicos fornecidos pelo professor. Finalmente, os estudantes podem estudar os testes e *quizzes* que eles mesmos avaliaram para analisarem, por si próprios, o número e os tipos de erros e para bolarem estratégias, a fim de evitar a repetição dos mesmos erros.

Avaliações/jogos "amigáveis do professor"

Os professores eficazes muitas vezes personalizam ideias sobre as quais leem ou que observam nas salas de aula de outras pessoas. Além disso, muitos confeccionam seus próprios materiais, que vão do simples ao complexo. A seguir, apresentamos alguns exemplos, originados de nossas experiências, e algumas ideias tiradas de textos específicos, que contêm diversas estratégias (Kagan; Kagan, 2001; Reif; Heimburge, 1996; Udvari-Solner; Kluth, 2008).

1. **A a Z.** Ao final de uma unidade, os estudantes podem receber uma lista (ou organizador gráfico) com todas as letras do alfabeto em ordem. Usando cada letra, os alunos são solicitados a escreverem associações a partir da unidade ensinada. Por exemplo, ao se estudar a Guerra Civil dos Estados Unidos, A é para artilharia, B é para baionetas, C é para cavalaria, D é para disenteria, etc. Repare (ironicamente) que NÃO é uma boa estratégia se pensar alfabeticamente, já que isso pode levar tempo e causar bloqueios mentais, mas sim usar essa estratégia como uma forma de lembrar o máximo de informações possível e, então, colocá-las no local correto. Por exemplo, um estudante pode se lembrar de palavras/conceitos, tais como retirada, infantaria, bombardeio, Vicksburg, e assim por diante. Esse método permite que os alunos se recordem e se reconectem com as informações, quase como se cada parte fosse uma peça de quebra-cabeça. Juntas, todas as associações ajudam a criar um retrato rico da compreensão do estudante.
2. **Troca.** Os estudantes trabalham em duplas. Eles se sentam lado a lado ou de frente um para o outro. Quando recebem o sinal para começar, o colega A começa a falar para o colega B o máximo de coisas que ele ou ela se recorda sobre um tópico (tornados, polígonos, Grégia Antiga, poetas da guerra, etc.). Quando o professor disser "trocar", o colega B começa a falar, e o colega A torna-se o ouvinte. Os papéis podem ser alternados várias vezes. Dependendo do número de tópicos revisados, dos estilos de aprendizagem e de outros fatores, os estudantes podem trocar de colegas (para trabalharem com "novos" estudantes) depois que cada tópico tiver sido revisado.
3. **Jogos de pareamento/pescaria.** Os professores criam jogos em que os colegas tentam combinar conceitos aprendidos. Por exemplo, 20 cartas são colocadas viradas para baixo. Cada colega, à sua vez, levanta duas cartas para encontrar uma combinação. As ideias para se confeccionar cartas podem ser tiradas de quaisquer áreas de ensino, tais como palavras que começam com as mesmas letras (misturando br, bl, fl, fr, e gr); vocábulos e suas definições; sinônimos; antônimos; capitais e países; equações matemáticas e respostas; e assim por diante.
4. **Enviar uma pergunta.** Cada estudante põe seu nome em um pedaço de papel e dobra-o ao meio. Na metade de cima, escreve uma pergunta sobre alguma coisa recentemente discutida em aula. Então, o professor recolhe os papéis em uma sacola (ou em uma pilha que será embaralhada) e distribui uma pergunta para cada aluno responder. Cada resposta é, então, devolvida para a pessoa que fez a pergunta original. Uma grande sessão de compartilhamento de amostras de perguntas e respostas pode acontecer em seguida. Todas as perguntas e respostas podem ser publicadas em um quadro de aviso para serem revisadas.
5. **Jogos de tabuleiro.** Com o rolar de um dado, o que poderia ser uma revisão de conteúdo desinteressante, maçante e monótona é transformada em uma competição desafiadora. Usando vários formatos genéricos de jogos de tabuleiro em que um estudante/jogador pode

mover uma peça de um a seis espaços (um "tabuleiro" pode ser feito de modo barato com papel cartão), os estudantes jogam o dado, pegam uma pergunta (escrita em uma ficha pautada) e dão uma resposta ou realizam uma tarefa antes de prosseguirem no tabuleiro (p. ex.: Qual é a capital da Turquia? Quanto é 5 × 7? Nomeie um polígono de quatro lados. Liste três palavras que incluam o dígrafo "lh". Faça uma sentença usando a palavra "apavorado"). Outra ideia é pedir aos alunos que criem seus próprios jogos de tabuleiros sobre uma unidade em estudo. Os estudantes podem trocar jogos para estudar jogando. Cada jogo pode, também, ser considerado como um produto de avaliação.

6. **Jogos de vocabulário.** O ensino explícito de vocabulário de conteúdo é um aspecto frequentemente negligenciado. Para ajudar os estudantes a se lembrarem do vocabulário, os professores precisam tornar explícitas as conexões entre as ideias e pedir para que os estudantes usem palavras específicas ("alvo") regularmente. Tente criar jogos de cartas nos quais os estudantes se concentrem em umas sete ou oito palavras, agrupadas em torno de um conceito central, como transportes, fotossíntese, ângulos ou comércio. Um pacote de fichas pautadas pode apresentar estímulos relacionados às palavras propostas, como os seguintes: defina a palavra; dê exemplos do conceito; complete sentenças usando a palavra proposta; forneça sinônimos; forneça antônimos, quando for adequado; e identifique representações visuais. Faça os estudantes jogarem em grupos de três a cinco pessoas para revisar intensamente um pequeno número de palavras.

7. **5 Primeiros/10 Primeiros.** Os alunos trabalham sozinhos, em duplas ou em grupos para gerar uma "lista hierarquizada" com os itens mais importantes, que refletem o aprendizado recente do conteúdo de uma matéria. A lista pode ser de final aberto, como "as 10 coisas que aprendi sobre a Guerra Civil Norte-Americana". Por outro lado, ela pode ser específica, como "cinco polígonos e suas características".

8. **Sorteio entre grupos.** Nesta estratégia cooperativa de aprendizagem, o professor divide os estudantes em grupos cooperativos, dando a cada grupo um número. Além disso, cada aluno do grupo recebe um número. Uma pergunta é feita para a turma inteira e, então, cada grupo discute possíveis respostas. Depois que os estudantes tiverem a oportunidade de debater, discutir e chegar a um consenso sobre uma resposta, o professor chama aleatoriamente um estudante (p. ex.: "Grupo 3, estudante número 4!"). Essa abordagem ajuda os estudantes a revisar por meio do auxílio mútuo e do encorajamento da responsabilidade em relação à avaliação e ao desempenho do grupo.

9. **Passeio em museu.** Embora tenhamos discutido a visita ao museu para ajudar os alunos a processar informações, ele também pode ser usado para propósitos de avaliação. Os estudantes circulam entre documentos, escrevendo respostas em uma planilha preparada pelo professor ou em papel quadriculado em volta dos documentos (assinando as iniciais ao lado de seus comentários). No primeiro exemplo, o professor descobre o que cada aluno sabe e pensa; no segundo, os professores podem obter uma estimativa sobre os estudantes e a turma como um todo. Em todos esses exemplos, o professor circula entre os estudantes e os grupos, observando formalmente (coletando dados) ou informalmente (fazendo anotações pessoais), dependendo do propósito da avaliação.

Quadro 7.1 Jogo de Vocabulário

O Jogo de Vocabulário (Vocabulary Game©), inventado por Kate Garnett, do Hunter College, é de baixo custo e altamente eficaz de envolver os estudantes na prática da identificação e do uso do vocabulário. Com as modificações apropriadas, ele pode ser aplicado em qualquer disciplina e em qualquer ano. A premissa é simples: os alunos precisam de tempo, prática e reforço do vocabulário com base no conteúdo; os professores devem selecionar um conceito central e um agrupamento de vocábulos relacionados conhecidos como palavras-alvo. Os professores criam o pacote de cartas (as fichas pautadas são perfeitas para isso) e devem demonstrar como se joga.

1. O que um pacote de Jogo de Vocabulário deve conter?
- CARTAS-ALVO – 2 CONJUNTOS (destacados de alguma maneira: cores diferentes, encaixotados, etc.). Um conjunto é colocado à frente virado para baixo, o outro é distribuído aos jogadores com as cartas embaralhadas. Deve-se ter de 6 a 10 cartas-alvo diferentes em um pacote.
- CARTAS DE FAMÍLIA-ALVO – um conjunto de cartas para cada carta-alvo, focado em apontar o significado.
  – 4 a 8 cartas de exemplo para cada família-alvo.
  – As famílias-alvo precisam consistir de números diferentes (para evitar empates quando o jogo terminar).
  – As famílias-alvo podem incluir, quando for apropriado, CARTAS ILUSTRADAS, CARTAS DE EXEMPLO, CARTAS DE DEFINIÇÃO, CARTAS DE SINÔNIMOS, CARTAS DE ANTÔNIMOS, etc.

2. Como jogar
- O objetivo é ligar e construir famílias de palavras-alvo.
- Distribua (ou coloque com a frente para cima) um dos dois conjuntos de cartas-alvo. O outro é embaralhado.
- Jogue no formato de *round-robin*, em sentido horário. Cada jogador pega uma carta de cada vez do monte e deve verbalizar, de modo que os outros jogadores possam ouvir claramente: "As linhas em um globo ou mapa que vão do leste ao oeste". Tudo deve ser dito "em voz alta", já que repetições e oralidade são elementos-chave.
- Se a resposta de um aluno estiver correta, ele ou ela pode ficar com aquele MONTE em particular. Consequentemente, o jogo pode mudar drasticamente em uma rodada, já que cada monte pode ser vencido com a resposta correta a qualquer pergunta.
- O vencedor é o que tiver o maior número de cartas. Contam-se cartas, não montes (contar montes causa empates excessivos).

Opções adicionais:
- Para obter uma melhor estrutura, use uma esteira para cada jogador com as palavras-chave distribuídas sobre ela.
- Pode-se ter uma lista no verso de todas as cartas com sentenças/pistas – no caso de disputa.

3. Como fazer "boas" cartas de exemplo
- Concentre-se no significado da palavra; quase nenhuma outra palavra deve corresponder.
- Aponte para o significado (ensine, não teste). Não seja obscuro ou complicado.
- Construa sentenças memoráveis, de modo que elas "peguem". Use referências que sejam pessoais, emocionais, humorísticas, coloquiais, etc.
- Os exemplos podem ser na forma de sentenças com espaços em branco, p. ex., "As da rosa muitas vezes são vermelho brilhante". Ou use "Eu", p. ex., "Eu sou a parte da rosa que é vermelho brilhante".
- Mantenha a parte do discurso consistente, p. ex., "sonhar" OU "um sonho", mas não ambos.
- Acrescente os marcadores morfológicos necessários (p. ex., -ado, -ndo, -s) nas cartas de sentenças com espaços em branco.
- Para as cartas ILUSTRADAS – use recortes, desenhos, *clip art*, trabalhos de arte das crianças. Coloque uma seta apontando para a parte em questão, p. ex., para a pétala.
- Para cartas de DEFINIÇÃO – tenha cuidado com a definição do dicionário. Faça a sua própria definição, de modo que ela seja útil.
- Para cartas de SINÔNIMO – use apenas quando forem apropriadas. Nomeie-as da mesma forma. Não use palavras mais difíceis do que a palavra-alvo.
- Para cartas de ANTÔNIMO – use apenas quando forem apropriadas. Chame-as de "o oposto de". Não use palavras mais difíceis do que a palavra-alvo.

continua

Quadro 7.1 Jogo de Vocabulário (*continuação*)

Exemplo 1

Grande conceito: Mapas (Estudos Sociais – 2º ano)
Palavras-alvo: Legenda, Longitude, Latitude, Hemisfério, Clima, Escala

1. Legenda
- Imagem de legenda
- Sinônimo: descrição
- O que é uma legenda?
- A descrição em um mapa que explica o que os símbolos representam
- Exemplo: imagem de árvores = floresta
- Para achar o símbolo que representa uma escola, olhe para a _____
- Para achar o que o símbolo representa, você usaria a _____

2. Longitude
- As linhas em um globo ou mapa que vão de norte a sul
- Defina longitude
- Imagem de um globo com linhas de longitude
- Exemplo: o principal meridiano fica ao longo destas linhas
- Antônimo: latitude
- 45 graus leste é um exemplo de linha de _____

3. Latitude
- As linhas em um globo ou mapa que vão de leste a oeste
- Exemplo: O equador fica entre estas linhas
- Defina latitude
- Imagem de um globo com linhas de latitude
- Antônimo: longitude
- 45 graus norte é um exemplo de linha de _____
- 45 graus sul é um exemplo de linha de _____
- As linhas de _____ vão do leste ao oeste

4. Hemisfério
- Defina hemisfério
- Uma área do mundo; seção do globo
- Exemplo: Ocidental e Oriental
- Imagem de um globo dividido em hemisférios norte e sul
- Os Estados Unidos estão localizados no ___ norte
- A Nova Zelândia está localizada no ___ sul

5. Clima
- Defina clima
- Exemplo: tropical
- O clima/temperatura de uma área do mundo
- Chuvoso e úmido descrevem o _____ de uma área

6. Escala
- Uma medida que permite calcular a distância de um lugar a outro
- Uma imagem de uma escala
- Defina escala
- Se você quisesse encontrar a distância entre Nova York e Boston, usaria a _____
- Para encontrar o número de milhas de Los Angeles até Denver, você usaria a _____
- Segundo a _____, 1 polegada equivale a 100 milhas

Fonte: Kristin Fallon, Cidade de Nova York.

continua

Quadro 7.1 Jogo de Vocabulário (*continuação*)

Exemplo 2

Grande conceito: Unidade de Pássaros (Ciências – 3º ano)
Palavras-alvo: Bico, Ninho, Penas, Migração, Ornitólogo, Ninhada, Alisamento de Penas, Asas

1. Bico
- A parte dura e, às vezes, pontuda da boca de um pássaro
- Um beija-flor usa seu longo _____ para penetrar uma flor e sugar néctar
- Os tucanos têm um _____ muito longo, grosso e colorido, que os auxilia a arrancar frutos de uma árvore
- Todos esses pássaros têm _____(s) que os ajudam a comer a comida de que gostam
- O que é um bico?
- O _____ de um pássaro pode ser usado para comer e beber, bem como para coletar materiais para fazer ninhos, alisar as penas, alimentar seus filhotes e atacar inimigos

2. Ninho
- A casa que os pássaros constroem para colocar seus ovos e criar seus filhotes
- Às vezes, o macho e a fêmea trabalham juntos para construir o seu _____
- O que é um ninho?
- O _____ de um falcão peregrino em geral é construído na borda de um penhasco rochoso
- Alguns pássaros usam fios, ervas secas, pelos e grama para construir os seus _____
- Os pássaros adultos devem ficar perto de seu _____ para proteger os seus ovos e/ou filhotes
- Eu vi quatro ovinhos azuis em um _____

3. Penas
- Uma parte leve que cobre o corpo de um pássaro
- Todos os pássaros têm _____, que os fazem diferentes de todos os outros animais
- As _____ ajudam os pássaros a voar e também protege a pele deles
- As _____ de um papagaio podem ser muito coloridas
- O que são penas?
- Enquanto andava pelo Parque Crotona, encontrei uma _____ listrada de preto e azul. Ela era de um gaio-azul

4. Migração
- Quando os pássaros voam para novos locais na primavera e no outono, em geral é para escapar do frio do inverno
- A _____ das andorinhas do ártico, do norte do Maine para o Polo Sul, equivale a quase 10.000 milhas no total
- O que é migração?
- Os pássaros usam o sol para ajudá-los a encontrar o seu caminho durante a _____
- Meu pai e eu levamos nossos binóculos para a praia no outono para que pudéssemos ver os pássaros durante a sua _____
- Os pássaros sabem que é hora da _____ quando os dias se tornam mais curtos, no outono, ou mais longos, na primavera

5. Ornitólogo
- Um cientista que estuda pássaros
- O _____ levou as pessoas a um passeio especial para que aprendessem mais sobre os pássaros nos parques
- O que é um ornitólogo?
- Eu amo tanto os pássaros; quero saber tudo sobre eles! Quero ser um _____
- O _____ estava estudando os diferentes cantos dos tentilhões
- Estava agindo como um _____ quando estudava os hábitos dos estorninhos em minha vizinhança

6. Ninhada
- Quando um ovo se abre, um filhote sai da casca
- A mãe pintarroxo senta em seu ninho e espera que dos seus ovos saia uma _____
- Leva cerca de duas semanas para os ovos de pintarroxo darem uma _____
- O que significa uma ninhada?
- Quando visitamos a fazenda vimos saírem dos ovos uma _____ de pintinhos. Eles eram bem pequenos.
- Quando a _____ dos frangos sai de seus ovos, os filhotes são chamados de pintinhos

continua

Quadro 7.1 Jogo de Vocabulário (*continuação*)

---
7. Alisamento de penas
- Quando os pássaros bicam suas penas, puxando-a, mordiscando-as e afofando-as, isso é chamado de ____
- Quando os pássaros limpam suas penas, isso é chamado de ____
- Muitos pássaros espalham óleo por suas penas quando estão fazendo ____. Isso ajuda as penas a permanecerem impermeáveis quando o tempo está ruim
- O periquito estava fazendo o ____ bicando-as e afofando-as
- Eu vi um pato fazendo ____ ao lado do lago
- O que é alisamento de penas?

8. Asas
- As partes do corpo de um pássaro que são usadas, principalmente, para voar
- As ____ de um pássaro se assemelham aos nossos braços
- Os pinguins têm ____, mas eles as usam para nadar em vez de voar
- As ____ de um albatroz podem medir mais de três metros de envergadura!
- Um beija-flor bate suas ____ tão rápido, que você não consegue vê-las
- Como você chama isto? (imagem)

Fonte: Jody Buckles, Cidade de Nova York.

Fonte: Os autores.

Testes feitos por professores

No princípio, os novos professores podem levar muito tempo criando suas próprias provas. Todas as provas devem ter orientações claras e serem legíveis e organizadas. As crianças não serem pensar que estão sendo levadas a dar a resposta errada, mas, ao contrário, que estão recebendo uma oportunidade justa de compartilhar o que elas sabem e podem fazer. A preparação e/ou a prática em aula antes de um teste cria as condições para que os estudantes se sintam confiantes em relação ao formato e ao conteúdo da prova. A seguir, apresentamos uma lista de formatos bastante comuns para provas em sala de aula, e também os seus prós e contras.

1. **Verdadeiro/falso.** Criar uma série de afirmações e pedir para que os estudantes escolham entre verdadeiro ou falso é uma maneira rápida de avaliar. Embora aparentemente simples, o formato verdadeiro/falso pode ser confuso para alguns se o professor apresentar um grau de ambivalência ("às vezes, uma cascavel pode..."), ou se a pergunta for longa, estranhamente formulada ou contiver informações contraditórias ("as cascavéis que vivem no Arizona frequentemente saem à noite e entram em lixeiras, mas nem sempre são perigosas").

2. **Fazer correspondência entre itens.** Outra forma relativamente fácil de se avaliar estudantes é apresentar duas colunas de informações e pedir para que os estudantes façam conexões entre os itens de cada coluna. As conexões podem ser definições ("Arizona" e "estado do sudoeste dos EUA"), exemplos ("réptil" e "cascavel") ou atributos ("sangue frio" e "répteis"). Os estudantes traçam uma linha para conectar os itens ou listam um número na primeira coluna com uma letra correspondente da segunda coluna. Para que a tarefa seja viável para os alunos, não devem ser listadas mais do que sete a dez combinações de pares.

3. **Teste de completar.** Um teste de completar é um texto sem algumas palavras-chave ou frases. Um banco de palavras é fornecido no topo da página ou ao lado de um parágrafo (se há numerosas palavras no banco de palavras). Os alunos devem inserir a palavra que eles acreditam ser a

que melhor se "encaixa" no espaço em branco.
4. **Múltipla escolha.** As perguntas de múltipla escolha são um patrimônio no atual contexto educacional. Assim, não chega a surpreender o fato de que alguns professores (e, surpreendentemente, alguns alunos) as adoram; outros as detestam imensamente. Embora sejam relativamente rápidas para se atribuir notas, as perguntas de múltipla escolha não oferecem profundidade ou complexidade de resposta e dão a falsa impressão de que todo conhecimento é organizado em porções pequenas de informações e podem existir fora de contexto. Se os testes de múltipla escolha precisam ser usados, os professores devem produzir perguntas curtas e claras e proporcionar três ou quatro respostas potenciais de tamanho equivalente. Ademais, eles devem evitar as duplas negações ("Selecione o que não tem o menor valor...") e as combinações ("a e b", "b e c", "a e c" ou "todas as respostas acima").
5. **Resposta curta.** Responder a perguntas com respostas curtas aplaca os temores dos estudantes com relação à escrita mais extensa. As respostas curtas também dão aos estudantes a oportunidade de mostrar o que eles sabem de uma forma concentrada, usando suas próprias palavras. As respostas curtas têm um tamanho que vai de uma sentença a um ou dois parágrafos. Embora a sua avaliação demande tempo, esse formato permite que o professor veja as conexões personalizadas do estudante e a sua capacidade de expressar por escrito o conhecimento almejado.
6. **Redação.** À medida que as séries avançam, também avança a quantidade esperada de trabalhos escritos. As redações são cobradas em muitas, senão da maioria, das matérias. Uma boa redação requer planejamento e organização, por isso, um tempo deve ser destinado a esse propósito. Muitos alunos se beneficiam da prática frequente da escrita de redações dissertativas, incluindo como se analisar perguntas, associação de ideias, usar organizadores gráficos para plotar ideias, criar uma introdução forte, propor sentenças de tópico/apoio/conclusão e transições entre os parágrafos e concluir um ensaio de maneira eficaz. A escrita não tem de ocorrer em condições de "prova", mas sim pode ser abordada de várias maneiras, usando outras metodologias, tais como a edição em duplas, rubricas prévias para a composição e a sua inclusão em um portfólio.
7. **Desenho e ilustração.** O desenho é muito usado nos anos iniciais para mostrar o que os alunos sabem e compreendem, o que pode abranger tanto as experiência pessoais (p. ex.: família, amigos, mascotes, casas, parques) quanto o conteúdo aprendido (p. ex.: barcos, aviões, bandeiras, temporadas). Defendemos que o desenho pode ser parte das avaliações em todas as séries. Os estudantes podem ser solicitados a desenhar, esboçar, ilustrar e rotular qualquer coisa que estejam estudando: uma peça shakespeariana, a melhor maneira de se usar as terras agricultáveis, um esquete para uma narrativa original ou os aspectos da segurança pública. Para muitos alunos, desenhar os ajuda a conceituar, organizar e comunicar melhor o conhecimento. Isso é válido para todas as matérias e, em particular, para a matemática.
8. **Formatos mistos.** Para acomodar diferentes estilos de aprendizagem e abranger todos os níveis de aprendizagem, todas as sugestões acima podem ser combinadas em uma prova. Por exemplo, um exame ao final de uma unidade poderia conter cinco perguntas de falso ou verdadeiro, cin-

co de correspondência entre itens, algumas respostas para completar, uma seção de respostas curtas, um desenho e uma redação curta. Os alunos podem ser encorajados a começar os testes em qualquer ordem, encorajando-os, assim, a "acessar" primeiro o teste de acordo com seus pontos fortes.

9. **Testes construídos em cooperação.** A apreensão dos estudantes é reduzida quando eles trabalham com o professor a fim de opinarem sobre o que estará "na prova". Trabalhando em grupos, os estudantes podem analisar listas, notas de aula ou tópicos familiares para produzirem perguntas "semelhantes às do professor". Elas podem ser compartilhadas com a turma inteira e usadas assim mesmo, ou podem ser reformuladas pelo professor com as modificações necessárias. Os estudantes também podem tomar decisões sobre o formato do teste. Essas abordagens colaborativas influenciam positivamente a motivação dos estudantes com relação ao estudo para os testes e a sua realização.

Em suma, essa é uma seleção com algumas maneiras de se usar avaliações em sala de aula feitas por professores. Se você se recorda da Taxonomia de Bloom, cada uma dessas opções se encaixa em algum ponto do *continuum* entre habilidades de pensamento de baixo e de alto nível. Por exemplo, itens de verdadeiro/falso e múltipla escolha tendem a requerer menos uso da memória, pois mais informações correspondentes são fornecidas, oferecendo poucas oportunidades para o pensamento original e criativo. Por outro lado, respostas escritas de vários tamanhos, desenhos com explicações e ensaios que requerem resolução de problemas encorajam o pensamento original e de alto nível. É importante notar que cada opção tem um lugar, mas devemos ter sempre atenção contra o tradicional uso excessivo de tarefas que envolvem o pensamento mais simplista.

QUESTÕES EMERGENTES DA AVALIAÇÃO PADRONIZADA

Nos últimos anos, a ênfase na avaliação padronizada levantou muitas questões concernentes estudantes com e sem deficiência. Nas décadas anteriores, as políticas de avaliação não incluíam estudantes com deficiências (Hehir, 2005). Entretanto, desde a aprovação da legislação federal (*No Child Left Behind* [NCLB]), em 2001, os estudantes com deficiência passaram a ser "contados" nos dados municipais, regionais, estaduais e federais. Embora essa mudança tenha dado acesso a uma educação academicamente mais rigorosa a alguns alunos, ela também gerou problemas. Uma das maiores dificuldades para os alunos com deficiência é a crescente ênfase nos testes padronizados de "larga escala" que, iniciando-se no ensino fundamental, ocorrem nos diferentes anos para diversas matérias. Seguindo a tendência da crescente prestação de contas em relação ao desempenho dos estudantes, a NCLB determina que as escolas conduzam avaliações estaduais em leitura e matemática todos os anos, do 3º ao 8º ano. Além disso, os estudantes do 4º e 8º anos devem passar por avaliações nacionais em leitura e matemática, sob a coordenação da *National Assessment of Educational Progress*. Exige-se que os estados também estabeleçam padrões e meçam o progresso dos estudantes em ciência e história. As pontuações dos alunos são tabuladas e publicadas no formato de boletim escolar. Se o *Annual Yearly Progress* (AYP, na sigla em inglês) – amplamente determinada pelas pontuações nos testes – não for alcançado por um período de dois anos consecutivos, a escola é classificada como "uma escola com necessidade de melhoria", e os estudantes podem ser transferidos para escolas com melhor desempenho. Após o terceiro ano sem fazer o progresso adequado, uma escola deve usar 20% de suas subvenções federais *Title I*[1] para proporcionar serviços educacionais suplementares.

Avaliação referenciada à norma

Muitos exames padronizados são referenciados à norma, isto é, o desempenho individual de um aluno é comparado ao desempenho de todos os outros. Os anos são "normatizados" de acordo com as expectativas sobre as capacidades que consideramos "normais" para os estudantes da mesma idade. É claro, as normas são construídas pela sociedade em que vivemos, e elas mudam consideravelmente ao longo do tempo para se adequar às demandas da sociedade. Os testes referenciados à norma classificam os alunos de acordo com quem foi melhor ou pior do que outro. É importante registrar que a avaliação com base na norma é construída de maneira que requer que certa porcentagem de estudantes fracasse.

Avaliação referenciada ao critério

Como seu nome sugere, esse tipo de avaliação usa critérios específicos para determinar o que um estudante aprendeu ou deixou de aprender. A maior parte dos testes feitos por professores é baseada nesse critério, e alguns deles são também testes de larga escala. Como exemplo de testes de larga escala de conteúdo específico, estão os exames de conclusão do ensino médio, bem como os exames profissionais, além dos testes estaduais requeridos para a certificação de professor.

Dilemas: questões, tensões, contradições, paradoxos e escolhas

A NCLB é uma lei controversa, que vem acumulando críticas de uma variedade de fontes, incluindo de defensores dos direitos das pessoas com deficiência (BEJOIAN; REID, 2005). Os exames padronizados (o mesmo teste, da mesma maneira, ao mesmo tempo) podem ser contraproducentes para os alunos que têm especificidades que não são abrangidas pelas adaptações legais. Além disso, os professores muitas vezes têm a tendência de "ensinar para a prova". (Uma breve digressão que merece destaque: cada estado norte-americano autogoverna a sua testagem padronizada, tornando possível para qualquer estado produzir testes mais fáceis para melhorar as pontuações.) Dada a diversidade dos alunos em todas as salas de aula, a redução dos métodos para se ensinar um currículo altamente prescritivo inibe o ensino criativo e dinâmico.

Mais importante, há aspectos da NCLB que parecem ir de encontro aos princípios da *Individuals with Disabilities Education Improvement Act*. Por exemplo, os alunos que não conseguem atender aos novos critérios para a promoção estabelecidos por muitas autoridades locais e educacionais irão "repetir" um ano, mesmo que as pesquisas mostrem consistentemente que reter os estudantes aumenta a probabilidade de eles evadirem a escola antes de completarem o ensino médio[2] (JIMERSON et al., 2002). Os requisitos da NCLB criaram um sistema que parece um labirinto, confundindo pais e professores. Por exemplo, nos exames estaduais de Nova York, os estudantes são classificados em um *continuum* de 4 (alto) até 1 (baixo). As informações a seguir foram publicadas na página *web* do Departamento de Educação da cidade de Nova York:

Estudantes da educação geral

Os estudantes do 3º, 5º e 7º anos serão promovidos em junho, se eles obtiverem o Nível 2, ou maior, de pontuação, tanto nos testes de *State English Language Arts* (ELA, na sigla em inglês) quanto nos de matemática do mesmo ano. Para todos os estudantes que obtiverem o Nível 1 de pontuação no teste ELA ou no de matemática (ou em ambos), um processo de pedido de recursos possibilita uma revisão automática e obrigatória do trabalho do estudante.

Alunos da educação especial

Os estudantes com "critérios de promoção padronizados", listados na página 9 do seu Plano Educacional Individual (PEI), estão sujeitos aos critérios de promoção do 3º, 5º e 7º anos acima descritos. Os alunos com "critérios de promoção modificados" em seus PEI serão promovidos com base naqueles critérios modificados.

Os critérios variam de acordo com cada ano. Por exemplo, para os estudantes do 4º, 6º e 8º anos, aplicam-se as informações a seguir:
- Ao decidir se os estudantes deste grupo etário devem ser promovidos, uma escola deve observar três critérios: se, na visão do professor, o estudante atende aos padrões de seu ano; se o estudante foi aprovado nos testes estaduais de matemática e de artes da linguagem; e se o estudante tem uma frequência de, pelo menos, 90% durante o ano letivo – em outras palavras, não perdeu mais do que 18 dias de aula. Para um aluno de 8º ano que espera ir para o ensino médio, há uma consideração adicional: se ele foi aprovado nas principais matérias – inglês, matemática, estudos sociais e ciência.
- Se uma criança não cumprir pelo menos dois critérios, ela deve ser reprovada. Todos os estudantes que recebem notificações de reprovação, contudo, devem receber uma segunda chance e frequentar cursos de verão. Um estudante não deve ser reprovado se falhar em atender apenas um dos critérios.

Os estudantes com deficiência (particularmente, por definição, aqueles com dificuldades de aprendizagem) muitas vezes têm um desempenho significativamente rebaixado nas avaliações padronizadas; portanto, tais avaliações o colocam em risco ainda mais alto de serem reprovados, apesar de suas deficiências documentadas. Embora haja uma cláusula no PEI indicando "critérios de promoção modificados" ou "critérios de promoção padronizados", muitos pais e professores permanecem confusos e/ou posicionados em um dos lados da questão.

Outro "efeito colateral" imprevisto, raramente articulado, mas bastante óbvio da NCLB, é o de que muitos diretores não querem em suas escolas estudantes com baixa pontuação, muitos dos quais com deficiência. Infelizmente, a razão para que os diretores não queiram esses estudantes está diretamente ligada à segurança de seus empregos. Se as pontuações caem ou não melhoram, o diretor pode acabar perdendo seu cargo. Em muitos casos, tem-se sugerido que os estudantes com baixo desempenho estão sendo lentamente expulsos das escolas muito antes dos exames de conclusão do 12º ano, particularmente os estudantes afrodescendentes e/ou os aprendizes da língua inglesa e/ou de classe socioeconômica desfavorecida (HAMRE; OYLER; BEJOIAN, 2006).

O próprio currículo tem sofrido, já que as exigências para que haja ensino intensivo em matemática e inglês (e, até certo ponto, em ciências) têm eclipsado a disponibilização de uma educação equilibrada, incluindo estudos sociais, arte, música, outras línguas e educação física. Essas matérias proporcionam, muitas vezes, uma compensação para o currículo "estabelecido", encorajando a criatividade, as conexões individuais e o crescimento pessoal para todos os estudantes, mas, especialmente, para aqueles que talvez não se destaquem em inglês e matemática. A abordagem do tipo "tamanho único" dos currículos e testagens padronizados é um desafio direto à variação humana inerente a todos os estudantes, mas, particularmente, àqueles que foram rotulados como deficientes. De fato, o componente "individualizado" do PEI está sob constante pressão, já que as expectativas e as demandas do Estado podem estar em conflito direto com o modo como um estudante melhor aprende e demonstra os seus conhecimentos. Mudanças recentes nos regulamentos indicam que um número muito pequeno de estudantes com deficiências graves, aproximadamente 1%, é elegível para as avaliações alternativas.

Adaptações legais de avaliação para estudantes com deficiência

Muito embora os estudantes com deficiência sejam solicitados a participar de testagens padronizadas, eles também podem se candidatar para receber avaliação adaptada. Todas as adaptações devem ser documentadas nos planos do PEI ou da Seção 504. Para se obter acomodações, os pontos fortes e fracos de cada aluno são considerados por uma equipe do PEI ou de Seção 504. O grupo principal, que é formado por pai(s), estudante, professores e pelo psicólogo escolar, além de um assistente social (sujeito às políticas locais e à disponibilidade de pessoal), deve chegar a um consenso. As adaptações e as modificações de testagem não devem ser associadas "automaticamente" a uma deficiência, já que cada estudante deve ser considerado individualmente. Algumas das adaptações mais comuns na avaliação incluem prorrogação do tempo, local alternativo, providenciar um leitor de teste, providenciar uma versão do teste em Braille ou com fontes ampliadas, ler duas vezes as instruções e usar amplificadores de som. Além de ter acesso a essas adaptações em provas padronizadas, os alunos também têm o direito de tê-las para todas as situações de avaliação em sala de aula. As modificações podem incluir uma mudança nos construtos internos da prova, tais como o uso de uma calculadora em uma avaliação de cálculo, ou providenciar um escriba para auxiliar em uma avaliação por escrito.

ENSINO FLEXÍVEL E PRÁTICAS DE AVALIAÇÃO

Ao longo de todo este capítulo, descrevemos várias maneiras de se avaliar os alunos. Ainda assim, gostaríamos de enfatizar a necessidade de os professores serem flexíveis em sua abordagem. Todas as sugestões neste capítulo podem ser mudadas, adaptadas, modificadas, personalizadas (chame como quiser – você pegou o espírito da coisa) para apoiar os alunos na demonstração daquilo que conseguem fazer. Para os educadores que talvez fiquem perplexos quando os alunos encontram um obstáculo em sua aprendizagem, Mel Levine tem três sugestões amplas e úteis, em forma de perguntas que os professores podem fazer a si mesmos:

1. Como você poderia modificar o ritmo, o volume ou a complexidade das tarefas dadas? (LEVINE; REED, 1999). Ao considerar o ritmo, por exemplo, como você poderia adaptar o tempo? Você poderia permitir que um aluno termine a tarefa como dever para casa?
2. Ao contemplar o volume, como você poderia aumentar (ou diminuir) certos aspectos do trabalho esperado? O que poderia ser retirado ou ampliado no portfólio do aluno?
3. Ao pensar sobre a complexidade, como você poderia separar as múltiplas etapas de uma tarefa e proporcionar um apoio crítico no momento em que for necessário? De que maneiras você poderia mudar a tarefa para vários alunos envolvidos, talvez, para adaptar os seus estilos de aprendizagem, talentos e interesses?

Esses três princípios podem ser transferidos para tarefas por escrito, da produção de listas até a geração de registros de diário. Nas avaliações e jogos amigáveis do professor, os alunos também podem ter a oportunidade de trabalhar em duplas ou em quartetos para produzir um jogo de A a Z ou de troca. Os jogos de pareamento podem ser separados em pacotes de cartas para os níveis iniciante, proficiente e avançado. Observe que essas designações correspondem não aos estudantes, mas sim aos seus níveis atuais de funcionamento em relação à aquisição de habilidades e conteúdos específicos. Do mesmo modo, os jogos de vocabulário podem ter por objetivo o mesmo vocabulário, mas com pacotes contendo pistas diferentes. Os estudantes que têm dificuldades para escrever podem preferir responder a pergunta oralmente. Os alunos tímidos, no sorteio entre grupos, talvez queiram fazer uso da opção de responder por meio de um amigo. Durante um passeio em um museu, os alunos podem ter a opção de escrever uma palavra, expressão ou sentença – contanto que estejam dispostos a elaborar ou explicar as suas opiniões oralmente ao discutirem o conteúdo com a turma. Como você pode ver, as opções são potencialmente infinitas... E são o juízo e a flexibilidade do professor, tanto na instrução planejada com cuidado quanto "no momento", que fazem os estudantes sentirem que *podem* contribuir para a aula.

Ensinando responsabilidade sem "ensinar para a prova"

Muitos educadores aceitam o desafio de ensinar aos alunos conteúdo significativo e habilidades úteis de maneira criativa, enquanto os preparam, simultaneamente, para os testes padronizados. O ensino não ocorre no vácuo; ele se dá em um ambiente, e esse ambiente é sempre político. Como educadores, fazemos nosso melhor para os nossos alunos, e isso envolve, muitas vezes, certo grau de compromisso. Os professores frequentemente integram habilidades e estratégias (como tomar notas) às aulas, para proporcionar aos alunos experiências que aumentem a sua proficiência e autoconfiança. Por exemplo, um professor pode oferecer um esboço de sua aula, introduzir os estudantes a vários símbolos taquigráficos, convidar um colega para que demonstre em um retroprojetor como ela toma notas, modelar maneiras para categorizar as anotações na preparação de uma resposta escrita, convidar os alunos a criar mapas gráficos para organizar informações de aula e seus próprios pensamentos, e assim por diante. Além disso, o professor pode destacar e ajudar os estudantes a praticar vocabulário de conteúdo específico, bem como dar oportunidades para habilidades de "compreensão contextualizada do significado das palavras" que melhorem a compreensão (Beck; McKeown; Kucan, 2002; Paynter; Bodrova; Doty, 2005). No nível fundamental, no caso das "aulas de leitura progressiva" baseadas no letramento, em que as crianças são imersas na literatura (e não são solicitadas a decorar fatos mecanicamente), os pesquisadores admitem, com relutância, a necessidade de "se dar uma atenção especial ao desenvolvimento de métodos de reformulação de testes" (Calkins et al., 1998). Em muitos casos, os professores progressistas podem ver, inicialmente, a preparação de testes como inimiga, mas acabam percebendo que provas não precisam ser sempre do mesmo jeito, e que muitas metodologias inovadoras podem ser usadas, incluindo ensinar o teste como um gênero (Calkins et al., 1998).

Um modelo para múltiplas formas de avaliação

Neste capítulo, examinamos múltiplos propósitos de avaliação na sala de aula. Os professores são encorajados a serem flexíveis e a contemplar a utilização de muitas formas de avaliação para assegurar que todos os alunos sejam capazes de demonstrar os seus conhecimentos e as suas habilidades. Cada opção melhora a escolha dos professores. Todas as formas de avaliação têm valor potencial, porém, entendemos que os professores podem ter preferências baseadas em diferentes razões, incluindo como eles foram avaliados, seus próprios estilos de aprendizagem, consideração sobre prazos, etc. Por essa razão, quando o professor está trabalhando de modo colaborativo com outro professor na sala de aula, a avaliação é um dos muitos tópicos que devem ser discutidos de uma maneira contínua. No próximo capítulo, revisitaremos a avaliação, junto com muitos outros aspectos do ensino, no contexto de uma sala de aula colaborativa.

QUESTÕES PARA REFLEXÃO

1. Quais são alguns do vários propósitos da avaliação?
2. Que opções de avaliação continuada você experimentou quando estava na escola? E na universidade?
3. Se pudesse escolher a maneira como você é avaliado, quais métodos você acha que melhor representariam as suas capacidades? Quais métodos poderiam obscurecê-las?
4. Se você estivesse criando uma prova para uma turma, que formatos você consideraria usar e por quê?
5. Como você poderia usar a Taxonomia de Bloom em diferentes formas de avaliação?
6. Como você poderia usar a Teoria das Inteligências Múltiplas de Gardner em diferentes formas de avaliação?
7. Como você poderia usar os princípios de *design* universal na avaliação?
8. Quais são alguns dos dilemas, desafios e contradições envolvidos na testagem padronizada?
9. Quais são algumas das considerações para a criação de avaliações para estudantes com o rótulo de deficientes?
10. De que maneiras você pode preparar os alunos para os exames padronizados sem "ensinar para a prova" de forma repetitiva (e, assim, "aborrecendo-as")?

NOTAS

1. *Title I* é um programa financiado pelo governo federal (*Special Revenue Grant*; Concessão de Receita Especial) projetado para proporcionar habilidades básicas adicionais em instrução de língua e literatura e matemática para estudantes com fraco desempenho em todas as séries.

2. Ver *The Silent Epidemic: Perspectives on High School Dropouts*, http://files.eric.ed.gov/fulltext/ED513444.pdf

REFERÊNCIAS

BECK, I. L.; MCKEOWN, M. G.; KUCAN, L. *Bringing words to life:* robust vocabulary instruction. New York: Guilford, 2002.

BEJOIAN, L. M.; REID, D. K. A disability studies perspective on the bush education agenda: the no child left behind act of 2001. *Equity and Excellence in Education*, Philadelphia, v. 38, n. 3, p. 220-231, 2005.

CALKINS, L. et al. *A teacher's guide to standardized reading tests:* knowledge is power. Portsmouth: Heinemann, 1998.

HAMRE, B.; OYLER, C.; BEJOIAN, L. M. Narrating disability: pedagogical imperatives. *Equity & Excellence in Education*, Philadelphia, v. 39, n. 2, 2006. Special Issue.

HEHIR, T. *New directions in special education:* eliminating ableism in policy and practice. Cambridge: Harvard Education, 2005.

JIMERSON, S. R. et al. Exploring the association between grade retention and dropout: a longitudinal study examining socio-emotional, behavioral, and achievement characteristics of retained students. *The California School Psychologist*, Sacramento, v. 7, p. 51-62, 2002.

KAGAN, S.; KAGAN, M. *Multiple intelligences:* the complete MI book. San Clemente: Kagan, 2001.

LEVINE, M.; REED, M. *Developmental variation and learning disorders*. 2nd ed. Cambridge: Educators, 1999.

PAYNTER, D. E.; BODROVA, E.; DOTY, J. K. *For the love of words:* vocabulary instruction that works. San Francisco: Jossey Bass, 2005.

REIF, S. F.; HEIMBURGE, J. A. *How to reach and teach all students in the inclusive classroom*. New York: The Center for Applied Research in Education, 1996.

UDVARI-SOLNER, A.; KLUTH, P. *Joyful learning:* active and collaborative learning in inclusive classrooms. Thousand Oaks: Corwin, 2008.

8

Aproveitando a força das duplas de professores

Fazendo as coisas crescerem

"O que acontecerá se eu for designado para lecionar com outro professor?"

"Na nossa época..." (ou seja, quando começamos as nossas carreiras na educação), ensinar era uma profissão solitária. Esperava-se que uma única pessoa planejasse as aulas; preparasse os materiais; conhecesse, ensinasse e avaliasse cada aluno, ao mesmo tempo em que administrasse a turma inteira. Muitas vezes, isso se traduziu em uma experiência do tipo "tudo ou nada" para muitos professores iniciantes. Aqueles que obtiveram sucesso descobriram capacidades desconhecidas, novos níveis de profundidade de autoquestionamento e fizeram a transição das expectativas imaginadas para aquelas fundamentas em experiências reais. Em um esforço para atingir o máximo de estudantes de uma só vez, os professores dedicavam a maior parte de seu ensino à média dos alunos da turma. Esse "típico" perfil de professor pode ser descrito como sendo de força, trabalho duro e firmeza em face das milhares de decisões diárias nos níveis micro, meso e macro. Apesar da energia necessária, do trabalho árduo e das incontáveis tarefas, os professores acabam aperfeiçoando sua eficiência. Contudo, acabam desenvolvendo, ao mesmo tempo, uma visão insular do ensino. Como diz o velho ditado da educação: "Depois que a porta da sala de aula se fecha, a professora pode fazer o que bem entender".

Em termos darwinistas, os professores adaptaram-se ao seu ambiente, tornando-se, em grande parte, unidades individuais dentro de uma instituição maior. Como tal, passaram a se considerar como criaturas essencialmente isoladas, que às vezes se reúnem, se lamentam com frequência e raramente colaboram. Muitas vezes consideradas pela administração como indivíduos resistentes, eles construíram seu espaço entre quatro paredes e tornaram-se os únicos responsáveis por esse espaço. Considerando-se essa história de como o ensino tem sido tradicionalmente organizado dentro das instituições públicas, a ideia de compartilhar o espaço – na verdade, um conceito simples – impôs grandes desafios ao cenário educacional. Esta é uma questão que concerne a todos nós: o compartilhamento da sala de aula pode ser uma boa mudança? Embora estejamos cientes de algumas das armadilhas e desvantagens *potenciais* do compartilhamento, de modo geral, afirmamos: "sim".

Voltando à "nossa época", quando ninguém coensinava, nossos mundos foram sacudidos quando os educadores especiais, que ensinavam em espaços segregados, foram integrados às salas de aula em que "nossos alunos" com deficiência misturaram-se com "os alunos dos outros professores" da classe comum. Portanto, entendemos as muitas ansiedades que resultaram disso, incluindo perguntas como estas: que alunos eu ensinarei? Como vou ensinar com outra pessoa na sala? Quem é responsável pelo quê? Quando e como iremos planejar regularmente? E se nossos estilos forem diferentes demais? E se eu for visto como o "mau" e meu colega for visto como o "bonzinho"? Além disso, os nossos gestores nunca haviam ensinado em equipe e não sabiam muito bem como nos orientar. Sem falar que nossos programas de formação não continham quaisquer informações sobre ensino em equipe! Felizmente, muita coisa mudou nas duas últimas décadas. Muitos gestores, que já foram professores, experimentaram o ensino em equipe; alguns cursos universitários agora oferecem formação sobre ensino em equipe; as colocações de alunos e professores em salas de aula inclusivas são bastante comuns; existe um maior volume de pesquisas sobre colaboração em educação;[1] e os materiais comerciais estão amplamente disponíveis (FRIEND, 2005). Nas nossas próprias turmas de alunos de pós-graduação, que já estão lecionando em tempo integral, pelo menos um terço deles trabalha em um ambiente de ensino em equipe.

Constatamos que os medos e as ansiedades acima listadas são bastante reais, e não fazemos pouco caso delas. Entretanto, ao observarmos mais de perto, a maioria dessas preocupações diz respeito principalmente ao(s) *professor(es)*. É importante chamar a atenção para esse ponto central: as práticas inclusivas estão fundamentadas na consideração dos outros. Para dizer o óbvio, a principal preocupação deve ser *as crianças e os jovens que estão sendo educados*. Além disso, deve-se levar sempre em consideração o parceiro de ensino; o melhor é ter humildade e deixar o ego de lado. O compartilhamento de uma sala de aula tem sido comparado com frequência a um casamento profissional. "Mas eu não queria me casar!", um profissional pode reclamar. Mais uma vez, o objetivo do ensino colaborativo é proporcionar o melhor às crianças, o que nem sempre é o que os professores querem ou preferem. De fato, quando falamos em casamentos de verdade, é válido registrar que os casamentos arranjados são estatisticamente mais bem-sucedidos do que as uniões em que ambos os parceiros se escolhem mutuamente. Afirmamos isso para enfatizar que há mais do uma forma de se fazer as coisas de maneira bem-sucedida.

Na próxima seção, expandimos ainda mais a discussão sobre como a educação inclusiva pode beneficiar todos os seus componentes – professores da educação especial e geral e alunos da educação especial e geral. Nas seções subsequentes, focamos nas maneiras em os relacionamentos profissionais entre professores são formados, desenvolvidos e mantidos.

BENEFÍCIOS DO ENSINO COLABORATIVO EM EQUIPE

Nesta seção, descrevemos os benefícios do ensino colaborativo em equipe para educadores gerais, educadores especiais, estudantes da educação geral e estudantes da educação especial.

Benefícios para os educadores gerais

1. *A oportunidade de se trocar conhecimentos com o educador especial*

Ambos os professores são capazes de entender os pontos fortes e as competências um do outro. Conforme as séries avançam, os professores da educação geral são, muitas vezes, especialistas em uma matéria. Os educadores especiais, por sua vez, ajudam os educadores gerais a personalizar o conteúdo às necessidades particulares dos estudantes.

2. *Mais tempo para focar no conteúdo e menos para os problemas individuais.*

Alguns professores gostam da possibilidade de focarem principalmente no conteúdo de seu ensino e serem "liberados", por um período de tempo, das demandas individuais. O educador especial pode circular e ajudar *todos* os estudantes conforme for necessário.

3. *O dobro de oportunidades para auxiliar os estudantes.*

Do mesmo modo, ambos os professores podem estar sempre disponíveis para ajudar a todos os estudantes. É imperativo que os sentimentos iniciais de "seus alunos" e "meus alunos" sejam dissipados e adote-se o conceito de "nossos alunos".

4. *A assistência a estudantes não identificados que precisam de mais ajuda.*

Frequentemente, os estudantes sem deficiência precisam de ajuda. Todas as salas de aula têm estudantes que recebem rótulos variados como "alunos lentos", "em risco", "aprendizes de língua inglesa" ou "preguiçosos", que se beneficiam de diferentes níveis de apoio baseados em uma variedade de fatores, que incluem estilos de aprendizagem, formato do ensino, conteúdo, interesse pessoal, e assim por diante.

5. *Consciência de diferentes estratégias de ensino bem-sucedidas.*

O educador especial fundamenta-se em pedagogia flexível, pronto para abordar a tarefa de ensinar aos estudantes que precisam de métodos alternativos, materiais formatados de modo diferente e oportunidades para demonstrar o conhecimento de maneiras variadas.

6. *O aproveitamento dos professores da educação especial no monitoramento das habilidades organizacionais.*

Enquanto o educador geral se dedica ao conteúdo, o educador especial pode focar, principalmente, nos aspectos da organização, incluindo a disposição, a preparação e a capacidade de planejar previamente as tarefas, a capacidade de acompanhar atividades de múltiplas etapas e a participação em trabalhos em grupo.

7. *O aproveitamento dos professores da educação especial na coordenação e/ou no apoio às parcerias família-escola.*

As parcerias família-escola têm importância primordial para que se garanta que todos os estudantes recebam apoio "de ambos os lados". O educador especial pode assumir o papel de contatar os pais, particularmente para compartilhar boas novas sobre como seus filhos estão indo na escola. Além disso, o educador especial pode coordenar as tarefas de casa e informar os pais como eles podem ajudar melhor por meio da prática de habilidades ou do reforço de conteúdo novo.

8. *Maior compreensão dos estudantes com deficiência.*

Considerando a natureza segregada de sua própria experiência escolar (incluindo a maioria dos programas de formação de professores), e o fato de que o sistema de educação pública ainda é bastante bifurcado (YOUNG, 2008), alguns educadores gerais não se sentem preparados para trabalhar com estudantes com deficiência.[2] Ao colaborarem com outro profissional que fica "à vontade" em trabalhar com estudantes com deficiência, o educador geral aprende que esses estudantes são muito mais parecidos com estudantes sem deficiência do que diferentes. Reconhecemos que, às vezes, alguns professores continuam tendo dificuldades e percebem que talvez não haja respostas rápidas e fáceis (HABIB, c2009).

9. *A oportunidade de se tornarem mais preparados para ajudar os estudantes da educação especial.*

A colaboração dá aos professores da educação geral a oportunidade de observar como os educadores especiais veem, interagem com, ensinam e avaliam os estudantes com deficiência. Para alguns, há uma desmistificação dos estudantes com deficiência, já que os educadores gerais percebem que existem poucas (ou nenhuma) diferenças, enquanto outros acabam compreendendo e apreciando as diferenças perceptíveis que fazem parte da diversidade humana de nossos cidadãos.

10. *O crescimento profissional: maior satisfação pessoal no ensino.*

Muitos educadores designados para o ensino colaborativo reconhecem que compartilhar perspectivas, responsabilidades, esperanças, medos e perguntas com um colega de profissão confiável proporciona um terreno fértil para o desenvolvimento profissional continuado. De fato, embora o desenvolvimento de pessoal muitas vezes seja percebido como um complemento, o ensino colaborativo em equipe proporciona a oportunidade para que o desenvolvimento profissional ocorra todos os dias.

Benefícios para os educadores especiais

1. *A oportunidade de aumentar o conhecimento em uma ou mais áreas específicas.*

Às vezes, os educadores especiais sentem-se restringidos com o currículo orientado às habilidades. Muitos programas de formação de professores continuam enfatizando uma abordagem de "exercícios de habilidades" para o ensino e a aprendizagem, à custa do conhecimento do conteúdo e da metodologia (BRANTLINGER, 2004). Mantendo-se conectado o conhecimento do conteúdo ajuda ambos os professores a apoiarem seus alunos.

2. *Mais oportunidades para aprender habilidades especializadas.*

Embora sejam proficientes em lidar com grupos menores, de seis a doze alunos, ou mesmo um único indivíduo, os educadores especiais tradicionalmente têm pouca ou nenhuma experiência em ensinar e lidar com grupos maiores. Trabalhar em uma sala de aula de educação geral permite que os educadores especiais expandam suas habilidades pedagógicas e de gestão da sala de aula.

3. *A consciência do cotidiano e das expectativas em um ambiente de educação geral.*

Pode-se argumentar que os educadores especiais que entram na área sem acesso ao que acontece na educação geral podem vir a ter uma percepção "distorcida" dos níveis acadêmicos e dos comportamentos dos estudantes. Consequentemente, os padrões comuns para o desempenho acadêmico e comportamental em uma sala de aula geral fornecem uma medida de comparação de expectativas para os estudantes.

4. *A exposição aos estudantes e ao currículo da educação geral, gerando metas mais realistas.*

As metas acadêmicas e comportamentais para os estudantes com Planos Educacionais Individuais (PEIs) em de salas de aula colaborativas são mais afinadas com o currículo da educação geral. Tradicionalmente, as metas e objetivos do PEI têm sido feitos de maneira genérica, *pro forma*, computadorizada – em resumo, não são individualizadas de acordo com a intenção original da lei.

5. *Aprendizagem e apreciação mútua da competência de cada um.*

Alguns educadores especiais têm relatado sentimentos de inferioridade em comparação com o *status* de seus colegas da educação geral, bem como situações em que são estigmatizados por sua conexão com as deficiências (GOFFMAN, 1963). Por outro lado, os educadores gerais são frequentemente caracterizados como preocupados em forçar o ritmo de um currículo bastante longo e denso. Trabalhar juntos permite que cada educador veja de perto como o outro usa sua competência para assegurar que estão sendo ensinados aos estudantes os conhecimentos e habilidades necessários.

6. *Recompensas por verem os estudantes obterem êxito e estabelecerem amizades com os seus colegas.*

Os estudantes com deficiência que vêm sendo ensinados em ambientes segregados são, muitas vezes, importunados e desdenhados por seus colegas sem deficiência (SHAPIRO, 1999). Se os estudantes com deficiência passarem todo o tempo em salas de aula segregadas, então a maioria, se não todas, das suas amizades serão com outros estudantes com deficiência. A inclusão de estudantes com deficiência cria oportunidades para que amizades com estudantes sem deficiência evoluam naturalmente.

7. *Apoio moral de um colega.*

Trabalhar em equipe proporciona um necessário apoio moral, especialmente quando as coisas não vão bem. Ademais, os colegas estão ali para compartilhar os avanços das crianças e para celebrar o que foi realizado. Um colega confiável com quem se pode trocar ideias, fazer verificações ao final da aula, comparar anotações, criar e desenvolver planos pode abrandar substancialmente as pressões do ensino solitário.

8. *A observação de avanços no comportamento dos estudantes.*

Reconhecidamente, a inclusão não transforma todos os estudantes; contudo, ela pode ter um impacto significativo na autoestima, que, por sua vez, impacta o comportamento. De modo estereotipado, as turmas de educação são associadas, com frequência, a alunos indisciplinados. Ironicamente, os estudantes colocados em turmas de educação especial às vezes se comportam mal porque acreditam que é isso que se espera deles (CONNOR, 2008).

9. *A capacidade de gastar mais tempo e energia ajudando os estudantes a desenvolver motivação, esforço e responsabilidade para sua própria aprendizagem.*

Enquanto o educador geral está ensinando o conteúdo, o educador especial pode se concentrar nos estudantes de forma individual, atendendo as suas necessidades específicas, personalizando o *feedback* verbal ou criando instruções modificadas pontuais.

10. *A oportunidade de ser não um expert no conteúdo, mas um especialista em habilidades.*

Os educadores especiais não precisam perder sua identidade. Eles podem manter o foco principal na instrução individualizada e almejada conforme for necessário. Porém, ao mesmo tempo, a exposição constante a um currículo rico e orientado para o conteúdo permite que o educador especial implemente as habilidades para ajudar os estudantes na arena imprevisível que é a sala de aula.

Benefícios para os estudantes da educação geral

1. *Melhor preparação para os exames.*

Todos os estudantes são potenciais beneficiários de dois educadores competentes. Sabe-se que os estudantes da educação geral que frequentam aulas de ensino colaborativo têm um melhor desempenho em testes padronizados por causa do cuidado detalhado que os educadores especiais tomam ao analisar tarefas, proporcionando um apoio estruturado e utilizando múltiplas abordagens (Speece; Keogh, 1996).

2. *Disponibilidade de diversas técnicas de aprendizagem.*

Quando recebe um *status* equivalente ao do educador geral, um educador especial pode explicar, discutir e modelar várias formas de ensinar e aprender. Além disso, ambos os professores podem ver quais os estudantes estão indo bem e quais estão enfrentando dificuldades, adaptando a instrução de acordo com indivíduos, pequenos grupos ou, até mesmo, a turma inteira.

3. *Melhor compreensão dos estudantes com diferentes capacidades.*

Embora a diversidade, em termos de multiculturalismo, gênero, nacionalidade, orientação sexual e assim por diante, seja abordada em vários graus ao longo do currículo da escola básica, as diversas capacidades não recebem a mesma consideração. As diversidades cognitiva, física, emocional e comportamental, muitas vezes reunidas sob o amplo (e controverso) guarda-chuva das "deficiências", tornam-se conhecidas por meio das interações e das experiências reais dos colegas de turma. A incompreensão e o medo das deficiências podem ser desfeitos pela aprendizagem integrada dos alunos.

4. *Experiências de aprendizagem mais produtivas.*

"Duas cabeças de professores juntas" podem criar uma sinergia que origina novos modos de ensino e aprendizado. Os professores e os estudantes se beneficiam do fluxo contínuo de ideias trocadas por dois profissionais que monitoram, constantemente, "como as coisas estão indo" em termo da aprendizagem dos estudantes.

5. *Forte ênfase colocada na aprendizagem de habilidades e de organização.*

Conforme foi observado anteriormente, as turmas de educação geral podem conter um grande número de estudantes que estão atrasados muitas séries ou que são considerados "em risco", "lentos para aprender", aprendizes de língua inglesa e assim por diante. Mais uma vez, todos os estudantes, mas especialmente os alunos em dificuldade (que podem ser a maioria ou, em alguns casos, a turma inteira) se beneficiam de um foco claro em habilidades específicas e estratégias organizacionais e rotineiras (Deshler et al., 1999). O ensino e a prática de habilidades organizacionais é considerado tempo bem empregado pelos professores (Connor; Lagares, 2007).

6. *Oportunidades de desenvolvimento de liderança por meio da tutoria de colegas.*

Os estudantes com deficiência são capazes de aprender de colegas sem deficiência e vice-versa. Dependendo do grau e da gravidade da deficiência, os estudantes podem desempenhar papéis ativos como tutores de colegas e em outras estratégias socialmente mediadas.

7. *Mais tempo de contato com professores para a resolução de problemas pessoais e escolares.*

Os estudantes da educação geral que são entrevistados a respeito dos benefícios de se ter dois professores frequentemente citam que eles *sabem* que podem sempre ter acesso a um professor durante a aula, para uma variedade de propósitos, incluindo esclarecimento, repetição da explicação, contextualização ou para "recuperar o atraso".

8. *Atendimento máximo a necessidades de aprendizagem únicas.*

Circulando entre todos os estudantes, os professores podem personalizar respostas e apoio, independentemente de o aluno ter recebido ou não um rótulo de deficiente. Os professores também podem ganhar um conhecimento compartilhado de cada criança e podem usar as suas observações para planejar, colaborativamente, auxílios futuros.

9. *Mais tempo empregado em trabalho cooperativo para se adquirir conhecimento e no aprendizado de mais formas individuais pode proporcionar contribuições positivas.*

A aprendizagem cooperativa é uma metodologia básica de ensino usada em salas de aula inclusivas. Por meio da criação e do apoio a vários grupos, os professores proporcionam múltiplas oportunidades para os estudantes resolverem problemas e demonstrarem, uns para os outros, seus pontos fortes (Vernon; Schumaker; Deshler, 1996).

10. *Abordagens flexíveis usadas por dois professores.*

Todos os estudantes são capazes de observar e experimentar como uma parceria entre adultos – tanto pessoal (como o casamento ou a sociedade empresarial) como profissional (p. ex.: policiais, cirurgiões, advogados) – é configurada. Baseados no respeito e no reconhecimento mútuos de dar e receber nas situações quotidianas, os estudantes testemunham como as responsabilidades são compartilhadas e os problemas do dia a dia são resolvidos.

11. *O ensino é mantido, mesmo quando um dos membros da equipe falta.*

O tempo do ensino é primordial, e quando um professor não está presente por alguma boa razão (doença, emergência, problemas de família), isso não apenas é tempo "perdido", pois retomar o currículo pode ser difícil quando o ritmo foi interrompido ou perdido. Com dois professores, um pode sempre manter o foco no currículo e proporcionar consistência de instrução (com um professor substituto para ajuda adicional).

Benefícios para os estudantes da educação especial

1. *Expectativas aumentadas.*

Uma antiga e generalizada crítica à educação especial tem sido feita às suas expectativas baixas com relação aos estudantes com deficiência (Lipsky; Gartner, 1997). Muitos alunos com deficiência confirmam que estar em um ambiente de educação geral aumenta a sua expectativa sobre si mesmos (Keefe; Moore; Duff, 2006; Mooney; Cole, 2000), incluindo o acesso a exames formais que determinam se um estudante pode se matricular em uma universidade.

2. *Autoestima melhorada.*

Os estudantes que são educados em ambientes segregados frequentemente sentem que "não são bons o bastante", "menos do que" ou "inferiores" quando comparados com os estudantes de turmas da educação geral (Mooney, 2007; Reid; Button, 1995). A maioria dos estudantes tem a sensação de realização e de recuperação do *status* de igualdade mudam para a educação geral (Gibb et al., 1999), embora eles ainda tenham que lidar com seu estigma de deficiente em diferentes graus.

3. *Independência e responsabilidade aumentadas.*

Os estudantes com deficiência que são apoiados em uma sala de aula de educação geral não experimentam o "desamparo aprendido" que aflige os estudantes que estiveram em ambientes segregados por toda a sua trajetória escolar. O clima nas salas de aula inclusivas também é desafiador, mas oportuniza a participação em um currículo mais rigoroso, em que os estudantes trabalham individualmente ou com outros estudantes.

4. *Forte ênfase na aprendizagem de habilidades e de organização.*

O foco dos estudantes com deficiência, como o de seus colegas sem deficiência, está no conteúdo e nas habilidades organizacionais. Nas turmas segregadas, a ênfase frequentemente é colocada nas "habilidades da vida", que são inegavelmente importantes e devem ser ensinadas, mas não à custa de um currículo rico e repleto de conhecimentos valiosos.

5. *Melhor preparação para os exames.*

Antes da aprovação da NCLB, os estudantes com deficiência não precisavam fazer os exames padronizados. O valor desses exames é altamente controverso, e muitos estudantes são forçados a fazê-los mesmo tendo poucas chances de passar. Contudo, não dar acesso aos exames é igualmente problemático, distorcendo os dados nacionais e locais por meio de pontuações inflacionadas por simplesmente não contar todas as crianças (ALLINGTON, MCGILL-FRANZEN, 1992). O número de estudantes com deficiência que foram aprovados nos exames aumentou ligeiramente (KELLER, 2000), mas a taxa de evasão dos estudantes com deficiência ainda não foi adequadamente documentada (PETERSEN, 2005), apesar dos resultados historicamente desanimadores (HISTORICAL..., 20--). Evidentemente, fazer avaliações de larga escala é uma questão complexa, já que os exames beneficiam alguns estudantes, enquanto são prejudiciais para outros.

6. *Exposição aos estudantes com comportamentos adequados e habilidades de aprendizagem bem-sucedidas.*

As experiências dos estudantes em ambientes segregados são frequentemente limitadas pela sua exposição a outros estudantes com deficiência tão somente. Assim, aos estudantes com deficiência tem sido negado o acesso a formas divergentes de pensar e fazer, de resolução de problemas e de socialização. A aprendizagem e o comportamento podem ser significativamente ignorados em alguns ambientes segregados, chegando a causar regressão. Em contraste, na sala de aula inclusiva, os estudantes com comportamentos "inapropriados" são cercados por pares exemplares de ações aceitáveis, e os estudantes com (e sem) dificuldades de aprendizagem são capazes de reconhecer que há diferentes formas de compreender e demonstrar conhecimentos.

7. *Percepção de que o esforço é reconhecido.*

Justiça é um conceito que deve ser examinado e discutido entre os professores e entre os estudantes nas salas de aula inclusivas. É importante que todos os estudantes saibam que o esforço é valorizado e levado em conta nas suas avaliações. Alguns estudantes talvez nunca façam o que outros são capazes de fazer, porém, eles precisam ser encorajados a sempre fazer seu melhor e saber que seus esforços serão respeitados e contados.

8. *Contato ampliado com uma variedade de professores.*

Tradicionalmente, os ambientes segregados têm ocasionado uma falta de variedade de professores. Não é incomum para os estudantes em tais circunstâncias terem o mesmo professor para todas as matérias, ano após ano. Obviamente, o conhecimento do conteúdo de tal professor não pode competir com a competência de muitos que são qualificados em uma variedade de áreas.

9. *Oportunidade de aprender e crescer no ambiente minimamente restritivo.*

Receber a educação apropriada no ambiente minimamente restritivo é um direito de todos os estudantes com deficiência. Contudo, a palavra "apropriado" foi muitas vezes interpretada em termos do grau de segregação, o que não era o intento original da lei (SKRTIC, 1991). Para muitos advogados, é um direito civil de todos os estudantes ter a chance de ser educado em uma sala de aula de educação geral com colegas sem deficiência (SAPON-SHEVIN, 2007).

10. *Facilitação de amizades com estudantes sem deficiência.*

Conforme mencionado anteriormente, os estudantes com deficiência não são mais marginalizados em ambientes separados, e a oportunidade de fazerem amigos é otimizada. Visto por outro ângulo, um estudante com deficiência e um sem deficiência do mesmo bairro que já são amigos podem agora frequentar a mesma sala de aula na escola.

11. *Simulação do mundo real.*

Não existe um mundo da educação especial, com lojas, restaurantes, locais de trabalho, cinemas e fontes d'água separadas. A segregação permanente de alunos é uma estrutura artificial, que parece beneficiar o modo como as escolas são organizadas em vez de acomodar a diversidade real da população. Desse modo, a inclusão com colegas sem deficiência é a forma como os alunos já experimentam o resto do mundo *fora* da escola.

COMPREENDENDO O RELACIONAMENTO COMO UM PROCESSO

Embora os bons gestores planejem a formação das duplas com discernimento e conhecimento sobre os pontos fortes de cada educador, há sempre a possibilidade de que duas pessoas designadas a trabalharem juntas possam ser completamente estranhos. Como nos relacionamentos pessoais, a formação de duplas profissionais é um fenômeno complexo, cheio de nuances e que é melhor interpretado como um trabalho em constate progresso. De fato, há muitos paralelos entre os relacionamentos pessoais e os profissionais, o que levou Gately e Gately a desenvolver um referencial bastante útil, que consiste em três estágios amplos para ajudar a compreender o processo de iniciação, desenvolvimento e manutenção de uma parceria (GATELY; GATELY, 2001). Primeiro, há um *estágio inicial*, em que há diálogos cautelosos e comunicação cuidadosa, à medida que os indivíduos vão se conhecendo. A seguir, há um *estágio de conciliação*, em que o dar e receber é evidente, com os indivíduos aceitando que eles têm que abrir mão de certas coisas para obter outras. Finalmente, há o *estágio colaborativo*, em que a parceria evoluiu para a comunicação aberta e para interações com claro respeito mútuo.

Estágio inicial

Nos estágios iniciais do ensino colaborativo, os dois professores muitas vezes se sentem como entidades separadas colocadas juntas, às vezes experimentando uma mútua sensação de constrangimento, ou mesmo de ansiedade. Outros podem se sentir imediatamente "abertos" para esse arranjo e abraçá-lo desde o primeiro dia. Entretanto, os professores foram enculturados para pensar sobre si próprios como criaturas solitárias, e compartilhar (alunos, espaço, materiais, responsabilidades) nem sempre pode ser algo fácil. A comunicação, portanto, pode começar de uma forma hesitante, conforme os indivíduos desenvolvem um senso de limites e começam uma tentativa sincera de estabelecer um relacionamento profissional que funcione. Interessantemente, ir de um relacionamento social a um profissional com um colega pode ser difícil para algumas duplas de professores. No início, alguns educadores gerais podem experimentar sentimentos de intrusão e invasão. Similarmente, os educadores especiais podem se sentir "deslocados", desconfortáveis, separados e mesmo excluídos. No estágio inicial, os professores podem ir mais devagar, à medida que vão determinando seus papéis e expectativas. A comunicação pode ser polida, cautelosa e infrequente. A menos que haja um claro senso do processo de desenvolvimento e a meta de colaboração seja mútua, os professores podem ficar "presos" nesse estágio. Pode-se afirmar que muito da insatisfação registrada na literatura com relação ao ensino colaborativo é expressa por professores que continuam a interagir ao nível do estágio inicial (MASTROPIERI et al., 2005).

Estágio de conciliação

No estágio de conciliação, os professores que têm relacionamentos de trabalho adequados tornam-se mais abertos e interativos em sua comunicação. Apesar de os alunos se beneficiarem desse aumento na comunicação, os professores estão ainda "encontrando o seu caminho", embora com mais confiança e um maior senso de autoconhecimento. A conciliação predomina nesse nível. Além disso, o professor de educação especial pode estar assumindo um papel mais ativo no ensino em sala de aula, mas, ao fazê-lo, talvez tenha de "abrir mão" de alguma coisa em troca (como concentrar-se apenas nos estudantes da educação especial). A conciliação feita nesse estágio ajuda os professores que trabalham em colaboração a construir um nível de confiança que é necessário para que possam ir além da maneira atual de se fazer as coisas e, finalmente, desenvolver uma parceria mais colaborativa. O "dar e receber" aberto e honesto é a essência do terceiro estágio.

Estágio colaborativo

No nível colaborativo, os professores conversam e interagem abertamente. A comunicação, o bom humor e um grau elevado de conforto é visível no ensino colaborativo. Professores, estudantes, outros profissionais cuja presença seja necessária na sala de aula e visitantes em geral são capazes de reconhecer esse elevado nível de conforto. Os dois professores trabalham juntos e se complementam mutuamente, um continua de onde o outro parou, adicionando informações extras e parecendo intuitivamente "afinados" um com o outro. Nesse estágio, muitas vezes é difícil para os que estão de fora discernir qual professor é o educador especial e qual é o educador geral. O relacionamento ideal é alcançado por meio do trabalho duro para fazê-lo dar certo. Alguns professores que trabalham em colaboração de forma hábil comparam as suas habilidades com as de uma dupla de tênis. Cada professor entra em sintonia com o outro para administrar os altos e baixos da dinâmica de sala de aula. Ambos estão prontos para qualquer coisa que aparecer no caminho, embora cada um tenha uma área designada pela qual é o responsável principal.

Além desse referencial para a compreensão do processo de colaboração, Gately e Gately identificaram oito áreas essenciais para o compartilhamento da vida em sala de aula: comunicação interpessoal, organização física da sala, familiaridade com o currículo, compartilhamento de objetivos e modificações do currículo, planejamento da instrução, execução da apresentação da instrução, gestão da sala de aula e avaliação (Gately; Gately, 2001). Nas seções a seguir, destacamos como os estágios inicial, de conciliação e colaborativo podem se parecer em cada uma dessas áreas.

Considerar como trabalhar com esses componentes é essencial para uma boa condução da parceria na sala de aula. Não há um relacionamento colaborativo igual ao outro, já que componentes diferentes normalmente variam em importância para cada professor. Além disso, as duplas colaborativas podem variar nos diferentes estágios dos oito componentes. Por exemplo, os professores podem estar no estágio de conciliação para a gestão e no estágio inicial para a avaliação. Em contrapartida, os professores podem estar no estágio colaborativo para comunicação interpessoal, mas podem estar no estágio de conciliação com relação ao arranjo da sala. Alguns professores voam desde o início, enquanto outros levam tempo para decolar. Ocasionalmente, os professores não querem se aventurar além do estágio inicial. É importante lembrar que isso é a *escolha* dos indivíduos, e o apoio de gestores que se importam, incluindo o desenvolvimento profissional continuado, pode ser uma maneira para os professores superarem a resistência inicial a uma sala de aula inclusiva.

Modelo de inserção

Inserção (*push in*) significa que o educador especial presta serviço dentro da sala de aula comum. Esse serviço pode ser instrucional ou comportamental e deve ser feito em conjunto com o educador geral. Por exemplo, o educador especial pode ajudar os alunos concentrando-se em habilidades organizacionais, métodos para se tomar notas ou resolução de problemas no *contexto* do currículo (escrita de ensaio, aulas expositivas, matemática). Um educador especial que faz isso pode trabalhar com vários professores gerais durante o decorrer de um dia. Nesses casos, o professor especial deve trabalhar na construção de múltiplos relacionamentos simultaneamente. Os benefícios desse modelo "itinerante" incluem o professor especial ter um claro entendimento do escopo e da profundidade do currículo da escola, a capacidade de ajudar muitos estudantes em diferentes graus, e a manutenção de um perfil visível de um professor colaborativo que apoia estudantes com dificuldades. O lado negativo talvez seja que os professores podem ficar sobrecarregados e se dispersarem demais, e precisam ser proativos na negociação de cronogramas e expectativas. Acima de tudo, eles ainda devem operar como defensores e apoiadores dos estudantes com deficiência.

	Comunicação interpessoal
Estágio inicial	• Os professores tratam um ao outro de maneira cautelosa • Os professores procuram interpretar corretamente as mensagens verbais e não verbais • Possível falta de abertura • Possível choque de estilos de comunicação • Possível insatisfação, manifesta ou não
Estágio de conciliação	• Mais aberta e interativa • Aumento na quantidade de comunicação • Os professores começam a dar e receber ideias • Os professores desenvolvem respeito por um estilo diferente de comunicação • Aumento da apreciação de humor em situações de sala de aula • Aumento do próprio senso de humor na comunicação
Estágio colaborativo	• Uso eficaz de habilidades verbais, não verbais e sociais • Os professores usam mais comunicação não verbal • Desenvolvimento de sinais específicos para comunicar ideias • Exemplos positivos de habilidades de comunicação eficazes (quando os alunos precisam desenvolver habilidades de interação social mais eficazes) • Os professores modelam maneiras eficazes para comunicar, resolver problemas • A comunicação eficaz entre sexos é demonstrada
	Arranjo físico da sala
Estágio inicial	• Pode expressar separação • Os estudantes com deficiência sentam-se juntos ou próximos uns dos outros • Os professores especiais não se apropriam muito do espaço ou dos materiais • O professor especial não se sente à vontade para acessar ou compartilhar materiais (pede permissão) • O professor especial traz seus próprios materiais • Ao designar espaço, o professor geral pode alocar o professor especial em um lugar ou em uma mesa • O professor especial decide ficar em um espaço separado (p. ex.: no fundo da sala) • Parece "uma sala de aula dentro de uma sala de aula"
Estágio de conciliação	• Mais movimento e espaço compartilhado • Os materiais são compartilhados • A territorialidade torna-se evidente • O professor especial se movimenta livremente pela sala, mas raramente assume o controle
Estágio colaborativo	• A disposição dos assentos dos alunos torna-se intencionalmente intercalada por toda a sala de aula para as lições de turma inteira • Todos os estudantes participam de tarefas cooperativas em grupo • Os professores têm mais movimentação em seu posicionamento na sala de aula • Ambos os professores controlam o espaço e estão cientes da posição um do outro na sala • A sala de aula é sempre "percorrida" de forma efetiva • O movimento fluido é planejado e natural

continua

	Familiaridade com o currículo
Estágio Inicial	• O professor especial pode não estar familiarizado com o conteúdo ou com a metodologia usados pelo professor de educação geral • A falta de conhecimento cria falta de confiança • O professor geral pode ter confiança limitada no professor especial e não quer "largar o giz" • A falta de confiança por parte do professor geral em relação ao professor especial torna difícil para o professor especial sugerir modificações
Estágio de conciliação	• O professor especial fica mais confiante ao se envolver com o currículo • O professor geral aceita mais as sugestões do educador especial
Estágio colaborativo	• O professor geral fica mais desejoso de modificar o currículo e compartilhar o planejamento e o ensino • Cada professor aprecia as competências de currículo específicas de seu colega
	Metas e modificações de currículo
Estágio inicial	• Os programas são guiadas por padrões e livros didáticos • Os objetivos são testados • As modificações e acomodações são restritas aos estudantes da população-alvo da educação especial • O professor especial é visto como ajudante • Ocorre pouca interação entre os professores neste estágio
Estágio de conciliação	• As necessidades de acomodações e modificações são observadas e discutidas, particularmente para aqueles alunos com necessidades especiais mais "visíveis" ou evidentes • Os professores gerais interpretam sua aceitação das modificações como "abandono" ou "diluição do currículo" • Alguns professores podem ainda não apreciar que alguns estudantes precisem de modificações
Estágio colaborativo	• Ambos os professores diferenciam quais conceitos todos os alunos devem saber e quais conceitos os alunos poderiam saber • A partir dessa diferenciação, modificações de conteúdo, atividades, tarefas de casa e provas se tornam a norma para os estudantes que as requerem
	Planejamento instrucional
Estágio inicial	• Com frequência, dois tipos de prestação de serviço são inicialmente observados, relacionados a dois currículos distintamente separados sendo ensinados dentro da sala de aula a indivíduos ou a pequenos grupos de alunos • Os currículos separados não andam juntos e não se prestam para a instrução ocasional do grande grupo • O professor especial figura como um "assistente" • Tempo para o planejamento compartilhado é essencial. Sem ele, o professor especial não sabe como a lição é organizada e como irá proceder
Estágio de conciliação	• O dar e receber fica mais evidente no planejamento • Mais planejamento é compartilhado
Estágio colaborativo	• O planejamento é contínuo e compartilhado • Os professores planejam continuamente fora da sala de aula, bem como durante o ensino da lição • O nível de conforto é exibido conforme mudanças "pontuais" ocorrem para acomodar os alunos que podem estar enfrentando dificuldades com o conceito apresentado • O compartilhamento de ideias torna-se a norma

continua

Apresentação instrucional	
Estágio inicial	• Os professores podem apresentar lições separadas com frequência • Um professor parece ser "o chefe" que "segura o giz", e o outro parece ser o "coadjuvante"
Estágio de conciliação	• A estruturação e a apresentação das lições são compartilhadas • Ambos os professores podem dirigir algumas das atividades da sala de aula • O professor especial pode oferecer minilições que esclarecem estratégias que os estudantes poderiam usar
Estágio colaborativo	• Ambos os professores participam da apresentação da lição, proporcionam instrução e estruturam atividades de aprendizagem • O giz (ou outros materiais) transita livremente entre os professores, pois ambos estão envolvidos em apresentações e atividades • Os estudantes fazem perguntas e discutem dúvidas com ambos os professores
Manejo de sala de aula	
Estágio Inicial	• O professor especial às vezes assume o papel de gestor de comportamento, para que o outro professor possa "ensinar". Isso enfraquece o papel do professor especial • O professor geral ainda pode assumir o papel de "gestor chefe de comportamento"
Estágio de conciliação	• Mais comunicação • Desenvolvimento mútuo de papéis e rotinas para a sala de aula • Pode haver alguma discussão (e resistência) aos planos de comportamento individual em favor do gerenciamento do grupo • Pode haver alguma resistência às expectativas de comportamento individualizadas
Estágio colaborativo	• Os professores desenvolvem um sistema de gestão comum que beneficia a todos os estudantes • Regras, rotinas e expectativas são mutuamente desenvolvidas • Planos de comportamento individual não são incomuns • Pode incluir contratos, recompensas, reforços – bem como construção de comunidade
Avaliação	
Estágio inicial	• Dois sistemas de atribuição de notas separados, cada um mantido separadamente pelos dois professores • Às vezes, há um sistema de atribuição de notas gerenciado exclusivamente pelo professor geral • As medidas para a avaliação tendem a ter uma natureza objetiva e medem apenas o conhecimento do conteúdo do aluno
Estágio de conciliação	• Os dois professores começa a explorar ideias de avaliação alternativa • Discutem como capturar efetivamente o progresso do aluno • A quantidade e a qualidade das medidas mudam, com mais medidas de desempenho sendo usadas
Estágio colaborativo	• Ambos os professores apreciam a necessidade de uma variedade de opções quando avaliam o progresso dos alunos • Podem incluir individualização de procedimentos de atribuição de notas para todos os estudantes, monitoramento de progresso específico e uso de padrões objetivos e subjetivos para a atribuição de notas • Ambos os professores consideram formas para integrar as metas e os objetivos escritos nos PEIs dos alunos

Fonte: Os autores.

continuação

PLANEJAMENTO, PREPARAÇÃO E MANUTENÇÃO DAS AULAS COLABORATIVAS

Acreditamos que os professores devem estar tão preparados quanto possível antes de embarcarem no ensino em equipe. Parte da preparação é compreender *por que* o ensino em equipe existe como um meio de incluir alunos com deficiência pelas razões certas, tais como assegurar o acesso à educação de qualidade com colegas sem deficiência (e não como uma medida de redução de custos). Além disso, é crucial que os professores conheçam as formas com as quais a administração da escola irá apoiá-los nessa tarefa, como proporcionar tempo para o planejamento compartilhado.

Conhecendo o seu futuro colega

É recomendável que você conheça o seu colega antes de compartilhar uma sala de aula. Isso pode ser feito convidando-o para assistir a uma aula sua, e, do mesmo modo, sugerir que você visite a sala de aula dele. Juntos, vocês podem reservar um tempo para comparar seus estilos de ensino e aprendizagem, discutir similaridades e diferenças e identificar suas próprias forças e fraquezas. Os professores especiais também podem discutir seu nível de conforto pessoal em uma matéria específica, e os professores gerais podem falar sobre seus conhecimentos e experiências no trabalho com alunos com deficiência. Na verdade, quanto mais os professores discutirem as questões "antecipadamente", mais eles serão capazes de começar a planejar e preparar. Entre outros temas amplos recomendados para se discutir com um futuro colega, estão os seguintes:

- Experiências anteriores com o ensino em equipe.
- Sistemas de crenças com relação à educação.
- Percepções do que constitui a igualdade entre alunos.
- Variação dos alunos.
- Adaptações e modificações usadas no passado.
- Estratégias mais comumente usadas.
- Política de atribuição de notas.
- Regras e manejo da sala de aula.
- Contratos potenciais entre alunos e professores.
- Base de conhecimentos sobre metodologias de ensino em equipe.
- Sistemas de apoio existentes para alunos.
- Metas e objetivos de PEI (em geral).
- Possíveis papéis e responsabilidades.
- Preparação de alunos para a "readmissão".
- Tempo reservado para planejamento (estabelecimento e cumprimento).
- Preparação para a apresentação à turma.
- Regras para o comportamento entre professores na sala de aula ("etiqueta colaborativa").
- Moldando o clima da sala de aula.
- Apoio do distrito/desenvolvimento profissional.
- Revisão do currículo.
- Projetando materiais personalizados.
- Peculiaridades (O que você não suporta? Com o que você não se importa?).
- Resolução de problemas.
- Flexibilidade.

Planejando acerca das questões centrais e estabelecendo um acordo mútuo

Como resultado de suas discussões, vocês podem agora planejar acerca das questões centrais para estabelecer um acordo mútuo. Friend e Cook recomendam que os colegas abordem as seguintes questões (FRIEND; COOK, 1996):

1. *Conteúdo instrucional:* O que vocês selecionaram e por que o selecionaram?
2. *Planejamento:* Que objetivos vocês estabeleceram?
3. *Formato instrucional:* De que maneiras o conteúdo será ensinado?

4. *Paridade:* Como vocês estabelecerão e manterão a igualdade perante os alunos?
5. *Espaço:* Como a sala será organizada?
6. *Barulho:* Qual será o procedimento quando o barulho chegar a níveis inaceitáveis?
7. *Rotinas:* Quem fará o que? (chamada, tarefa de casa, verificação de cadernos, anotações, etc.)
8. *Disciplina:* Qual será a política de comum acordo que ambos precisarão cumprir?
9. *Feedback:* Quando e como ambos os professores poderão dialogar sobre como foi a lição?
10. *Avaliação dos alunos:* De que maneiras os estudantes serão avaliados?
11. *Tarefas de ensino:* Quem cuidará das tarefas "menores", como apagar o quadro?
12. *Sigilo:* Como a confiança pode ser estabelecida e mantida?
13. *Coisas que irritam:* O que cada um definitivamente não suporta?

Observe que muitas dessas questões podem começar a ser negociadas por meio do planejamento colaborativo (ver Figura 8.1).

"Verificação" diária da situação

Após o início do semestre, o tempo é sempre essencial. Para a maioria dos professores, mesmo que o dia tivesse 48 horas, ainda assim não haveria tempo suficiente para fazer tudo o que se gostaria. Dito isso, os professores colaborativos devem manter sempre o contato, mesmo que seja breve. Cada dia apresenta uma oportunidade para se falar sobre questões, preocupações, ideias, observações e celebrações novas ou em andamento. Isso pode ser feito antes ou depois de a aula começar. Entre as áreas para se conversar a respeito, estão:

- Vocês dois cumpriram o tempo reservado para o planejamento colaborativo?
- Vocês dois prepararam os materiais adequadamente (textos, leituras, estruturas de aprendizagem cooperativa, etc.)?
- Vocês discutiram sobre estudantes em particular?
- Vocês compartilharam a responsabilidade do planejamento da aula?
- Vocês esclareceram como os pontos selecionados na lição foram escolhidos?
- Vocês estabeleceram qual(is) o(s) *formato(s)* de ensino em equipe será(ão) usado(s)?
- Vocês esclareceram quem atribuirá as notas, devolverá os trabalhos dos alunos e manterá os registros?
- Vocês lembraram um ao outro (quando necessário) das metas, dos objetivos, das decisões e dos planos feitos anteriormente?
- Em um dia em particular, vocês decidiram quem
  (a) começa a aula?
  (b) revisa temas da tarefa de casa?
  (c) revisa a lição do dia anterior?
  (d) inicia as questões ou as atividades de motivação?
  (e) mantém as atividades?
  (f) esclarece ou enfatiza novamente de uma maneira alternativa?
  (g) prepara para um teste?
  (h) faz um *quiz*?
  (i) toma conta de que metade do debate em grupo, etc.?

A importância do diálogo contínuo

Além das verificações diárias, é imperativo manter um diálogo contínuo que possa acontecer durante um período determinado de tempo, mutuamente acordado, dedicado ao planejamento colaborativo (p. ex., entre 15h e 16h todas as quintas-feiras). Como a educação colaborativa é um processo em constante evolução, os professores comprometidos estão sempre se esforçando para melhorar o planejamento, o ensino e a avaliação colaborativos de todos os alunos. Muitas duplas colaborativas

| TURMA/MATÉRIA/SEMESTRE _____ |
| PROFESSOR DE EDUCAÇÃO GERAL _____ |
| PROFESSOR DE EDUCAÇÃO ESPECIAL _____ |

PARA QUANDO ESTÁ MARCADO O SEU HORÁRIO DE PLANEJAMENTO SEMANAL?

Segunda-Feira   Terça-Feira   Quarta-Feira   Quinta-Feira   Sexta-Feira / Das _____ às _____

COMO A IGUALDADE ENTRE OS PROFESSORES SERÁ ESTABELECIDA EM AULA?

Observações

LIVRO(S) DIDÁTICO(S)

MATERIAIS INSTRUCIONAIS

RESPONSABILIDADES DOS ALUNOS

REGRAS DE SALA DE AULA

PLANO DE DISCIPLINA

Permissão de cópia para os professores

Figura 8.1 Modelo: Planejando para ensinar em colaboração (*continua*).

MODELO(S) DE ENSINO EM EQUIPE PREFERIDOS	Um ensina, o outro observa Ensino em estações Ensino alternativo Outro: ___ Um ensina, o outro auxilia Ensino paralelo Ensino em revezamento

Responsabilidades principais de professor geral	Responsabilidades principais de professor especial

Responsabilidades conjuntas

FORMATOS INSTRUCIONAIS _____

AVALIAÇÃO DOS ALUNOS _____

ARRANJO DE SALAS _____

***FEEDBACK* DO COLEGA** _____

Este acordo deve ser revisto periodicamente para que se façam ajustes necessários em comum acordo.

Permissão de cópia para os professores

Figura 8.1 Modelo: Planejando para ensinar em colaboração (*continuação*).
Fonte: Os autores.

também estão dispostas a se encontrar quando necessário. Alguns exemplos de diálogo contínuo e aberto incluem estes:

- Priorizar questões para se falar a respeito (p. ex.: os resultados dos alunos, o comportamento dos alunos, sobre algum aluno em particular).
- Revisar "como foi a aula".
- Examinar e discutir o trabalho dos estudantes.
- Manter a flexibilidade.
- Refletir sobre as coisas que funcionaram bem e o que poderia ser mudado para melhor.
- Revisar os protocolos de sala de aula (p. ex.: uma política de "correção" entre professores para ocasiões em que um deles comete um erro).
- Discutir questões comuns, como os comportamentos, a resistência e a motivação dos alunos.
- Explorar as possíveis respostas para momentos em que os estudantes usam linguagem ofensiva com relação a gênero, capacidade, raça, etnia ou orientação sexual.
- Planejar possíveis modificações e adaptações quando necessárias.
- Monitorar que instruções são apropriadas e diferenciadas conforme a necessidade.

Os professores colaborativos dispõem de uma variedade de formatos de ensino para escolher. Cada equipe é capaz de explorar vários modelos a serem considerados em relação às metas e aos objetivos específicos de ambos os professores. Marilyn Friend desenvolveu seis modelos que refletem os formatos instrucionais para professores colaborativos (Friend; Bursuck, 2002). Cada um deles possui vantagens e desvantagens, e jamais devem ser usados o tempo todo. Em vez disso, combinar e alternar abordagens possibilita um ambiente de sala de aula rico e significativo, em que os professores são flexíveis no que tange às necessidades dos alunos.

OS SEIS MODELOS DE ENSINO COLABORATIVO DE MARILYN FRIEND

Os modelos abaixo, brevemente descritos, representam arranjos opcionais para o ensino colaborativo que muitos educadores acham úteis.

Modelo 1: Um ensina, o outro observa

Um professor ensina o conteúdo da aula enquanto o outro observa os alunos à medida que eles respondem às informações e se envolvem com o trabalho. Os professores decidem, antecipadamente, qual é o tipo de informação que eles desejam que os alunos saibam e analisam juntos esses dados após a aula.

Modelo 2: Um ensina, o outro auxilia

Um dos professores tem como responsabilidade principal o ensino da matéria, enquanto o outro profissional circula pela sala, proporcionando assistência a todos os alunos sempre que for necessário.

Modelo 3: Ensino em estações

Nesta abordagem de ensino colaborativo, os professores dividem o conteúdo e os estudantes. Cada um ensina o conteúdo para um grupo e, subsequentemente, repete a instrução para o outro grupo. Se for apropriado, uma terceira "estação" poderia oferecer aos alunos uma oportunidade para trabalharem independentemente.

Modelo 4: Ensino paralelo

Os professores dividem a classe pela metade e ensinam o mesmo conteúdo. Isso possibilita a opção de compartilhar ou comparar a informação quando a aula se aproxima do fim, ampliando, assim, a oportunidade de se conseguir dar conta de mais conteúdo.

Modelo 5: Ensino alternativo

Na maior parte dos grupos de aula, surgem ocasiões em que alguns alunos necessitam de instrução especializada. No ensino alternativo, um professor assume a responsabilidade pelo grupo maior, enquanto o outro trabalha com um grupo menor.

Modelo 6: Revezamento

Neste modelo, ambos os professores fornecem as mesmas informações ao mesmo tempo. É uma abordagem bastante fluida ao ensino, que requer que ambos os professores estejam em sincronia, mas que também sejam um tanto espontâneos durante a instrução.

COISAS BOAS ACONTECEM EM SALAS DE AULA DE ENSINO COLABORATIVO

Neste capítulo, abordamos os benefícios da sala de aula colaborativa para os educadores gerais e especiais, e para os estudantes da educação geral e especial. Também enfatizamos que o relacionamento colaborativo é um processo contínuo, que requer flexibilidade e abertura para o refinamento da prática pedagógica. Trabalhar junto com outro professor ajuda quando há interface com outros profissionais em muitas situações escolares, incluindo psicólogos, conselheiros, terapeutas ocupacionais, paraprofissionais e assim por diante. Reconhecemos que a colaboração nem sempre acontece de maneira fácil, ou mesmo "naturalmente" para alguns educadores, mas acreditamos que as necessidades e os direitos dos alunos venham em primeiro lugar – e todos os profissionais devem ter isso em mente. Acreditamos que os professores possam ser solucionadores de problemas e pensadores criativos, que estão dispostos a mudar a maneira como as coisas são para a maneira como elas podem ser. Finalmente, o plano de aula na Figura 8.2 reflete muitos dos componentes que abordamos até agora. Esse é apenas um exemplo de como os professores podem se planejar de forma colaborativa. Nós o encorajamos a desenvolver um formato que funcione melhor para a sua parceria e para os alunos.

QUESTÕES PARA REFLEXÃO

1. Em sua opinião, quais são os mais importantes entre os muitos benefícios potenciais do ensino colaborativo em equipe para (a) professores gerais, (b) professores especiais, (c) estudantes em educação geral e (d) estudantes que recebem serviços de educação especial?
2. Em quais experiências profissionais você conheceu o valor de se trabalhar com um colega?
3. De modo geral, de que maneiras um relacionamento profissional pode ser estimulado?
4. Quão úteis são as ideias de Gately e Gately sobre as oito áreas e os três níveis de colaboração na descrição de algumas das complexidades que envolvem o ensino colaborativo?
5. Qual das oito áreas identificadas por Gately e Gately seria a sua prioridade? Em quais áreas você poderia prever a ocorrência de um possível "dar e receber"?
6. Que medidas explícitas você tomaria para colaborar com outro professor?
7. Se você estabelecesse um acordo oral ou por escrito com o seu potencial colaborador, como ele soaria e/ou se pareceria?
8. Quais são algumas das boas razões para se valorizar e manter um diálogo aberto com seu colega de ensino?
9. Dos seis modelos colaborativos de Marilyn Friend, qual você prefere? Por quê? Qual você teria alguma reserva em experimentar? Por quê?
10. Crie seu próprio planejamento de aulas. De que formas ele poderia ser semelhante e/ou diferente dos que apresentamos?

NOTAS

1. Ver, por exemplo, "Collaborative teaching: successes, failures, and challenges." *Intervention in School and Clinic*, v. 40, n. 5, 2005. Special Edition.
2. Uma pesquisa de opinião da American Federation of Teachers revelou que 78% dos professores achavam que as crianças com deficiência não iriam se beneficiar de uma política de inclusão, e 87% declararam que os outros estudantes também não se beneficiariam. Ver LEO, J. Mainstreaming Jimmy's problem. *U.S News & World Report*, Washington, p. 22, June 27, 1994.

DATA/DIA/TURMA _____	Responsabilidade

PADRÃO(ÕES) _____

QUAL É O MODELO DE ENSINO EM EQUIPE? _____

Um ensina, o outro observa	Um ensina, o outro auxilia	Ensino em estações	Ensino paralelo
Ensino alternativo	Revezamento	Outro: _____	

OBJETIVO(S)

A. INSTRUCIONAL _____

B. SOCIAL _____

B. COMPORTAMENTAL _____

FINALIDADE (Formulário de perguntas, começando com "Como" ou "Por que")
_____

FAZER AGORA _____

MATERIAIS MOTIVACIONAIS _____

PROCEDIMENTO
1.
2.
3.
4.
5.
6.

TIPOS DE QUESTÕES _____ ?
_____ ?

Conhecimento	Análise
Compreensão	Síntese
Aplicação	Avaliação

_____ ?
_____ ?
_____ ?
_____ ?

GRUPOS E ATIVIDADES

Individual	Grupos pequenos
Duplas	Grupos grandes
Trios	Turma inteira

INCORPORAÇÃO DE INTELIGÊNCIAS MÚLTIPLAS

1. LINGUÍSTICA	2. LÓGICO-MATEMÁTICA	3. ESPACIAL	4. CORPORAL-CINESTÉSICA
5. MUSICAL	6. NATURALISTA	7. INTERPESSOAL	8. INTRAPESSOAL

RESUMO/PONTOS PRINCIPAIS _____

MODIFICAÇÕES INDIVIDUAIS _____

OBSERVAÇÕES DOS TEMAS DE CASA _____

Permissão de cópia para os professores

Figura 8.2 Modelo: Amostra de plano de aula.
Fonte: Os autores.

REFERÊNCIAS

ALLINGTON, R.; MCGILL-FRANZEN, A. Unintended effects of educational reform in New York. *Educational Policy*, Los Altos, v. 6, n. 4, p. 397-414, 1992.

BRANTLINGER, E. Confounding the needs and confronting the norms: an extension of Reid and Valle's essay. *Journal of Learning Disabilities*, Austin, v. 37, n. 6, p. 490-499, 2004.

CONNOR, D. J. *Urban narratives-portraits-in-progress:* life at the intersection of learning disability, race, and social class. New York: P. Lang, 2008.

CONNOR, D. J.; LAGARES, C. High stakes in high school: 25 successful strategies from an inclusive social studies classroom. *Teaching Exceptional Children*, Reston, v. 40, n. 2, p. 18-27, 2007.

DESHLER, D. D. et al. (Ed.). *Teaching every adolescent every day*. Cambridge: Brookeline, 1999.

FRIEND, M. *The power of two*. Alexandria: ASCD, 2005. Vídeo.

FRIEND, M.; BURSUCK, W. D. *Including, students with special needs:* a practical guide for classroom teachers. Boston: Allyn & Bacon, 2002.

FRIEND, M.; COOK, L. *The power of 2:* making a difference through coteaching: facilitator's guide. Bloomington: Elephant Rock, 1996.

GATELY, S.; GATELY, J. Understanding coteaching components. *Teaching Exceptional Children*, Reston, v. 33, n. 4, p. 40-47, 2001.

GIBB, G. S. et al. Lessons learned from the inclusion of students with emotional and behavioral disorders in one junior high school. *Behavioral Disorders*, Reston. v. 24, n. 2, p. 122-136, 1999.

GOFFMAN, E. *Stigma:* notes on the management of spoiled identity. New York: Simon & Schuster, 1963.

HABIB, D. *Including Samuel*. [New Hampshire: s.n.], c2009. Vídeo em DVD.

HISTORICAL note: students with disabilities. [S.l.]: New York State Education Department Archives, [20--]. Disponível em: <http://www.archives.nysed.gov/edpolicy/research/res_guides_disability_hist.shtml>. Acesso em: 30 nov. 2013.

KELLER, B. More N.Y. special education students passing state tests. *Education Week*, Bethesda, April 12th 2000.

KEEFE, E. B.; MOORE, V. M.; DUFF, F. R. *Listening to the experts:* students with disabilities speak out. Baltimore: Paul H. Brookes, 2006.

LIPSKY, D. K.; GARTNER, A. *Inclusion and school reform:* transforming America's classrooms. Baltimore: Paul H. Brookes, 1997.

MASTROPIERI, M. A. et al. Case studies in coteaching in the content areas: successes, failures, and challenges. *Intervention in School & Clinic*, Austin, v. 40, n. 5, p. 260-270, 2005.

MOONEY, J. *The short bus:* a journey beyond normal. New York: Henry Holt, 2007.

MOONEY, J.; COLE, D. *Learning outside the lines*. New York: Simon & Schuster, 2000.

PETERSEN, K. States fudging high-school dropout rates. [S.l.]: Stateline, 2005. Disponível em: <http://www.stateline.org/live/ViewPage.action?siteNodeId=136&languageId=1&contentId=39522>. Acesso em: 30 nov. 2013.

REID, D. K.; BUTTON, L. J. Anna's story: narratives of personal experience about being labeled learning disabled. *Journal of Learning Disabilities*, Austin, v. 28, n. 10, p. 602-614, 1995.

SAPON-SHEVIN, M. *Widening the circle:* the power of inclusive classrooms. Boston: Beacon, 2007.

SHAPIRO, A. *Everybody belongs:* changing negative attitudes toward classmates with disabilities. New York: Routledge, 1999.

SKRTIC, T. M. *Behind special education:* a critical analysis of professional culture and school organization. Denver: Love, 1991.

SPEECE, D. L.; KEOGH, B. K. (Ed.). *Research on classroom ecologies:* implications for inclusion of children with disabilities. Mahwah: L. Erlbaum, 1996.

VERNON, D. S.; SCHUMAKER, J. B.; DESHLER, D. D. *The SCORE skills:* social skills for cooperative groups. Lawrence: Edge, 1996.

YOUNG, K. Physical and social organization of space in a combined credential program: implications for inclusion. *International Journal of Inclusive Education*, London, v. 12, n. 5-6, p. 477-495, 2008. Special double edition.

Parte III

Como a discussão muda
o conhecimento e a prática

9
Desafiando ativamente a normalidade

Infundindo as deficiências

"Como posso falar sobre as deficiências em minha sala de aula?"

Como formadores de professores que vivem em um ambiente urbano, viajamos de ônibus, metrô, taxi e a pé até as salas de aula de toda a cidade de Nova York para orientar estudantes de licenciatura em ação. Acompanhe-me enquanto eu (Jan) visito uma sala de aula inclusiva do 5º ano. Lá está o meu orientando, James, que acabou de anunciar uma transição para a Oficina de Escrita. Os alunos se reúnem na área acarpetada designada para a instrução em grupo. James inclina-se confortavelmente sobre uma mesa, e um quadro branco está ao seu lado. Ele começa: "Ao longo da semana, lemos alguns ensaios jornalísticos – sobre a intenção do autor e o que os autores gostam de escrever. Basicamente, lemos e examinamos esses ensaios. Hoje, quero compartilhar com vocês um artigo do *Time for Kids* chamado *Flying blind: sightless dog sled racer hits the trail* (Voando sem enxergar: corredora de trenós cega pega a trilha). Ele dá a deixa para que um aluno, designado previamente, ligue o retroprojetor e uma cópia do artigo aparece no quadro branco.

James lê o artigo em voz alta, de um jeito animado e expressivo. Ele para após algumas poucas frases e diz: "Sabem, nós sublinhamos frases nos artigos que lemos. Acho que vou sublinhar a frase sobre os manifestantes". Ele sublinha essa frase com um marcador colorido. Ao ouvir que algumas pessoas protestaram contra a inclusão de uma deficiente visual em uma corrida de trenós puxados por cães, um aluno responde com o seguinte comentário: "Não entendo essas pessoas. Ela tem todo o *direito* de fazer isso, como todo mundo!". Outros alunos entram na conversa. James volta ao artigo e lê a sentença: "As deficiências não são sinônimo de incapacidade". Uma aluno levanta a mão e diz: "Gosto dessa citação". James pede para que ela explique por quê. Esse convite gera uma conversa animada entre os estudantes. James comenta: "Vocês estão trazendo um monte de pontos interessantes. E vocês terão tempo para falar mais sobre esses tópicos mais tarde".

James continua a ler em voz alta. Em resposta a uma seção do artigo que menciona a descoberta do que se ama fazer na vida, os alunos ponderam sobre como a deficiência da corredora de trenós não interferiu na sua busca por aquilo que ama. Espontaneamente, eles começam a fazer um *brainstorm* das possíveis adaptações que possibilitariam que uma corredora deficiente visual participasse. Um aluno apresenta a ideia de que o problema não é a deficiência visual dela, mas sim as outras pessoas. Outro considera: "Se sou um cadeirante, sou obrigado a participar apenas de corridas de cadeiras de roda? Ou poderia correr em uma maratona?". Os estudantes refletem profundamente sobre essas questões.

James termina de ler o artigo. Ele pergunta: "O que vocês acham que me fez escolher esse artigo?". As crianças consideram a escolha dele à luz do que elas aprenderam até então sobre textos assim. James confirma que ele é apaixonado pelo tópico das deficiências e comenta: "Acho que as pessoas com deficiência devem ter a oportunidade de fazer tudo o que quiserem". Ele pede para que os alunos pensem se essa afirmação é válida para a sala de aula e para a escola deles. Depois desse debate, os alunos formam pequenos grupos para fazer um *brainstorm* sobre suas próprias paixões na vida, e sobre qual delas eles escolheriam para seus artigos.

POR QUE FALAR SOBRE DEFICIÊNCIAS?

No cenário real descrito acima, James, um aluno de pós-graduação em educação especial, aproveita seu trabalho com estudos sobre deficiência para dar essa oficina de escrita. Em vez apresentar "uma aula" sobre deficiências, ele infunde as deficiências no currículo selecionando esse texto como modelo para ilustrar a escrita ensaística. É valido observar que essa é a *primeira* vez que as deficiências foram discutidas nessa classe. Ao receberem a oportunidade de falar sobre deficiências, esses alunos de 5º ano – com e sem deficiência – se envolvem aberta e ponderadamente sobre as questões das deficiências levantadas pelo ensaio. Se considerarmos a profundidade do debate gerado apenas por essa introdução, imagine o impacto que a infusão *sistemática* do tema das deficiências por todo o currículo poderia ter em nossas escolas – uma ideia para a qual retornaremos ao final deste capítulo.

Silêncio e deficiências

Nos meus primeiros anos como professora de educação especial, aprendi a pedir aos meus alunos do ensino fundamental para me dizerem por que estavam na turma de reforço. Quase sem nenhuma exceção, elas eram incapazes de fazê-lo. Ninguém nunca disse para elas por quê. Algumas estavam fazendo aulas de reforço desde os anos iniciais. Eles nunca perguntaram o porquê, pois temiam que fosse algo horrível demais para se saber, já que ninguém falava sobre isso. A maioria estava ciente de seu rótulo de pessoas com dificuldades de aprendizagem e assumiam que isso significava uma incapacidade para aprender. Outros acreditavam que, no fundo, eles eram "retardados", e os professores eram gentis demais para dizer isso.

Vamos avançar para o presente, em que os alunos com deficiência são incluídos nas salas de aula de educação geral a taxas crescentes. Em algumas turmas, acompanhantes podem ser designados para um aluno com deficiência. Ninguém menciona o proverbial elefante na sala, mas todo mundo sabe que não é uma boa coisa ter um adulto "colado" ao seu lado. Os alunos sem deficiência assistem aos outros saírem da sala de aula para receberem serviços especiais; eles ficam imaginando o que alguém tem de fazer para merecer isso e apenas esperam que nunca venham a fazê-lo. Ninguém fala sobre a razão de alguns alunos saírem, nem para onde eles vão, mas outros às vezes os chamam de "retardados" no pátio ou no ônibus.

Se há dois professores em uma sala de aula, todos sabem que alguém tem uma deficiência. Todos são suspeitos, mas ninguém fala sobre isso. Nas escolas onde uma turma por série é designada para o ensino colaborativo, todos sabem quem permanecerá nessas turmas ano após ano. Às vezes, os alunos sem deficiência não querem estar em uma turma com dois professores porque eles temem que alguém possa pensar que *eles* são um dos que têm deficiência.

Lembro-me novamente do silêncio que definiu a integração escolar quando eu era estudante no início dos anos de 1970 (ver Capítulo 1). Se os nossos professores não podiam falar sobre integração, nós certamente não podíamos falar sobre isso. Naquele silêncio, temíamos uns aos outros e buscávamos refúgio naqueles que se pareciam conosco. Além disso, internalizávamos o desconforto, a ansiedade e a tensão que os professores pareciam incapazes de ocultar. Caminhávamos sobre ovos. Afinal, não nos conhecíamos. Só sabíamos o que sabíamos e não havia como saber de modo diferente. O silêncio ergueu uma barreira que não podíamos transpor.

Imagine se os administradores e professores tivessem nos recebido como a primeira geração de um dos maiores momentos da história dos direitos civis. E se o início da integração tivesse sido um grande evento de celebração? Como as coisas poderiam ter sido se tivéssemos entrado em uma escola que saudasse *Brown versus Conselho de Educação* como um momento decisivo da sociedade dos Estados Unidos e nos convidasse a contribuir ativamente para a sua adoção? E se os professores tivessem transbordado de entusiasmo e empolgação sobre as possibilidades diante de nós? Como debates na escola e/ou sala de aula poderiam ter proporcionado espaço para trocas significativas entre estudantes e professores? Que tipo de projetos de construção de comunidade poderíamos ter idealizado sozinhos se tivéssemos recebido a oportunidade? Talvez seja ingênuo da minha parte pensar que tal resposta poderia ter surgido a partir da intensa turbulência política e social daquele momento histórico. Mas sei que consequências particulares resultaram das escolhas que os funcionários das escolas fizeram naquela época. E ficamos pensando sobre como as coisas poderiam ter sido diferentes.

Não é necessário um grande salto cognitivo para reconhecer que a integração dos alunos com deficiência seguiu um caminho muito semelhante ao da integração racial nas escolas públicas. Por que *há* silêncio em torno das deficiências? Se a inclusão significa abraçar a diversidade, por que temos medo de falar sobre as deficiências em sala de aula? É sensato reconhecer o quanto nossos alunos refletem o que projetamos como professores. As crianças recebem mensagens sobre deficiências de todos os lugares e isso inclui os professores. Se *nós* nos sentimos desconfortáveis ao falarmos sobre as deficiências, é óbvio que os alunos com e sem deficiência também se sentirão.

Silêncio e vergonha

Lembro-me de devorar o romance gótico *Jane Eyre* durante um verão preguiçoso da minha adolescência. Ainda hoje consigo ver Bertha, a "insana" esposa de Edward Rochester, aprisionada no sótão da Mansão de Thornfield, escapando repetidamente para atormentar a família. Como leitora, estava bastante certa de que as terríveis brincadeiras que Bertha fazia por toda a mansão foram escritas para me aterrorizar e despertar a minha compaixão pelo acabrunhado e belo Edward. Afinal, o pobre Edward não tinha como saber que a bela e abastada Bertha havia herdado a loucura da sua linhagem caribenha e crioula (observe a interseção entre raça e deficiências aqui) e agora ele estava condenado a sofrer com o fardo de ter de cuidá-la. Mas foi Bertha, e não Edward, quem conquistou a minha lealdade. Torcia por Bertha enquanto ela corria loucamente pela propriedade, rompendo o silêncio que tornava invisível.

Conforme discutido no Capítulo 2, os exemplos de personagens com deficiência que encarnam os piores traços humanos alastram-se pela literatura. Embora Bertha certamente se encaixe nesse estereótipo negativo das deficiências, o que mais me interessa na história é a natureza destrutiva do silêncio. Edward tenta, desesperadamente, encobrir a deficiência de Bertha com silêncio e sigilo, porém, ela se recusa a viver sem ser reconhecida. Bertha me hipnotizou quando eu era adolescente. Talvez tenha sido o fato de ela se recusar a ser descartada como se fosse inumana que tenha me chamado tanto à atenção. Não importa quantas vezes Edward a prenda no sótão, Bertha surge para reafirmar a sua poderosa presença humana. Como último ato de rebeldia, ela queima a mansão, matando a si mesma no processo – e encerrando o que Charlotte Brontë sem dúvida pretendia que fosse uma história de alerta sobre os "males" da insanidade. Porém, foi por Bertha que chorei.

Podemos entender a história de Bertha como uma alegoria da natureza destrutiva do silêncio. Precisamos apenas olhar para a história das instituições psiquiátricas em nosso país para encontrar os efeitos nocivos do silêncio e do sigilo sobre incontáveis famílias (BLATT; KAPLAN, 1966; STIKER, 1999). O recente documentário *Without Apology* (2004, Sem Desculpas), revela uma história dessas, contada pela diretora/irmã Susan Hamovitch, que ressuscita um obscuro segredo de família: o desaparecimento de seu único irmão, Alan, com oito anos de idade, internado em uma instituição para pessoas com graves deficiências.[1] Esse tópico foi um tabu na família por mais de 30 anos. Como diretora, Susan transgride o código de silêncio de sua família em filme para documentar a infindável (e quase nunca expressa) dor que a falta de Alan causou em cada membro da família, e a vergonha que os separou e que, em última instância, definiu-os todos. A história de Susan é somente mais uma entre milhares que ainda não foram contadas.

Agora, lembre-se das metáforas expressas pelos quatro professores de educação especial com dificuldades de aprendizagem que apresentamos no Capítulo 4. Os temas afins do silêncio e da vergonha aparecem em cada mosaico. Vamos revisitar essas imagens da experiência com deficiências – um rato forçado a correr por um labirinto, uma caminhada forçada por um corredor formado por colegas zombadores, um corpo queimando na fogueira, uma face coberta por mãos, um espécime raro exposto em uma gaiola, um corpo marcado cercado por dedos em riste, um tabuísmo sussurrado, uma criatura de cinco cabeças, uma doença, corpos indesejados escondidos em um armário. Parece que, quanto menos falamos das deficiências, mais vergonhosas elas se tornam.

Dissipando o desconforto

Não há dúvidas quanto ao legado de silêncio de nossa cultura com relação às deficiências. Acrescente a esse legado uma boa dose de ableísmo e de oportunidades mínimas para a interação entre pessoas com e sem deficiência. Será que surpreende o fato de que talvez os professores não saibam como falar sobre deficiências em sala de aula?

A maioria de nós foi ensinado desde cedo a não apontar ou ficar olhando para alguém com deficiência, muito menos mencionar essa deficiência – como se essa pessoa fosse de repente perceber ou lembrar que tem deficiências e nos responsabilizar por termos feito isso. As boas maneiras exigem que olhemos para o lado e finjamos que não percebemos. Certamente não queremos provocar uma pessoa com deficiência fazendo ou dizendo a coisa errada. Afinal, lemos livros e vimos filmes o bastante para saber que as pessoas com deficiência podem ser amargas e infelizes. (Contamos aqui com a sua capacidade de entender sarcasmo!) Ou será que isso tem a ver com nossos próprios medos? Talvez não queiramos ser lembrados de que uma deficiência pode acontecer conosco ou com aqueles que amamos.

Se pensamos na deficiência como uma variação natural entre as pessoas, em vez de uma patologia ou uma tragédia, a deficiência se torna um entre os muitos marcadores identitários que as pessoas podem reivindicar. Fingir não notar os traços corporais de uma pessoa é desprezar o seu "modo de ser" como trágico demais para se reconhecer. Agora você deve estar se perguntando o que você *deveria* fazer. Se os esforços convencionais de polidez podem, na verdade, ofender alguém com deficiência, como sabemos o *que* fazer?

Comecemos por nos relacionar com pessoas que têm deficiência e ouvir o que elas têm a nos dizer. Paul (que apareceu pela última vez no Capítulo 3) explica isso da seguinte forma. Ele usa dois aparelhos auditivos atrás de suas orelhas. Tubos transparentes saem de cada aparelho e conectam-se a peças de plástico transparente que se encaixam em cada canal auditivo. É fácil não notar que ele usa aparelhos auditivos. Quando as crianças mais novas percebem, elas imediatamente se esforçam para tentar ver mais de perto. Elas fazem perguntas e mostram interesse no que ele tem a lhes dizer. Ele encanta o seu jovem público ao tirar seus aparelhos e explicar como eles funcionam – uma demonstração que é acompanhada pela resposta universal: "Legal!". Os adultos, por outro lado, tentam disfarçar logo depois que percebem os aparelhos. Eles tentam, discretamente, confirmar o que eles acham que viram (mas não tão discretamente a ponto de Paul não perceber), porém, o que veem nunca é mencionado. Em resposta a esse "parecer não olhar enquanto olha", Paul admite que às vezes ele se diverte tornando a visualização de suas orelhas um pouco mais difícil. Diferentemente dos adultos bem-intencionados que foram doutrinados sobre "boas" maneiras, o que Paul observa nas crianças mais novas é uma curiosidade e um interesse natural sobre a sua forma de existir no mundo. Elas prontamente reconhecem toda a sua humanidade como válida, interessante e que vale a pena conhecer mais a respeito. E não é isso o que *todos* nós queremos?

DIVERSIDADE COMO BASE DA COMUNIDADE

Quando compreendemos as deficiências como uma variação humana natural, ela se torna apenas mais um fio na tapeçaria da diversidade, que define uma comunidade de aprendizagem inclusiva. Com diversidade no centro da inclusão, a construção e o sustento de uma comunidade forte tornam-se as características centrais das salas de aula. Começamos por envolver as crianças em debates sobre *tudo* o que nos faz humanos. E, desde o primeiro dia, o processo contínuo de se conhecer e apreciar uns aos outros é colocado em movimento.

Lembra-se das minhas ideias sobre como a integração escolar poderia ter sido abordada? Temos a oportunidade de adotar uma visão como essa para os estudantes com deficiência, trabalhando juntos em comunidades inclusivas. Vamos receber nossos estudantes como a geração inicial do próximo grande momento na história dos direitos civis. Comece o ano letivo com um evento para celebrar a inclusão como um passo adiante na criação de uma sociedade justa e equitativa. Saúde a *Individuals with Disabilities Education Improvement Act* (IDEIA) como um momento decisivo da sociedade dos Estados Unidos. Inclua os alunos no processo de aprendizagem de como se vive e trabalha em uma comunidade inclusiva. Irradie entusiasmo e empolgação sobre as possibilidades de inclusão de todos. Crie espaço para trocas significativas entre estudantes e professores. Convide os alunos a conceber e adotar projetos de construção de comunidades para fortalecer a inclusão dentro da sala de aula, da escola e da comunidade. Como professor, *você* pode escolher fazer as coisas de modo diferente desta vez, em nome de um futuro melhor. Aproveite essa oportunidade e faça o possível.

Na última década, livros e materiais sobre inclusão invadiram o mercado de publicações educacionais. É preciso pouco tempo e esforço no ciberespaço para localizar numerosos e variados *websites* sobre práticas inclusivas. Tire proveito dos muitos recursos que estão ao seu alcance. O livro de Mara Sapon-Shevin (1998), *Because We Can Change the World: A Practical Guide to Building Cooperative, Inclusive Classroom Communities* (Porque Podemos Mudar o Mundo: Um Guia Prático para a Construção de Comunidades de Sala de Aula Cooperativas e Inclusivas), permanece um favorito nosso. Sapon-Shevin não apenas escreve elegantemente sobre a esperança e a promessa das práticas inclusivas, como também aproveita a sua vasta experiência de ensino para oferecer estratégias práticas para a criação de comunidades de aprendizagem respeitosas e atenciosas. O livro é uma fonte valiosíssima de sugestões sobre jogos cooperativos, seleções e atividades de literatura infantil e canções de sala de aula para incentivar a apreciação da diversidade.

Língua e deficiências

Em uma comunidade inclusiva, as crianças estão cientes de como a língua molda os nossos pensamentos e as nossas ações. Elas aprendem a reconhecer e a resistir a expressões negativas sobre qualquer tipo de diversidade. Conforme foi apontado no Capítulo 2, o uso ostensivo de expressões relacionadas às deficiências nas conversas diárias é muito mais comum do que as referências à raça, à etnia e ao gênero. Por exemplo, as crianças (e adultos) usam livremente termos como "coxo", "retardado" e "desajeitado" porque a nossa *cultura* não tem consciência sobre o uso de tais expressões. (Preste atenção ao uso de expressões da língua relacionadas às deficiências em filmes voltados ao público adolescente. O número de referências às deficiências é impressionante.)

É responsabilidade de todos em uma sala de aula inclusiva refletir sobre o uso da língua. À medida que as crianças aumentam sua consciência, identificar e resistir às expressões negativas torna-se um projeto compartilhado. Interpretar papéis é uma forma efetiva de praticar respostas às expressões negativas. Além disso, o desenvolvimento de consciência e habilidades dentro da sala de aula prepara as crianças para a abordagem dessas questões em suas escolas, famílias e comunidades.

Representações da diversidade

O movimento feminista dos anos de 1970 e o multiculturalismo dos anos de 1980 contribuíram para uma representação ampliada de meninas e de crianças afrodescendentes no currículo escolar. Hoje, há muito menos representações das deficiências, e as representações que existem variam em qualidade. Por exemplo, as ideias estereotipadas sobre deficiência persistem na literatura infantil. Conforme discutimos no Capítulo 2, muitos livros ainda representam as deficiências como monoculturais e reforçam noções de pena e inspiração (AYALA, 1999).

Além de identificar literatura infantil com retratos positivos das deficiências, também podemos pensar sobre o uso de literatura estereotipada para ensinar crianças a ler com um olhar crítico em relação à representação das deficiências. A literatura é um veículo poderoso, por meio do qual se pode conduzir debates significativos acerca das deficiências. Além disso, podemos desafiar as crianças a prestarem atenção à representação (ou omissão) da deficiência na mídia (p. ex.: televisão, animação, filmes, jornais, revistas, publicidade). Uma recente capa da *Us Magazine*, por exemplo, apresentou a ex-governadora do Alasca e candidata a vice-presidente, Sarah Palin, e seu bebê, que, segundo a descrição da revista, "sofre" de síndrome de Down. Uma vez que a consciência tenha sido despertada, as crianças buscam e compartilham, avidamente, exemplos midiáticos (positivos e negativos) com a turma e com a comunidade escolar.

Projetos de classe

Conforme as crianças amadurecem a sua consciência sobre deficiências, os projetos de classe se tornam uma extensão natural. Convide as crianças para um *brainstorm* sobre as formas de aumentar a consciência no nível escolar e dentro da comunidade como um todo. Por exemplo, os alunos poderiam escolher criar um mural no corredor com notícias sobre deficiências; organizar um festival de filmes sobre deficiências para pais, administradores, professores e estudantes; escrever e interpretar uma peça sobre pressupostos e concepções errôneas das deficiências; trabalhar com o bibliotecário da escola para dar destaque a livros com retratos positivos das deficiências; participar da Semana Nacional de Inclusão; desenvolver uma exibição sobre a história das deficiências do lado de fora da secretaria da escola; trabalhar com o professor de arte para destacar a obra de artistas com deficiência – a imaginação é o único limite das possibilidades.

Autodefensoria

As comunidades inclusivas validam *todos* os alunos. Os estudantes entendem que *todo* indivíduo possui um conjunto particular de pontos fortes e dificuldades. O etos da turma é de colaboração, em vez de competição. Todos contribuem com alguma coisa única para a comunidade de aprendizagem.

As deficiências, concebidas como variação humana natural, perdem o estigma de déficit e diferença. Discussões abertas sobre elas descontroem o seu mistério. Quando as deficiências são comentadas, elas se tornam *parte* do quotidiano e não a exceção. Os estudantes com deficiência falam por si próprios, em vez de deixarem que outros falem por eles. E parte do fato de serem capazes de falar por si próprios tem a ver com a compreensão das leis que os protegem. Desse modo, o desenvolvimento de habilidades de autodefensoria se torna um aspecto essencial de um currículo inclusivo.

INFUNDINDO OS ESTUDOS SOBRE DEFICIÊNCIA NO CURRÍCULO

Conforme ilustrado pela vinheta que abre este capítulo, os estudos sobre deficiência podem ser infundidos de maneira bastante natural no currículo. Considerando que a experiência humana da deficiência está em geral ausente no atual currículo escolar, caberá a você levar uma perspectiva da deficiência para dentro da instrução de sala de aula. Muito semelhante à ausência de contribuições de mulheres e afrodescendentes nos currículos escolares do passado, essa carência permanece no caso das pessoas com deficiência. Assim como as meninas e as crianças afrodescendentes viam representações esparsas e/ou estereotipadas de si mesmas nos currículos escolares, as crianças com deficiência permanecem nessa situação.

Como poderíamos introduzir uma perspectiva da deficiência nas matérias escolares? Podemos começar pedindo para que os alunos considerem perguntas relacionadas às deficiências nos currículos escolares, como estas:

- Como a resposta da sociedade às deficiências mudou ao longo tempo?
- Qual é a relação entre ciência e deficiência?
- Como as deficiências são representadas (ou não) nos livros ilustrados? Que mensagens sobre as deficiências são transmitidas por meio dos textos e das ilustrações?
- Como a deficiência é representadas nas artes?
- Como a deficiência funciona como um artifício literário?
- Como as guerras contribuem para a resposta da sociedade à deficiência?

Para reforçar a noção da deficiência como diversidade humana, poderíamos substitui-la por raça, classe e gênero e fazer a mesma pergunta de novo. Desse modo, estimulamos os alunos a raciocinar sobre as interseções existentes entre raça, classe, gênero e deficiências.

Currículo de deficiência

O Center on Human Policy (CHP, na sigla em inglês) da Universidade de Syracuse (ver http://thechp.syr.edu/) talvez seja o melhor recurso *on-line* para professores que estejam procurando um currículo de estudos sobre deficiência. CHP é uma organização política, de pesquisa e de defesa de direitos, ligada ao movimento nacional que busca assegurar os direitos das pessoas com deficiência dentro da comunidade. O centro participa de uma ampla gama de atividades em nível local, estadual, nacional e internacional, incluindo estudos, pesquisas, informações e referências sobre políticas, defesa de direitos, treinamento e consultoria, além da disseminação de informações. Como parte de sua meta de disseminar informações, o *website* da CHP oferece aos professores planos de aula, que podem ser baixados, para a integração dos estudos sobre deficiência às disciplinas curriculares. Embora concentrem-se principalmente nas séries a partir da 6ª, esses planos de aula podem ser facilmente adaptados para acomodar anos anteriores.

Com a permissão do Center on Human Policy, reproduzimos abaixo uma amostra com quatro planos de aula. Cada plano identifica as matérias do currículo, bem como os padrões dos conteúdos abordados. Objetivos, perguntas, recursos e materiais, bem como atividades são também oferecidas. Encorajamos você a acessar o *website* da CHP para obter mais planos de aula e mais informações.

Se vamos criar comunidades inclusivas, devemos afirmar a diversidade humana nos currículos escolares. Para compreender a deficiência como um aspecto natural da diversidade humana, as crianças precisam ver a deficiência da mesma forma que a raça, a classe e o gênero são representados. Assim como incluímos as contribuições das mulheres e dos afrodescendentes nos currículos escolares, também temos de incluir as contribuições feitas pelas pessoas com deficiência.

Encorajamos você a arregaçar as mangas. Mãos à obra: experimente uma das aulas. Veja o que acontece. Apostamos que os seus alunos irão lhe surpreender e, juntos, vocês crescerão de uma maneira nova e inesperada. Antes que você se dê conta, você e seus alunos estarão se juntando à revolução da inclusão!

Quadro 9.1 Planos de aula: O que está por trás de uma expressão?

Sujeitos
- Literatura
- Estudos Sociais
- Sociologia

Visão geral de um plano de aula

Os estudantes examinam diferentes expressões idiomáticas usadas para se referir a pessoas com deficiência na sociedade norte-americana.

Padrões

1. Explicar como as informações e as experiências podem ser interpretadas por pessoas de diversas perspectivas culturais e quadros de referência.
2. Desenvolver sensibilidades críticas, tais como empatia e ceticismo com relação a atitudes, valores e comportamentos de pessoas em diferentes contextos históricos.
3. Identificar e descrever a influência das percepções, das atitudes, dos valores e das crenças sobre a identidade pessoal.
4. Descrever o papel das instituições na promoção da continuidade e da mudança.

Objetivos

1. Identificar expressões usadas para se referir a pessoas com deficiência em épocas diferentes.
2. Entender as implicações negativas e positivas das diferentes expressões.
3. Reconhecer e compreender que expressões aceitáveis usadas para se referir a pessoas podem variar em diferentes momentos históricos.
4. Reconhecer e compreender como as pessoas com deficiência veem as expressões usadas para se referir a elas.

Questões para reflexão

1. Qual é a importância da maneira como nos referimos às pessoas com deficiência? Por quê?
2. A mudança no uso das expressões idiomáticas muda as atitudes?
3. Quem deveria ser capaz de decidir quais são as expressões usadas parar se referir a qualquer grupo de pessoas?

Recursos e materiais

OBSERVAÇÃO: Alguns destes *links* podem levar a *websites* externos. [Ver o *website* da CHP.]

1. Excertos de materiais de fonte histórica: *Dorothea Dix Memorial* (parágrafos 1 a 6, Memorial de Dorothea Dix), *Gallaudet Sermon* (parágrafos 13 a 15, Sermão de Gallaudet), *Education of Idiots*, 1849 (p. 1, parágrafos 1 a 2, Educação de Idiotas), *A Brief History of the American Asylum*, 1893 (Uma Breve História dos Asilos Norte-americanos), *Sketch of a Life*, 1863 (p. 1, parágrafos 1 a 2, Esboço de uma Vida), *Circus and Museum Freaks – Curiosities of Pathology*, 1908 (parágrafos 1 a 3 Aberrações de Circo e Museu: Curiosidades de Patologia).
2. Reatribuindo Significado – Excerto de *Claiming Disability* (Reivindicando as Deficiências), de Simi Linton.
3. Excertos de artigos de Steven Gelb, Scot Danforth e Kevin Walsh (publicados em *Mental Retardation*) em nome da American Association on Mental Retardation.
4. *The Language of Disability: Problems of Politics and Practice* (A Linguagem das Deficiências: Problemas de Política e Prática), de Irv Zola.
5. *Terminology Used to Refer to Deaf People* (A terminologia para se Referir às Pessoas Surdas), Michael Schwartz.

Atividades e procedimentos

1. Os alunos se dividem em três grupos. Cada um deles revisa dois materiais de fonte histórica e identifica as expressões usadas para se referir às pessoas com deficiência. Cada grupo escreve termos no quadro negro. O professor conduz a discussão. Que termos são usados ainda hoje? O que esses termos significam hoje? Esses termos são positivos ou negativos?

continua

Quadro 9.1 Planos de aula: O que está por trás de uma expressão? (*continuação*)

2. Os alunos revisam os artigos de Gelb, Danforth e Walsh. Eles fazem um debate em sala de aula ou escrevem artigos de uma ou duas páginas sobre as seguintes perguntas. Como as expressões idiomáticas usadas para se fazer referência a pessoas com deficiência intelectual mudaram ao longo do tempo? Que termos foram usados no passado? Que termos são usados hoje? Que terminologia poderia ser melhor? O uso que fazemos da língua importa? Os significados negativos associados às expressões antigas poderão, um dia, ser associados às novas expressões idiomáticas? 3. Os alunos interpretam uma reunião da diretoria da American Association on Mental Retardation. A diretoria está considerando a mudança do nome da associação. Eles argumentam a favor ou contra a mudança do nome. 4. Os alunos revisam o excerto sobre expressões idiomáticas de Simi Linton. Debate em grupo ou ensaios de uma ou duas páginas. Compare e contraste os termos "afligido", "incapaz" e "portador de deficiências". Esses termos têm o mesmo significado? A aceitabilidade dos termos depende de quem os está usando? As pessoas devem ter o direito de decidir como elas querem ser chamadas? Que eufemismos são usados para se referir às pessoas com deficiência? O que há de errado com eles? Compare e contraste as expressões idiomáticas usadas para se fazer referência às pessoas com deficiência e as expressões usadas para se fazer referência aos outros grupos da sociedade (com base na etnia, na raça ou no gênero). 5. Os alunos leem os materiais de fontes históricas e os ensaios e os artigos sobre uso da língua (Linton, Schwartz, Danforth, Gelb, Walsh). A turma se divide em pequenos grupos. Cada grupo recebe uma grande folha de papel. Em uma coluna à esquerda, os alunos registram termos desatualizados. Em uma coluna à direita, eles registram termos mais aceitáveis para cada um dos desatualizados. Se não estiverem certos sobre a aceitabilidade de um termo, eles o registram no fim da folha. A turma se reagrupa. Cada grupo cola sua folha de papel, com fita adesiva, no quadro negro ou na parede. O professor conduz uma discussão comparando o que os grupos registraram.

Fonte: Os autores.

Quadro 9.2 Planos de aula: O significado da deficiência

Sujeitos • Literatura • Estudos Sociais • Sociologia **Visão geral de um plano de aula** Os alunos serão expostos às diferentes definições de deficiência, ao estigma e aos estereótipos associados às deficiências e às experiências de uma pessoa que viveu em uma instituição psiquiátrica. **Padrões** 1. Explicar e aplicar ideias, teorias e modos de investigação oriundos da antropologia e da sociologia no exame das questões e dos problemas sociais persistentes. 2. Desenvolver sensibilidades críticas, tais como empatia e ceticismo com relação a atitudes, valores e comportamentos de pessoas em diferentes contextos históricos. 3. Descrever como as pessoas criam lugares que refletem valores e ideais culturais à medida que elas projetam e constroem edifícios especializados. 4. Identificar e descrever a influência das percepções, das atitudes, dos valores e das crenças sobre a identidade pessoal. 5. Identificar e interpretar exemplos de estereotipagem, conformidade e altruísmo. **Objetivos** 1. Reconhecer e compreender as diferentes formas de se definir as deficiências. 2. Compreender os paralelos entre pessoas com deficiência e outros grupos historicamente discriminados. 3. Compreender os estereótipos e o estigma que podem ser associados às deficiências. **Questões para reflexão** 1. Quais são algumas das maneiras diferentes de se definir pessoas com deficiência? 2. Quais são as implicações das diferentes definições de deficiência? 3. As pessoas devem ter o direito de decidir como elas serão chamadas?

continua

Quadro 9.2 Planos de aula: O significado da deficiência (*continuação*)

Recursos e materiais

OBSERVAÇÃO: Alguns destes *links* podem levar a *websites* externos. [Ver o *website* da CHP].

1. Reatribuindo Significado – Excerto de *Claiming Disability* (Reivindicando as Deficiências), de Simi Linton.
2. A Visão de um Informante – Excerto de *The Judged, Not the Judges* (O Julgado, Não os Juízes; História de Vida de Ed Murphy)
3. *What is a Disability?* (O Que São as Deficiências?) – Steve Taylor.
4. *Communication Barriers Between the Worlds of 'Able-bodiedness' and 'Disability'* (Barreiras de Comunicação Entre os Mundos dos Fisicamente Aptos e dos Portadores de Deficiências), por Irv Zola.
5. Excerto de *Origin and Nature of Our Institutional Models* (Origem e Natureza de Nossos Modelos Institucionais), de Wolfensberger (parágrafos 8 a 121).

Atividades e procedimentos

1. Os alunos reúnem-se em pequenos grupos e discutem as várias definições de deficiências. Ler Linton e Taylor. Perguntas: Quais são as várias formas de se definir deficiência? As deficiências formam uma condição objetiva? Qual a diferença entre uma definição médica e uma social das deficiências?
2. Os alunos examinam os estereótipos e os estigmas associados às deficiências (ensaios ou discussões de grupo). Ler Wolfensberger e Zola. Perguntas: Quais são os papéis históricos e os estereótipos das pessoas com deficiência? Quais são as implicações dos diferentes papéis e estereótipos? As pessoas com deficiência representam um grupo minoritário? De que maneiras as pessoas com deficiência são semelhantes ou diferentes dos outros grupos minoritários? Se você tivesse uma deficiência, tentaria escondê-la?
3. Leia o relato de Ed Murphy sobre sua vida em uma instituição psiquiátrica e escreva um breve ensaio sobre ele (Anos: 6º a 8º, 9º a 10º, 11º a 12º). O que Ed pensa sobre a rotulagem? Por que Ed acabou indo para a escola estadual? Que oportunidades Ed perdeu ao ir para a escola estadual? O que a história de Ed lhe diz sobre a deficiência intelectual? Caracterize a "voz" de Ed. Ele soa ressentido ou amargo?

Fonte: Os autores.

Quadro 9.3 Planos de aula: A testagem de imigrantes com "debilidade mental"

Sujeitos
- Ciências Cívicas
- História
- Estudos Sociais

Visão geral de um plano de aula

Henry H. Goddard, um psicólogo norte-americano, foi um dos pioneiros da testagem de inteligência. Goddard, mais conhecido por seu trabalho na área da hereditariedade da inteligência, acreditava que a "debilidade mental" era nociva à sociedade. Ele acreditava que a reprodução das pessoas com "debilidade mental" era nociva, já que elas eram, em sua visão, responsáveis por muitos crimes e outros problemas sociais.
Nesta aula, os estudantes examinarão as crenças e as práticas relacionadas à testagem de inteligência da primeira década do século XX e explorarão as críticas atuais à testagem feita naquela época.

Padrões

1. Aplicar conceitos como papel, *status* e classe social na descrição das conexões e interações de indivíduos, grupos e instituições na sociedade.
2. Analisar como a ciência e a tecnologia influenciam os valores, as crenças e as atitudes centrais da sociedade, e como os valores, as crenças e as atitudes centrais da sociedade moldam a ciência e a tecnologia.

Objetivos

1. Identificar pelo menos um dos pioneiros da testagem de inteligência nos Estados Unidos.
2. Explicar a ascensão do uso da testagem de inteligência.
3. Explorar como a ciência pode ser usada e mal-usada para desenvolver políticas públicas e para influenciar a opinião pública.

continua

Quadro 9.3 Planos de aula: A testagem de imigrantes com "debilidade mental" (*continuação*)

Questão para reflexão

De que maneiras a ciência do início do século XX foi usada para desenvolver políticas públicas e influenciar a opinião pública?

Recursos e materiais

1. Ensaio: *Testing at Ellis Island* (Kluth e Taylor, 2006; Testagem na Ilha Ellis).
2. *Two Immigrants Out of Five Feebleminded* (15 de Setembro de 1917; Dois a cada cinco Imigrantes têm Debilidade Mental). O levantamento.

Atividades e procedimentos

1. Debates de sala de aula: peça que os estudantes leiam *Two Immigrants Out of Five Feebleminded* e faça a eles as seguintes perguntas:
   (a) O que os membros da equipe de Vineland estudavam na Ilha Ellis? Qual poderia ter sido a motivação para a condução desse estudo?
   (b) Por que tantos imigrantes pareciam ter "debilidade mental"? Esses indivíduos tinham, de fato, "pouca inteligência" como Goddard argumentou, ou talvez houvesse outras explicações para as baixas pontuações?
   (c) Para que propósito você acha que Goddard conduziu esses testes? Como você acha que os dados coletados foram usados?
   (d) No artigo, o autor relata que até mesmo Goddard achou o número de imigrantes diagnosticados como "débeis mentais" "surpreendente". Ele não viu, contudo, que isso poderia ser uma indicação de que o teste era falho ou problemático. Por que você supõe que Goddard tinha tanta fé nos testes?
   (e) O autor também relata que Goddard não via o uso de intérpretes como uma "barreira à testagem eficiente". Como o uso de intérpretes poderia ser uma barreira à testagem eficaz?
2. Pesquisa na internet: agora, distribua cópias do ensaio *Testing at Ellis Island* e deixe os alunos fazerem uma pesquisa na internet sobre o tópico de Henry Goddard e a Ilha Ellis. Os *websites* a seguir são ótimos lugares para se começar uma pesquisa:
   (a) Inteligência humana: influências históricas, controvérsias atuais, recursos de pesquisa: http://www.indiana.edu/~intell
   (b) Escola de Treinamento Vineland: http://www.vineland.org/history/trainingschool/index.html
3. Trabalho e discussão independentes: diga aos alunos que eles irão criar monólogos de um minuto baseados nas experiências de imigrantes testados na Ilha Ellis. Cada aluno deve criar um personagem para representar. Eles devem dar aos seus personagens nomes, identidades e dados pessoais (p ex.: etnicidade, gênero, país de origem, experiência de imigração). Então, os alunos devem pesquisar o que uma pessoa com tais características poderia ter experimentado durante a sua jornada transatlântica e na chegada à Ilha Ellis. Por exemplo, se o personagem for italiano, o aluno pode pesquisar a experiência de imigração italiana e aprender sobre o período em que o seu personagem viajou, que obstáculos ele pode ter enfrentado na sua chegada aos Estados Unidos e que trabalho ele foi treinado para executar.
Depois, considerar o que o seu personagem poderia ter experimentado ao ser testado pelos instrumentos de Goddard. O que ele poderia ter sentido ou pensado? Escreva um monólogo de um minuto expressando os pensamentos dos personagens sobre ser testado e avaliado pela equipe de Vineland. Como era testagem do ponto de vista dos imigrantes?
Quando os alunos terminam de escrever seus monólogos, faça-os praticarem as falas com um colega. Lembre-os de que o monólogo não deve durar mais do que um minuto.
Quando os alunos terminarem de escrever, editar e praticar, peça para eles lerem as suas histórias, uma por uma, para a turma inteira.
4. Debates de sala de aula: conclua a aula incentivando um debate entre os alunos sobre os monólogos, de forma que compartilhem os seus pensamentos sobre a testagem na Ilha Ellis. Pergunte:
   (a) Como a equipe de Vineland entendia ou "via" a deficiência?
   (b) Qual impacto você acha que o relatório de Goddard teve? Como você acha que os achados dele moldaram a opinião pública, as políticas ou as práticas da época?
   (c) Como eram os processos de imigração e de cidadania do passado em comparação com os dos dias de hoje? Há práticas que empregamos hoje e que poderiam ser consideradas extremistas?

Fonte: Os autores.

Quadro 9.4 Planos de aula: General Tom Thumb – estrela ou espetáculo?

Sujeitos
- História
- Estudos Sociais
- Sociologia

Visão geral de um plano de aula

Charles Sherwood Stratton (1838 – 1883), artista norte-americano, era conhecido pelo público de seu país como Tom Thumb. Stratton provocava curiosidade devido ao seu tamanho. Nascido em Connecticut nos anos de 1830, Tom Thumb era uma pessoa de baixa estatura, ou um "nanico". Os pais de Stratton tinham uma estatura comum. Ele parecia normal ao nascer, mas parou de crescer antes de completar 1 ano de idade. Aos 4 anos, ele tinha um pouco mais de 60 cm.

Em 1842, P. T. Barnum exibiu Tom Thumb no Barnum's American Museum, em uma exposição de curiosidades na cidade de Nova York. Stratton tornou-se mundialmente famoso pelo seu trabalho com Barnum.

A presente aula destaca a história de Stratton. As atividades são focadas, em particular, na vida de Stratton como uma celebridade e sua fama. Pede-se aos alunos para considerarem como as diferenças têm sido vistas historicamente e para refletirem sobre como Stratton talvez seja um "produto de sua época".

Padrões

1. Aplicar uma compreensão da cultura como um todo integrado, que explica as funções e as interações de língua, literatura, artes, tradições, crenças e valores, além de padrões de comportamento.
2. Aplicar ideias, teorias e modos de investigação histórica para analisar desenvolvimentos históricos e contemporâneos, e para informar e avaliar ações envolvendo questões de políticas públicas.
3. Analisar o papel das percepções, atitudes, valores e crenças no desenvolvimento da identidade pessoal.
4. Descrever as várias formas que as instituições tomam e explicar como elas se desenvolvem e mudam ao longo do tempo.

Objetivos

1. Analisar o papel da cultura popular na história dos Estados Unidos.
2. Compreender os modos como as imagens das pessoas com diferenças foram manipuladas em *shows* de aberrações e espetáculos semelhantes para despertar o interesse e a curiosidade do público.
3. Analisar a construção de uma celebridade.
4. Examinar as formas como as pessoas com deficiência ou diferença física têm sido percebidas, tratadas e rotuladas ao longo do tempo.

Questões para reflexão

1. As "curiosidades humanas" ou "aberrações" deveriam ter sido consideradas celebridades ou vítimas exploradas por empresários manipuladores, ou ambos?
2. Como as imagens das pessoas diferentes ou com deficiência eram manipuladas para despertar o interesse do público?
3. Quais são os paralelos entre os *shows* de aberrações e a cultura popular de hoje?

Recursos e materiais

OBSERVAÇÃO: Alguns destes *links* podem levar a *websites* externos.

1. Robert Bogdan, *Exhibiting People for Money: Terminology* (Exibindo Pessoas por Dinheiro: Terminologia).
2. Robert Bogdan, *P. T. Barnum's American Museum* (Museu Norte-americano de P. T. Barnum).
3. Robert Bogdan, *Love in Miniature: Mr. and Mrs. Tom Thumb* (Amor em Miniatura: Sr. e Sra. Tom Thumb).
4. *Slides*: Tom Thumb, General Tom Thumb e Senhora, O Passeio, A Recepção e Sr. e Sra. Tom Thumb com P. T. Barnum, Commodore Nutt e Minnie Warren.
5. *Sketch of the Life...* (Esboço da Vida... Charles S. Stratton), 1863 (parágrafos 2 a 5, 7 a 9, 11 a 25).
6. *The Life of P. T. Barnum* (parágrafos 184 a 191, 488 a 496; A Vida de P. T. Barnum).

continua

Quadro 9.4 Planos de Aula: General Tom Thumb – estrela ou espetáculo? (*continuação*)

Atividades e procedimentos
1. Peça para que os alunos compartilhem quaisquer informações que eles tenham sobre pessoas de baixa estatura e com outras diferenças físicas (p. ex.: cadeirantes, surdos, gêmeos siameses, albinos) e suas impressões sobre como essas pessoas com diferenças físicas são vistas pela sociedade. A seguir, peça para que eles formem grupos de três ou quatro e forneçam o nome de indivíduos ou grupos de pessoas que se tornaram famosos por suas diferenças físicas (p. ex.: os munchkins de O Mágico de Oz).
2. Reúna o grupo novamente e introduza os alunos à história de Charles S. Stratton. Peça para eles lerem ou, para os anos mais iniciais, leia para eles *Love in Miniature* (Amor em Miniatura), de Bogdan (também os ensaios *P. T. Barnum and the American Museum* e *Terminology*, caso a Aula 1 não tenha sido usada), *Sketch of the Life... Charles S. Stratton* e *The Life of P. T. Barnum*. Depois, apresente os *slides*. De novo, peça para que os alunos voltem aos pequenos grupos e discuta as passagens de *Sketch of the Life* e *The Life of P. T. Barnum* e os *slides*: o que pode se aprender sobre Stratton a partir desses materiais (p. ex.: a classe social de Stratton, crenças e normas da época)? Determine que um ou dois membros de cada grupo relate(m) o debate que tiveram para toda a turma.
3. Divida a turma em pequenos grupos. Cada grupo trabalhará com uma parte diferente de *Sketch of the Life... Charles S. Stratton* e *The Life of P. T. Barnum*. Distribua a cada grupo uns poucos parágrafos do documento. Os grupos são responsáveis pela apresentação de seu trecho ao resto da turma de alguma maneira. Permita que eles usem quaisquer dos métodos a seguir para compartilhar os seus trechos com o resto da turma: representar uma cena, fazer uma leitura dramática, fazer uma peça de arte improvisada (p. ex.: colagem, linha do tempo colorida) ou participar de algum tipo de contação de história.
Dê tempo aos alunos para que preparem a sua apresentação e ofereça ajuda e ideias enquanto eles trabalham. Peça aos alunos que apresentem a história de Tom Thumb (Stratton) uns para outros, em ordem cronológica (p. ex.: cortejo, casamento). Ofereça comentários esclarecedores à medida que a história é apresentada.
Após as apresentações, peça aos estudantes para considerarem a história de Stratton e apresentarem as seguintes perguntas em um debate conduzido pelo professor: como Tom foi visto, percebido e rotulado pelo público? Por aqueles próximos a ele? Por si mesmo? Tom Thumb tinha uma deficiência? Tom Thumb era uma celebridade? O que faz de alguém uma celebridade? Como uma pessoa se torna uma celebridade nos dias de hoje? Tom Thumb foi explorado por Barnum? Tom Thumb achava que seu trabalho com Barnum era uma exploração?
4. Peça para os alunos discutirem a história de Stratton em um contexto histórico e político. Determine que eles voltem a formar os grupos pequenos e respondam às seguintes perguntas: Por que *Sketch of the Life* foi escrito? O que se pode aprender sobre os meados do século XIX a partir da história de Stratton? Quais eram as opções de entretenimento para as pessoas da época? O que estava acontecendo nos Estados Unidos durante essa época? De que maneira Tom Thumb foi um produto de seu tempo?
5. Peça para os alunos escreverem uma carta de Stratton (Tom Thumb) para os críticos que acreditavam que ele era explorado por Barnum. O que Stratton diria a esses críticos? Os alunos podem escolher entre escrever para os críticos da época de Stratton ou para aqueles vivendo nos dias de hoje.
6. Determine que os alunos façam um projeto que compare o trabalho de Tom Thumb com Barnum a uma situação atual. Por exemplo, eles poderiam comparar a exibição que Barnum fez de Tom Thumb à World Wrestling Federation (WWF) ou um *reality show*. Os estudantes poderiam comparar os dois criando uma apresentação de PowerPoint, apresentando um ensaio fotográfico, escrevendo um ensaio persuasivo ou fazendo uma colagem ou uma pintura.

Fonte: Os autores.

QUESTÕES PARA REFLEXÃO

1. Quão confortável você se sente para falar sobre deficiências? Quão confortável você se sente ao conversar com pessoas, conhecidas e desconhecidas, com deficiência?
2. Quão abertamente se fala sobre deficiência em sua sala de aula, escola e comunidade?
3. Quão bem os seus alunos de "educação especial" entendem os seus PEIs?
4. Quão bem os seus alunos de "educação especial" conseguem descrever as suas deficiências? Eles se sentem confortáveis ao fazê-lo? Como você sabe?
5. Você e seus alunos estão cientes das expressões relacionadas às deficiências usadas em sua sala de aula, escola e comunidade? Como você e seus alunos respondem (ou não)?
6. Quais são, para você, as consequências do silêncio acerca da deficiência?
7. Quão bem os seus alunos sem deficiência entendem essas diferenças? Como você sabe?
8. Os seus alunos com e sem deficiência participam de conversas sobre deficiência? Por quê?
9. Qual a probabilidade de você tentar infundir os estudos sobre deficiência no currículo? O que poderia motivá-lo a tentar?
10. Você acha importante considerar a deficiência como outro aspecto da diversidade (como raça, classe e gênero)? Por quê?

NOTA

1. Ver http://www.withoutapology.com.

REFERÊNCIAS

AYALA, E. C. "Poor little things" and "Brave little souls": the portrayal of individuals with disabilities in children's literature. *Reading Research and Instruction*, Coral Gables, v. 39, n. 1, p. 103-116, 1999.

BLATT, B.; KAPLAN, F. *Christmas in purgatory*: a photographic essay on mental retardation. Syracuse: Human Policy, 1966.

SAPON-SHEVIN, M. *Because we can change the world*: a practical guide to building cooperative, inclusive classroom communities. Upper Saddle River: Pearson Education, 1998.

STIKER, H. J. *A history of disability*. Ann Arbor: Love, 1999.

10
Promovendo crenças e práticas inclusivas

Doce ilusão ou direito civil?

"E se minha escola 'ainda não chegou lá' com relação à inclusão?"

Na virada do século XXI, as escolas da cidade de Nova York enfrentaram a maior carência de professores em décadas. Em resposta a essa crise, e também em cumprimento da legislação de *No Child Left Behind,* que determina a contratação de "professores altamente qualificados", foi estabelecido o New York City Teaching Fellows Program, uma rota alternativa para obtenção de certificação como professor e que tem por objetivo atrair profissionais de outras áreas para o ensino.[1] À luz de sua missão de recrutar e preparar pessoas dedicadas e de alto nível para impactar o desempenho de alunos em salas de aula que têm elevada carência, não chega a ser surpresa o fato de que o programa Teaching Fellows destacou a educação especial como uma área de grande necessidade. A cada ano, um grande número de Teaching Fellows começa a lecionar em turmas de educação especial ao mesmo tempo em que frequentam programas de pós-graduação em educação especial.

Como formadora de professores em uma universidade onde há Teaching Fellows matriculados, eu (Jan) ensinei muitos Teaching Fellows, além de um grupo significativamente maior de estudantes de pós-graduação que tomam o caminho tradicional para obter sua certificação. Ao longo dos anos, apoiei muitos Teaching Fellows durante seu primeiro ano de ensino – uma experiência intensificada pela estrutura "aprenda enquanto ensina/ensine enquanto aprende" do programa Teaching Fellows. Ouvi as suas preocupações com relação aos desafios da educação especial. E a maior parte do que ouvi tinha a ver com "todas aquelas *outras* coisas" sobre as quais escrevemos bem no início deste livro.

Ao pensar sobre as escolas que "ainda não chegaram lá" com relação à inclusão, lembro-me de Lindsey, uma Teaching Fellow recente, que começou seu primeiro ano como professora de inclusão *push in* em uma escola de segundo ciclo do ensino fundamental. Em grande medida, Lindsey é um protótipo do programa Teaching Fellows – uma mulher jovem, brilhante, criativa e enérgica, com um diploma de graduação em filosofia e o desejo de fazer a diferença no mundo. Em pouco tempo, contudo, ela aprendeu o quão difícil poderia ser fazer a diferença em um contexto de educação geral hostil aos estudantes com deficiência. Por volta da metade do primeiro ano de Lindsey como professora, os administradores da escola decidiram que a "inclusão" parecia não estar funcionando. Lindsey e seus alunos logo foram deslocados para uma sala de aula segregada.

Embora seja fortemente alinhada com a ideologia da inclusão, Lindsey admitiu que se sentiu aliviada por não ter mais de lutar pela inclusão de seus alunos na educação geral. Dentro do ambiente segregado, Lindsey ensinou o *mesmo* currículo da educação geral, e seus alunos foram muito bem-sucedidos. Enquanto a administração tenha interpretado esse sucesso como uma evidência de que a segregação funciona, Lindsey continuou profundamente contrariada pela maneira como seus alunos foram colocados para fora da educação geral. Em um esforço para melhor entender a dinâmica do seu contexto escolar, Lindsey usou a sua experiência para escrever a sua dissertação de mestrado e, mais tarde, apresentou esse trabalho em uma conferência nacional de estudos sobre deficiência em educação. No fim, ela não conseguiu reconciliar a sua filosofia de inclusão com as realidades da escola pública e abandonou a profissão de professora.

INCLUSÃO: UM PROCESSO EM EVOLUÇÃO

Há muitos fatores em funcionamento no contexto escolar real que acabamos de descrever. Contudo, vamos nos concentrar por um momento na decisão administrativa de resolver a questão da inclusão segregando os estudantes com deficiência em um ambiente exclusivo. É óbvio que a administração dessa escola entendeu que a fonte do problema eram os próprios alunos com deficiência, em vez das *interações* entre esses alunos e o contexto geral da educação. Ao determinar que o ambiente segregado é o ambiente minimamente restritivo (LRE) para um *grupo* de alunos com deficiência (uma resposta que se choca com os princípios da *Disabilities Education Improvement Act* (IDEIA), mas que, apesar disso, foi implementada), o *status quo* é mantido e as estruturas que sustentam a educação geral permanecem inalteradas. Em outras palavras, se colocarmos os alunos com deficiência onde eles são "adequados", podemos prosseguir com a atividade educativa para todos os demais.

Conforme afirmamos em outro ponto, a inclusão é um sistema de crenças que envolve a escola inteira, em que a diversidade é vista como um recurso rico para todo mundo, em vez de um problema a ser superado – ou, conforme ilustrado no cenário acima, um problema rapidamente resolvido por meio da segregação. A inclusão requer trabalho duro por parte de administradores, professores e estudantes. É um processo orgânico que requer reflexão sistemática e resolução coletiva de problemas entre todos os envolvidos.

O que fazemos para fortalecer a nossa prática

A inclusão requer cuidado. Não basta colocá-la lá, de modo estrutural, e depois relaxar e esperar pelo melhor. Não se trata da prática de um professor em particular ou de uma criança em particular. Trata-se de todos trabalharem juntos, consciente e colaborativamente, para alcançar a meta comum de fortalecer uma comunidade inclusiva vibrante. E atingir essa meta requer liderança compartilhada que, rotineira e cuidadosamente, avalia o quão ativamente a sua comunidade inclusiva busca e adota novos conhecimentos e práticas inovadoras. Por exemplo, podemos nos fazer as seguintes perguntas:

- Que tipo de oportunidades de desenvolvimento profissional são oferecidas nos níveis escolar e distrital? Como os docentes são informados sobre essas oportunidades? Os docentes e/ou a administração frequentaram sessões de desenvolvimento profissional? Se frequentaram, como e com quem compartilharam as informações? É viável liberar docentes para frequentarem sessões de desenvolvimento profissional? De que maneiras as informações do desenvolvimento profissional e/ou treinamento foram integradas na prática de sala de aula?
- Há oportunidades para os professores visitarem outras salas de aula e escolas inclusivas? Se as há, de que maneiras essas visitas contribuíram para a prática de sala de aula?
- Que programas são oferecidos aos pais nos níveis escolar e distrital? Como essas oportunidades são comunicadas aos pais? Os pais frequentaram essas sessões? Se frequentaram, como e com quem compartilharam as informações?
- As oportunidades de desenvolvimento profissional contínuo são oferecidas aos colaboradores? Se os são, como a informação sobre desenvolvimento profissional tem sido comunicada? Quantos colaboradores frequentaram? De que maneiras o desenvolvimento profissional deles contribuiu para a prática em sala de aula?
- Como continuamos a despertar a consciência entre os alunos com e sem deficiência? Que projetos os alunos produziram e realizaram?

Como estamos indo?

Agora que pensamos sobre o que estamos fazendo para fortalecer a nossa prática, precisamos considerar o quão *bem* fazemos a inclusão.[2] Em outras palavras, que resultados foram produzidos pelas nossas práticas? É útil refletir sobre questões como estas:

- Fala-se sobre as deficiências na sala de aula? Que expressões idiomáticas os professores, colaboradores, prestadores de serviços e administradores usam quando falam sobre as deficiências? Que expressões os alunos usam quando falam sobre as deficiências? Como os alunos com deficiência falam sobre si mesmos?

- Como os alunos com e sem deficiência se relacionam uns com os outros? Que oportunidades os alunos com e sem deficiência têm para interagirem uns com os outros de maneira significativa? Quão bem os estudantes com e sem deficiência estão desempenhando (acadêmica e socialmente)? Como sabemos? O que os alunos dizem sobre a inclusão? Quão bem os alunos compreendem e apreciam a diversidade? Como sabemos? Quão frequentemente os estudantes com deficiência permanecem na sala de aula de educação especial?
- Quão frequentemente os professores colaboram uns com os outros? De que maneiras o currículo da educação geral é diferenciado? Quão eficazes somos em currículos diferenciados? Como sabemos? A diversidade está representada no currículo? Quão bem? Como sabemos?
- Que resultados (positivos e negativos) não prevemos? O que esses resultados significam?
- Como os pais respondem à inclusão? Quão frequentemente nos comunicamos com os pais? O que eles têm a nos dizer sobre a nossa prática de sala de aula? Temos colaborações significativas com os pais? Como nossas colaborações contribuem para a prática de sala de aula?
- Como comunicamos o quão bem estamos indo (p. ex.: boletins, *websites* da escola, murais nos corredores, expositores da biblioteca, reuniões da comunidade)?

Ao responder a essas perguntas, os pontos fortes e os desafios de uma comunidade escolar inclusiva surgirão, e as metas podem ser estabelecidas para que ela se aproxime ainda mais dos ideais da inclusão.

DEFENDENDO A MUDANÇA NAS ESCOLAS

Vamos pensar de novo no contexto escolar de Lindsey. Se os administradores e professores tivessem feito a si mesmos as perguntas acima, sem dúvida que suas repostas teriam revelado um grande afastamento das práticas inclusivas. Ainda assim, o "fracasso" da inclusão nessa escola em particular é atribuído aos alunos com deficiência, absolvendo, dessa forma, os funcionários da escola da responsabilidade pela sua implementação problemática. Não queremos sugerir que a experiência de Lindsey seja típica; contudo, devemos reconhecer que tais atitudes e práticas existem. O que aconteceria se você estivesse na mesma situação que Lindsey, em seu primeiro ano de magistério e em um contexto semelhante?

Qual é a sua posição?

Agora que você nos acompanhou por todas essas páginas, como você articularia sua posição sobre a inclusão? Que crenças você reforçou? Que crenças você reconsiderou ou adquiriu? Que questões ainda permanecem não resolvidas para você? Pode ter certeza de que nenhum de nós pode reivindicar a absoluta certeza sobre como se fazer a inclusão do *jeito certo*. O que podemos fazer é nos comprometermos a nos esforçarmos continuamente em prol de uma perspectiva educacional que adote a justiça social e a equidade educacional para todos.

Como professor iniciante, você pode prever uma carreira em que é provável que você venha a lecionar em mais de um ambiente escolar. Considerando que mudanças abrangentes na educação pública costumam ocorrer ao longo do tempo e taxas variadas dentro dos contextos locais, você pode vir a trabalhar em uma escola com um forte *etos* de inclusão, uma escola que "ainda não está lá" em relação à inclusão ou em uma escola que esteja entre esses dois extremos. O que permanece constante é *você* e as crenças que você adota em sua sala de aula. Lembre-se: aquilo em que você acredita determina como você ensina e produz resultados particulares para os alunos.

O que você pode fazer para iniciar a mudança nas escolas?

Recentemente, iniciei uma discussão sobre a construção social da deficiência em uma aula de pós-graduação composta por uma maioria de professores em seu primeiro ou segundo ano de carreira em escolas da cidade de Nova York. Dois professores de educação especial (que ensinam em ambientes segregados) argumentaram apaixonadamente que não importa o que as outras pessoas pensam sobre a deficiência, contanto que os alunos da educação especial tenham confiança e determinação dentro de si para obterem sucesso. Com o debate acalorado que se seguiu, esses dois professores acabaram compreendendo como uma posição bem-intencionada de "façam por si mesmo" (com a intenção de inspirar os estudantes a buscarem o sucesso) é problemática de duas formas: (1) a *realidade* que os alunos com deficiência experimentam (isto é, as pressuposições e as concepções errôneas que circulam dentro de uma acultura ableísta) é desprezada como se não existisse, fosse irrelevante e/ou sem importância, e (2) a responsabilidade pelo sucesso é colocada sobre os alunos com deficiência, enquanto as estruturas institucionais que apoiam o ableísmo permanecem incontestadas e inalteradas.

Se compreendermos o nosso trabalho como professores em termos de defesa dos direitos de todas as crianças, nossa posição sobre a inclusão importa muito, especialmente em contextos escolares que "ainda não estão lá". É possível que um único professor (como Lindsey) impulsione uma mudança em direção a práticas mais inclusivas? Embora reconheçamos o desafio que é iniciar a mudança em qualquer cultura escolar, oferecemos as ideias a seguir para a sua consideração:

- **Compreensão aprofundada:** Se vamos perturbar o pensamento e as práticas ableístas, devemos primeiro refletir sobre nós mesmos. Não importa o quão profundamente comprometidos estejamos com os ideais da inclusão, vivemos em uma cultura em que o ableísmo parece certo e natural. Somos todos suscetíveis a pensar e agir de forma ableísta – não importa o quão informados pensemos que somos. Tente formar com colegas um grupo de estudos informal acerca dos estudos sobre deficiência, inclusão e ableísmo. Se você não conseguir formar um grupo na escola, tente com amigos e parentes. (Afinal, nossa cultura ainda tem um longo caminho pela frente no que se refere a despertar a consciência em relação ao ableísmo!) Embora você certamente possa estudar sozinho, o benefício de um grupo de estudos é a oportunidade de tomar contato com muitos pontos de vista, levando os pensamentos uns dos outro a novas direções. Os grupos de estudo poderiam se formar em torno de sessões de filmes com representações cinematográficas das deficiências, seguidas de apreciação crítica, bem como assistir a documentários que apresentam pessoas com deficiência (ver a lista de sugestões do Capítulo 2); e/ou estudar representações midiáticas das deficiências (p. ex.: em telejornais, revistas, anúncios, comerciais, *reality shows*, jornais).
- **Conecte-se com colegas que pensam como você:** É mais fácil manter o foco e a energia com o apoio de um ou mais colegas que pensem como você. Se você é novo no seu contexto escolar, preste bastante atenção à forma como os seus

colegas falam sobre a diversidade que há entre as crianças e como eles respondem a ela. Conectar-se com apenas um colega que compartilhe uma posição similar à sua é o bastante para iniciar uma colaboração significativa. Se, entretanto, você não conseguir encontrar um colega que pense de forma parecida no corpo docente de sua escola, tente manter relacionamentos colaborativos fora de seu contexto escolar. Por exemplo, você pode encontrar colegas das aulas de pós-graduação em educação ou em sessões de treinamento de desenvolvimento profissional. Você também pode pedir a um professor ou a consultor distrital para lhe recomendar professores com quem você possa entrar em contato. A energia dos outros irá ampará-lo – mesmo que o relacionamento se dê apenas por *e-mail*.

- **Perturbe o ableísmo:** É útil ter em mente que a maioria das pessoas não tem consciência do pensamento e das práticas ableístas. Se estivermos interessados na mudança, devemos reconhecer as crenças existentes e trabalharmos para despertar a consciência entre docentes e estudantes. Conforme discutimos no Capítulo 9, os professores e os alunos podem trabalhar juntos em projetos para despertar a consciência na sala de aula, nas escolas e na comunidade. Na última primavera, tive o privilégio de ver o que aconteceu a partir de uma colaboração formidável entre Ronnie, um Teaching Fellow com experiência como ator de teatro profissional, e seus alunos de educação especial em uma escola de ensino médio "fracassada", programada para ser fechada ao final do ano letivo. Em resposta à ira e à frustração de seus alunos por terem sua escola (e eles mesmos, por consequência) rotulada publicamente como "fracassada", Ronnie os desafiou a fazer algo a respeito. Sua turma uniu forças com um professor de inglês da educação geral e seus alunos: o resultado final foi uma produção teatral escrita e interpretada pelos alunos com e sem deficiência em um teatro *off-Broadway* – um relato brilhante, maliciosamente engraçado e profundamente comovente sobre quando o "fracasso" define quem você é.

O PROFESSOR COMO DEFENSOR: NEGOCIANDO O PROCESSO DE EDUCAÇÃO ESPECIAL

Recentemente, uma professora colaborativa novata me falou de suas preocupações sobre ir à sua primeira reunião anual de revisão sobre um garotinho em sua turma do 2º ano. Parecia que havia algo além dos temores usuais em relação a se fazer algo novo pela primeira vez que ela precisava me contar. Ela acabou me revelando que algo não lhe "parecia certo" com relação ao processo. Ela explicou que o conselheiro da escola lhe informou que ela precisava convencer a mãe do menino a assinar os papéis para colocar o seu filho em uma turma de educação especial segregada. Os instintos da jovem professora iniciante estavam certos. As leis garantem que os pais tenham o direito de *colaborar* com os funcionários da escola na tomada de decisões educacionais relacionadas aos seus filhos; isso *não* dá aos funcionários da escola o direito de coagir os pais a concordarem com decisões tomadas unilateralmente. Se algo não "parece certo" para você, é muito provável que esse algo *não* esteja certo. A maior parte dos professores em seu primeiro ano está ávida para cooperar e conta com os colegas mais experientes quando precisam de orientação. Baseando-nos em nossa experiência, podemos dizer que nem todos os funcionários de escola entendem e implementam os princípios da IDEIA. A lei da educação especial (semelhantes a muitas leis) pode ser difícil de entender. Se você vai ser um defensor eficaz dos direitos dos seus alunos, você precisa ter um bom entendimento da lei.

A IDEIA E VOCÊ

Apesar de recomendarmos que você consulte recursos mais amplos sobre a IDEIA, fornecemos a você os pontos principais para que possa usá-los como referência rápida. Você vai notar que usamos fontes em negrito e itálico para destacar referências específicas à educação geral. Os princípios a seguir fazem parte da IDEIA (BOYLE; WEISHAAR, 2000; UNITED STATES CONGRESS, 1975).

Princípio 1: Rejeição zero e localização de crianças

- Os distritos escolares locais não podem excluir os alunos com deficiência das escolas públicas por causa da natureza e do grau de suas deficiências.
- Todos os alunos com idades entre 3 e 21 anos devem ser localizados, avaliados e inseridos em programas de educação apropriados.
- Os estados devem localizar e avaliar as crianças com deficiência entre o nascimento e os 3 anos de idade.
- A revalidação da IDEIA, de 1997, esclarece que todos os alunos, *mesmo aqueles que foram suspensos ou expulsos*, devem receber a educação pública apropriada e gratuita.
- Mesmo os alunos ainda não identificados poderiam fazer valer a proteção da IDEIA em caráter disciplinar, se os funcionários da escola tiverem conhecimento das *potenciais* deficiências (p. ex.: o pai notificou a escola de que a criança necessitava de educação especial, o comportamento da criança demonstrou a necessidade de serviços especiais, o pai solicitou uma avaliação, o **professor de educação geral** da criança expressou preocupações aos funcionários da educação especial). Todos os estados devem implementar procedimentos para procurar e localizar crianças que não estejam recebendo educação, e informar aos pais dos serviços e programas disponíveis para crianças com deficiência.
- Os distritos escolares locais têm programas anuais de triagem para a primeira infância, em uma tentativa de localizar crianças em idade pré-escolar e com deficiência que não estejam recebendo serviços educacionais.

Princípio 2: Avaliação e classificação

- A discriminação na avaliação não é permitida. Os instrumentos de avaliação não podem ser racial ou culturalmente tendenciosos. A IDEIA afirma que, se os alunos não falam inglês, deve-se fazer todas as tentativas possíveis para avaliá-los em sua língua nativa. Se os alunos tiverem deficiências, os instrumentos de avaliação não devem discriminar com base nas deficiências.
- As avaliações devem identificar *todas* as necessidades educacionais da criança, sejam elas comumente vinculadas ou não à categoria da deficiência da criança (p. ex.: necessidades sociais e emocionais).
- As avaliações devem ser sempre abrangentes e usar uma variedade de fontes de uma variedade de profissionais. A criança deve ser avaliada em todas as áreas relacionadas à provável deficiência. As avaliações também devem reunir informações funcionais e desenvolvimentais, incluir informações fornecidas pelos pais e incluir informações relacionadas para ajudar a criança a ser envolvida e a progredir no **currículo geral**. As avaliações devem ser válidas, confiáveis e administradas por profissionais treinados.
- Os direitos dos alunos com deficiência e seus pais devem ser protegidos durante a avaliação (por exemplo, os pais devem ser notificados por escrito quando seu filho é encaminhado para uma avaliação, receber informações sobre os seus direitos, dar consentimento informado antes da avaliação e participar de reuniões quando identificação, avaliação e

colocação educacional estiverem sendo discutidas). O progresso da criança em direção às metas da educação especial deve ser fornecido aos pais *pelo menos tão frequentemente quanto na educação geral*, e a reavaliação deve ser conduzida, pelo menos, a cada três anos.
- As crianças com deficiência devem ser incluídas nas ***avaliações estaduais e distritais***, com as acomodações apropriadas, se necessário. Para as crianças que não puderem participar, conforme determinado pela equipe de PEI, a equipe precisa escrever no PEI por que a avaliação não é apropriada e como a criança será avaliada.

Princípio 3: Direitos dos pais

- A IDEIA assegura que os distritos escolares não podem tomar decisões unilaterais sobre a identificação, a avaliação e a colocação das crianças com deficiência.
- Os pais devem dar um consentimento *informado* antes de seu filho ser avaliado para a consideração inicial de colocação na educação especial e antes da colocação inicial na educação especial.
- Os pais dispõem da oportunidade de fornecer informações para a equipe de avaliação e de participar integralmente das decisões sobre a elegibilidade da criança para a educação especial, sobre o PEI e sobre a colocação.
- Antes da identificação, da avaliação ou da colocação de uma criança ser transferida, os pais devem receber a oportunidade de participar do processo de tomada de decisão.
- Os pais têm o direito de revisar e obter todos os registros concernentes aos seus filhos.
- Se um pai discorda de qualquer decisão, o pai tem o direito de contestar a decisão por meio de mediação e dos procedimentos de devido processo.

Princípio 4: Ambiente minimamente restritivo

- **Requisitos gerais.** Tanto quanto for possível, as crianças com deficiência (incluindo as crianças em instituições públicas e privadas e em outras unidades de cuidados) são educadas com crianças sem deficiência. Turmas especiais, escolas separadas ou outras formas que retirem as crianças com deficiência do ***ambiente de educação geral*** ocorrerão somente quando a natureza ou a gravidade da deficiência da criança forem tais que a educação em turmas regulares com o uso de ajuda e serviços suplementares fique impedida de atingir níveis satisfatórios.
- ***Continuum* de colocações.** Um *continuum* de colocações deve estar disponível aos alunos com deficiência – turmas de educação geral, turmas especiais, escolas especiais, instrução em casa, instrução em hospitais ou em instituições psiquiátricas, e instrução suplementar a ser fornecida em conjunto com a colocação na ***educação geral***.
- **Colocações.** A colocação da criança é considerada anualmente e é baseada no PEI da criança, além de ser o mais próxima possível da casa da criança. As crianças com deficiência *não* podem ser retiradas das salas de aula de ***educação geral*** apropriadas à idade somente por causa de modificação necessária no currículo da ***educação geral***.
- **Ambientes não acadêmicos.** Com relação aos serviços não acadêmicos e extracurriculares, incluindo refeições e intervalos, as crianças com deficiência devem aproveitá-los ao máximo, junto com as crianças sem deficiência.

Princípio 5: O Plano Educacional Individual (PEI)

- O PEI consiste em duas partes: uma reunião e um documento. Os participan-

tes necessários para uma reunião de PEI são os seguintes: os pais (ou responsáveis) da criança; o *professor de educação geral*; o professor de educação especial; um participante do distrito escolar que seja: qualificado para proporcionar ou supervisionar a disponibilização de educação especial, conhecedor do *currículo de educação geral* e conhecedor da disponibilidade dos recursos; uma pessoa que possa interpretar as implicações instrucionais da educação da criança; outros a critério dos pais e do distrito escolar; e a criança (quando for apropriado).
- É importante notar que os pais são listados primeiro nos regulamentos da IDEIA, indicando que a participação dos pais é muito importante. Os pais devem receber cópias do PEI.

O *professor de educação geral* deve estar presente nas reuniões de PEI para participar do desenvolvimento e da revisão de PEIs; deve, inclusive, auxiliar na determinação de intervenções comportamentais, ajudas suplementares, serviços e modificações para funcionários de escola.

Componentes do PEI
- Níveis atuais de desempenho.
- Metas anuais.
- Metas de curto prazo.
- Os serviços de educação especial a serem fornecidos (incluindo serviços relacionados, ajudas suplementares e modificações de programa).
- O grau em que a criança irá participar na *educação geral*.
- Data prevista para o início, frequência, localização e duração dos serviços.
- Como será medido o progresso da criança em direção às metas e como os pais serão informados regularmente sobre esse progresso.
- Transição: aos 14 anos, declaração de necessidade de serviço de transição que foca no curso da criança; aos 16 anos, declaração dos serviços de transição necessários, incluindo responsabilidades interorganizacionais ou ligações necessárias.
- Modificação na administração das avaliações estaduais e distritais de desempenho do estudante (se a criança não participar, dizer por que não e como ela será avaliada).

Observação: Os PEIs devem estar acessíveis aos funcionários do distrito escolar responsáveis por sua implementação. Os *professores de educação geral* devem ser informados de suas responsabilidades específicas na execução dos PEIs.

Princípio 6: Resolução de conflitos

Para proteger os direitos das crianças, a IDEIA regula dois tipos de resolução de conflitos: mediação e devido processo.

Mediação
- Todos os estados devem oferecer a mediação como uma opção para se resolver conflitos.
- A mediação é um processo voluntário (e confidencial), no qual um terceiro auxilia as partes litigantes a chegarem a um acordo satisfatório.
- A mediação foca na resolução criativa de problemas, na comunicação entre todas as partes e no futuro.
- A mediação bem-sucedida resulta em um acordo por escrito.

Devido processo
- O devido processo é um procedimento formal, no qual um terceiro ouve as evidências apresentadas, incluindo interrogatório e contrainterrogatório de testemunhas.
- Baseado nas evidências, o auditor toma uma decisão para resolver o conflito. Essa decisão é vinculante, a não ser

que haja uma apelação no sistema judiciário.
- Durante a audiência, há um vencedor e um perdedor, e foca-se com frequência no passado.
- Tanto os pais quanto os distritos escolares são, em geral, representados por advogados nas audiências do devido processo.
- Durante a audiência, a provisão de *permanece como está* é aplicada – isto é, a criança permanece na colocação atual.
- Os pais podem ser ressarcidos do pagamento dos honorários do advogado caso vençam a causa na audiência do devido processo.

Não é incomum para os educadores gerais assumirem que é responsabilidade dos educadores especiais entender e responder à IDEIA. Como é evidenciado pelo número de vezes em que a educação geral é mencionada na lei, fica claro que atender aos alunos com deficiência é uma responsabilidade *compartilhada* entre os educadores gerais e especiais.

O desconhecimento da lei não isenta de seu cumprimento. Se vamos garantir os direitos dos alunos com deficiência a uma educação pública gratuita e apropriada, *todos* os professores precisam entender e cumprir as regulações da IDEIA. Tenha em mente que você deve ser capaz de articular claramente a lei para pais e alunos. Quanto mais os pais e os alunos souberem sobre a lei, mais bem-preparados estarão para participar em uma parceria colaborativa com você. Seu papel como professor e defensor contribuirá muito para a construção e o amparo de um ambiente escolar inclusivo!

QUESTÕES PARA REFLEXÃO

1. Você leciona em uma escola que tem um forte etos de inclusão, uma escola que "ainda não está lá" em relação à inclusão ou em uma escola intermediária? Explique.
2. O que sua escola faz para fortalecer as práticas inclusivas?
3. Usando as nossas perguntas para determinar o quão bem uma comunidade escolar está "fazendo" inclusão, como a sua escola se sai? Você acha que essas perguntas são uma ferramenta útil?
4. Qual é a sua posição com relação à inclusão? Que questões ainda permanecem não resolvidas para você?
5. Como você poderia "perturbar o ableísmo" em sua sala de aula, escola e comunidade?
6. Você experimentaria a ideia de um grupo de estudos sobre inclusão? Por quê?
7. Como você poderia colaborar com colegas que pensam de forma parecida com você?
8. Quão confortável você se sente em relação à lei da educação especial? Se você sentir necessidade de aprender mais, como você vai fazer para buscar mais informação?
9. Você acredita que o papel de um professor inclui a defesa dos direitos das crianças? Explique.
10. De que maneiras você poderia envolver os pais nas questões da inclusão?

NOTAS

1. Ver http://www.nycteachingfellows.org/
2. Ver http://www.nycteachingfellows.org/

REFERÊNCIAS

BOYLE, J.; WEISHAAR, M. *Special education law with cases*. New York: Pearson, 2000.

UNITED STATES CONGRESS. *Public Law 94-142*: education for all handicapped children. Washington, 1975. Amending Education of the Handicapped Act, renamed Individuals with Disabilities Education Act, as amended by P.L. 98-199, P.L. 99-457, P.L. 100-630, e P.L. 100-476, 20 U.S.C., Secs. 1400-1485.

Uma observação final

Este manuscrito, como a maioria, levou muito tempo para ser feito. Convivemos com você, o leitor, por um longo período em nossas mentes – tanto que nos sentimos bastante envolvidos com você e com a sua carreira.

Começamos este livro sugerindo que aquilo em que você acredita tem tudo a ver com o seu estilo de ensinar, o que determina resultados particulares para os alunos. Esperamos que você tenha sido inspirado a refletir sobre a cultura das escolas públicas e as origens de suas crenças em relação à diferença, à natureza das práticas inclusivas e às formas de promover comunidades escolares inclusivas. Lembre-se sempre: como professor, *você* possui o poder para iniciar a mudança – não importa se ela for grande ou pequena – que pode contribuir para tornar as escolas públicas um lugar melhor para *todas* as crianças.

Esperamos ter contribuído de uma forma significativa para a sua prática. Escrever este livro para você certamente melhorou as nossas práticas. Desejamos o melhor para você em seu ingresso na família de educadores de escolas públicas, cujos esforços têm influenciado e continuam a influenciar gerações de crianças norte-americanas.

Apêndice A

Estudos sobre deficiência em educação
American Educational Research Association

Considerando que, até o momento, existiram poucas alternativas à educação especial ao se contemplar educação e deficiência, acreditamos que seja válido para nossos leitores se familiarizarem com o propósito e os princípios dos estudos sobre deficiência em educação, conforme foi publicado na página da internet da American Education Research Association (http://www.aera.net/Default. aspx?menu_id=162&id=1297) e apresentado no *International Journal of Inclusive Education* (CONNOR et al., 2008).

MISSÃO/DECLARAÇÃO DO PROPÓSITO

A missão dos estudos sobre deficiência em educação (ESDE), por meio do grupo de interesses especiais (GIS) é promover o entendimento das deficiências a partir da perspectiva de um modelo social, que tira partido das tradições sociais, culturais, históricas, discursivas, filosóficas, literárias, estéticas e artísticas, entre outras, para desafiar os modelos médico, científico e psicológico das deficiências, à medida que se relacionam com a educação.

O propósito dos estudos sobre deficiência em educação é o seguinte: proporcionar um veículo organizacional para a criação de uma rede de pesquisadores de estudos sobre deficiência em educação; aumentar a visibilidade e a influência dos estudos sobre deficiência entre todos os pesquisadores educacionais.

PRINCÍPIOS

Participar de pesquisas, políticas e ações que

- contextualizam as deficiências nas esferas política e social;
- privilegiam o interesse, os planos e as vozes das pessoas classificadas como tendo deficiências;
- promovem justiça social, oportunidades educacionais inclusivas e equitativas e acesso integral e significativo a todos os aspectos da sociedade para as pessoas classificadas como tendo deficiência;
- pressupõem competência e rejeitam modelos de déficit na deficiência.

ABORDAGENS À TEORIA, À PESQUISA E À PRÁTICA EM ESDE

Exemplos de abordagens à teoria em ESDE podem incluir:

- Contrastar os entendimentos médicos, científicos e psicológicos das deficiências com os entendimentos sociais e experimentais.
- Concentrar-se predominantemente nos entendimentos político, social, cultural, histórico e individual das deficiências.
- Apoiar a educação de estudantes rotulados como tendo deficiência em ambientes não segregados a partir de uma posição de defesa dos direitos civis.
- Empenhar-se em um trabalho que discerne a natureza opressiva da classificação essencializada/categórica/medicalizada em escolas, políticas, instituições e na lei, enquanto se reconhece, simultaneamente, o poder político que pode ser encontrado no ativismo coletivo e individual e o orgulho que perpassa as reivindicações específicas de certos grupos com relação a identidades e posições sobre as deficiências.
- Reconhecer as experiências corpóreas/estéticas que deram significado às vidas das pessoas com deficiência, bem como perturbar os discursos escolares e sociais que posicionam essas experiências como "a outra" para uma suposta norma.
- Incluir pessoas com deficiência ao teorizar sobre as deficiências.

Exemplos de abordagens à pesquisa em ESDE podem incluir:

- Acolher com satisfação o trabalho conjunto de estudiosos com e sem deficiência.
- Reconhecer e privilegiar o conhecimento derivado da experiência vivenciada pelas pessoas com deficiência.
- Sempre que possível, aderir a uma posição emancipadora (p. ex.: trabalhar com pessoas com deficiência como participantes informados ou como copesquisadores, não como "sujeitos").
- Adotar abordagens intradisciplinares para a compreensão do fenômeno das deficiências (p. ex.: com fundações educacionais, educação especial, etc.).
- Cultivar abordagens interdisciplinares para a compreensão do fenômeno das deficiências (p. ex.: interfaces com a educação multicultural, com as humanidades, com as ciências sociais, com a filosofia, com os estudos culturais, etc.).
- Desafiar a metodologia de pesquisa que objetifica, marginaliza e oprime as pessoas com deficiência.

Exemplos de abordagens à prática em ESDE podem incluir:

- As deficiências reconhecidas e valorizadas, principalmente, como parte natural da diversidade humana.
- A deficiência e a educação inclusiva.
- A cultura e a identidade da deficiência como parte de um currículo.
- O movimento pelos direitos das pessoas com deficiência como parte do movimento dos direitos civis.
- A história e a cultura das deficiências e as contribuições das pessoas com deficiência como algo essencial a todos os aspectos do currículo.
- O apoio aos estudantes com deficiência no desenvolvimento de uma identidade positiva.

POSSIBILIDADES FUTURAS

Enquanto os estudos sobre deficiência já possuem quase 30 anos, os ESDE são uma área relativamente nova, com apenas uma década de existência. Com isso em mente, os especialistas em ESDE definiram algumas áreas para potenciais estudos futuros. Elas incluem:

- Construção de um novo discurso de deficiência na educação que enfatize as deficiências em seus contextos sociopolíticos e que seja respeitoso para com as pessoas com deficiência.
- Conexões, sobreposições e dissonância entre os ESDE e a educação especial.
- Tensões, paradoxos, contradições e reticências na educação em relação às concepções de diversidade que incluem as deficiências.
- Uma abordagem intersecional para a compreensão da deficiência nos interstícios de classe, raça, etnia, gênero, orientação sexual, normalidade, etc.
- Exemplos explícitos e tangíveis de maneiras com que os ESDE reforçam as práticas de sala de aula.

REFERÊNCIA

CONNOR, D. J. et al. Disability studies and inclusive education: implications for theory, research, and practice. *International Journal of Inclusive Education*, London, v. 12, n. 5-6, p. 441-457, 2008.

Apêndice B

Estudos sobre deficiência em educação e educação inclusiva
Sugestões de leitura complementar

PUBLICAÇÕES SELECIONADAS

A seguir, apresentamos uma ampla seleção de textos que achamos úteis para os estudos sobre deficiência. Os autores podem ou não se identificar com os estudiosos de ESD ou ESDE. Não se trata de uma lista exaustiva, mas representativa do escopo dos estudos nessas áreas.

LIVROS

ALLAN, J. *Actively seeking inclusion:* pupils with special needs in mainstream schools. Philadelphia: Falmer, 1999.
BARNES, C.; OLIVER, M.; BARTON, L. (Ed.). *Disability studies today.* Malden: Blackwell, 2002.
BARTON, L. (Ed.). *Disability and society:* emerging issues and insights. London: Longman, 1996.
BRANTLINGER, E. A. (Ed.). *Who benefits from special education?* Remediating (fixing) other people's children. Mahwah: L. Erlbaum, 2006.
CAMPBELL, J.; OLIVER, M. *Disability politics:* understanding our past, changing our future. New York: Routledge, 1996.
CARRIER, J. *Learning disability:* social class and the construction of inequality in American education. New York: Greenwood, 1986.
CONNOR, D. J. *Urban narratives:* portraits in progress: life at the intersections of learning disability, race, and social class. New York: P. Lang, 2008.
CORKER, M.; SHAKESPEARE, T. (Ed.). *Disability/postmodernity.* London: Continuum, 2002.
DANFORTH, S. *The incomplete child:* an intellectual history of learning disabilities. New York: P. Lang, 2009.
DANFORTH, S.; GABEL, S. L. (Ed.). *Vital questions for disabilities studies in education.* New York: P. Lang, 2007.
DANFORTH, S.; SMITH, T. J. *Engaging troubling students*: a constructivist approach. Thousand Oaks: Corwin, 2005.

DAVIS, L. J. *Bending over backwards:* disability, dismodernism, and other difficult positions. New York: New York University, 2002.

DAVIS, L. J. *Enforcing normalcy:* disability, deafness and the body. London: Verso, 1995.

FERRI, B. A.; CONNOR, D. J. *Reading resistance:* discourses of exclusion in the desegregation and inclusion debates. New York: P. Lang, 2006.

FLEISCHER, D. Z.; ZAMES, F. *The disability rights movement:* from charity to confrontation. Philadelphia: Temple University Press, 2001.

GABEL, S. L. (Ed.). *Disability studies in education:* readings in theory and method. New York: P. Lang, 2005.

GABEL, S. L.; DANFORTH, S. *Disability and the politics of education:* an international reader. New York: P. Lang, 2008.

GALLAGHER, D. J. et al. *Challenging orthodoxy in special education:* dissenting voices. Denver: Love, 2004.

GARLAND-THOMSON, R. *Extraordinary bodies*. New York: Columbia University, 1997.

GOFFMAN, E. *Stigma:* notes on the management of spoiled identity. New York: Simon & Schuster, 1963.

GOULD, S. J. *The mismeasure of man*. New York: W. W. Norton, 1981.

HARRY, B.; KLINGNER, J. *Why are so many minority students in special education?* New York: Teachers College, 2006.

HEHIR, T. *New directions in special education:* eliminating ableism in policy and practice. Cambridge: Harvard University, 2005.

KEEFE, E. B.; MOORE, V.; DUFF, F. R. *Listening to the experts:* students with disabilities speak out. Baltimore: Paul H. Brookes, 2006.

LINTON, S. *Claiming disability*. New York: New York University, 1998.

LOSEN, D.; ORFIELD, G. *Racial inequity in special education*. Cambridge: Harvard University, 2002.

OLIVER, M. *The politics of disablement*. Basingstoke: Macmillan, 1990.

OLIVER, M. *Understanding disability:* from theory to practice. New York: St. Martin's, 1996.

SAFFORD, P. L.; SAFFORD, E. J. *A history of childhood and disability*. New York: Teachers College, 1996.

SHAPIRO, A. *Everybody belongs:* changing negative attitudes toward classmates with disabilities. London: Routledge Falmer, 1999.

SHAPIRO, J. P. *No pity*. New York: Three Rivers, 1993.

SKRTIC, T. M. *Behind special education:* a critical analysis of professional culture and school organization. Denver: Love, 1991.

STIKER, H. J. *A history of disability*. Ann Arbor: Love, 1999.

SWARTZ, E. Emancipatory narratives: rewriting the master script in the school curriculum. *Journal of Negro Education*, Washington, v. 61, n. 3, p. 341-355, 1992.

WARE, L. Ideology and the politics of (in)exclusion. New York: P. Lang, 2004.

ZIEGLER, C. R. *The image of the physically handicapped in children's literature*. New York: Arno, 1980.

ZOLA, I. K. *Missing pieces:* a chronicle of living with a disability. Philadelphia: Temple University, 1982.

ARTIGOS E CAPÍTULOS

ABBERLEY, P. The concept of oppression and the development of a social theory of disability. *Disability, Handicap, and Society,* Abingdon, v. 2, n. 1, p. 5-19, 1987.

ANDREWS, J. E. et al. Bridging the special education divide. *Remedial and Special Education,* Thousand Oaks, v. 21, n. 5, p. 258-267, 2000.

ASHBY, C.; CAUSTON-THEOHARIS, J. Disqualified in the human race: a close reading of the autobiographies of individuals identified as autistic. *International Journal of Inclusive Education,* London, v. 13, n. 5, p. 501-516, 2009.

AYALA, E. C. "Poor little things" and "brave little souls": the portrayal of individuals with disabilities in children's literature. *Reading Research and Instruction,* [Coral Gables], v. 39, n. 1, p. 103-116, 1999.

BAGLIERI, S.; KNOPF, J. Normalizing difference in inclusive teaching. *Journal of Learning Disabilities,* Austin, v. 37, n. 6, p. 525-529, 2004.

BAGLIERI, S. et al. Disability studies in education: the need for a plurality of perspectives on disability. *Remedial and Special Education*, Thousand Oaks, v. 32, n. 4, p. 267-278, 2011.

BAGLIERI, S. et al. (Re)claiming "inclusive education" toward cohesion in educational reform: disability studies unravels the myth of the normal child. *Teachers College Record*, New York, v. 113, n. 10, p. 2122-2154, 2011.

BAKER, B. The hunt for disability: the new eugenics and the normalization of school children. *Teachers College Record,* New York, v. 104, n. 4, p. 663-703, 2002.

BJARNASON, D. S. Private troubles or public issues? The social construction of "the disabled baby" in the context of social policy and social technological changes. In: GABEL, S.; DANFORTH, S. (Ed.). *Disability and the politics of education:* an international reader. New York: P. Lang, 2008. p. 251-274.

BLANCHETT, W. Disproportionate representation of African American students in special education: acknowledging the role of white privilege and racism. *Educational Researcher,* Washington, v. 35, n. 6, p. 24-28, 2006.

BLASKA, J. K.; LYNCH, E. C. Is everyone included? Using children's literature to facilitate the understanding of disabilities. *Young Children,* Washington, v. 53, n. 2, p. 36-38, 1998.

BOGDAN, R.; BICKLEN, D. Handicapism. *Social Policy,* New York, v. 7, n. 5, p. 14-19, 1977.

BOGDAN, R.; TAYLOR, S. Relationships with severely disabled people: the social construction of humanness. *Social Problems,* Brooklyn, v. 36, n. 2, p. 135-147, 1989.

BRANTLINGER, E. A. Confounding the needs and confronting the norms: an extension of Reid & Valle's essay. *Journal of Learning Disabilities,* v. 37, n. 6, p. 490-499, 2004.

BRANTLINGER, E. A. Using ideology: cases of nonrecognition of the politics of research and practice in special education. *Review of Educational Research,* Washington, v. 67, n. 4, p. 425-459, 1997.

BRODERICK, A.; NE'EMAN, A. Autism as metaphor: narrative and counter narrative. *International Journal of Inclusive Education,* London, v. 12, n. 5-6, p. 459-476, 2008.

BROWN, P. A.; BROWN, S. E. (2006). Accessible information technology in education: addressing the "separate but equal" treatment of disabled individuals. In: DANFORTH, S.; GABEL, S. (Ed.). *Vital questions facing disability studies in education*. New York: P. Lang, 2006. p. 253-270.

BURGHSTAHLER, S.; COREY, R. Moving from the margins: from accommodation to universal design. In: GABEL, S. L.; DANFORTH, S. (Ed.). *Disability studies in education:* an international reader. New York: P. Lang, 2008. p. 561-581.

CHRISTENSEN, C. Disabled, handicapped or disordered: "What's in a name?" In: CHRISTENSEN, C.; RIZVI, F. (Ed.). *Disability and the dilemmas of educational justice*. Buckingham: Open University, 1996. p. 63-77.

CONNELL, B. R. et al. *The principles of universal design*. [S.l.]: NC State University, 1997. Disponível em: <http://www.ncsu.edu/ncsu/design/cud/about_ud/udprinciplestext.htm>. Acesso em: 06 jun. 2006.

CONNOR, D. J.; BAGLIERI, S. Tipping the scales: disability studies asks "How much diversity can you take?" In: STEINBERG, S. (Ed.). *Diversity:* a reader. New York: P. Lang, 2009. p. 341-361.

CONNOR, D. J., & BEJOIAN, L. Cripping school curricula: 20 ways to reteach disability. *Review of Disability Studies,* Honolulu, v. 3, n. 3, p. 3-13, 2007.

CONNOR, D. J.; BEJOIAN, J. Pigs, pirates, and pills: using film to teach the social context of disability. *Teaching Exceptional Children,* Reston, v. 39, n. 2, p. 52-60, 2006.

CONNOR, D. J.; FERRI, B. A. The conflict within: resistance to inclusion and other paradoxes within special education. *Disability & Society,* Abingdon, v. 22, n. 1, p. 63-77, 2007.

CONNOR, D. J. et al. Disability studies and inclusive education: implications for theory, research, and practice. *International Journal of Inclusive Education,* London, v. 12, n. 5-6, p. 441-457, 2008.

DANFORTH, S. Disability as metaphor: examining the conceptual framing of emotional behavioral disorder in American public education. *Educational Studies: A Journal of the American Educational Studies Association,* Mahwah, v. 42, n. 1, p. 8-27, 2007.

DANFORTH, S. From epistemology to democracy: pragmatism and the reorientation of disability research. *Remedial and Special Education,* v. 27, n. 6, p. 337-345, 2006.

DANFORTH, S. On what basis hope? Modern progress and postmodern possibilities. *Mental Retardation,* Washington, v. 35, n. 2, p. 93-106, 1997.

DANFORTH, S. Pragmatism and the scientific validation of professional practices in American special education. *Disability and Society,* Abingdon, v. 14, n. 6, p. 733-751, 1999.

DANFORTH, S. Using metaphors to research the cultural and ideological construction of disability. In: GABEL, S.; DANFORTH, S. (Ed.). *Disability and the politics of education:* an international reader. New York: P. Lang, 2008. p. 385-400.

DANFORTH, S.; KIM, T. Tracing the metaphors of ADHD: a preliminary analysis with implications for inclusive education. *International Journal of Inclusive Education,* London, v. 12, n. 1, p. 49-64, 2008.

DARKE, P. Understanding cinematic representations of disability. In: SHAKESPEARE, T. (Ed.). *The disabilities studies reader:* social science perspectives. London: Cassel, 1998. p. 181-197.

EREVELLES, N. How does it feel to be a problem? Race, disability, and exclusion in educational policy. In: BRANTLINGER, E. A. (Ed.). *Who benefits from special education?* Remediating (fixing) other people's children. Mahwah: L. Erlbaum, 2006. p. 77-99.

FERGUSON, P. M. *Infusing disability studies into the general curriculum.* Tempe: National Institute for Urban School Improvement, 2006. Disponível em: <http://www.urbanschools.org/pdf/OPdisability.pdf>. Acesso em: 25 jul. 2006.

FERGUSON, P. M. Notes toward a history of hopelessness: disability and the places of therapeutic failure. *Disability, Culture and Education,* Greenwich, v. 1, n. 1, p. 27-40, 2002.

FERGUSON, P. M.; FERGUSON, D. Finding the "proper attitude": the potential of disability studies to reframe family/school linkages. In: DANFORTH, S.; GABEL, S. (Ed.). *Vital questions facing disability studies in education.* New York: P. Lang, 2006. p. 217-235.

FERRI, B. A. Changing the script: race and disability in Lynne Manning's 'weights.' *International Journal of Inclusive Education,* London, v. 12, n. 5-6, p. 497-509, 2009.

FERRI, B. A.; CONNOR, D. J. Tools of exclusion: race, disability, and (re)segregated education. *Teachers College Record,* New York, v. 107, n. 3, p. 453-474, 2005.

FERRI, B. A.; HENDRICK, C.; GREGG, N. Teachers with learning disabilities: a view from both sides of the desk. *Journal of Learning Disabilities,* Austin, v. 34, n. 1, p. 22-32, 2001.

FERRI, B. A. et al. Teachers with LD: ongoing negotiations with discourses of disability. *Journal of Learning Disabilities,* Austin, v. 38, n. 1, p. 62-78, 2005.

FINKELSTEIN, V. *The social model of disability repossessed.* [S.l.]: Manchester Coalition of Disabled People, 2001. Disponível em: <http://disability-studies.leeds.ac.uk/files/library/finkelstein-soc-mod-repossessed.pdf>. Acesso em: 15 set. 2004.

GABEL, S. L. A model for policy activism. In: GABEL, S.; DANFORTH, S. (Ed.). *Disability and the politics of education:* an international reader. New York: P. Lang, 2008. p. 311-331.

GABEL, S. L.; CONNOR, D. J. Theorizing disability: implications and applications for social justice in education. In: AYRES, W.; QUINN, T.; STOVALL, D. (Ed.). *Handbook of social justice in education.* New York: Routledge, 2009. p. 377-399.

GABEL, S. L.; PETERS, S. Presage of a paradigm shift? Beyond the social model of disability toward a resistance theory of disability. *Disability and Society,* Abingdon, v. 19, n. 6, p. 571-596, 2004.

GABEL, S. L. et al. Migration and ethnic group disproportionality in special education: an exploratory study. *Disability & Society,* Abingdon, v. 24, n. 5, 2009.

GALLAGHER, D. J. If not absolute objectivity, then what? A reply to Kauffman and Sasso. *Exceptionality,* Mahwah, v. 14, n. 2, p. 91-107, 2006.

GALLAGHER, D. J. Neutrality as a moral standpoint, conceptual confusion and the full inclusion debate. *Disability & Society,* Abingdon, v. 16, n. 5, p. 637-654, 2001.

GALLAGHER, D. J. The scientific knowledge base of special education: do we know what we think we know? *Exceptional Children,* Reston, v. 64, n. 4, p. 493-502, 1998.

GARTNER, A.; LIPSKY, D. Beyond special education: toward a system of quality for all students. *Harvard Educational Review,* Cambridge, v. 57, n. 4, p. 367-395, 1987.

GOFFMAN, E. *Stigma:* notes on the management of spoiled identity. New York: Simon & Schuster, 1963.

GORDON, B. O.; ROSENBLUM, K. E. Bringing disability into the sociological frame: a comparison of disability with race, sex, and sexual orientation statuses. *Disability & Society,* Abingdon, v. 16, n. 1, p. 5-19, 2001.

HAHN, H. Academic debates and political advocacy: the US disability movement. In: BARNES, C.; OLIVER, M.; BARTON, L. (Ed.). *Disability studies today.* Cambridge: Polity, 2002. p. 162-189.

HAMRE, B.; OYLER, C.; BEJOIAN, L. B. Guest editors' introduction: narrating disability: pedagogical imperatives. *Equity & Excellence in Education,* Philadelphia, v. 39, n. 2, 91-100, 2006.

HEHIR, T. Beyond inclusion. *School Administrator,* Arlington, v. 60, n. 3, p. 36-39, 2003.

HESHUSIUS, L. Holism and special education: there is no substitute for real life purposes and processes. In: SKRTIC, T. M. (Ed.). *Disability and democracy:* reconstructing (special) education for postmodernity. New York: Teachers College, 1995. p. 166-189.

HESHUSIUS, L. The Newtonian mechanistic paradigm, special education, and contours of alternatives: an overview. *Journal of Learning Disabilities,* Austin, v. 22, n. 7, p. 403-415, 1989.

HUMPHREY, J. C. Researching disability politics, or, some problems with the social model in practice. *Disability & Society,* Abingdon, v. 15, n. 1, p. 63-85, 2000.

IANO, R. Special education teachers: technicians or educators? *Journal of Learning Disabilities,* Austin, v. 23, p. 462-465, 1990.

IANO, R. The study and development of teaching: with implications for the advancement of special education. *Remedial and Special Education,* Austin, v. 75, n. 5, p. 50-61, 1986.

KARAGIANNIS, A. Soft disability in schools: assisting or confining at risk children and youth? *Journal of Educational Thought,* Calgary, v. 34, n. 2, p. 113-134, 2000.

KUDLICK, C. J. Disability history: why we need another "other." *The American Historical Review,* Washington, v. 108, n. 3, p. 763-793, 2003.

LINTON, S.; MELLO, S.; O'NEILL, J. Disability studies: expanding the parameters of diversity. *Radical Teacher,* Cambridge, v. 47, p. 4-10, 1995.

MEYERS, C.; BERSANI, H. Ten quick ways to analyze children's books for ableism. *Rethinking Schools,* Milwaulkee, v. 23, n. 2, p. 52-54, 2009.

MURPHY, R. F. Encounters: the body silent in America. In: INSTAD, B.; WHITE, S.R. (Ed.). *Disability & culture.* Berkeley: University of California Press, 1995. p. 140-157.

MUTUA, K.; SMITH, R. M. Disrupting normalcy and the practical concerns of teachers. In: DANFORTH, S.; GABEL, S. (Ed.). *Vital questions facing disability studies in education.* New York: P. Lang, 2006. p. 121-133.

NARIAN, S. Institutional stories and self-stories: investigating peer interpretations of significant disability. *International Journal of Inclusive Education,* London, v. 12, n. 5-6, p. 525-542, 2008.

PETERS, S. The politics of disability identity. In: BARTON, L. (Ed.). *Disability and society:* emerging issues and insights. London/New York: Longman, 1996. p. 215-246.

PETERS, S. Is there a disability culture? A syncretisation of three possible world views. *Disability & Society,* Abingdon, v. 15, n. 4, p. 583-601, 2000.

PRIESTLY, M. Constructions and creations: idealism, materialism and disability theory. *Disability & Society,* Abingdon, v. 13, n. 1, p. 75-94, 1998.

RAUSCHER, L.; MCCLINTOCK, J. Ablesim and curriculum design. In: ADAMS, M.; BELL, L. A.; GRIFFEN, P. (Ed.). *Teaching for diversity and social justice.* New York: Routledge, 1996. p. 198-231.

RICE, N. E. 'Reigning in' special education: constructions of special education in New York Times Editorials, 1975-2004. *Disability Studies Quarterly,* v. 26, n. 2, 2006.

REID, D. K.; VALLE, J. The discursive practice of learning disability: implication for instruction and parent school relations. *Journal of Learning Disabilities,* Austin, v. 37, n. 6, p. 466-481, 2004.

SAFRAN, S. P. Disability portrayal in film: reflecting the past, directing the future. *Exceptional Children,* Reston, v. 64, n. 2, p. 227-238, 1998.

SAFRAN, S. P. Using movies to teach students about disabilities. *Teaching Exceptional Children,* Reston, v. 32, n. 3, p. 44-47, 2000.

SAPON-SHEVIN, M. Schools fit for all. *Educational Leadership,* Washington, v. 58, n. 4, p. 34-39, 2000.

SHAKESPEARE, T. Cultural representations of disabled people. *Disability and Society,* Abingdon, v. 9, n. 3, p. 283-299, 1994.

SHAKESPEARE, T.; WATSON, N. Defending the social model. *Disability & Society,* Abingdon, v. 12, n. 2, 293-300, 1997.

SHAKESPEARE, T.; WATSON, N. The social model of disability: an outdated ideology? In: BARNARTT, S.; ALTMAN, B. (Ed.). *Exploring theories and expanding methodologies:* where we are and where we need to go. Oxford: Elsevier Science, 2001. p. 9-28.

SMITH, P. Cartographies of eugenics and special education: a history of the (ab)normal. In: GABEL, S.; DANFORTH, S. (Ed.). *Disability and the politics of education:* an international reader. New York: P. Lang, 2008. p. 417-432.

THOMAS, C.; CORKER, M. A journey around the social model. In: CORKER, M.; SHAKESPEARE, T. (Ed.). *Disability/postmodernity.* New York/London: Routledge, 2002. p. 18-31.

UNION OF PHYSICALLY IMPAIRED AGAINST SEGREGATION. *Fundamental principles of disability.* London: The Disability Alliance, 1976. Disponível em: <http://www.leeds.ac.uk/disability-studies/archiveuk/UPIAS/fundamental%20principles.pdf>. Acesso em: 05 jul. 2004.

VALLE, J. W.; APONTE, E. IDEA and collaboration: a Bakhtinian perspective on parent and professional discourse. *Journal of Learning Disabilities,* Austin, v. 35, n. 5, p. 469-479, 2002.

WANG, M. C.; REYNOLDS, M. C.; WALBERG, H. J. Rethinking special education. *Educational Leadership,* Washington, v. 44, n. 1, p. 26-31, 1986.

WARE, L. A 'look' at the way we look at disability. In: DANFORTH, S.; GABEL, S. (Ed.). *Vital questions facing disability studies in education.* New York: P. Lang, 2006. p. 271-288.

WARE, L. Urban educators, disability studies and education: excavations in schools and society. *International Journal of Inclusive Education,* London, v. 10, p. 145-168, 2006.

WARE, L. Writing, identity, and the other: dare we do disabilities studies? *Journal of Teacher Education,* Washington, v. 52, n. 2, p. 107-123, 2001.

WOROTYNEC, S. Z. Contrived or inspired: ability/disability in the children's picture book. *Disability Studies Quarterly,* Columbus, v. 24, n. 1, 2004.

YOUNG, K. S. Physical and socialization of space in a combined credential programme: implications for inclusion. *International Journal of Inclusive Education,* London, v. 12, n. 5-6, p. 477-496, 2008.

ZOLA, I. K. *Missing pieces:* a chronicle of living with a disability. Philadelphia: Temple University Press, 1982.

PÁGINAS DA INTERNET ÚTEIS E INTERESSANTES

http://www.resourcesnycdatabase.org/
Recursos para crianças com deficiência na cidade de Nova York

New York City http://www.inclusion-ny.org
Recursos e informações: mudanças nos sistemas de financiamento federal no estado de Nova York

http://projectchoices.org/
Uma resposta de Illinois à inclusão em LRE

http://kidstogether.org/
Organização sobre questões de LRE, baseada na Pensilvânia

http://teachingld.org/about/
Professores de estudantes com dificuldades específicas de aprendizagem

www.kotb.com
Kids on the Block. Apresentações de bonecos do tamanho de pessoas em escolas de ensino fundamental, com o objetivo de despertar a consciência sobre deficiência

www.casel.org
Aprendizagem social e emocional para estudantes da pré-escola ao ensino médio.

http://www.powerof2.org/
Foca na colaboração de professores.

http://www.civilrightsproject.harvard.edu/research/specialed/specialed_gen.php
Educação especial e direitos civis

http://www.cldinternational.org/
Conselho para as dificuldades específicas de aprendizagem

http://www.disabilityfilms.co.uk/
Filmes relacionados às deficiências (comerciais e documentários)

http://www.cds.hawaii.edu/
Revisão de estudos de deficiências

http://www.outside-centre.com/
Homepage de um especialista em estudos de deficiências, escritor e ativista

http://www.columbia.edu/cu/seminars/seminars/cultural-studies/seminar-folder/disabilitystudies.html
Seminários de estudos sobre deficiência na Universidade Columbia, aberto ao público

http://www.dsq-sds.org/
Revista eletrônica trimestral de estudos sobre deficiência

http://www.bioethicsanddisability.org/abuseofdisabledpeople.htm
Problemas de abuso de pessoas com deficiências

http://www.disabilitystudiesforteachers.org/
Estudos de deficiências para professores (currículos e materiais)

http://www.uic.edu/orgs/sds/links.html
Sociedade para Estudos de Deficiências

http://www.disabilityisnatural.com/
Deficiências são naturais

http://www.inclusion.com/inclusionpress.html
Inclusion Press

http://thechp.syr.edu//Disability_Studies_2003_current.html
Informações e recursos sobre estudos de deficiências

http://www.lrecoalition.org/
Coalizão de ambiente minimamente restritivo da cidade de Nova York

http://steinhardt.nyu.edu/metrocenter/Chapter405.html
Centro de assistência técnica sobre a desproporcionalidade dos estudantes afrodescendentes na educação especial

http://www.cookecenter.org/index.html
Cooke Center for Learning and Development (Centro Cooke para a Aprendizagem e o Desenvolvimento)

http://www.inclusiondaily.com/
International Disability Rights New Service (Novo Serviço Internacional de Direitos das Pessoas com Deficiência)

http://www.drc.org.uk/
Disability Rights Commission (Comissão dos Direitos das Pessoas com Deficiência [RU])

http://www.ragged-edge-mag.com/0903/0903ft1.html
Alternativas às simulações das deficiências

http://idea.ed.gov/
Construindo o legado da IDEA

http://www.disabilityworld.org/
Disability World Webzine

http://www.jonathanmooney.com/
Escritor e Palestrante/NEA e TDAH

http://www.ncld.org/content/view/752/456/
National Center for Learning Disabilities (Centro Nacional para as Dificuldades de Aprendizagem)

http://www.wholeschooling.net/
Whole Schooling Consortium (Consórcio da Escolaridade Integral)

http://dha.osu.edu/
Disability History Association (Associação de História das Deficiências)

http://www.museumofdisability.org/
Museum of Disability (Museu das Deficiências)

Índice

A
Ableísmo, 39, 45, 75, 77-78, 217-218
Ação afirmativa, 40
Adaptações, avaliação, 140, 173
Afro-americanos, 26, 27, 48, 54, 55
Alunos
  afrodescendentes, 172
  auditivos, 107
  educação especial, 180, 182-186
  educação geral, 181-182
  envolvimento da turma inteira, 137
  envolvimento de duplas, 132, 135-136
  envolvimento do grupo, 136-138
  envolvimento individual, 130, 132-136
  interesses de aprendizagem, 101
  relacionamentos com, 102-103
  tátil-cinestésicos, 107
  visuais, 107
Ambiente minimamente restritivo (LRE), 32-33, 49-50, 55, 214-215, 220
Ambiente, sala de aula, 99-100
Americans with Disabilities Act, 40
Amizades, 102-103
Amostra de registros, 157
Análise de dados estatísticos, desenvolvimento, 64-65
Análise de erro, 162
Annual Yearly Progress (AYP), 170
Aprendizagem cooperativa, 137
Arte abstrata, plano de aula
  componentes sintetizados, 151-152
  elementos, 124-126, 128-130, 132, 142
Atividades, processo de aprendizagem, 105-106
Atribuição de notas, 143-144
Autismo, 84-85
Avaliações. *Ver também* Testes padronizados; Adaptações, avaliação, 140, 173
  autênticas, 158
  baseadas em projetos, 158-159
  de desempenho, 158
  de longo e curto prazo, 140
  de portfólio, 156, 158
  dinâmicas, 159

e modelo médico, 63
educação especial, 69, 79
exclusão de estudantes com deficiência, 50
flexíveis, 173-174
formativas, 156
informais, 102-103
jogos, 163-168, 174
princípios da IDEIA, 219-222
propósitos das, 155-156
provas feitas por professores, 168-170
provas finais, 54
referenciadas ao critério, 171
somativas, 156

B
Because We Can Change the World: A Practical Guide to Building Cooperative, Inclusive Classroom Communities (Porque Podemos Mudar o Mundo: Um Guia Prático para a Construção de Comunidades de Sala de Aula Cooperativas e Inclusivas, 203
Behaviorismo, 87-88
Bilhetes de saída, 142
Binet, Alfred, 65
Blaser, Art, 41
Bloom, Benjamin, 104
Brainstorm, 133, 139
Brock (estudante), 76-78
Brown versus Conselho de Educação, 28, 30, 48

C
Calendários de ritmo, 110
Canções, 138
Caridade, 40, 44
Carousel graffiti, 137
Carrosséis, 138, 139
Casamento, 64
Cegueira, 86
Cegueira/surdez, 85
Cenários de interpretação, 138
Center on Human Policy (CHP), 205
Centro para o *Design* Universal, 96
Chamado e resposta, 138

Chrissie (estudante), 38
Ciência, 26, 30-32, 61-65, 67, 71
Círculos literários, 138, 139
Classificação de habilidades de pensamento, 138
Clima político, 25-30
Comportamento, normal, 77. *Ver também* Normalidade
Comunicação, 28, 199-203
Comunidades, diversidade, 84, 203-205, 222
Conexões de conhecimentos estudante/professor, 123
Consequências, educação especial, 52-56, 71, 82
Contexto, deficiências, 66-71
Continentes, plano de aula
   componentes sintetizados, 145-146
   elementos, 124, 128, 130, 140-141
Cook, L., 189-190
Council for Exceptional Children, 96
Crenças, 34-35, 53
Cultura dos aleijados, 46-47
Cultura, 25-30, 38-46, 53, 62-64. *Ver também* Salas de aula
Currículo, 26, 113-120, 162, 172-173, 205
Currículos padronizados, 172-173
Curva normal de distribuição, 64

D
Daniel (estudante), 38
Darwin, Charles, 64
Darwinistas sociais, 27
David (coautor), 38
Décima Quarta Emenda, 28-30
Defesa de direitos, 204-205, 216-222
Deficiências, 62, 67-71, 85-86
   auditivas, 85
   avaliando o conhecimento dos estudantes, 101
   categorias da IDEA, 84-86
   construção social de, 62
   crenças do professor, 34-35
   cultura, 25-30, 38-46, 53, 62-64
   de saúde, 85-86
   em contexto, 66-71
   estereótipos, 40-45, 204
   estudos, 205
   fonoaudiológica, 86
   intelectual, 85
   língua (expressões), 203-204
   modelo médico, 60-64, 47, 86
   múltiplas, 85
   ortopédicas, 85
   silêncio sobre, 199-202
   visuais, 86
Deidre (estudante), 38
Departamento de Educação da Cidade de Nova York
   página da internet, 171
Desafios acadêmicos, 86-87
Desemprego, 39, 55
Desenho, 133
Desenvolvimentistas, 26
Design universal para instrução, 96-99, 118-119
Dessegregação, 28
Deutsch, 143
Devido processo, 222
Diários, 133, 139, 162
   de registro duplo, 134
   interativos, 133, 139
Dias de Conscientização, 40

Dica para a turma, resposta individual, 138, 139
Dificuldades de aprendizagem
   avaliação padronizada, 171
   categorias da IDEA, 86
   estudantes com, 87-91
   história, 30-32
   minorias rotuladas com, 55
   professores com, 79-83
Diplomas, ensino médio, 54-55
Direitos
   civis, 82-83
   dos pais, 220
Disability Studies Quarterly, 46
Disciplinas introdutórias, 24
Discriminação, 219
Discurso de Verdade, 65
Distúrbios emocionais, 85
Diversidade, 71-73, 84, 203-205
Documentários, 41-43, 51, 201
Ducto escola-prisão, 55
Dunn, K., 106
Dunn, R., 106
Duplas, trabalho, 132, 135-136

E
Economia, 171
Educação especial
   avaliações 69, 79-79
   consequências, 52-56, 71, 82
   curva normal de distribuição, 64
   especialistas, 87-88
   história, 47-52
   minorias, 51, 55, 66
   modelo médico, 60-62
   professores, 60, 62-63, 79-82
   segregação, 83, 180, 182-186
   testes padronizados, 66-67, 181
Educação Pública Apropriada e Gratuita, 219
Educating Peter (documentário), 51
Education for the Handicapped Act (EHA, Lei da Educação para os Deficientes, Lei Pública 94-142. *Ver também Individuals with Disabilities Education Act* (IDEA, Lei da Educação para Indivíduos com Deficiência), Lei Pública 101-476
   diversidade, 71
   visão geral, 48
   LRE, 32-33, 49
   integração, 50
   modelo médico, 60
   resistência à, 29
Elementos, aula. *Ver* Planos de aula
Emprego, 39, 55
Ensino colaborativo em equipe (CTT)
   benefícios, 178-186
   cenários, 52
   definido, 91
   ensino paralelo, 75-76
   exemplos de sala de aula, 83, 87-91
   modelos, 190-194
   preparação, 189-190
   relacionamentos, 186
   resumo, 194-194
   visão geral, 177-178

Ensino paralelo, 49, 75-76, 83
Ensino recíproco, 135-136, 139
Envolvimento do estudante
 diferenciação, 26, 113-120, 131-132
 explicações dos professores, 130
 grupos, 101-103, 132-132, 137-138
 individuais, 130, 132, 133-135
 pares, 132, 135-136
 Sete Hábitos de Bons Leitores, 135-136
 turma inteira, 132, 137-138
Era da prestação de contas, 33-34
Escola Glebe, Reino Unido, 38
Escolas públicas, história, 25-34, 65-66
Escrever, 86, 133, 133, 139, 162
Escrita livre, 133, 162
Espaço, sala de aula, 99
Especialistas
 da eficiência social, 26, 27, 33-34, 65
 em educação especial, 87-88
Estágios, relacionamento entre professores colaborativos, 86
Estereótipos, 40-45, 204. *Ver também* Cultura
Esterilização, 64
Estigmas, 81
Estilos de aprendizagem, 106-107
Estudo de caso
 sobre deficiência auditiva, 67-69
 sobre paralisia cerebral, 76-78
Estudos sobre deficiência (ESD), 13
Estudos sobre deficiência em educação (ESDE), 15, 53
Ética, 82-83
Eugênia, 45, 64-66
Evasão, 54, 183
Exames. *Ver* Avaliações
Exames estaduais. *Ver* Avaliações; Testes padronizados

F
Ferguson, Plessy v., 28
Ferramentas de ensino, 104-109
Ferri, Beth, 79
Filmes, 41-43
Finanças, 50, 51
Friend, Marilyn, 189-190, 190-194
Fundo para as Crianças com Deficiências Sensoriais, 30

G
Galton, Francis, 64
Gardner, Howard, 108
Garnett, Kate, 165
Gately, J., 184, 185
Gately, S., 184, 185

H
Hamovitch, Susan, 201
História
 dificuldades específicas de aprendizagem, 30-32
 educação especial, 47-52
 escolas públicas, 25-34
 estilos de ensino, 177
 pessoas com deficiência, 44-45
 segregação, 28-29, 48
Hitler, Adolph, 64-65

Homogeneidade, 71-73
Humanistas, 26
Humor, 45

I
Imigrantes, 25-26, 27, 48, 64
Immigration Act (Lei da imigração), 64
Incentivos financeiros, 50
Inclusão
 categorias de deficiências, 84-87
 crescimento de, 50-52
 defendo direitos de, 216-222
 deficiências em contexto, 66-71
 diversidade, 71-73
 em ação, 87-91
 ensino paralelo, 75-76
 integração, 76-78
 justiça social, 78-83
 manutenção, 214-216
 normalidade, 64-66
 perspectivas das necessidades, 60-64
 sala de aula CTT, 83-84
Independent Living Movement (Movimento de Vida Independente), 46
Indígenas, 26, 27, 54
Individuals with Disabilities Education Act Amendments (Emendas à Lei da Educação para Indivíduos com Deficiência) Lei Pública 105-07, 49
Individuals with Disabilities Education Act (IDEA, Lei da Educação para Indivíduos com Deficiência), Lei Pública 101-476
 avaliação, 67
 categorias de deficiências, 30, 61, 84-86
 modelo médico, 60, 67
 sobre inclusão, 50-51
 visão geral, 47-49
Individuals with Disabilities Education Improvement Act (IDEIA, Lei de Melhoria da Educação para Indivíduos com Deficiência), Lei Pública 108-446
 definição, 49
 LRE, 214-215
 NCLB, 170-172
 PEIs, 103
 princípios de, 210-222
Infants and Toddlers with Disabilities Education Act (Lei da Educação para Crianças de Até 5 Anos com Deficiência), Lei Pública 99-457, 48
Iniciativa pela Educação Regular (REI), 50
Instituições, 48, 62
Integração, 28, 48
Inteligências múltiplas de Gardner, 108-109
Interpretação, 135-136, 203-204
Introduções, 101

J
Jan (coautor), 27-28, 32
Jane Eyre (Brontë), 201
Jeff (professor), 79
Jogo de Vocabulário, 165-168
Jogos, avaliação, 163-168, 174
Justiça social, 78-83

K
Keller, Helen, 46
Kelvin (estudante), 38
Kevorkian, Jack, 46
Kirk, Samuel, 30
Kozol, Jonathan, 30

L
Latinos, 55
Learning Disabilities Association, 51
Lei Pública 101-476. *Ver Individuals with Disabilities Education Act* (IDEA, Lei da Educação para Indivíduos com Deficiência), Lei Pública 101-476
Lei Pública 105-07. *Ver Individuals with Disabilities Education Act Amendments* (Emendas à Lei da Educação para Indivíduos com Deficiência), 49
Lei Pública 108-446. *Ver Individuals with Disabilities Education Improvement Act* (IDEIA, Lei de Melhoria da Educação para Indivíduos com Deficiência), Lei Pública 108-446
Lei Pública 94-142. *Ver Education for the Handicapped Act* (EHA, Lei da Educação para os Deficientes), Lei Pública 94-142
Lei Pública 99-457. *Ver Infants and Toddlers with Disabilities Education Act* (Lei da Educação para Crianças de Até 5 Anos com Deficiência), 48
Leitores, Sete Hábitos dos Bons, 135-136
Leitura em parceria, 135-136
Lentes
  ambientais, 106
  emocionais, 107
  estilo de aprendizagem, 106, 107
  psicológicas, 106, 107
  sociológicas, 106
Ler em voz alta/Pensar em voz alta, 135
Lesões cerebrais, 86
Levine, Mel, 173
Lindsey (professora), 214
Língua
  alunos de inglês, 172
  deficientes, 86
  desafios, 86-87
  estereotípico, 45
  relacionada a deficiências, 203-204
  relacionadas a ciência, 61-63
Linhas do tempo, 134, 139
Linton, Simi, 62
Literatura infantil, 204
Livros, 41

M
Mace, Ron, 96
Mad Men (série de TV), 78
Madelyn (estudo de caso), 69-71
Mapas
  conceituais, 133
  de currículo, 95, 110, 111-113
  de história, 133
  semânticos, 138
Mary (estudante), 38
McDermott, R, 70
Mediação, 221
Medidas baseadas no currículo, 162

Melhoristas sociais, 26
Meninas, 27
Metas, aula. *Ver* Envolvimento do estudante
Mia (professora), 81
Minorias
  e prestação de contas, 33-34
  em turmas de educação especial, 51, 54- 66
  hostilidade em relação às, 26
  modelo industrial da educação, 27
  NCLB, 172
  sistemas de percursos, 48
Mito, dois tipos de crianças, 63
Modelos
  baseados na força, 155
  de inserção, 185, 186
  de transmissão, 155
  equipe de ensino colaborativo, 190-194
  estilo de ensino, 155
  industriais, 26-27, 33-34
  interativos, 155
  médico, 60-64, 67, 86-87
Movimento
  dos direitos civis, 48
  pelos direitos das pessoas com deficiência, 45

N
Narrativas em primeira pessoa, 46-47, 79-82
National Assessment of Educational Progress, 170
National Association for the Advancement of Colored People, 55
National Society for the Study of Education, 27
New York City Teaching Fellows Program, 214
No Child Left Behind (NCLB, Nenhuma Criança Deixada para Trás), 33-34, 170-172, 214
No Pity (Sem Piedade), 39
Normalidade
  consciência da diversidade na comunidade, 203-205
  currículo de deficiência, 205
  desconforto acerca das deficiências, 199-202
  e homogeneidade, 72-73
  e integração, 50
  origens da, 64-66
  planos de aula do CHP, 206
Not Dead Yet (Ainda não Morremos), 46

O
Objetivos comportamentais, planos de aula, 127
Objetivos da aula. *Ver* Envolvimento do estudante; Planos de aula
Objetivos instrucionais, planos de aula, 124-126
Objetivos sociais, planos de aula, 126-127
Observações informais, 156
Organizadores gráficos
  como avaliações, 139
  mapas de currículo, 95, 110, 111-113
  teias, 138
  uso do estudante, 133
Orientações prévias, 137, 139

P
Palin, Sarah, 204
Pantomima, 135, 139
Paredes, sala de aula, 100
Parr, Todd, 132

Parrish, Thomas, 55
Patrick (professor), 79
Paul (estudo de caso), 67-69, 202
Pensar-Fazer Duplas-Compartilhar, 134
Percursos educacionais, 26, 30, 48, 66
Perguntas, processo de aprendizagem, 104-106
Perspectivas, deficiências, 60-64
Piadas, 45
Piagetianas, 87-88
Pirâmides de planejamento, 114-117, 118-119
Planejamento
  invertido, 109-110
  piramidal, 114-117, 118-119
Planos de aula. *Ver também* Avaliações; Salas de aula
  adaptações de avaliação, 140-141
  atribuição de notas, 143-144
  CHP, 206
  compreensão do estudante de, 139-140
  conceitos centrais de ensino, 130, 132-135, 137-138
  conhecimento prévio dos estudantes, 128-130
  demonstrando conhecimento recente, 128-129
  diferenciação, 131-132
  equipe de ensino, 195
  expectativas, 130
  gerar objetivos, 124-127
  resumo, 144
  revisão, 141-143
  Sete Hábitos dos Bons Leitores, 135-136
  sobre arte abstrata, 151-152
  sobre continentes, 145-146
  sobre *Romeu e Julieta,* 148-149
  sobre sementes, 149-151
  sobre triângulos, 146-148
  visão geral, 123-124
Planos de Seção 504, 48, 140-141, 173
Planos de unidades
  do professor, 109-113
  mapas de currículo, 95, 110-113
  pirâmides de planejamento, 114-119
  planejamento invertido, 109-110
Planos Educacionais Individuais (PEIs)
  adaptações de avaliação, 140-141
  avaliação padronizada, 172, 173
  diferenciação, 131
  e princípios da IDEIA, 220-221
  processo, 61
  salas de aula colaborativas, 180
  visão geral, 103-103
Plessy versus Ferguson, 28
Polacco, Patricia, 81
Práticas médicas, 45
Predições, 138, 139
Principais, 172
Princípios empresariais, 33-34
Prisões, 55
Professores colaborativos *Ver* Ensino colaborativo em equipe (CTT)
Professores da educação geral *versus* professores da educação especial, 60, 62-63
Professores. *Ver também* Ensino colaborativo em equipe (CTT); Planos de aula
  com deficiência, 38, 56, 79-82

como defensores de direitos, 218-222
ferramentas para, 104-109
flexíveis, 173-174
educação especial, 60, 62-63, 79-82
educação geral, 62-63, 221
novos, 2-25
planejando abordagens, 109-113
Projetos de aula, 204
Projetos de currículos diferenciados, 26, 113-120, 131-132
Prós/Contras/Considerações, 134
Psicometria *Ver* Testes de quociente de inteligência (QI)

Q
Quadros de história, 133
Quasimodo (professora), 38
Quebra-cabeças, 138
Questões de gênero, 27
Quetelet, Adolphe, 64

R
Redações rápidas, 133, 139
Registros, 162
Relações entre pergunta/resposta, 134-135
Religião, 44-45
Representações das deficiências, 41-45, 204
Resolução de conflitos, 221-222
Rickover, H. G., 30
Robert (professor), 81-82
Roberts, Ed, 46
Romeu e Julieta, plano de aula
  componentes sintetizados, 148-149
  elementos, 124-126, 128-130, 142
  rubrica, 160-161
Ronnie (professor), 218
Rubricas, 158-161
Russell, Marta, 40

S
Saber/Querer saber/Aprendido (SQA), 138
Salas de aula. *Ver também* Planos de aula
  ambiente, 99-100
  avaliação informal, 102-103
  design universal para instrução, 96-99
  ferramentas para o ensino, 104-109
  PEIs, 103
  relacionamentos, 102-103
  segregação, 32, 38, 179, 194
  transição, 100-101
  visão geral, 95-96
Sapon-Shevin, Mara, 203
Segregação
  colocações de educação especial, 83
  como manutenção de *status quo,* 214-215
  consequências, 53-54
  currículos, 26
  em salas de aula inclusivas, 75-78
  em sociedade, 40
  estigmatizar, 81
  estudantes de educação especial, 180, 182-186
  história, 28-29, 48
  LRE, 49-50

racial, 48, 51, 55, 66
sala de aula, 32, 38, 179, 194
Sementes, plano de aula
    componentes sintetizados, 149-151
    elementos, 124-126, 128-130, 142
    rubrica, 160
Séries, 72
Sete hábitos dos Bons Leitores, 135-136
Shapiro, Joseph, 39
Singer, Peter, 46
Skrtic, Thomas, 53
Sleeter, Christine, 30
Sociedade. *Ver* Cultura
Socioeconômica, 172
Soli, Santiago, 79
Solução Final (Hitler), 65
Subvenções *Title 1*, 170
Super-representação, turmas de educação especial, 54, 55
Surdez, 85
Surdo-cegueira, 85

T
Taxonomia de Bloom, 104-106, 170
Taylor, Frederic, 26
Teatro, de leitores, 133
Teias, 138
Televisão, 43-44
Terman, Lewis, 65
Testagem referenciada na norma, 171
Testes de quociente de inteligência (QI), 63, 65-66
Testes padronizados
    como ferramenta de comparação, 102-103
    educação especial, 66-67, 181
    NCLB, 170-173, 185
    preocupações sobre, 33-34
    preparação para, 174
Testes. *Ver também* Avaliações; Testes padronizados
    adaptações, 140-141

feito por professor, 168, 167-170
ensinando para os, 174
QI, 63, 65-66
Thank You, Mr. Falker (Polacco), 81
The Merrow Report (Programa de TV), 51
The National Joint Committee on Learning Disabilities, 51
Tomlinson, Carol Ann, 114
Trabalho em equipe, 102-103. *Ver também* Ensino colaborativo em equipe (CTT)
Trabalho em grupo, 100-103, 132, 137-138
Trabalho individual, 130, 132-135
Traços herdados, 64-65
Transições, 24, 54, 100-101, 128
Transporte, 39-40
Triângulos, plano de aula
    elementos, 124, 128-130, 140-141
    componentes sintetizados, 146-148
Tudo Bem Ser Diferente (Parr), 41, 131

U
U.S. News & World Report (revista), 51
Universidades, 56
Us Magazine, 204

V
Varenne, H., 70
Variações humanas, 202-204
Visual, auditivo e tátil-cinestésico (VAKT), 107
Volpitta, Donna, 79
Vygotskiano, 87-88

W
Wade, Cheryl Marie, 45
Will, Madeline, 50
Without Apology (documentário), 201

Z
Zola, Irving, 46